中国社会科学院创新工程学术出版资助项目

ACADEMIC AND POLITICAL
DISPUTES DURING
THE REFORM MOVEMENT OF 1898:

A Study from the Perspective of
the Kang Youwei's Clique

戊戌时期学术政治纷争研究
——以「康党」为视角

贾小叶 著

社会科学文献出版社
SOCIAL SCIENCES ACADEMIC PRESS (CHINA)

本课题在研究阶段获国家社科基金一般项目（13BZS062）和教育部人文社会科学研究青年基金项目（13YJC770020）的资助

序 一

戊戌维新运动是近代史上影响深远的事件，它与太平天国、辛亥革命、义和团运动等并称近代史"八大事件"。学界已有的研究，成果丰硕，积淀深厚。尤其是20世纪80年代随着故宫博物院发现了《杰士上书汇录》等一批新的史料，证实了康有为《戊戌奏稿》改篡的事实，围绕着奏稿的辨伪、考证，吸引了众多研究者的兴趣，戊戌维新运动研究缘是出现了一次重大突破，高潮迭起，佳作不断，其广度深度较前已不可同日而语。进入21世纪后，热度渐消，虽仍不乏佳作，但总体上看，成果不多，日显冷清。这与所谓"八大事件"的整体研究状况是一致的。章开沅先生多年前就曾不无伤感地说道：如今辛亥革命史的研究已成了假日学术，除了逢十的纪念会外，因研究者少，平时交流都成了问题。戊戌维新运动研究何尝不是如此？然而，这合乎学术本身发展的规律，未必是坏事。造成此种局面的原因有二：一是新时期以来思想解放，学术繁荣，研究领域大大拓展，更多的学者因自身的兴趣，转到其他新的领域去了，原先众声喧哗的场景自然就会冷清；二是积累既多，已成学术高原，起点自然水涨船高，学者要有所创获，难度增加，厚积薄发，成势所必然。不过，尽管如此，学术仍从来不缺乏自己的守望者，这便是包括戊戌维新运动在内的"八大事件"的研究，依然时有力作出现的原因。

小叶是年轻的学者，转向戊戌维新运动研究时间并不长，其逆势而上，颇显可贵的学术勇气。这本《戊戌时期学术政治纷争研究——以"康党"

为视角》学术专著,是她承担的国家社会科学基金项目的结项成果,也是她近年潜心于戊戌维新运动研究的结晶。吕思勉先生说:"学问之道,贵自得之。欲求自得,必先有悟入之处。而悟入之处,恒在单词只义,人所不经意之处,此则会心各有不同,父师不能以喻之子弟者也。"是为至理名言。本书的最大特色,即在于作者读书很细,在人所不经意之处,发现了研究新问题的"悟入之处",这就是人多"耳熟"却不必"能详"的"单词只义"——"康党"。由此切入,她发现了一个新视角,得以重新解读史料并超越新旧二元对立的传统叙事方式,进一步探讨戊戌时期学术政治纷争的复杂情状,从而将对戊戌维新运动的认知引向深化。作者认为:戊戌时期的各种政治学术纷争,不仅存在于新旧之间,也存在于新派内部,核心与焦点都是康门师徒,即时人所谓的"康党",主线则可用"康学""康教"及其党人做派来概括。"所谓'康学'是指'康党'成员所信奉的康有为的学术政治思想体系,即由《新学伪经考》《孔子改制考》等著述所阐发的公羊学术与改制理论;所谓'康教',即指康有为思想体系中的创教、传教思想;所谓'党人做派'(或'结党做派'),是指'康党'成员所奉行的结党营私、激进霸道而又处事不守规矩的行为方式。此三者构成了以康门师徒为主之'康党'最为鲜明的特征,也是'康党'成为戊戌时期各种学术政治纷争焦点的关键要素。循此三点顺藤摸瓜,似可解开戊戌时期学术政治背后的很多谜底"。据此,她不仅指出了维新运动失败的原因,除了旧势力强大外,同时还在于变法派内部分裂与"康党"陷于孤立境地,削弱了维新运动自身的力量;而且,更重要的是,进而考察了政变后及己亥年清廷与新党、"康党"间的纷争及其分合演变,填补了前人研究之缺失。缘是,作者引出了自己独到的见解:此间的纷争,既是戊戌纷争的延续,也是晚清政局由戊戌到庚子的重要过渡:"不讲己亥,便很难明白戊戌纷争的得失,更难明了庚子政局的由来。"这些新想,多发人所未发,它展现了作者开阔的视野。很显然,在此新视野之下,戊戌维新的历史画面呈现了愈加丰富、生动的场景。

作者不但读书细,好学深思,且用力勤,广征博引。故资料翔实,论说分明，行文简洁，也成本书的一大特色。

胡适有言，在历史研究中，一个有价值的概念或范畴的揭出，往往会成为一把打开一连串"古锁"的"钥匙"，令新意迭出。小叶由"康党"悟入，以小见大，做出了现有可观的成绩，但问题仍有待推进。她表示，"因时间与题目所限，本书对于康党与庚子之后政局变动的关系未能展开论述，有待于以后的研究来加以补充"。这恰印证了胡适的说法。期待小叶做出新的成绩。

本书是一部力作。相信它的出版既为作者的研究开辟了新路，也将助益推动戊戌维新运动史的发展。

当然，"康党"的标签本身即包含着伦理学意义上的负面意味，但康门师徒终究是戊戌维新历史舞台的主角；以历史是辩证统一发展的观点看问题，"康党"身上的所谓"恶"，如何同样参与了历史的创造，似乎也仍有探讨的空间。

是为序。

郑师渠

2017年5月1日于京师园

序 二

　　有关于戊戌时期的学术政治纷争问题，学术界已有不少研究成果，但这些成果因受康梁话语系统的影响，大多采用的是新旧之争、新旧对立的二元分析框架或模式，一部戊戌变法史，亦就简化成了一部新旧斗争史。实际上只要我们深入戊戌历史的脉络中便可发现，戊戌时期的所谓"新旧之争"，其中的"新"与"旧"都是相对的，新派并非全新，旧派也并非全旧，往往是新中有旧，旧中有新，新旧很难截然二分。比如，湖南人王先谦，在人们的笔下历来都是反对戊戌变法的旧派人物，但实际上湖南时务学堂的创办就与此君有着很大的关系，除时务学堂外，他还先后参与创办或独自创办过宝善成机器制造公司、大经丝织公司和湖南炼矿总公司，对湖南近代实业的产生和发展做出过重要贡献，也参与过湖南一些新政的制定和推行；然而他又确实支持过一些守旧学生对时务学堂的攻讦，并领衔向巡抚陈宝箴递呈过要求整顿时务学堂，撤换梁启超、韩文举、叶觉迈等新派教习的《湘绅公呈》，制定过一份约束学生言行、抵制维新思想的《湘省学约》。他是"旧"还是"新"？我认为他是既"旧"又"新"。在晚清，王先谦这样既"旧"又"新"的人物，绝不是个案，而有其普遍性，尤其是在思想文化领域。另外，戊戌时期的纷争也不仅仅限于"新"与"旧"之间，新派内部同样是纷争不断。而引起纷争的原因，也不仅是观念或思想上的"新旧"，还包含有学术、政见乃至利益的复杂纠葛。以湖南时务学堂的纷争为例，该纷争就既有思想上的新旧不同，也有学术上的学派差异，还有经费筹集、人事权力、名分引起的矛盾。因此,"新旧"二字无法涵盖戊戌时期学术政治纷争的丰富内涵,用"新旧"二分法来研究戊戌时期的学术政治纷争,有将复杂问题简单化之嫌。我们要想深入研究戊戌时期的学术政治纷争,必须转换视角,超越"新旧"二分法,超越"新旧"之争、"新旧"对立的二元分析框架或模式。贾小叶的《戊戌时期学术政治纷争研究——以"康党"为视角》一书,对此做出了有益的探索。

该书认为,戊戌时期的学术政治纷争,无论是"新旧"之争,还是新派内部的纷争,其核心与焦点都是康门师徒,时人称之为"康党"。而以"康党"为切入点研究康门师徒与戊戌学术政治纷争之关系,不但可以超越以往的"新旧"模式,而且,更重要的是,可以涵盖戊戌政治与学术纷争的多元面相。所谓"康党",其特征似可用"康学""康教"及其党人做派来概括。所谓"康学"是指康党成员所信奉的学术政治思想体系,即由《新学伪经考》《孔子改制考》等著述所阐发的公羊学术与改制理论;所谓"康教",即是指康有为思想体系中的创教、传教思想。"康学""康教"一体两面,构成了康有为的学术政治思想与宗教观念的核心内容;所谓"党人做派",是指"康党"成员所奉行的结党营私、激进霸道而又处事不守规矩的行为方式。此三者构成了以康门师徒为主之"康党"最为鲜明的特征,也是"康党"成为戊戌时期各种学术政治纷争焦点的关键要素。循此三点顺藤摸瓜,便可解开戊戌时期学术政治纷争背后的很多谜底。有鉴于此,该书在前人研究的基础上,另辟蹊径,转换视角,从"康党"切入,深入剖析戊戌时期学术与政治纷争的真实内涵,进而揭示戊戌时期的学术与政治之间的复杂关系。

全书以时间顺序为经,以基本问题为纬,除"绪论"和"结语"外,分七章对戊戌时期的学术政治纷争进行了深入而系统的研究。通读全书,以下几点给我留下了深刻印象。

第一,视角的转换,以及由视角转换带来的对常见史料的重新解读。比如,该书认为,"康党"特有的政治思想、宗教观念即"康学""康教",是"康党"区别于戊戌时期其他变法派官绅的重要特征,也是"康党"戊戌时期倡导变法的理论依据，更是此期"康党"成员著书、立说、办学、办报所着力宣传的内容。在"康党"成员的大力宣传下，"康学""康教"在当时产生了巨大的影响。这种影响好似一把双刃剑：一方面，康门师徒因具有共同的变法理论与终极关怀，因此在变法中前呼后应，显示了极强的凝聚力，对推动变法的展开做出了极大的贡献。创办《时务报》、《知新报》、时务学堂，以及变科举、废八股等维新事业，都与康门师徒的努力密不可分；但另一方面，康门师徒的变法理论并不能得到变法派的一致认可，对于那些曾经倡导过洋务的官僚而言，康门师徒的"素王改制"论已令他们无法接受，遑论"康教"！而那些能够接受"素王改制"的维新士人，在面对"康教"时，同样无法接受。"康学""康教"在当时引发的争议，遂成为康门师徒与变法派官绅关系疏离的重要原因。"康学""康教"本已令人侧目，而康门师徒为维护、宣传"康学""康教"所表现的结党营私的霸道做派，更令人生厌，从而加速了变法派的分裂。康门师徒遂由变法初期变法派眼中"吾党"变成了"康党"。"康党"与变法派关系由合到离的转变，无论在时务报馆还是在湖南维新运动中，都展示得十分清晰。这些已充分显示，当戊戌变法之际，很多纷争主要是在同为变法派的洋务官僚、部分维新派与"康党"之间展开。而纷争的焦点又都指向了"康党"及其学说"康学""康教"，只要翻阅一下戊戌政变后苏舆整理的《翼教丛编》便可明了这一点，"康党"与洋务派官僚、"康党"与其他维新派之间的纷争错综复杂，这诸多纷争又最终交缠在一起，使得千载难逢的变法良机化为乌有。如此议论，既深刻又合理，具有很强的说服力。

其二，内容的创新。如对"康党"内涵与"康党"称谓前后变化的考察、对湖南维新运动的深入研究与补充，特别是该书以两章近15万字的篇幅，对戊戌己亥年间的政治纷争进行了深入、系统的梳理，突出了此期清廷、"康党"与新党之间的互动关系，弥补了学术界现有研究的缺失，这是该书所取得的最重要的成果。比如，第六章在论述"康党"与戊戌政变后政局变动之关系时，详细考察了戊戌政变后清廷对"康党"、新党、新政的政策变化，以及"康党"对时局的应对与其他新党对清廷、"康党"的态度变化。政变之初，清廷一度承诺不株连新党，且继续新政。但后来的事实是，清廷并未兑现其承诺，不但株连新党，而且停废新政、幽闭光绪，以致大失趋新士人之所望，大批士人开始离心清廷。反观"康党"，政变之初，为了为自己的流亡活动正名，大肆诋毁慈禧太后，甚至篡改、伪造密诏，将自己塑造成新党的领袖。"康党"对慈禧太后的恣意诋毁与谩骂引起了时人的反感与轻视，其对慈禧停废新政、株连新党的宣传则因符合事实得到了更多的理解与支持。时人舆论由政变之初的靠拢清廷、疏离"康党"转而变为批判清廷、同情"康党"。在此基础上，该书强调了戊戌政变在清朝统治中的转折意义，这种转折体现为由此而来的清廷失道与士人离心。怨我孤陋寡闻，此前还没有学者如此深入地考察过"康党"与戊戌政变后政局变动之关系。

其三，资料的丰富。"论从史出"，有一份材料说一份话，有十份材料说十分话，没有材料则不说话，这是历史研究的一个基本原则。然而自20世纪90年代以来，受客观社会环境的影响，学术界浮躁之风盛行，一些人不看资料尤其是第一手资料，就在那里高谈阔论，动辄写出洋洋洒洒少则万字多则数万字，甚至数十万字的论文或著作来。当然，不看资料尤其是第一手资料所发表的高谈阔论，在多大程度上符合历史真相，值得怀疑。与此种现象相反，该书所引用的资料尤其是第一手资料十分丰富。这些资料突出体现在一下几个方面：（1）当时的报刊，尤其是对《时务报》《知新报》《清议报》《湘报》《国闻报》《新闻报》《中外日报》《申报》等，进行了系统的查阅与充分的利用；（2）时人的日记、书札，特别是对《郑孝胥日记》《翁同龢日记》《师伏堂未刊日记》《忘山庐日记》《缘督庐日记钞》《复堂日记》《汪康年师友书札》的利用颇为充分；（3）档案资料也是本书资料的重要来源，如中国第一历史档案馆编的《光绪宣统两朝上谕档》《清代军机处电报档汇编》《光绪朝朱批奏折》，国家档案局明清档案馆编的《戊戌变法档案史料》，以及中国第一历史档案馆藏军机处录副奏折、中国社会科学院近代史研究所藏的张之洞档案等；（4）时人的文集，如《康有为全集》《饮冰室合集》《〈饮冰室合集〉集外文》《谭嗣同全集》《严复集》《宋恕集》《张之洞全集》《李鸿章全集》《黄遵宪全集》等。正因为该书是在大量占有资料尤其是第一手资料的基础写成的，所得出的一些观点和结论也就能持之有据，言之成理，符合历史实事。

除上述三点外，该书的文笔也给我留下了很深的印象。我国史学向来有文史不分家的优良传统，一个好的史学家，也是优秀的文学家，即所谓"出文入史"。如司马迁的《史记》，既是一部千古不朽的史学巨著，也是一部非常优秀的文学著作，被称为"无韵之离骚"。但现在这一优良传统受到挑战，有的文章和著作只是一大堆材料，毫无文字优美可言，读起来非常枯燥无味，提不起兴趣；有的只是罗列国外新名词，不知所云；有的读起来如雾里看花，绕来绕去，摸不着头脑。曾有不少青年学生和老师告我，他们读一些学者甚至是著名学者的文章，一是读不懂，二是读后不知道文章要解决或说明什么问题。而该书不仅文笔十分流畅，具有很强的可读性，读起来不觉枯燥，而且观点明确，论说充分。我们搞史学的人，往往抱怨自己的著作发行量少，没有读者，因而出版难，出版社不愿做赔本的生意。当然，不可否认，史学著作出版难的确有其社会方面的原因，但除社会方面的原因外，史学著作普遍的选题狭窄，文笔枯燥，读起来让人昏昏欲睡，恐怕也是其原因之一。

以上是我通读该书之后得出的一些印象，对错与否，读者自有判断。但就我个人的认识而言，这是一本很见功力、具有创新意义的学术著作。作为一位年轻人，能写出这样的著作来，实属不易。当然，金无足赤，人无完人，再好的文章或著作也有进一步提高和深化的空间和必要。也许受时间与课题内容所限，该书没有涉及"康党"与庚子之后政局变动的关系，个别论点也有进一步推敲的余地。

小叶是 2002 年从北京师范大学历史系博士生毕业来中国社会科学院近代史研究所思想史研究室工作的。依据我 15 年来的观察和了解，小叶为人低调，顾全大局，和所里同事的关系处得都很好。除了自己的研究外，她还能积极参与集体研究项目，保质按时完成交给的写作任务，这在当下是难能可贵的。因为参加集体项目，费时费力，会影响个人的研究计划和成果发表，最终影响自己的职称评定，所以很多人不愿参加。在业务方面，她能下苦功，能坐冷板凳，且勤于思考，有较强的问题意识，虽然孩子小，家务负担繁重，但这并没有太多影响她的科研工作，这几年她发表了不少高质量的好文章，而该书的完稿和出版，是对她辛勤付出的回报。作为她的同事和曾经的博士后合作导师，我为她取得的优异成绩感到由衷的高兴和骄傲，也真诚地希望她能再接再厉，持之以恒，写出更多更好的著作来，以回报关心她、爱护她的人们。

在该书即将出版之际，应小叶的要求，拉拉杂杂地写了上述这些话，权为序。

郑大华

2017 年 4 月 28 日于北京

目 录

绪 论 …………………………………………………………………… 1
  一 选题意义 ………………………………………………………… 1
  二 研究现状 ………………………………………………………… 6
  三 写作思路与结构 ………………………………………………… 17
  四 研究方法 ………………………………………………………… 20

第一章 "康学""康教":"康党"的政治思想与宗教观念 ……… 21
  一 "康学":"素王改制"论 ……………………………………… 22
  二 "康教":创立孔教说 …………………………………………… 30
  三 康门师徒对"康学""康教"的宣传 ………………………… 40
  四 谭嗣同对"康学""康教"的接受与阐发 …………………… 59

第二章 "康学"引发的不同社会反响 ………………………………… 74
  一 时人眼中的"康学" …………………………………………… 75
  二 "康学"不同反响背后的学术与政治 ………………………… 93

第三章 从"吾党"到"康党":康门师徒与变法派官绅的关系离合
  ——以《时务报》为中心 ………………………………………… 101
  一 "吾党"之一:维新初期变法派官绅眼中的康门师徒 ……… 101
  二 "康党"的由来与特征 ………………………………………… 109
  三 从"吾党"到"康党":变法派官绅眼中康门师徒的角色转换 … 114

第四章 "康党"与湖南的维新运动 …………………………… 128
　一 "康党""康学"进入湖南 …………………………………… 128
　二 湖南官绅对"康学""康党"的排拒 ………………………… 158

第五章 "康党"与百日维新 …………………………………… 188
　一 康有为进京的动机与机缘 …………………………………… 188
　二 百日维新前"康党"的维新活动及其反响 ………………… 192
　三 百日维新中"康党"的政治活动与反响 …………………… 207

第六章 "康党"与戊戌己亥政局的变动（上）……………… 223
　一 政变后清廷对"康党"的政策与时人的反应 ……………… 223
　二 "康党"的应对之策与时人的反应 ………………………… 264

第七章 "康党"与戊戌己亥政局的变动（下）……………… 287
　一 己亥年"康党"宣传的悄然转向 …………………………… 287
　二 清廷的"康党"政策、立嗣上谕与新党的反应 …………… 311

结　语 …………………………………………………………… 370

主要参考文献 …………………………………………………… 384

索　引 …………………………………………………………… 394

后　记 …………………………………………………………… 399

绪　论

一　选题意义

　　发生于一百多年前的戊戌维新运动在中国近代史上具有重要的转折意义，此后中国的很多事情都"从此而转，因此而变"。正因如此，长期以来戊戌维新一直是学界研究与瞩目的热点。梁启超的《戊戌政变记》可谓比较早的有关戊戌变法史研究的成果。此中，梁启超以当事人的身份讲述了戊戌变法的过程，建立了一个以康有为为中心的戊戌维新运动宏观叙述框架。虽然《戊戌政变记》并非严谨的学术著作，但它所建构的这一叙述框架，对其后的戊戌变法史研究产生了深远的影响。而康有为的《我史》与《戊戌政变记》相呼应，进一步强化了这一以康有为为中心的叙述框架。自20世纪20年代之后陆续出版的教材和专著，虽在具体史实考订上渐趋严谨，但在宏观叙述上普遍采用了梁启超的叙述体系。如颜昌峣的《中国最近百年史》（上海太平洋书店，1929）、李鼎声的《中国近代史》（光明书局，1949）、汤志钧的《戊戌变法史论》（联群出版社，1955）、王栻的《维新运动》（上海人民出版社，1986）等。在此话语系统中，康有为是维新运动的主要领袖，康有为的思想是变法的主导思想，变法失败缘于顽固派的反对，当时的各种纷争都归结为新旧之争，康梁是新派的代表，他们的反对者均被纳入旧党（或旧派）之列。

庆幸的是，在康梁话语获得认同的同时，也有学者对其叙述的真实性提出质疑。这种质疑集中在如下两个方面。

一是关于戊戌政变过程的质疑。这方面，黄彰健、汤志钧、孔祥吉、杨天石、房德邻、蔡乐苏、马忠文等先生进行了诸多有价值的研究，从不同角度揭出了康梁叙述中的不实之处。茅海建先生在诸位先生研究的基础上，写成了《戊戌政变的时间、过程与原委——先前研究各说的认知、补证、修正》（一、二、三）①，对戊戌政变的过程进行了系统的梳理与考辨。这为戊戌时期诸多问题的进一步深入探讨奠定了牢靠的基础。

二是关于戊戌时期新旧判分的研究。长期以来，受康梁话语系统的影响，学界研究戊戌纷争，一般都是在新旧对立的框架内进行，只研究康梁所代表的新派，而对旧派的言行不加分析，一概否定。而且，凡与康梁相龃龉的人都被戴上旧派的帽子，于是戊戌时期错综复杂的纷争便被简化为新旧之争。而熟谙晚清史的陈寅恪在《读吴其昌撰〈梁启超传〉书后》一文中，不仅明确指出梁启超之《戊戌政变记》"作于感情愤激之时，所言不尽实录"，而且指出"当时之言变法者，盖有不同之二源，未可混一论之也"，即除了"南海康先生治今文公羊之学，附会孔子改制以言变法"之外，还有"历验世务欲借镜西国以变神州旧法者"。②这提示我注意，戊戌时期的纷争似乎不仅存在于新旧之间，而且存在于不同变法思路之间。之后，台湾学者黄彰健刊发《论光绪丁酉戊戌湖南新旧党争》一文③，虽仍将湖南党争限定在新旧框架之中，但已不再依据康梁一家之言立论，而是对旧派的言论给予了充分的重视，并以此作为检验康梁言行的参照，湖南党争因此变得丰满、复杂。汪荣祖从康有为自身的变法思想与理论入手，探讨了变法失败的原因，这与康梁的叙述已然不同。④邝兆江在其专著中，从思想、社会和政治三个层面揭示康梁话语的不可靠性，并指出戊戌年新政的主要人物是张之

---

① 详见《近代史研究》2002年第4、5、6期。
② 陈寅恪：《陈寅恪集·寒柳堂集》，三联书店，2001，第167页。
③ 黄彰健：《戊戌变法史研究》上册，上海书店出版社，1970，第379～503页。
④ 汪荣祖：《戊戌变法失败的思想因素》，《近代史研究》1982年第3期。

洞，其思想基础是《劝学篇》和《校邠庐抗议》①。这里，张之洞由康梁话语下的旧派人物转而变为新政的核心人物，正显示了戊戌新政中新旧问题的复杂性。

在重新审视康梁话语系统的大背景下，近年来大陆学界对戊戌纷争的研究也力求走出康梁的阴影。罗志田的《思想观念与社会角色的错位：戊戌前后湖南新旧之争再思——侧重王先谦与叶德辉》②《近代湖南区域文化与戊戌新旧之争》③，利用大量已刊资料，给新旧两派以同等的发言机会，力求还原当时湖南新旧之争的原貌，堪称相关研究的力作。他的另一篇论文《新旧之间：近代中国的多个世界及失语群体》④，虽主要不讲戊戌，但对我们认识近代史上新旧之分的模糊性颇具启示性。张勇的《也谈〈新学伪经考〉的影响——兼及戊戌时期的"学术之争"》⑤，虽重点不谈"学术之争"，但指出了戊戌时期学术之争的复杂性。在重新审视康梁话语之后，戊戌纷争的复杂性日渐显露。蔡乐苏、张勇、王宪明的《戊戌变法史述论稿》⑥则以多元视角重构了百年前的戊戌变法史。在多元视野之下，《时务报》的汪梁之争便具有"利益之争、权力之争、门户之争"的多重内涵；湖南的党争则在新旧之外，又划分出了处于新旧之间的中间势力。虽然这种划分仍然没有超越新旧框架，但其中所包含的对康梁话语体系的审视是显而易见的。

由此可见，在关于戊戌纷争的研究中，学界已开始质疑、审视康梁叙述的可靠性，并在新旧言行并重的思路下进行了很有价值的研究，但相关的研究大多仍是在新旧之争、新旧对立的二元框架中进行，而日渐深入的研究已

---

① Luke S. K. Kwong, *A Mosaic of the Hundred Days: Personalities, Politics, and Ideas of 1898*, Harvard University Press, 1984.
② 罗志田：《思想观念与社会角色的错位：戊戌前后湖南新旧之争再思——侧重王先谦与叶德辉》，《历史研究》1998年第5期。
③ 罗志田：《近代湖南区域文化与戊戌新旧之争》，《近代史研究》1998年第5期。
④ 罗志田：《新旧之间：近代中国的多个世界及失语群体》，《四川大学学报》1999年第6期。
⑤ 此文见《近代史研究》1999年第3期。
⑥ 蔡乐苏等：《戊戌变法史述论稿》，清华大学出版社，2001年。

提示我们，戊戌历史是个复杂的多面体，戊戌时期的纷争也不例外，简单地用新旧来统括戊戌纷争，已无法反映当时的历史真实。当我们深入戊戌历史的脉络中便可发现，所谓"新旧"之争，其中的"新"与"旧"都是相对的，新派并非全新，旧派并非全旧，往往是新中有旧，旧中有新；戊戌时期的纷争也并不限于新与旧之间，新派内部同样存在；其纷争之因，也不仅起于观念上的新旧，还包含着学术、政见，乃至个人、群体利益的复杂纠葛。因此，"新旧"二字无法涵盖戊戌时期纷争的丰富内涵，用新旧二分法来研究戊戌时期的各种纷争，有将复杂问题简单化之嫌。因此，要想深入研究戊戌时期的各种纷争，必须转换视角，超越新旧二分法。

仔细考察戊戌时期的各种政治、学术纷争便可发现，当时的纷争不仅存在于新旧之间，还存在于新派内部。而且，无论是新旧之争，还是新派内部的纷争，其核心与焦点都是康门师徒，时人称之为"康党"。而贯穿各种纷争的主线似可用"康学""康教"及其"党人做派"来概括。所谓"康学"是指"康党"成员所信奉的康有为的学术政治思想体系，即由《新学伪经考》《孔子改制考》等著述所阐发的公羊学术与改制理论；所谓"康教"，即指康有为思想体系中的创教、传教思想；所谓"党人做派"（或"结党做派"），是指"康党"成员所奉行的结党营私、激进霸道而又处事不守规矩的行为方式。此三者构成了以康门师徒为主之"康党"最为鲜明的特征，也是"康党"成为戊戌时期各种学术政治纷争焦点的关键要素。循此三点顺藤摸瓜，似可解开戊戌时期学术政治背后的很多谜底。

"康党"之称谓，时人早已有之，后人在研究中也时常提及，但迄今为止尚无人进行过专门研究，更无人将之与戊戌时期的学术、政治纷争联系在一起进行研究。而以"康党"为切入点研究康门师徒与戊戌学术、政治纷争之关系，不但可以超越以往的新旧模式，而且更为重要的是，此一视角涵盖了戊戌政治与学术纷争的多元面相。有鉴于此，本书力图另辟蹊径，转换视角，从"康党"切入，深入剖析戊戌时期学术与政治纷争的真实内涵，进而揭示戊戌时期学术与政治之间错综复杂的关系。

这种复杂性在于"康党"既是变法派，又与其他变法派不尽相同。当甲午战败之后，国人的变法呼声不断高涨。多年来以变法为职志的"康党"应声而起，疾呼变法，并成为诸多变法力量之一。但与其他变法派不同，"康党"的变法是有其学术、政治思想理论基础的，时人称之为"康学""康教"。在"康党"看来，维护其理论与追求变法一样重要，因此，当"康党"的变法及其理论遭到不同人群的质疑与反对时，纷争就在所难免，于是而有戊戌变法时期"康党"与不同群体、不同派系之间的纷争。特别是"康党"的创教思想及"康党"为宣传"康学""康教"所表现的结党做派，引起了变法派与反对派的同时不满。反对派由反对"康党"的变法，进而反对"康党"的变法理论，这些都在意料之中。但当本为变法同路人的变法派起而与"康党"对抗时，问题就变得复杂化。"康党"遂由此前的变法派同路人转变为对手方，康门师徒也由此前变法派同人眼中的"吾党"变为"康党"。这不仅使得"康党"逐步陷于孤立，而且造成了变法派的分裂，从而削弱了变法的力量。因此，戊戌变法的失败一方面缘于变法反对派的攻击，另一方面则缘于变法派内部的分裂。而"康党"竭力宣传的"康学""康教"及其在宣传中所表现的结党做派，则是造成这种分裂的主要原因。

戊戌政变结束了变法中与变法前的各种纷争，随之而来的是旧派掌权的清廷与"康党"、新党的博弈，此种博弈的复杂性较之此前的纷争有过之而无不及。而这一点恰恰为以往的研究所忽视。政变之初，慈禧太后并不想背上反对变法的骂名，在追捕"康党"、诛杀"六君子"的同时，一度承诺继续新政、不株连新党。在此背景之下，新党也及时表态靠拢清廷，疏离"康党"，希冀依靠清廷继续新政。遗憾的是，清廷并没有兑现其继续新政、不株连新党的承诺，不仅大肆株连，而且停废新政，复旧的阴云驱之不散。因此，不仅出逃海外的"康党"大肆诋毁慈禧太后，攻击其停废新政、株连新党之举，而且那些曾经希冀清廷继续变法的新党也对清廷表示失望，转而批评朝廷，呼吁变法，甚至开始同情"康党"。进入己亥之年，有鉴于此前宣传的失误与新形势的变化，"康党"调整了其宣传策略，由此前的诋毁太后转变为诋毁荣禄，由此前的呼吁列强干涉转变为发动舆论呼吁太后归政。由于清廷在复旧路上的一意孤行，新党对"康党"的宣传给予了极大的配合与支持，并在立嗣上谕出台后，公然与清廷对抗。至此，"康党"、新党出现混一之势。

由此可见，讲戊戌时期的学术、政治纷争，不能不及戊戌政变后与己亥年的诸多纷争。事实上，政变后及己亥年的纷争既是戊戌纷争的延续，也是晚清政局由戊戌到庚子的过渡，不讲己亥，便很难明白戊戌纷争的得失，更难明了庚子政局的由来。据此，政变后及己亥年在戊戌纷争中的重要性不言自明，这也是本书重点挖掘的内容，意在弥补以往研究中只见戊戌不及己亥的不足。

二 研究现状

戊戌时期的学术、政治纷争是戊戌变法史研究中的一个重要内容，在诸多学者的研究中都有所涉及。近年来，随着戊戌变法史研究的深入，这方面的研究也取得了不少有价值的成果，现将相关研究综述如下。

1. 戊戌时期新旧之争的研究

关于戊戌时期学术、政治纷争的研究，最早当是梁启超的《戊戌政变记》与康有为的《我史》，在康梁的话语体系中，戊戌时期的所有学术、政治纷争均为新旧之争，反对康梁者为旧派，支持康梁者即为新派。如梁启超在谈及湖南的纷争时，如是说："先是，湖南巡抚陈宝箴，湖南按察使黄遵宪，湖南学政江标、徐仁铸，湖南时务学堂总教习梁启超，及湖南绅士熊希龄、谭嗣同，陈宝箴之子陈三立等，在湖南大行改革，全省移风。而彼中守旧党人嫉之特甚，屡遣人至北京参劾。于是左都御史徐树铭、御史黄均隆相继入奏严劾，皇上悉不问，而湖南旧党之焰益炽，乃至哄散南学会，殴打湘报主笔，谋毁时务学堂。积谋数月，以相倾轧。"[①] 康有为同样将戊戌时期的纷争统统视为新旧之争，谈及百日维新时，他说："时新定国是，废八股，旧党谤甚沸，御史文悌、黄桂鋆等奔走谋之，聚议将联名翻国是，复八

---

① 详见梁启超《饮冰室合集·专集之一》，中华书局，1989，第70～71页。

股……于是上谕再责旧党，谤谋乃少息。"谈及湖南变法时称："时王先谦、欧阳节吾在湘猖獗，大攻新党新政，学会学堂一切皆败，于是草折交杨漪川奏请奖励陈宝箴。上深别白黑，严责湖南旧党，仍奖陈宝箴认真整饬，楚事乃怡然。"① 于是，本来内涵复杂的戊戌纷争，在此简化为新旧之争。康梁关于戊戌纷争的说法，虽非严格意义上的学术研究，但影响深远。此后很长时间内，受康梁的影响，相关研究几乎将戊戌时期一切反对康梁者均视为旧派。孔祥吉论及百日维新前后的开新与守旧之争时即认为："开新与守旧之争贯彻了整个变法的全部过程"，"大大小小的顽固派很快麇集在慈禧、奕䜣、荣禄等人周围，向维新派展开了反扑，其来势之凶猛，大有'黑云压城城欲摧'之势。守旧派同改革派之间的论战，从戊戌三月开始，直到光绪帝颁布'明定国是诏'书前夕，历时七、八十天"。对于孙家鼐等人上奏光绪帝时所说的"臣见近日臣工愿变法自强者十之六七，拘执不通者，不过十之一二，惟新旧党之争绝少，而邪正党之争实多"，他认为是"顽固派以偷梁换柱的手法，胡搅蛮缠"。②

与此相关的一个问题是湖南维新运动中的新旧之争。对于湖南维新运动中的新旧之争问题的研究，学界也深受康梁的影响，邓潭洲认为王先谦、叶德辉等人反对康梁及学堂、学报、学会的行为，即顽固派对变法派的攻击，而"维新运动的主要支持者陈宝箴，本身就是封建大官僚，和顽固派的荣禄和洋务派的张之洞，早已建立了密切的联系。他在举办新政时，固然站在新兴的社会力量——资产阶级一边，可是在遇到顽固派或洋务派的责难和阻挠时，就完全动摇、屈服"。在他看来，陈宝箴接受张之洞等人的批评，整顿《湘报》，是"对封建顽固势力完全屈服了"。③ 卢智也认为，以王先谦、叶德辉为首的守旧派给维新人士加上"背叛君父""非圣无法""蔑弃人伦""志在逆谋"等种种罪名，不遗余力地攻击维新派，于是在维新与守旧、变法与反变法之间展开了尖锐、激烈的政治斗争。而陈宝箴对一般改革

---

① 楼宇烈整理《康南海自编年谱》（外二种），中华书局，1992，第46、52页。
② 孔祥吉：《百日维新前后的开新与守旧之争》，《晋阳学刊》1985年第1期。
③ 邓潭洲：《十九世纪末湖南的维新运动》，《历史研究》1959年第1期。

如废时文、兴学堂、办企业，是能够接受的，但是对激进的维新人士鼓吹民权、平等学说则难以忍受。当变法宣传越出封建主义的藩篱时，他就对维新派采取遏抑的态度。①

另一个相关的问题是《时务报》的汪梁之争。汤志钧认为《时务报》主笔梁启超与总理汪康年之争，实质上是资产阶级改良派和洋务派之争，是学习西方、发展资本主义，还是"中学为体、西学为用"之争，"结果是洋务派获得胜利，改良派遭到一次政治欺骗"。②汤奇学等人也持此说，认为"汪康年是张之洞的代理人"，《时务报》的"汪梁之争实为洋务派和改良派关于维新运动领导权之争的缩影"。③作为《时务报》总理的汪康年，研究者不是通过考察其思想内涵定性其新旧，而是因其与康梁对抗而定性为洋务派，这显然不是实事求是的态度。

事实上，无论是百日维新、湖南维新变法，还是《时务报》的汪梁之争，其中的学术、政治纷争均非简单的新旧对立，用新旧二分、新旧二元对立的思路来研究这些问题，显然是将复杂问题简单化。而且，相关研究多聚焦于对新派的研究，对旧派除了定性的评判之外，缺乏必要的实证研究。

近年来，随着研究的深入，学界对戊戌纷争复杂性的认识渐趋明晰，相关研究开始正视旧派的立场，对康梁建构的话语体系有所突破。这突出表现在对湖南维新变法及《时务报》等的研究中。

对于湖南维新运动中的新旧之争，黄彰健与罗志田的研究颇具代表性。前述黄彰健的《论光绪丁酉戊戌湖南新旧党争》一文④，对湖南的新旧党争进行了系统的梳理，在资料的应用中，不再只依据康梁一家之言立论，而是对旧派的言论给了充分的重视；但作者仍然是在新旧二分的视野下纵论各种纷争，没有区分湖南变法中的新旧矛盾与新派内部的矛盾，更没有注意到

---

① 卢智：《略谈湖南戊戌维新》，《求索》1983年第3期。
② 汤志钧的《论〈时务报〉的汪梁之争》《论洋务派对〈时务报〉的操纵》，见氏著《康有为与戊戌变法》，中华书局，1984。
③ 汤奇学、龚来国：《汪康年与梁启超关系变化与〈时务报〉兴衰》，《安徽大学学报》2000年第5期，第118页。
④ 见黄彰健《戊戌变法史研究》上册，第379~503页。

"康党"在湖南戊戌纷争中的特殊地位。罗志田的《思想观念与社会角色的错位：戊戌前后湖南新旧之争再思——侧重王先谦与叶德辉》①，有鉴于以往的研究只给新派以发言权，而很少予旧派以申述的机会，作者对旧派阵营中的王先谦、叶德辉的观念进行了考察，认为王先谦半属洋务运动时代之人，素主变法，特别强调引进西方的器物，是湖南初期新政的积极参与者。叶德辉同样不反对西学，而且主张入西学之穴以探虎，兼收并蓄"学之有用于世者"。且二人的交游世界也是兼有新旧，并非全是旧派，因此，叶也是湖南初期新政的积极参与者。而湖南新旧之争的关键在于双方忧患意识的侧重点不同：新派害怕不行新政则瓜分之"祸亟"，外患又必引起内乱，从而造成亡国；旧派则认为人心不固将先生内乱而招外侮，然后亡国。这里，作者对湖南戊戌纷争的研究同样没有超越新旧二元对立的思路。此外，邝兆江的《湖南新旧党争浅论并简介〈明辨录〉（附〈明辨录〉序编目及书信按语〈西医论〉）》②一文，对以"新旧"党争这个二极化的观念解释湖南变法运动的进程与失败提出质疑，认为太过笼统，有失准确。因此，他提出了以新、旧两极及中间等不同官绅的态度来解释湖南的政治纷争，但这仍然没有摆脱"新旧"的拘囿。

虽然这些关于湖南维新运动的研究仍是在新旧对立的框架内讨论问题，但他们都给旧派以发言权，与以往以康梁之是非为是非的研究趋向已有明显的不同。茅海建的《张之洞与陈宝箴及湖南维新运动》一文，则从张、陈交谊入手，考察了张之洞与陈宝箴长达十余年的交谊，认为二人志同道合，且在学术思想与政治思想上大体一致。张之洞对《湘学报》及湖南维新运动的干预，陈宝箴都予以支持，两人共同上呈废八股的科举改制奏折，暗中有抵制康有为学说之意。陈宝箴上奏要求下旨令康有为将《孔子改制考》自行毁版，并在变法最关键时刻提议召张之洞入京，主持朝政。③这里不见新旧，突出的是张、陈与康的对抗，显示某种研究视角的转换。杨念群则明

---

① 此文详见《历史研究》1998年第5期。
② 此文详见《历史档案》1997年第2期。
③ 茅海建：《张之洞与陈宝箴及湖南维新运动》，《中华文史论丛》2011年第3期。

确质疑以新旧之争的政治冲突为唯一线索来框限时务学堂之争的研究取向，认为这种解释取向从文化分析的意义上看有可能恰恰是中了"文化普遍主义"的圈套。在他看来，时务学堂之争无非是一场奇特的"内部"文化事件，而并非单纯从中西对抗角度理解的"政治事件"。①

与此同时，近年来学界对《时务报》汪梁之争的研究，也渐趋深入。崔志海通过分析汪康年的思想、汪康年在《时务报》创办中的作用以及汪康年与梁启超之间的纷争指出，汪康年是维新派中的一员，绝非洋务派的代理人，其在《时务报》初创中的作用远大于黄遵宪、梁启超，汪梁之争也是维新派内部的矛盾。其对汪梁之争性质的分析值得重视，他说："汪梁之争只是维新派内部因地域和学术门户之见的权力之争，对于《时务报》内的这场冲突，汪康年固然有不对的地方，但梁启超也要负重要责任。他门户之见太深，不能正确对待门户之外的同志，党同伐异，将党派集团利益置于维新事业之上，这也是他后来与革命党人合作、屡犯错误的原因之一。"②廖梅研究时务报馆的汪梁、章梁之争时，不再将之归结为"政治斗争"，认为汪梁之争不是政见不同所致，而是管理权冲突与学术冲突相交杂所致。③在走出了新旧之争的拘囿之后，研究者对《时务报》汪梁之争的解读更加多元。黄旦、詹佳如的《同人、帮派与中国同人报——〈时务报〉纷争的报刊史意义》一文，认为："康门师徒较之汪康年等人更具有自己的身份认同和鲜明的政治主张，始终有借助报纸宣扬'康学'的意图，康门弟子试图将《时务报》变为党派宣传工具的做法，最终危及了同人合作。"④茅海建利用张之洞档案资料研究张之洞与《时务报》的关系，认为："康的'今文公羊'、'孔子改制'等学说为张之洞等官员所不喜，汪更多地代表着张之洞一派的立场。梁、汪之间，由此生隙。"而张之洞在汪梁之间偏于汪，

---

① 杨念群：《儒学地域化的近代形态》（增订本），三联书店，2011，第514页。
② 崔志海：《论汪康年与〈时务报〉——兼谈汪梁之争的性质》，《广东社会科学》1993年第3期。
③ 廖梅：《汪康年：从民权论到文化保守主义》，上海古籍出版社，2001。
④ 黄旦、詹佳如：《同人、帮派与中国同人报——〈时务报〉纷争的报刊史意义》，《学术月刊》2009年第4期。

"不仅是私人关系的远近,也有学术观念及政治态度上的差异"。① 由此可见,《时务报》的汪梁之争非但不是维新派与洋务派之争,而且并非维新派内部简单的个人矛盾,与康梁的学术观念、政治主张密切相关。此外,茅海建还对张之洞与康有为的初识及在上海合作共办强学会、《强学报》的过程进行了细化研究,指出张、康初识于南京,牵线人是张之洞的幕僚梁鼎芬。康有为的学术主张及政治见解与张之洞有很大的差别,而康有为办理强学会时坚持己见,与张之洞一派决裂,这是张、康关系的转折点,也说明了两人因学术分歧导致政治反目的起因。②

可见,新旧对立并不能概括戊戌纷争的全部内涵,用新旧对立审视戊戌时期的学术政治纷争,显然太过简单。事实上,不止《时务报》的汪梁之争与康梁的学术、政治观念有关,戊戌时期的很多纷争,都与此有关,即时人所谓的"康学""康教"。而且,有着不同学术、政治思想的康梁还有着与其他维新派全然不同的做派,这与康梁的学术、政治主张一道构成了康门师徒的重要特征,时人因此称之为"康党"。以"康党"为切入点,似可开拓探讨戊戌时期学术、政治纷争的新视野。

当我们转换视角,以"康党"为切入点审视戊戌时期的学术、政治纷争时,便可看到全然不同的景象。在此视角之下,戊戌政变后"康党"与清廷之间的政治纷争不容忽视。政变后,"康党"与清廷之间展开的一系列角逐,同样构成了戊戌时期学术、政治纷争的重要画卷,但长期以来相关研究少之又少。桑兵在其《庚子勤王与晚清政局》③ 中,对此有所涉及,但由于作者的侧重点在于庚子勤王,因此,对"康党"在戊戌政变后的活动论述较为简略。书中以一章的篇幅,简单回溯了政变后康梁的活动,即从其呼吁救上、归政到清廷立嗣后走上勤王之路的心路历程,其中对康梁的活动论

---

① 茅海建:《张之洞档案阅读笔记之四:张之洞与〈时务报〉、〈昌言报〉》,《中华文史论丛》2011年第2期。
② 茅海建:《张之洞、康有为的初识与上海强学会、〈强学报〉》,《华东师范大学学报》2013年第1期。
③ 桑兵:《庚子勤王与晚清政局》,北京大学出版社,2004,第22~63页。

述较多,对"康党"、新党之间及二者与清廷之间的角逐关注较少,但书中一些论断颇有启发性,值得做进一步的深入研究。有鉴于此,本书以两章的篇幅对"康党"与戊戌己亥政局变动做了系统梳理与深入探讨。

2. 关于康有为戊戌时期学术政治思想的研究。

以"康党"为视角,康门师徒的学术政治思想自然是不可或缺的重要内容。就学界现有研究而言,关于康有为个人的学术政治思想研究已经有了很多优秀的成果,就戊戌时期而言,其中关注较多的有康有为的《新学伪经考》《孔子改制考》、康有为与今文经学、康有为与廖平的学术纠葛、康有为与理学等问题。

汤志钧的《试论康有为的〈新学伪经考〉》① 一文,对康有为《新学伪经考》的内容、思想意义、学术价值及引起的反响进行了分析,指出《新学伪经考》不是一部单纯的学术著作,不是单纯的"辨伪专著",而是披着经学外衣,作为托古改制、变法维新的理论工具。对于该书所引发的社会反响,作者主要探讨的是戊戌变法中反对变法者在思想上的攻击和责难,对变法前时人的反响关注较少,特别是对变法前与变法中时人评判《新学伪经考》的不同视角缺乏分析。

朱维铮同样强调《新学伪经考》的思想价值与历史意义,指出康有为虽然是渺小的经学家,《新学伪经考》虽然缺乏学术的意义,却仍然具有历史的意义。他强调了廖平的经学思想对康有为的影响,认为假如没有更原始的材料予以否证,那么廖平至少充当了康有为理论体系的助产士,是可以肯定的。作者还以朱一新与康有为的论学为例,分析了《新学伪经考》的初始反响,但分析比较简略②。至于其他时人如何评价《新学伪经考》,作者并未展开。

张勇则对朱一新与康有为论学中所显示的《新学伪经考》的"初始效应"做了深入的剖析,同时还扩大搜索范围,兼及俞樾、谭献等人对《新

---

① 详见汤志钧《康有为与戊戌变法》,第 50~63 页。
② 朱维铮:《重评〈新学伪经考〉》,《求索真文明·晚清学术史论》,上海古籍出版社,1996,第 214~230 页。

学伪经考》的评价,认为《新学伪经考》在其刊行后的最初数年中,并没有在学界及政界引起激烈的反响,即使政变前对康有为学术悖谬的参劾,竟少牵连《新学伪经考》者①。但作者没有进一步对《新学伪经考》与《孔子改制考》的不同反响进行比较,也没有分析造成此一状况的原因。这正是本书着力研究的内容。

与《新学伪经考》一样受学界关注的是康有为另一部著作《孔子改制考》。在《近代经学与政治》②中,汤志钧分析了康有为"孔子改制"与戊戌维新的关系,指出"孔子改制"是和康有为的维新活动相始终的,清朝封建势力对资产阶级维新派的攻击,恰恰也是从"孔子改制"开始。康有为通过孔子"托古改制"的理论,将资产阶级的民权、议院、选举、民主、平等等,都附会到孔子身上,说是孔子所创,从而使人们相信,变法维新就是遵循孔子的"立法",孔子也就成为变法维新的祖师。康有为塑造的孔子,已使孔子资产阶级化了。由于资产阶级改良派在上书言事、学会组织、报刊舆论中无不宣传"新学伪经""孔子改制",且有专门出版机构刊印这类书籍,这样就必然冲荡封建势力,而新旧斗争,也就围绕"新学伪经""孔子改制"而展开。显然,汤先生将康有为的理论视为了改良派的理论,并将围绕"新学伪经""孔子改制"展开的斗争视为新旧斗争。

公羊学统是康有为学术政治思想的特色,萧公权的《近代中国与新世界:康有为变法与大同思想研究》③ 在梳理康有为家世、生平的基础上,深入分析了康有为的哲学思想、变法蓝图及大同理想。其中,对康有为与公羊学之关系,作者有精辟的论述,指出,康有为认为《春秋公羊传》是最完备和最可靠的儒家真理,这是他获得政治和社会哲学的经纬与思想泉源。公羊学派借实际政治来解释儒学与在学术致知上不甚求史实确切而重微言大义

---

① 张勇:《也谈〈新学伪经考〉的影响——兼及戊戌时期的"学术之争"》,《近代史研究》1999年第3期。
② 汤志钧:《近代经学与政治》,《康有为与戊戌变法》,第64~79页。
③ 萧公权:《近代中国与新世界:康有为变法与大同思想研究》,江苏人民出版社,1997,第35~117页。

的传统，对康有为影响深刻……作者充分肯定了康有为重估儒学的意义，认为康氏所处之世正值社会与政治的大变化，并迫使彻底重估儒家传统，以及极力欲使大清帝国在思想和制度上适应新的情况。说康氏利用儒家之名以息反对变法者之口，忽略了他的诚心。说他自认为儒家乃需要而非信服，同样是不公平的。康氏的治经给他提供了社会哲学的基础，同时为他的变法运动提供了理论支柱。保全中国的文化认同（儒学）和维持中国的政治独立（帝国），在康的心目中是同等重要的。以儒变法与以儒为教正是康有为实现其保存儒学与政治独立的途径。书中还对康有为与理学和康有为与朱次琦、廖平等之间学术关联做了分析。

房德邻曾两度撰文分析康廖之间的学术公案，并及康有为经学思想从古到今的转变过程，认为康有为的"两考"是受廖平的影响写出来的，这在学术界没有争议。有争议的是康有为当时是否看到过《辟刘篇》和《知圣篇》，康有为的"两考"是否袭用了他的"两篇"。作者在分析大量时人日记及廖给康书信等史料的基础上指出，康有为写"两考"时并没有看到廖平所著的《辟刘篇》和《知圣篇》，事实上廖平在光绪十六年还没有写出"两篇"[①]。关于康有为的学术转变，作者通过分析康有为的《民工篇》和《教学通义》，指出康的今文经学观点最初受到龚自珍的影响，而后喜好今文经的翁同龢、潘祖荫等人也影响了康有为的今文经学转向，当然他也受到了廖平的影响。[②] 刘巍以《教学通义》为切入点，考察了康有为的早期经学路向及其转向，并及廖康之间的学术纠葛。作者认为，康有为早年对周公的尊崇系受到章学诚"六经皆史"观念的启发，同时也受到常州公羊学派的影响。康有为上书活动失败促使他调整得君行道的上行路线，提出了以匹夫自任"合民权"以保国、保种、保教的新理论与策略，与这种思想相表里

---

① 房德邻：《康有为与廖平的一桩学术公案》，《近代史研究》1990年第4期；《论康有为从经古文学向经今文学的转变——兼答黄开国、唐赤蓉先生》，《近代史研究》2012年第2期。

② 房德邻：《论康有为从经古文学向经今文学的转变——兼答黄开国、唐赤蓉先生》，《近代史研究》2012年第2期。

的是对孔子的重新诠释与今文经学立场的确立。此时,廖平的"辟刘之议"可能启发了康有为的新思路。①

可以说,在康有为个人学术政治思想方面,现有的研究丰富且深入,为本书提供了良好的借鉴。但相对于康有为个人的学术政治思想而言,学界对包括梁启超在内的康门弟子此期的学术政治思想研究相对薄弱,特别是关于康门弟子此期对康有为学术政治思想的宣传与传播,迄今尚无研究,这也成为本书努力发掘的内容。

3. 关于戊戌时期康有为宗教观念的研究

康有为的宗教观念是康有为思想的重要方面,但这方面的研究成果大多集中在对康有为民国初年宗教思想与活动的研究上,对其戊戌时期宗教观念的研究相对简略。耿云志的《略论康有为的国教观》一文,提纲挈领,对康有为国教观应当研究的问题进行了归纳,指出:"康有为要求定孔教为国教的主张和活动,值得更加深入的讨论,主要有四个方面:(一)康有为的圣人情节及其自为教主的使命感;(二)康氏对儒学宗教化的解释;(三)康氏以孔教为国教主张及其政治化的运作;(四)失败原因的全面检讨。"② 随后,作者从这几个方面入手,略作分析。

萧公权曾对康有为的宗教观念做过全面的论述,在他看来,康有为"拟从几个途径将儒学转化为宗教:一、应用儒学中可用的思想,并借用佛教和基督教中可借用者;二、承认各教平等,但坚持儒教在学说上与实用上的优异性;三、辩称由于在实质性的优异性,儒教在理论上适宜于全人类,是在目前的情况下惟一适合中国的宗教"。③

汪荣祖认为,康有为的孔教论,是"以基督教义阐发儒家学说者","康氏借西方教会主义,以孔圣为先知,受天命以拯救世人,有为且欲创立孔教会,以儒者为牧师。但其心态,似仍非'宗教的',因其所谓之教,实

---

① 刘巍:《〈教学通义〉与康有为的早期经学路向及其转向——兼及康氏与廖平的学术纠葛》,《历史研究》2005年第4期。
② 耿云志:《略论康有为的国教观》,《韶关学院学报》2003年第10期。
③ 萧公权:《近代中国与新世界:康有为变法与大同思想研究》,第101页。

与西人之所谓宗教有异,所谓孔教实不似西方宗教之'出世'。其孔教之主旨在改制,而孔圣实系'改制教主'"。①

喻大华的《论康有为的孔教思想及其倡立孔教的活动》,也是从康有为对儒学的改造入手探讨康有为对儒学的宗教化阐释,认为康有为儒学宗教化的探索,经历了"援西入中"——实现儒学的近代化,纳儒入教——实现儒学的宗教化,以及其所设计的大同世界——堪称孔教的彼岸三个步骤,这使得儒学发生了质变,一定程度地适应了近代社会②。

程群、曾奕的《儒学与宗教——论康有为对宗教的阐释及其对诸教的判分》一文,同样探讨了康有为如何从理论上将儒学确立为宗教的努力,作者认为康有为将儒学确立为孔教,虽颇有取西方宗教之形式,但西方政教分离,无世俗教化之权,且与诸教并列,奉行信教自由之原则,不是康有为的目标。他处处强调将孔教建立为国教,又谓孔教少有神权之内容,乃合于当世,则欲将世俗政治之教化、教育职能收入其中。换言之,康有为建立孔教,绝非看重其超越的方面,而是强调其作为道德教化的力量。此种态度与历朝对待外来宗教的态度并无不同。康有为建立孔教的努力过程,同时亦是融通耶、佛、儒三教的过程,这一努力最后通过消除宗教的超越性而强调其道德的力量来完成。换言之,通过强调宗教在政治或教育方面的功能来完成儒学的重建与转化。③

魏义霞的《康有为"孔子为教主"意图和意义》一文,探讨了康有为定"孔子为教主"的内涵、意图和意义,认为借助"孔子为教主",康有为着重阐发了三个问题:第一,在中国本土文化的视域内推崇孔子,主要表现为将诸子百家归结为孔子之学。第二,在世界学术视域内,坚守孔教的至高无上性,主要表现为宣称孔教优于佛教,高于早于耶教(西学)。第三,孔教不仅有学术意蕴,而且有更为迫切的价值意蕴和实践指向,主要表现为将

---

① 汪荣祖:《晚清变法思想论丛》,新星出版社,2008,第45、46页。
② 喻大华:《论康有为的孔教思想及其倡立孔教的活动》,《南开学报》2002年第4期。
③ 程群、曾奕:《儒学与宗教——论康有为对宗教的阐释及其对诸教的判分》,《史林》2006年第6期。

孔教奉为国教来保国、保种。这表明，"孔子为教主"具有鲜明而强烈的救亡维度和意图。①

唐文明的《敷教在宽——康有为孔教思想申论》，是一部专门探讨康有为孔教思想的著作。与一般论著多侧重探讨康有为晚期的孔教思想与活动不同，该书作者对康有为前期的孔教思想做了深入的发掘，认为孔教主张贯穿康有为的一生，分为四个阶段：第一阶段是在康有为光绪十六年会晤廖平之前，其时他还没有彻底确立他的今文经学立场；第二个阶段是从他确立自己的今文经学立场一直到戊戌变法；第三阶段是从他戊戌流亡后到辛亥革命前；第四阶段则是在辛亥革命后。其中，作者特别强调了青年康有为的重要性，认为康有为在《教学通义》中提出的敷教主张规定了他后来的孔教思想的基本方向，只是康有为此时的孔教思想以理学为基础，与其后的以经学为基础有所不同②。

可以说，近年来学界对康有为孔教思想的研究有了很大的进展，且对康有为中年、青年时期孔教思想之研究也有所推进。这为本书的研究提供了良好的基础。但是，学界的相关研究主要集中在康有为个人身上，至于康门弟子在戊戌时期对康有为孔教思想的阐发、传播，则缺乏应有的关注。

此外，近年来，学界对于戊戌变法史的研究也取得了长足的进展。茅海建的《戊戌变法史事考》《从甲午到戊戌：康有为〈我史〉鉴注》等论著，对戊戌变法过程中的诸多史实进行了细密的考订，这为后来的相关研究提供了坚实可靠的史料基础。

本书在充分吸收前人研究成果的基础上，从"康党"这一新的视角切入，力求对戊戌时期的学术、政治纷争做出新的解读。

三 写作思路与结构

以"康党"为切入点，戊戌时期的学术政治纷争展现丰富、复杂的面

---

① 魏义霞：《康有为"孔子为教主"意图和意义》，《吉林师范大学学报》2014年第3期。
② 唐文明：《敷教在宽——康有为孔教思想申论》，中国人民大学出版社，2012。

貌，这种复杂性是与"康党"自身的学术政治主张、行为做派及其终极关怀密切相关的。凭借着特有的学术政治追求，"康党"在甲午战后不断高涨的变法浪潮中占据一席之地，甚至成为弄潮儿，并逐渐挤进变法的决策层。但当"康党"为了实现其学术政治追求不加妥协，甚至不计手段时，各种纷争随之而来，并最终牵动了戊戌政局的逆转，而在政变后的政局中，"康党"更是各种政治纷争的焦点。为展现此一复杂面貌，本文除绪论、结语外，共分七章。

第一章，主要论述"康党"的政治思想与宗教观念，这是"康党"区别于其他趋新人士的关键所在，也是反对派攻击"康党"的重点所在。其理论基础即康有为的《新学伪经考》与《孔子改制考》，时人称之为"康学""康教"。而后，康门师徒通过创办报刊、学校与学会等途径，对"康学""康教"进行宣传，其宣传力度之大，引人注目。

第二章，分析"康党"的政治思想引发的社会反响。"康学""康教"一体两面，构成了"康党"思想体系的核心内容。但是，时人对"康学""康教"的反响大不相同，甚至对"康学"的不同内容也有不同的反应。一方面，由于"康学"的不同部分问世的时空条件不同、内容侧重点不同，"康学"问世后所引发的社会反响也不尽相同。这种差异，集中体现在《新学伪经考》与《孔子改制考》两部著作上。前者虽离经叛道，但因其问世较早，且其内涵与政治距离较远，因此在其问世之初，并没有引发大规模的学术政治纷争。而后者却不同，当其问世之际，戊戌变法风起云涌，其鲜明的改制主旨很快引起了反对派的批评与责难；相反，部分变法派却因康有为借"素王改制"倡导变法而对康有为肃然起敬。另一方面，由于"康教"不符合中国国情，且其中透露了康有为的创教野心，因此受到时人的一致批评与质疑。变法派官绅对"康教"的批评与康门师徒为维护"康学""康教"所表现的结党做派，最终成为康门师徒与变法派官绅关系疏离的重要原因。为了论述的方便，本章主要考察前者，即时人对"康学"的态度异同；对于后者，即时人对"康教"的态度，因其与《时务报》有颇多关系，故放在第三章中进行讨论。

第三章，梳理了"康党"与变法派官绅的关系离合，重点分析"康党"的由来、"康党"的做派，并以《时务报》为中心，探讨了"康党"与变法派官绅的前合后离，说明造成"康党"与变法派官绅关系的疏离，不仅与"康学"有关，而且——更为主要的是——与时人对"康教"及"康党"做派的不满密切相关。

第四章，考察"康党"与湖南维新运动的关系。湖南维新变法的实践清楚地显示，"康学"对湖南的变法产生了重要的影响，并使湖南的维新一度染上了颇为激进的色彩，这在时务学堂、《湘报》与南学会都有清楚的体现。于是，部分湖南官绅抵拒"康学""康教""康党"，从而显示与康门弟子不尽相同的变法路径。

第五章，主要论述"康党"与百日维新的关系，以观察百日维新前后，"康党"在北京的作为及其引发非议与纷争的原因。本章指出，百日维新开始之后，因各种实质性变法措施的出台，触及了既得利益者的利益，故纷争因而变得复杂，新与旧、"康党"与非"康党"等矛盾纠缠在一起。此时，"康党"及时拿出新党、旧党的标签，对当时的支持者与反对派大加标贴，新旧矛盾、"康党"与非"康党"的矛盾在此合二为一，本来复杂的政治纷争，便简化成了新旧党争。而对那些只反"康党"不反变法的人们来说，"康党"这种混淆"康党"与新党的做法难以令其信服，于是王先谦等人出而辨析"康党"与新党之不同。

第六章，系统论述"康党"与戊戌政变后政局变动之关系，详细考察了戊戌政变后清廷对"康党"、新党、新政的政策变化，以及"康党"对时局的应对与其他新党对清廷、"康党"的态度变化。政变之初，清廷一度承诺不株连新党，且继续新政，但后来的事实是，清廷并未兑现其承诺，不但株连新党，而且停废新政、幽闭光绪，以致趋新士人大失所望，大批士人开始离心清廷。反观"康党"，政变之初，为了为自己的流亡活动正名，大肆诋毁慈禧太后，甚至篡改、伪造密诏，将自己塑造成新党的领袖。"康党"对慈禧太后的肆意诋毁与谩骂引起了时人的反感与轻视，但其力斥慈禧停废新政、株连新党的宣传，则因符合事实，得到了更多的理解与支持。与此同时，新党舆论也由政变之初的靠拢清廷、疏离"康党"转而变为批判清廷、同情"康党"。

第七章，考察己亥年"康党"为应对时局的策略调整与清廷对"康党"的政策。时至己亥年，"康党"面对新的时局，及时调整其宣传策略，不再痛诋慈禧，荣禄取代慈禧成为发动政变的罪魁祸首。与此同时，发动舆论攻势，呼吁太后归政、皇上亲政。这是"康党"面对己亥时局做出的策略调整，也是对其前期宣传失当的适度纠偏。反观此期清廷的"康党"政策，非但没有丝毫的放宽，而且还不时发布缉拿"康党"的上谕，并暗中布局，先有刘学询、庆宽的日本之行，后有李鸿章的粤督之命，其真实命意均在"康党"。而且，清廷在复旧的路上渐行渐远，刚毅南下将清廷的复旧之风推向极致；与此同时，清廷一直暗中筹划废立，并于己亥年末宣布立嗣之谕。复观新党舆论，此时已与"康党"渐趋一致，在刚毅南下，刘学询、庆宽赴日、李鸿章任粤督，立嗣上谕出台等问题上，新党与"康党"前呼后应、里应外合，给清廷造成了极大的压力。清廷的种种倒行逆施，最终将政变以来本已开始离心清廷的新党推向公然与之对抗的道路，庚子勤王正是在此背景下发生的。

四 研究方法

本书以唯物史观为指导，坚持具体问题具体分析的原则，采取政治史与思想史等多学科研究方法相结合，既注重政治运作的过程，也关注思想脉络的演变，在政治变动中寻求思想演化的轨迹；宏观研究与微观研究相结合，在充分实证研究的基础上，力求得出公允的结论。此外，在研究中，秉持力求略人所详，详人所略的理念，如第五章关于百日维新的既有研究较多，固该章论述简略；而第六章、第七章因前人研究较少，故不惜笔墨，力求弥补现有研究之不足。

第一章
"康学""康教":"康党"的政治思想与宗教观念

"康学""康教"是戊戌时期时人用来概括"康党"学说的重要概念,二者形象地涵盖了此期康有为思想的主要内容。这既是戊戌时期"康党"变法的理论指南,也是康门师徒的信仰所在。其中,"康学""康教"一体两面,互为表里,前者是后者的学术基础,多指其以"素王改制"为核心的公羊学说;后者为前者的理论旨归,多指其创立孔教的主张。可以说,康有为以考据学形式呈现给世人的是包裹着鲜明政治内涵的孔教理论,即以"素王改制"为内核的孔教思想。而康有为孔教理论的建构是由一系列著述完成的,正如梁启超所说,康有为"孔教复原"共分为三个阶段:第一阶段为"治《春秋》也,首发明改制之义",代表作为《孔子改制考》;第二阶段为"论三世之义",代表作为《春秋三世义》《大同学说》;第三阶段为阐明《易》之"以元统天,天人相与之学也",其代表作为"拟著"中的《大易微言》。① 可见,戊戌时期尚是康有为"孔教复原"的第一阶段,展现给国人的也只是其"孔教复原"理论体系的冰山一角,包括《新学伪经考》《孔子改制考》《春秋董氏学》等著述。不过,这冰山一角已经包含了冰山构成的诸多要素,时人通过这些著述已可明了康有为"创立孔教"

---

① 梁启超:《南海康先生传》,《饮冰室合集·文集之六》,中华书局,1989,第68~69页。

的意图及其内涵。而康门弟子对师说的锐意阐发与大力宣传进一步扩大了"康学""康教"的影响。

一 "康学":"素王改制"论

光绪十六年,康有为与廖平会晤之后,其今文经学的立场得以确立。次年,康有为始于广州万木草堂开班授课。在学生们的助益下,《新学伪经考》于是年刊出。光绪二十三年《春秋董氏学》刊出,次年《孔子改制考》问世。康有为政治思想与宗教思想的系统阐发正集中于此。前者重在从学术上考证古文之伪、今文之真,后二者则重在阐发其"素王改制"的理论。康有为之所以选择今文经学,关键在于今文经中的"素王改制"论能够满足其救世变法的需要。

在《新学伪经考》叙中,康有为开宗明义,指出了该书的主旨:

> 始作伪乱圣制者自刘歆,布行伪经篡孔统者成于郑玄。阅二千年岁、月、日、时之绵暧,聚百、千、万、亿衿缨之问学,统二十朝王者礼乐制度之崇严,咸奉伪经为圣法,诵读尊信,奉持施行。违者以非圣无法论,亦无一人敢违者,亦无一人敢疑者。于是夺孔子之经以与周公,而抑孔子为传;于是扫孔子改制之圣法,而目为断烂朝报。"六经"颠倒,乱于非种;圣制埋瘗,沦于雺雾;天地反常,日月变色……且后世之大祸,曰任奄寺,广女色,人主奢纵,权臣篡盗,是尝累毒生民、覆宗社者矣。古无有是,而皆自刘歆开之。是上为圣经之篡贼,下为国家之鸩毒者也。

古文乃刘歆伪作,六经因之变乱,刘歆"身为'新'臣",故康有为将古文经名为"新学"。刘歆之后,郑玄成为"布行伪经篡孔统"的集大成者。郑玄之后,"凡后世所指目为'汉学'者,皆贾、马、许、郑之学,乃'新学',非'汉学'也;即宋人所尊述之经,乃多伪经,非孔子之经也"。为了"起亡经,翼圣制",明"孔氏之道",康有为遂"采西汉之说,以定孔子之本经;亦附'新学'之说,以证刘歆之伪经"。①

刘歆所作之伪经为何?在康有为看来,《毛诗》、《古文尚书》,《礼》中之《逸礼》、《周官》及《易》中之《说卦》、《序卦》、《杂卦》,以及《左传》均为伪作。对此,康有为概括道:

> 凡《诗》者三百五篇……传之有鲁、齐、韩三家,无所谓《毛诗》者。其《书》,上纪唐、虞之际,无《舜典》,但有伏生今文二十八篇……无所谓"壁中《古文尚书》"者。其《礼》,唯有高堂生所传十七篇,而无《逸礼》三十九篇、《周官》五篇,及《明堂阴阳》、《王史氏记》也。其《易》,则伏牺画八卦,文王重六十四卦,孔子系之辞,无以为周公作,亦无《说卦》、《序卦》、《杂卦》三篇,亦无《十翼》之说。传授人自商瞿至田何,再传至杨何,无所谓古文《费氏》也。其《春秋》,唯有《公羊》、《穀梁》二家,无所谓《左氏传》也。……今据之以攻古学,若发蒙焉,知《毛诗》、《古文尚书》、《逸礼》、《周官》、《费氏易》、《左氏春秋》,皆伪经也。于以洗二千年歆、莽之伪氛,复孔圣传授之微言,皆赖于此。②

在如此多的伪书中,康有为认为关键在于《周官》与《左传》,"歆遍造伪经,而其本原莫重于伪《周官》及伪《左氏春秋》。而伪《周官》显背古义,难于自鸣,故先为伪《左氏春秋》,大放厥辞"。③ 刘歆之所以要"遍伪群经",是因为他"既已伪《左传》矣,必思征验乃能见信,于是遍伪群经矣"。④ 虽然在康有为之前已有人指出过古文经之伪,如刘逢禄指

---

① 康有为:《新学伪经考》,姜义华、张荣华编校《康有为全集》第1集,中国人民大学出版社,2007,第355~356页。
② 康有为:《新学伪经考》,姜义华、张荣华编校《康有为全集》第1集,第368页。
③ 康有为:《新学伪经考》,姜义华、张荣华编校《康有为全集》第1集,第398~399页。
④ 康有为:《新学伪经考》,姜义华、张荣华编校《康有为全集》第1集,第431页。

《左传》为伪,魏源指《毛诗》为伪,邵懿辰指《逸礼》为伪,而且《易图》《古文尚书》《周礼》等,均有学者考定真伪,① 但像康有为这样全面否定古文经者,是第一次。为了证明刘歆"遍伪群经",康有为甚至认为"出土之钟鼎彝器,皆刘歆私铸埋藏以欺后世",即使他用以论证刘歆作伪的重要证据《史记》,也有"刘歆羼入者数十条"。②

与古文经之伪相对应的是今文经之真。在康有为看来,六经都是孔子所作:"六经皆孔子所作。《诗》三百五篇,《书》二十八篇,《礼》十六篇,《易》上、下二篇,《春秋》十一篇,乐在于声,其制存于《礼》,其章存于《诗》,无文辞,是为'六经'。"除六经之外,其他"儒家之书"都是传六经,因此只能称传而非经:"自'六经'而外皆七十子后学所记,各述所闻,或独撰一书,或合述一书,与经别行,统名曰'传',凡儒家言皆是,犹内典佛说者为'经',菩萨说者谓'律、论'也。虽以《论语》纪孔子言,以非孔子所撰,亦名为'传'。……盖七十子后学记,即儒家之书,即《论语》、《孝经》亦在其中。"③ 既如此,孔子之道当从六经中获取。

而在孔子作六经与刘歆伪作古文之间,康有为无法回避的一个史实是秦始皇焚书坑儒。对此,康有为认为,以往所说的秦始皇焚书造成六经"亡缺"之说,其实是"刘歆之伪说也。歆欲伪作诸经,不谓诸经残缺,则无以为作窜(篡)入之地,窥有秦焚之间,故一举而归之"。在康看来,秦始皇焚书,"但烧民间之书,若博士所职,则《诗》、《书》、百家自存"。因为秦始皇焚书的目的是愚民,而非自愚。若"并秘府所藏""博士所职"都焚烧的话,岂不是"秦并自愚也,何以为国?"④ 而后,刘邦攻入咸阳,萧何得以收取大量图书,才有刘歆篡乱六经之事。康有为对秦始皇焚书的新

---

① 丁亚杰:《清末民初公羊学研究——皮锡瑞、廖平、康有为》,台北,万卷楼图书有限公司,2002,第199~200页。
② 梁启超:《清代学术概论》,《饮冰室合集·专集之三十四》,第56页。
③ 康有为:《新学伪经考》,姜义华、张荣华编校《康有为全集》第1集,第392页。
④ 康有为:《新学伪经考》,姜义华、张荣华编校《康有为全集》第1集,第356~357页。

解，语出惊人，却难以令人信服。

在形式上，康有为的《新学伪经考》俨然一副清代考据学的面相，但在本质上，它体现的则是公羊学统。"借实际政治来解释儒学"，也是公羊学派的一贯做法。"此派在学术致知上不甚求史实之确切，说是孔子作《春秋》要在微言大义，而不在记录史实"，而"康氏对公羊学派有兴趣并非是纯学术的，而是其中所含有的社会和政治意义"。① 基于此一学统，在《新学伪经考》烦琐考证的背后，康有为所要表达的是：六经乃孔子所作，秦始皇焚书并未厄及六经。西汉经学中并无所谓古文者，凡后世流传的古文，都是刘歆伪作。刘歆作伪的目的是助莽篡权，直接后果则是"夺孔子之经以与周公，而抑孔子为传；于是扫孔子改制之圣法，而目为断烂朝报"。② 因此，《新学伪经考》的终极目的在于"起亡经，翼圣制"，使孔子改制之圣法复明于今日。换言之，在此一粗疏的考证形式下，康有为事实上是要重构儒学的传统，以便从中寻求其政治、社会变革的思想泉源，诚如梁启超所言：

> 南海先生演孔之书四，而伪经考先出世焉。问者曰：以先生之大道，而犹然与近世考据家争一日之长短，非所敢闻也。梁启超曰：不然，孔子之道，堙昧久矣，孔子神圣与天地参，制作为百王法，小大精粗，其运无乎不在。荀卿之后，孔教一变再变，以致于宋以后之学者，视孔子如迂儒矣。故小有智慧之士，以为孔子之义甚浅，其道甚隘，坐此异教来侵，辄见篡夺。魏唐佞佛，可为前车。今景教流行，挟持国力，其事益悍，其几益危。

而康有为《新学伪经考》的目的即在于复明孔学之本义，进而昌明孔教："先生以为孔教之不立，由于孔学之不明，锄去非种，嘉谷必茂，荡涤雾

---

① 萧公权：《近代中国与新世界：康有为变法与大同思想研究》，第64~65页。
② 康有为：《新学伪经考》，姜义华、张荣华编校《康有为全集》第1集，第355页。

雾，天日乃见。故首为是书，以清芜秽，至于荀学之偏，宋学之浅，但明于大道，则支流余裔，皆入范围。非吾党之寇仇，固无取于好辩。"因此，他断言："先生之为此书，其非与考据家争短长，宁待辨邪！"① 这里，梁启超言简意赅，道出了康有为《新学伪经考》的价值所在。但是，康有为毕竟生活于考据学兴盛的清中叶之后，公羊学统中粗疏、武断的考证形式不可避免地引起时人的批评。而且，在康有为尚籍籍无名的19世纪90年代初，除了与他交往密切的朱一新之外，时人解读《新学伪经考》主要是从学术的视角入手，对其借经术以佐变法的目的涉及较少，对此，第二章再做详论。

如果说《新学伪经考》重在破的话，那么《春秋董氏学》《孔子改制考》则重在立。在《春秋董氏学》的序言中，康有为明确指出："道、教何从？从圣人。圣人何从？从孔子。孔子之道何在？在'六经'。'六经'粲然深美，浩然繁博，将何统乎？统一于《春秋》……《春秋》三传何从乎？从《公羊》氏……惟《公羊》详于素王改制之义，故《春秋》之传在《公羊》也……然则欲学《春秋》，舍董生安归？……因董子以通《公羊》，因《公羊》以通《春秋》，因《春秋》以通六经，而窥孔子之道本。"② 在康有为开列的经学谱系中，《春秋》与《公羊》至关重要。而此一谱系建构的标准即"托古改制"，选择《公羊》而非《左传》即明证。因为只有《公羊》中才有微言大义、托古改制。这在《孔子改制考》中有集中的体现。对于《孔子改制考》的主旨，梁启超概括说："定《春秋》为孔子改制创作之书，谓文字不过其符号……又不惟《春秋》而已，凡六经皆孔子所作，昔人言孔子删述者误也。孔子盖自立一宗旨而凭之以进退古人，去取古籍。孔子改制，恒托于古。尧舜者，孔子所托也，其人有无不可知。即有，亦至寻常，经典中尧舜之盛德大业，皆孔子理想上所构成也。又不惟孔子而已，周秦诸子罔不改制，罔不托古。"③ 这就是康有为的孔子"托古改制"说。

---

① 梁启超：《新学伪经考叙》，《知新报》第32册，光绪二十三年九月初一日，澳门基金会、上海社会科学院出版社影印本，1996，第347~348页。
② 康有为：《春秋董氏学》，姜义华、张荣华编校《康有为全集》第2集，第307页。
③ 梁启超：《清代学术概论》，《饮冰室合集·专集之三十四》，第57页。

在康有为"托古改制"理论的建构中,公羊学统同样清晰可见。有研究指出,公羊学统对康氏思想的影响,有两个学说最为显著:"一是说孔子乃是所有经书的制作之人,并不是述而不作。二是三世说,即人类历史的发展是经由'据乱世'、'升平世'和'太平世'的过程……三统之说有同样的重要性。"① 正是因循孔子并非述而不作的思路,康有为认为孔子为改制而作"六经","学者知'六经'为孔子所作,然后孔子之为大圣,为教主,范围万世而独称尊者,乃可明也。知孔子为教主,'六经'为孔子所作,然后知孔子拨乱世,致太平之功,凡有血气者,皆日被其殊功大德,而不可忘也"。② 孔子作六经,为万世立法,拨乱反正,这是康有为学说的核心。有了这一点,康有为创立孔教才名正言顺,效法孔子改制变法才有据可循。

为了说明孔子改制的合法性,康有为充分发挥了公羊学的素王之义,证明孔子为制法之王。他说:

> 乃上古昔,尚勇竞力,乱萌惨黩。天闵振救,不救一世而救百世,乃生神明圣王,不为人主,而为制法主。天下从之,民萌归之。自战国至后汉八百年间,天下学者无不以孔子为王者,靡有异论也。自刘歆以《左氏》破《公羊》,以古文伪传记攻今学之口说,以周公易孔子,以述易作,于是,孔子遂仅为后世博学高行之人,而非复为改制立法之教主圣王,只为师统而不为君统。诋素王为怪谬,或且以为僭窃。尽以其权归之人主。于是,天下议事者引律而不引经,尊势而不尊道。其道不尊,其威不重,而教主微;教主既微,生民不严不化,益顽益愚。皆去孔子素王之故。异哉!王义之误惑不明数千载也!夫王者之正名出于孔氏。何谓之王?一画贯三才谓之"王",天下归往谓之"王"。天下不归往,民皆散而去之,谓之"匹夫"。以势力把持其民谓之"霸",残贼民者谓之"民贼"。夫王不王,专视民之聚散向背名之,非谓其黄屋

---

① 萧公权:《近代中国与新世界:康有为变法与大同思想研究》,第67页。
② 康有为:《孔子改制考》,姜义华、张荣华编校《康有为全集》第3集,第128页。

左蠹，威权无上也。后世有天下者称帝，以王封其臣子，则有亲王、郡王等名。……若将就世俗通达之论识言之，则王者人臣之一爵，更何足以重孔子？亦何足以为僭异哉？然今中国圆颅方趾者四万万，其执民权者二十余朝，问人归往孔子乎？抑归往嬴政、杨广乎？既天下义理、制度皆从孔子，天下执经、释菜、俎豆、莘莘皆不归往嬴政、杨广，而归往大成之殿、阙里之堂，共尊孔子。孔子有归往之实，即有王之实，有王之实而有王之名，乃其固然。然大圣不得已而行权，犹谦逊曰假其位号，托之先王，托之鲁君，为寓王为素王云尔。故夫孔子以元统天，天犹在孔子所统之内，于无量数天之中而有一地，于地上无量国中而为一王，其于孔子曾何足数！……今遍考秦、汉之说，证明素王之义。庶几改制教主，尊号威力，日光复荧，而教亦再明云尔。①

孔子即为素王，其改制则名正言顺，"有非力之所能致而自致者，西狩获麟，受命之符是也"。秉承天命，孔子乃托《春秋》以改制："王降为风，夷于诸侯，盖孔子大义……周道亡于幽、厉，自是孔子以《春秋》继周，改周之制，以周与宋同为二王后。故《诗》之'三颂'，托王鲁、新周、故宋之义，运之三代，传之口说，著之《公羊》、《穀梁》，大发明于董子。……何邵公所谓'非常异义'，太史公所谓'不可书见，口授弟子者'也。"②

因刘歆作伪，以周公代孔子，遂使天下尊势而不尊道，师统不继，君权独大。而今康有为通过遍考秦、汉之说，证明素王之义，使孔子改制之义复明于天下。在康有为看来，汉儒董仲舒最明孔子改制之义，"董生更以孔子作新王，变周制，以殷、周为王者之后。大言炎炎，直著宗旨，孔子微言口说，于是大著。孔子为改制教主，赖董生大明"。③ 缘是，康有为在《孔子改制考》之外，又作《春秋董氏学》，因为只有通过董仲舒，才能获解孔子

---

① 康有为：《孔子改制考》，姜义华、张荣华编校《康有为全集》第3集，第101页。
② 康有为：《孔子改制考》，姜义华、张荣华编校《康有为全集》第3集，第102~103页。
③ 康有为：《孔子改制考》，姜义华、张荣华编校《康有为全集》第3集，第103页。

创教改制之大义。这里，康有为的素王之义极具叛逆性，所谓"天下归往谓之'王'。天下不归往，民皆散而去之，谓之'匹夫'。以势力把持其民谓之'霸'，残贼民者谓之'民贼'。夫王不王，专视民之聚散向背名之，非谓其黄屋左纛，威权无上也"，不仅是对民权的肯定，而且是对传统君王权威的极大反叛。

改制与托古乃康有为阐释公羊学理论的重要命题，正如康有为所言："读《公羊》，先信改制。不信改制，则《公羊》一书，无用之书也。"与改制一样重要的是托古，"孔子屡言'从周'……皆是尊君，安有改制之理？岂知孔子托王于鲁，有改制之文，无易道之实也……王则托于鲁，三统则托于古，《春秋》一书，皆托文见意也"。① 孔子既改制，又何必托古呢？对此，康有为解释说："圣人但求有济于天下，则言不必信，惟义所在。无征不信，不信民不从，故一切制度托之三代先王以行之。若谓圣人行事不可依托，则是以硁硁之小人律神化之孔子矣。布衣改制，事大骇人，故不如与之先王，既不惊人，自可避祸。"② 正因为"布衣改制，事大骇人"，孔子才将改制之大事托付给三代先王，故而"六经中之尧、舜、文王，皆孔子民主、君主之所寄……不必其为尧、舜、文王之事实也"。当康有为将六经之尧、舜、文王视为孔子民主、君主之所寄托时，康有为的孔子改制遂不同于前人所说的孔子改制。循此而下，此时的康有为自然也可以重走孔子托古改制之路，为当下的变法作制。

而康有为"素王改制"论的核心又在于"三世""三统"说："《春秋》始于文王，终于尧、舜。盖拨乱之治为文王，太平之治为尧、舜，孔子之圣意，改制之大义，《公羊》所传微言之第一义也。"③ "'三世'为孔子非常大义，托之《春秋》以明之。所传闻世为（托）据乱，所闻世托升平，所见世托太平。乱世者，文教未明也。升平者，渐有文教，小康也。太平者，大同之世，远近大小如一，文教全备也。大义多属小康，微言多属太平。为

---

① 张伯桢：《康南海先生讲学记》，姜义华、张荣华编校《康有为全集》第2集，第121页。
② 康有为：《孔子改制考》，姜义华、张荣华编校《康有为全集》第3集，第141页。
③ 康有为：《孔子改制考》，姜义华、张荣华编校《康有为全集》第3集，第150页。

孔子学，当分二类，乃可得之。此为《春秋》第一大义"。① 正是借助"三世"说的理论，康有为才得以充分表达其变法改制的主张。而由"三世"说直接引出的是，康有为在政治变革中对西方民权、平等等思想、制度的汲取。这也使得康有为的改制说与前人不同，更是其弟子们着意阐发与宣传的内容。正如梁启超所言："近人著祖述何休以治《公羊》者，若刘逢禄、龚自珍、陈立辈，皆言改制，而有为之说，实与彼异。有为所谓改制者，则一种政治革命、社会改造的意味也，故喜言'通三统'，三统者，谓夏、商、周三代不同，当随时因革也。喜言'张三世'，'三世'者，谓据乱世、升平世、太平世，愈改而愈进也。有为政治上'变法维新'之主张，实本于此。"②

以"三世"说为核心的"素王改制"论为康门师徒的政治变法提供了重要的思想资源，也构成了"康学"的核心内容。至此，经过康有为改造后的儒学，完全可以胜任变法的需要；但需要指出的是，重建儒学传统以适应变法，达到保国之目的，只是康有为的目标之一，因为，在康有为这里，"保存儒学与保存帝国一样重要"。因此，康有为还要将改造后的儒学创为孔教，以便万世尊奉。

二 "康教"：创立孔教说

在近代中国，援公羊学议政、倡导"素王改制"，并非康有为所独创。但发明经义、视孔子为教主、创立孔教，是康有为的创举。康有为通过梳理今文经典中有关孔子是改制立法之素王的说法，以论证其孔子为教主的思想，从而创立孔教。

康有为首先赋予孔子以教主的地位，认为孔子遭逢末世，于是起而创教。不但孔子创教，而且周末诸子并起创教，"各因其受天之质，生人之

---

① 康有为：《春秋董氏学》，姜义华、张荣华编校《康有为全集》第2集，第324页。
② 梁启超：《清代学术概论》，《饮冰室合集·专集之三十四》，第57页。

第一章 "康学""康教":"康党"的政治思想与宗教观念

遇,树论语,聚徒众,改制立度,思易天下"。中国如此,"外国诸教亦不能外是矣。当是时,印度则有佛、婆罗门及九十六外道并创术学,波斯则有祚乐阿士对创开新教,泰西则希腊文教极盛,彼国号称同时七贤并出,而索格底集其成。故大地诸教之出,尤盛于春秋、战国时哉!"如此看来,康有为对宗教的理解自然与西方的宗教大不相同,不仅包含西方意义上的宗教,甚至还包括具有教化作用的学术。不过,在康有为看来,虽然诸子并起创教,但"惟其质毗于阴阳,故其说亦多偏蔽,各明一义,如耳、目、鼻、口不能相通"。只有孔子"积诸子之盛,其尤神圣者,众人归之,集大一统,遂范万世。《论衡》称孔子为诸子之卓,岂不然哉!天下咸归依孔子,大道遂合,故自汉以后无诸子"。① 因此,只有孔子才是众人归往的万世教主。但后因刘歆作伪,"孔子为儒教之主"方被淹没:"汉自王仲任前,并举儒、墨,皆知孔子为儒教之主,皆知儒为孔子所创。伪古说出,而后吻塞掩蔽,不知儒义。以孔子修述'六经',仅博雅高行,如后世郑君、朱子之流,安得为大圣哉?章学诚直以集大成为周公,非孔子。唐贞观时,以周公为先圣,而黜孔子为先师,乃谓特识,而不知为愚横狂悖矣。神明圣王,改制教主,既降为一抱残守缺之经师,宜异教敢入而相争也。今发明儒为孔子教号,以著孔子为万世教主。"② 刘歆作伪的结果是,神明圣王,改制教主,被降为一个抱残守缺的经师。而今康有为的任务就是要"发明儒为孔子教号,以著孔子为万世教主",复原孔子被刘歆湮没的教主地位。

在康有为看来,其他诸教之所以无法与孔教相敌,原因在于"孔子之道,配神明,醇天地,育万物,本末精粗,六通四辟,无乎不在。诸子奋其螳斧,自取灭亡。自获麟至元狩三百年,削荛铲乱,芟墨夷老,天下归往,大道统一。非特郡国立学,乃至裔夷遣子,章缝遍于外域,'六经'揭于日月。《春秋》继周,范围百世,盛矣哉!"③ 这里,"配神明,醇天地,育万物",显示的是孔子的神圣性,正是孔子的这种神圣性才使得孔教战胜了诸

---

① 康有为:《孔子改制考》,姜义华、张荣华编校《康有为全集》第3集,第8页。
② 康有为:《孔子改制考》,姜义华、张荣华编校《康有为全集》第3集,第85~86页。
③ 康有为:《孔子改制考》,姜义华、张荣华编校《康有为全集》第3集,第235页。

教，成为天下归往的"神圣之道"。对孔子之神性，康有为努力发掘："儒者之极为圣儒，荀子所为'于礼旁皇周浃之圣人也'，即圣儒也。盖儒教之中极品名号，创教者不能名之，只能谓之神人矣。"① 而西狩获麟更是康有为说明孔子神性的重要论据。在《孔子改制考序》中，康有为引用《演孔图》中的黑帝降精而生孔子的说法，称："天既哀大地生人之多艰，黑帝乃降精而救民患，为神明，为圣王，为万世作师，为万民作保，为大地教主。"② 康有为之所以强调此一点，意在说明孔教与其他西方宗教一样，具备了神圣性的特点。

除了神性之外，作为宗教的另一个特点则是传教，为此，康有为对孔教在历史上的传教盛况大加描摹。他说，孔教之所以盛行，原因还在于前哲艰苦卓绝的传教，"将使日月所照，霜露所坠，大小远近若一，声教遍于大地，必先行于诸夏；将使楚、魏、齐、秦咸立博士，汉夷四表咸诵六经，必先行于鲁国。康成经学，朱、王理学，皆数十年而遍天下，彼瞿昙之于迦维卫，摩诃之于麦加犹然"。③ 即使在"七雄争""刘、项战"的混乱年代，"服儒衣冠传教者充塞天下，弥满天下，得游行教导于天下，不知禄爵，不择人主，惟以行教为事，所至强聒其君相，诱导其士民，立博士，开黉舍，虽经焚坑不悔，此儒教所由光被哉！后生受其成，不知前哲传教之苦，仅以闭户洁身为事，其嗤孔子为佞也固宜。其不肖者困于禄位，知有国而不知有教，欲不微也得乎！窃用恐惧"。④ 传教是西教得以生存并光大的重要原因，孔教既为宗教，传教自然至关重要。因此，康有为不仅发掘出孔子创教之初的传教盛况，而且指出儒教日后的式微，正是缘于"不肖者困于禄位"、不知传教。康有为发掘此意，就是要再续前哲传教的传统，以传教为己任，将孔教发扬光大。

为证明孔子是制法之王，康有为引经据典，不仅发挥公羊学的素王之

---

① 康有为：《孔子改制考》，姜义华、张荣华编校《康有为全集》第3集，第234页。
② 康有为：《孔子改制考序》，姜义华、张荣华编校《康有为全集》第3集，第3页。
③ 康有为：《孔子改制考》，姜义华、张荣华编校《康有为全集》第3集，第221页。
④ 康有为：《孔子改制考》，姜义华、张荣华编校《康有为全集》第3集，第225页。

义，证明孔子为素王，"所谓素王者，以当王法，即董子所谓假位号，以正人伦也"，而且认为典籍中所说的新王、文王、圣王、先王、后王、王者均是指孔子。有了王的身份，孔子创教便顺理成章。在康有为看来，和其他一切教主一样，孔子创儒教改制，是为后世立法，"凡大地教主，无不改制立法也。诸子已（亦）然矣。中国义理、制度，皆立于孔子，弟子受其道而传其教，以行之天下，移易其旧俗"。① 在孔子创立的儒教中，六经即教义，对此康有为如是说："孔子之为教主，为神明圣王，何在？曰：在'六经'。"六经之外，其他均不得谓之经，"孔子所作谓之经，弟子所述谓之传，又谓之记，弟子后学展（辗）转所口传谓之说，凡汉前传经者无异论。故惟《诗》、《书》、《礼》、《乐》、《易》、《春秋》'六艺'为孔子所手作，故得谓之经。如释家佛所说为经，禅师所说为论也。弟子所作，无敢僭称者"。② 更为重要的是，在康有为看来，"素王改制"只是"故仓等推礼，是七十子家法，孔子发其大义，则高弟子人人可依例推致，《论语》所谓'举一隅不以三隅反，则不复'，明贵能推致也。若使孔子事事为之，虽以圣人之力有所不能尽者矣"。③ "《文艺志》讥后仓以士礼推于天子，不知孔子改制举其大纲，其余条目皆任弟子之推补，故孔门后学皆有推补之权"。④ 换言之，孔子改制只是为后人提供了理论依据，而具体所改内容则可以依据各自所处的时代而定。康有为自比孔子，且有"长素"之称，对自己的创教使命直言不讳："地球数千年来，凡二大变，一为春秋时，一为今时，皆人才蔚起，创制立教。"⑤ 显然，春秋时创教立志之教主是孔子，而如今的教主则是康有为自己。康有为创教的自觉与野心由此可见一斑。

为了将孔教阐发为宗教，康有为可谓费尽心思。在他的理论中，孔教不仅有了教主——孔子，而且有了教义——六经及口说之教旨等。同时，他认

---

① 康有为：《孔子改制考》，姜义华、张荣华编校《康有为全集》第3集，第111页。
② 康有为：《孔子改制考》，姜义华、张荣华编校《康有为全集》第3集，第128页。
③ 康有为：《新学伪经考》，姜义华、张荣华编校《康有为全集》第1集，第393页。
④ 康有为：《春秋董氏学》，姜义华、张荣华编校《康有为全集》第2集，第329页。
⑤ 张伯桢：《康南海先生讲学记》，姜义华、张荣华编校《康有为全集》第2集，第109页。

为，孔教之所以式微，关键在于后世传教不力。因此，要想重新光大孔教，必须像西教一样传教，创建教会，从而建立儒教的传教组织。当儒教晦暗不明之时，康有为再度发明儒教教义，其在儒教中地位之重要不言而喻。梁启超称其师为马丁·路德，正可见康有为在儒教史上的地位。然而，这也引起了时人对康有为创教、传教动机的怀疑，成为"康党"遭受非难的重要原因。

康有为何以要发明教义、创建孔教？其动因与目的何在？就动因而言，一方面与康有为的"圣人"情节与灵修体验有关，诚如梁启超所说："先生幼受孔学，及屏居西樵，潜心佛藏，大澈大悟。出游后，又读耶氏之书，故宗教思想特盛。常毅然以绍述诸圣、普渡终生为己任……常持三圣（孔、佛、耶）一体、诸教平等之论。然以为生于中国，当先救中国，欲救中国，不可不因中国人之历史、习惯而利导之。"① 康有为的这种宗教情节为其创教提供了内在动因。然西力、西学、西教的刺激无疑是康有为产生创教思想的重要因素。可以说，康有为的创教包含了保国与保教的双重目的。西力、西教的东侵对中国的政治、文化产生了强烈的冲击，使中国出现了严重的国与教的危机。在国与教的双重危机中，康有为遂产生了提倡孔教，以与基督教对抗，从而保国、保教的念想。正是晚清以降强烈的政治、文化危机激发了康有为创立孔教的思想。从学术上梳理孔教的源流与阐发孔教教义只是康有为孔教说的第一步，意在为孔教正名，说明其传教、保教的合法性。而其真正的关怀却在于现实，希冀通过提倡孔教、传播孔教，以便与基督教对抗，从而达到保国、保教的目的。对此，康有为很早以前就多有表达。光绪十七年，康有为在与朱一新的论学中，曾针对朱一新"阳尊孔子、阴祖耶稣"的批评，辩驳道："是何言欤？马舌牛头，何其相接之不伦也！"随后，他不仅讲述了自己认知西学的历程，而且强调西方的威逼与其变政保国、保教之关系。他说：

---

① 梁启超：《南海康先生传》，《饮冰室合集·文集之六》，第67页。

第一章 "康学""康教":"康党"的政治思想与宗教观念

吾今且以质足下,以为今之西夷与魏、辽、金、元、匈奴、吐蕃同乎?否乎?足下必知其不同也。今之中国与古之中国同乎?异乎?足下必知其地球中六十余国中之一大国,非古者仅有小蛮夷环绕之一大中国也。今以不同于匈奴、吐蕃、辽、金、蒙古之西夷数十国,其地之大,人之多,兵之众,器之奇,格致之精,农商之密,道路邮传之速,卒械之精练,数十年来,皆已尽变旧法……日益求精,无日不变。而我中国尚谨守千年之旧蔽法……使彼不来,吾固可不变。其如数十国环而相迫,日新其法以相制,则旧法自无以御之。是故香港割,诸行开,御园焚,热河幸,安南失,缅甸亡……乃至蕞尔之日本,亦灭我琉球,窥我台湾……试问异日若有教衅,诸夷环泊兵船以相挟制,吾何以御之?彼使臣执吾之政,以其教易吾教,且以试士,试问吾今日之作八股,托于孔子,为任孔子之道者,抑为举人进士来乎?……国亡教微,事可立睹。诸君子乃不察天人之变,名实之间,犹持虚说,坐视君民同灭而为奴虏。仆虽愚,不敢以二帝三王之裔,四万万人坐为奴隶,而徇诸君子之虚论也。周子亦言天下势而已矣,若吾立,可使吾孔子之学,中国声灵,运一地球。吾不自立,则并其国与其教而并亡之。足下岂未之思乎?……此仆所以取彼所长技而欲用之也。

若夫义理之公,因乎人心之自然,推之四海而皆准,则又何能变之哉?……西人学艺,与其教绝不相蒙也。以西人之学艺政制,衡以孔子之学,非徒绝不相碍,而且国势既强,教藉以昌也。方今四海困穷,国势微弱,仆故采用其长,门人问者,亦以告之。

仆昔者以治国救民为志,今知其必不见用,而热力未能销沮,又不佞佛,以为木石必有以置吾心,故杜门来,专以发明孔子之学,俾传之四洲,行之万世为事。……且精思妙悟,自视不后于恒人,故谬以自任,如揭鼓而招亡子,然此则仆近岁之志也。或者孔子道至大至中,不患不行,是亦不然。仆以为行不行,专问力而已。力者何?一在发扬光大焉,一在宣扬布护焉。……使吾国器艺早精,身车能驰于域外,则使欧、墨、非、奥早从孔学可也。耶氏浅妄,岂能诱之哉?吾既不能早精器艺，坐令彼诱之而坐大，此不宣扬之失策也。夫吾孔子之教，不入印度，而佛能入中国，岂孔学不及佛哉？传与不传异耳。此其明证也。……若国步稍移……必将以其教易吾教耳……以国力行其教，必将毁吾学宫而为拜堂，取吾制义而发挥《新约》，从者诱以科第，不从者绝以戮辱，此又非秦始坑儒比也。

……仆每念及此，中夜揽衣，未尝不流涕也。故仆之急急以强国为事者，亦以卫教也。……仆今发明之，使孔子之道有不藉国力而可传者，但能发敷教之义，宣扬布护，可使混一地球。非宣扬则亦不能，故今最重要是敷教之义。仆窃不自逊让，于孔子之道，似有一日之明，二千年来无人见及此者，其它略有成说。先辟伪经，以著孔子之真面目；次明孔子之改制，以见生民未有。仆言改制自是一端，于今日之宜改法亦无预，足下误会。①

这段话深刻反映了康有为孔教思想的历史动因，其中包含了如下内容：其一，在西方的武力进逼下，中国步步退却，西教大昌，孔教岌岌可危。此一历史事实激发了康有为保教的念想。其二，欲保孔教，必先增强国势，因为教之能行与否，国力之强弱至关重要。其三，如何强国？在康有为看来，西方的学艺政制与西教"绝不相蒙"，西教"浅鄙诞妄，去佛尚远"，更无法与儒教"六经之精微深博"相比。因此，欲强国力，必须采西方之学艺政制。其四，强国力之外，发明孔教教义、进行传教也是卫教的必要举措。据此可见，激发康有为孔教思想的外在动力来自西力、西教的威胁，而康有为对孔教教义的阐发则主要源自儒家的内在因素。对于采"西方之学艺政制"以行变法与卫教之间的关系，康有为强调的是，变法保国的目的在于卫教。对于朱一新所质疑的"今托于素王改制之文，以便其推行新法之实"，康有为表示"仆言改制自是一端，于今日之宜改法亦

---

① 康有为：《与朱一新论学书牍》（光绪十七年），姜义华、张荣华编校《康有为全集》第1集，第323~325页。

无预"。可见，朱一新仅见及康有为借"素王改制"推行新法以保国的一面，而未见及康有为更为深层的卫教关怀。其实，康有为的保国与保教是互为因果的，这里他强调强国目的在于保教，是因为他面对的是朱一新，深知身为文人的朱一新更关心教之存亡。后面我们可以看到，当他面对光绪帝时，他便强调保教之于保国、强国的意义。

西教不仅给了康有为创立孔教说的动力，而且对于康有为传教的方法、形式也颇有启发。光绪二十一年，他曾在《上清帝第二书》中，强调了传教与西教、孔教盛衰的关系，并提出了奖励传教的主张。他说："近日风俗之坏，更宜讲求挽救之方。盖风俗弊坏，由于无教。士人不励廉耻，而欺诈巧滑之风成；大臣托于畏谨，而苟且废弛之弊作。而'六经'为有用之书，孔子为经世之学，鲜有负荷宣扬，于是外夷邪教，得起而煽诱吾民。直省之间，拜堂棋布。而吾每县仅有孔子一庙，岂不痛哉！"具有挽救风俗效力的孔教，却因无人"负荷宣扬"日趋衰微，以致"外夷邪教，得起而煽诱吾民"。可见，传教对于卫教进而挽救风俗至关重要。如何传教？在该上书中，康有为提出了"亟立道学一科"、"乡落淫祠"改为"孔子庙"、"独祀孔子"、奖励出国传教等建议：

> 今宜亟立道学一科，其有讲学大儒，发明孔子之道者，不论资格，并加征礼，量授国子之官，或备学政之选。其举人愿入道学科者，得为州、县教官。其诸生愿入道学科者，为讲学生，皆分到乡落，讲明孔子之道，厚筹经费，且令各善堂助之。并令乡落淫祠，悉改为孔子庙，其各善堂、会馆俱令独祀孔子，庶以化导愚民，扶圣教而塞异端。其道学科有高才硕学，愿传孔子之道于外国者，明诏奖励，赏给国子监、翰林院官衔，助以经费，令所在使臣领事保护，予以凭照，令资游历。若在外国建有学堂，聚徒千人，确有明效，给以世爵。余皆投牒学政，以通语言、文字、测绘、算法为及格，悉给前例。若南洋一带，吾民数百万，久隔圣化，徒为异教诱惑，将沦左衽，皆宜每岛派设教官，立孔子庙，多领讲学生分为教化。将来圣教

施于蛮貊，用夏变夷，在此一举。且借传教为游历，可洞悉夷情，可扬国声，莫不尊亲，尤为大义矣。①

按照康有为的这一设计，道学科无疑是发明孔教经义、培养各级传教士的储才之地。其结果是，孔庙将遍及世界各地，"圣教施于蛮貊之地，用夏变夷，在此一举"。

百日维新中，康有为又上《请商定教案法律厘正科举文体听天下乡邑增设文庙谨写〈孔子改制考〉进呈御览以尊圣师而保大教折》，针对教案问题提出了建立"孔教会"的主张。康有为指出，"泰西以兵力通商，即以兵力传教。其尊教甚至，其传教甚勇；其始欲以教易人之民，其后以争教取人之国"。那么中国该如何处理保教问题，又如何办理日益棘手的教案呢？康有为提出了自己的想法，即建立"孔教会"：

> 臣愚久已隐忧，深思补救之策，以为保教办案，亦在于变法而已；变法之道，在开教会、定教律而已……查泰西传教，皆有教会，创自嘉庆元年，今遂遍于大地。今其来者，皆其会中人派遣而来，并非其国所派，但其国家任其保护耳。其教会中有总理，有委员，有入议院者，略如吾礼部领学政、教官，下统举人、诸生，但听教民所推举，与我稍异耳。今若定律，必先去其国力，乃可免其要挟。莫若直与其教会交。吾亦设一教会以当之，与为交涉，与定和约，与定教律……若皇上通变酌时，令衍圣公开孔教会，自王公士庶，有志负荷者，皆听入会，而以衍圣公为总理，听会中士庶公举学行最高为督办，稍次者多人为会办。各省府县，皆听其推举学行之士为分办，籍其名于衍圣公，衍圣公上之朝。人士既众，集款自厚。听衍圣公与会中办事人选举学术精深，通达中外之士为委员，令彼教总监督委选人员，同立两教和约，同定两教法

---

① 康有为：《上清帝第二书》（光绪二十一年五月二日），姜义华、张荣华编校《康有为全集》第2集，第43页。

第一章 "康学""康教":"康党"的政治思想与宗教观念

律。若杀其教民,毁其礼拜堂,酌其轻重,或偿命偿款,皆有一定之法,彼若犯我教,刑律同之。有事会审,如上海租界会审之例。其天主教自护最严,尤不可归法国主持,彼自有教皇作主,一切监督,皆命自教皇。教皇无兵无舰,易与交涉,宜由衍圣公派人驻扎彼国,直与其教皇定约、定律,尤宜措词……教会之名,略如外国教部之例,其于礼部,则如军机处之于内阁,总署之于理藩院。虽稍听民举,仍总于圣公。则亦如官书局之领以大臣,亦何嫌何疑焉?①

这里,康有为倡设"孔教会",目的在于与西方教会商办教案、立和约、定律例。对于"孔教会"的功能,康有为在进呈《日本变政考》时,有更为全面的概括:"今宜改礼部为教部,以发明孔子之道为主,日讲君臣父子之义、忠爱之道,定集会教徒,讲说教义,结教会之例,定两教之律,及判讼之例。庶几吾教明,而教案易办也。"② 立合约、定律例之外,发明教义与传教是"孔教会"的又一重要职责。

无论是设道学科、鼓励国外传教,还是设立"孔教会""教部",康有为都是在为宣传孔教提供保障。在弘扬孔教的问题上,康有为当仁不让,毅然自任。与此前康有为强调强国为了保教不同,这里他所强调的是保教可以强国,在他看来,国教之盛衰关系国家之存亡,"凡天下国之盛衰,必视其教之隆否。教隆则风俗人心美,而君坐收其治;不隆则风俗人心坏,而国亦从之。此古今所同轨,万国之道(通)义也",③ 因此他奏请尊孔子为教主,建立"孔教会"。正是将西方耶稣教与其文明之盛错误联系在一起,才有了康有为创教以强国的努力。诚如梁启超所言:"有为谓孔子改制,上掩百世,下掩百世,故尊之为教主,误认欧洲之尊景教为治强之本,故恒欲侪孔子于基督,乃杂引谶纬之言以实之。"④ 也正是在国与教双重危机的刺激下,

---

① 此折详见姜义华、张荣华编校《康有为全集》第4集,第92~93页。
② 康有为:《日本变政考》,姜义华、张荣华编校《康有为全集》第4集,第152页。
③ 姜义华、张荣华编校《康有为全集》第4集,第94页。
④ 梁启超:《清代学术概论》,《饮冰室合集·专集之三十四》,第57~58页。

康有为有了创教的决心。由此可见，康有为之创教有着明确的强国、保教的目的，其爱国之意不言而喻。当然，在将儒"学"改造为儒"教"的过程，公羊学及佛教思想对康有为的影响远比基督教大。

总之，为了保存孔教，康有为可谓用心良苦，不仅发明孔教大义，而且努力为传教进行制度上的设计。遗憾的是，康有为的用心并未得到时人的理解。毕竟，儒教不是西方意义上的宗教，国人的宗教观念本就淡薄，面对康有为大张旗鼓的孔教说教，时人难免猜忌康有为的动机不纯。其实，当时倡导保教者大有人在，并不限于康门师徒，如夏曾佑主张"改教"；宋恕则主张"复教"，他曾致函夏曾佑论及"复教"，说："执事倡议改教，甚负盛意。然下走窃以为图拯神州，不必改教也，复教而已！"宋恕之所以提倡"复教"，是鉴于东西各国因复教而致富强的历史经验，他认为日本"之所以臻此文明者，由有山鹿义矩、物茂卿诸子倡排洛闽之伪教以复洙泗之真教也"。而西方"之所以臻此文明，由有昧格力佛、路得、束盈黎、菲立麦兰敦诸子倡排教皇之伪教以复基督之真教也，东西之事，复教之效明也。神州复教之业，天其或者责我曹欤！"① 甚至张之洞在《劝学篇》中也公然以保国、保种、保教自任。此教非彼教，张之洞等人并没有赋予孔教以宗教的内涵，更没有发掘孔教的宗教教义，因而其保教主张便没有遭到攻难。而康有为之教却有着特殊的内涵，其对孔教教义的发明，既因学术上的武断不足以服人，又因其动辄类比西教而被视为以夷变夏，更因其中透露的叛逆的政治野心而遭人非议。加之康门师徒四处宣传，动辄援引"康教"，更引起了时人的反感与猜忌。由"康学""康教"引发的学术政治纷争，实成为牵动戊戌历史走向的重要线索。

三 康门师徒对"康学""康教"的宣传

康有为的"康学""康教"对康门弟子产生了深刻的影响，从某种意义

---

① 宋恕：《致夏曾佑》，胡珠生编《宋恕集》（上），中华书局，1993，第528页。

第一章 "康学""康教":"康党"的政治思想与宗教观念

上说,《新学伪经考》与《孔子改制考》是康门师徒合作的产物,康门弟子信奉"康学""康教"自不待言,更重要的是,整个戊戌时期,康门弟子无不以宣传"康学""康教"为己任,"康学""康教"的影响也随之大增。

在《新学伪经考》叙中,康有为即指出:"门人好学,预我玄文。其赞助编检者,则南海陈千秋、新会梁启超也;校雠訡夺者,则番禺韩文举、新会林奎也。"① 他在《孔子改制考序》中,也说:"乃与门人数辈朝夕钩撢,八年于兹,删除繁芜,成就简要,为《改制考》三十卷。"② 梁启超也回忆说:"有为弟子有陈千秋、梁启超者,并夙治考证学,陈尤精洽,闻有为说,则尽弃其学而学焉。伪经考之著,二者多所参与。亦时时病其师之武断,然卒莫能夺也。实则此书大体皆精当,其可议处乃在小节目。"③ 可见,"康学""康教"乃康门师徒的集体成果。

康门弟子不仅参与其师的理论创作,而且热衷于师说的宣传。对此,梁启超又说:

> 对于"今文学派"为猛烈的宣传运动者,则新会梁启超也,梁启超年十三,与其友陈千秋同学于学海堂,治戴段王学,千秋所以辅益之者良厚。越三年,而康有为以布衣上书被放归,举国目为怪。千秋启超好奇,相将谒之,一见大服,遂执业为弟子,共请康开馆讲学,则所谓万木草堂是也。二人者学数月,则以其所闻昌言于学海堂,大诋诃旧学,与长老侪辈辩诘无虚日……居一年乃闻所谓"大同义"者,喜欲狂,锐意谋宣传,有为谓非其时,然不能禁也。又二年,而千秋卒(年二十二),启超益独力自任。启超治伪经考,时复不慊于其师之武断,后遂置不复道,其师好引纬书,以神秘性说孔子,启超亦不谓然。启超谓孔门之学,后衍为孟子荀卿两派,荀传小康,孟传大同,汉代经师,不问为今文家古文家,皆出荀卿(王中说),二千年间,宗派屡

---

① 康有为:《新学伪经考》,姜义华、张荣华编校《康有为全集》第 1 集,第 574 页。
② 康有为:《孔子改制考序》,姜义华、张荣华编校《康有为全集》第 3 集,第 3 页。
③ 梁启超:《清代学术概论》,《饮冰室合集·专集之三十四》,第 56 页。

变，一皆盘旋荀学肘下，孟学绝而孔学亦衰，于是专以绌荀申孟为标帜。引孟子中诛责"民贼"、"独夫"、"善战服上刑"、"授田制产"诸义，谓为大同精意所寄，日倡道之。又好墨子，诵说其"兼爱"、"非攻"诸论。启超屡游京师，渐交当世士大夫，而其讲学最契之友，曰：夏曾佑、谭嗣同。曾佑方治龚刘今文学，每发一议，辄相视莫逆。①

由梁启超的上述回忆可知，作为康门弟子，梁启超等人对"康学"中的主观、武断之处不无微词，而且对康有为"好引纬书，以神秘性说孔子"的做法也不"谓然"，但对"康学""康教"的主旨很赞赏，并为宣传"康学""康教"不遗余力。而且，这种宣传早在康有为于万木草堂开讲时就已开始，他和陈千秋入康门，"学数月，则以其所闻昌言于学海堂，大诋诃旧学，与长老侪辈辩诘无虚日"。如果说此时他们的宣传尚限于学海堂一隅的话，那么，随着梁启超"屡游京师，渐交当世士大夫"，"康学""康教"的影响便溢出广东，流向全国。

虽然梁启超说陈千秋去世后，"启超益独立自任"宣传"康学""康教"，但事实上，当时康门热衷于传教的绝非梁启超一人，传教是康门师徒的集体行为，只不过梁启超是其中的中坚力量而已。康门师徒宣传"康学""康教"的途径主要有二：一是通过创办学会、学堂、报刊，提倡传教；二是在报刊中撰文立说，宣传师说。

光绪二十一年，康有为在京师发起强学会。对于强学会的创办目的，谭嗣同在写给欧阳中鹄的信中如是说："于是孔子之道日削日小，几无措足之地。小民无所归命，止好一事祀一神，甚且一人事一神，而异教乃真起矣。当柄亦终不思行其教于民也。东汉以后，佛遂代为教之，至今日耶稣又代为教之。耶稣教士曰：'中国既不自教其民，即不能禁我之代教。'彼得托于一视同仁，我转无词以拒。故强学会诸君子，深抱亡教之忧，欲创建孔子教堂，仿西人传教之法，遍传于愚贱。某西人闻之，向邹沅帆曰：'信能如

---

① 梁启超：《清代学术概论》，《饮冰室合集·专集之三十四》，第61页。

此，我等教士皆可以回国矣。'不知此举适与黔首之意相反，故遭禁锢。后虽名为开禁，实则设一空无所有之官书局，亦徒增一势利场而已。此后孔子教竟不知如何结局。意者将附于佛教以行其精意耶？亦可哀甚矣！士生今日，除却念佛持咒，又何由遣此黑暗之岁月乎？"①谭嗣同此信写于光绪二十二年七月二十三日，是其北游南返后不久的事。这里，谭嗣同对强学会始末的了解，当来自当事人梁启超，反映的正是康门师徒倡办强学会的初衷："欲创建孔子教堂，仿西人传教之法，遍传于愚贱。"这也与康门师徒孜孜以求的传教宗旨相符。

随后，康有为南下，与张之洞等人筹办上海强学会，同样贯彻其传教宗旨。在《上海强学会章程》中，康有为如是说："本会专为中国自强而立。以中国之弱，由于学之不讲，教之未修，故政法不举。……今设此会，聚天下之图书器物，集天下之心思耳目，略仿古者学校之规，及各家专门之法，以广见闻而开风气，上以广先圣孔子之教，下以成国家有用之才。"在《上海强学会后序》中，他再次强调保教之义："凡吾神明之胄，衣冠之族，思保其教，思保其类，以免为象、驼、牛、马之受槛、絷、刲、割，岂无同心乎？抑其甘沦异类耶？其诸有乐于会友辅仁欤！仁者何？仁吾神明之胄，先圣孔子之教，非欤？"②康有为还强行在《强学报》实行孔子纪年。最终，因张之洞等人的反对，强学会与《强学报》停办。而后，梁启超到上海筹办《时务报》，康有为再度以实行孔子纪年相嘱，但因同人的反对而作罢，因为孔子纪年在当时似有叛逆之嫌。然康有为并未就此放弃，在其权力所及的范围之内，都尽量推行孔子纪年。康门弟子创办的《知新报》即使用孔子纪年。而由康有为在广西桂林发起的圣学会不仅实行孔子纪年，而且成功地将尊教、传教宗旨寓于其中，凡入会者不论名位学业，皆以尊孔教救中国为宗旨；还推行庚子拜经，通过庚子拜经的仪式来维持圣教，并指出："夫中国义理学术大道，皆出于孔子，凡有血气，莫不尊亲。外国自尊其教，考

---

① 谭嗣同：《上欧阳中鹄（十）》，蔡尚思、方行编《谭嗣同全集（增订本）》（下），中华书局，1981，第465页。
② 详见姜义华、张荣华编校《康有为全集》第2集，第93、97页。

其教规,每七日一行礼拜,自王者至奴隶,各携经卷,诵读膜拜,吾教自有司朔望行香,而士庶遍礼百神,乃无拜孔子者,条理疏矣。今宜大复厥规,每逢庚子日大会,会中士夫衿带,陈经行礼,诵经一章,以昭尊敬。其每旬庚日,皆为小会,听人士举行,庶以维持圣教,正人心而绝未萌。"①圣学会为"提倡圣道、发明孔教",贡献颇多,"以庚子拜经,以月课试士,以越日刊报,振刮耳目,光明道真,其唧石填海之志,殆无以过也"。②不仅如此,在康有为参与创办的各种学会中,他都强调保教、传教的作用。光绪二十四年,他在组织京师保国会时,即以保国、保种、保教为宗旨。保国会章程明确规定,保国会在京师、上海设总会,各省各府各县皆设分会,会中总理、常议员均由选举产生。这样一来,传播孔教的组织便遍及全国,对传教极为有利。

  与学会一样,学校也是康门师徒借以传教的重要途径。光绪二十三年,梁启超在上海,"双遣先生"托梁教授其子。为此,梁启超"略依南海先生长兴学记,演其教之言",作《万木草堂小学学记》。其中,梁启超将传教与立志、读书、穷理、经世、学文等一起列为学生学习的主要内容,指出:"孔子改制立法,作六经以治万世,皜皜乎不可尚矣。乃异道来侵,辄见篡夺,今景教流行,挟以国力,奇悍无伦,而吾教六经,舍帖括命题之外,诵者几绝,他日何所恃而不沦胥哉?虽然,中庸之述祖德,则曰施及蛮貊,春秋之致太平,则曰大小若一,圣教之非直不亡,而且将益昌,圣人其言之矣。记曰:其人存则其政举,佛教耶教之所以行于东土者,有传教之人也。吾教之微,无传教之人也。教者,国之所以受治,民之所以托命也。吾党丁此世变,与闻微言,当浮海居彝,共昌明之。非通群教,不能通一教,故外教之书,亦不可不读也。"③在国、民、教的关系中,梁启超将教摆在首位,

---

① 《两粤广仁善堂圣学会缘起》,《知新报》第18册,光绪二十三年四月十六日,第139页;《时务报》第30册,光绪二十三年五月廿一日,第2016~2017页。
② 《论粤人不知变之失计》,《知新报》第29册,光绪二十三年八月初一日,第300页。
③ 梁启超:《万木草堂小学学记》,《知新报》第35册,光绪二十三年十月初一日,第396页。

"教者，国之所以受治，民之所以托命"。面对关系国脉、民命的孔教近乎"沦胥"，而西方基督教又"挟以国力"而"奇悍无伦"的现实，梁启超不得不大声呼吁"浮海居彝"，昌明教义，传播孔教。在《湖南时务学堂学约》中，梁启超同样将传教作为该学约的第十条，指出当此孔教衰微之际，必须重新昌明教义，大力传教：

> 微夫悲哉！吾圣人之教在今日也，号称受教者四万万……而真儒几无一人也。加以异说流行，所至强聒，挟以势力，奇悍无伦。呜呼！及今不思自保，则吾教亡无日矣。今设学之意，以宗法孔子为主义……今宜取六经义理制度微言大义，一一证以近事新理以发明之。然后孔子垂法万世，范围六合之真乃见，论语记子欲居九夷。又曰：乘桴浮于海。盖孔子之教，非徒治一国，乃以治天下。故曰：洋溢中国，施及蛮貊。凡有血气，莫不尊亲。他日诸生学成，尚当共矢宏愿，传孔子太平大同之教于万国，斯则学之究竟也。传教之功课，在学成以后，然堂中所课，一切皆以昌明圣教为主义，则皆传教之功课也。[①]

传教虽为"学成以后"之事，但作为学生，"堂中所课，一切皆以昌明圣教为主义"，为日后传教奠基。与时务学堂一样，康门弟子在日本办的大同学校也将尊教作为学生必须履行的职责。徐勤在《日本横滨中国大同学校学记》中提出，学生要"尊祀孔教"。他对比中教、西教之后认为，"西人之于教也，定以一尊，用以纪年，安息之日，举国祷颂，既经商之地，蛮野之岛，亦咸立教堂，以资诱化"；反观中国，"我民工商外域，遍于五洲，曾不闻有倡祀孔子，尊崇教旨之事者。西人以无教目我，良不诬也"。因此，他建议仿照西教，"立孔子之像，复七日来复之义，作尊圣之歌，行拜谒之礼，使朝夕讽诵，咸沾教泽。传曰声名洋溢夫中国。复中国施及蛮貊，

---

① 梁启超：《湖南时务学堂学约》，《饮冰室合集·文集之二》，第28~29页；此文先载于《时务报》第49册（光绪二十三年十二月初十日），名为《湖南时务学堂学约十章》。

凡有血气，莫不尊亲，其在此一举矣乎！"并规定，"学校于来复日即西人礼拜之日，尊祀孔子，行团拜礼，歌尊教保教等诗，事毕放假"，"孔子生卒日及春秋佳节，行礼歌诗，事毕放假"。① 康门弟子在学校中灌输传教、尊教的思想与做法，无疑事半功倍。

阐发孔教经义于报章，成为学会、学堂之外康门弟子宣传"康学""康教"的另一重要手段。梁启超主笔《时务报》，虽有传教之志，却受到了《时务报》同人的约束，因此其在《时务报》宣传"康学""康教"并不得力，仅有数篇文章有所涉及。而康门师徒宣传"康学""康教"的主阵地则在康门弟子创办的《知新报》。此外，唐才常主笔的《湘报》也一度成为宣传"康学"的重要报刊。但因《湘报》宣传"康学"，涉及"康学"与湖南维新的关系，故相关内容将在第四章中论述。这里，仅以《知新报》《时务报》为中心探寻康门弟子宣传"康学"的力度。为方便了解康门弟子在《时务报》《知新报》宣传"康学""康教"的状况，这里我将相关文章列表如下。

表1 《时务报》《知新报》宣传"康学""康教"情况一览

作者	篇名	发表刊物及时间
梁启超	《论学校一·变法通议三之一·总论》	《时务报》第5册（光绪二十二年八月十一日）
梁启超	《论学校五·变法通议三之五·幼学》	《时务报》第17册（光绪二十二年十二月十一日）
梁启超	《说群自序》	《时务报》第26期（光绪二十三年四月十一日）；《知新报》第18册（光绪二十三年四月十六日）
梁启超	《春秋中国夷狄辨序》	《时务报》第36册（光绪二十三年七月二十一日）

---

① 徐勤：《日本横滨中国大同学校学记》，《知新报》第52册，光绪二十四年闰三月二十一日，第671页。

续表

作者	篇名	发表刊物及时间
梁启超	《知耻学会叙》	《时务报》第 40 册（光绪二十三年九月初一日）
梁启超	《论君政民政相嬗之理》	《时务报》第 41 册（光绪二十三年九月十一日）
梁启超	《读日本书目志书后》	《时务报》第 45 册（光绪二十三年十月二十日）
梁启超	《湖南时务学堂学约十章》	《时务报》第 49 册（光绪二十三年十二月初一日）
梁启超	《复伍星使书论美国华工六事》	《知新报》第 14 册（光绪二十三年三月二十六日）
梁启超	《复陕西刘古愚山长书》	《知新报》第 22 册（光绪二十三年五月二十一日）
梁启超	《复友人论保教书》	《知新报》第 28 期（光绪二十三年七月二十一日）
梁启超	《新学伪经考叙》	《知新报》第 32 册（光绪二十三年九月初一日）
梁启超	《万木草堂小学学记》	《知新报》第 35 册（光绪二十三年十月初一日）
梁启超	《日本横滨中国大同学校缘起》	《知新报》第 40 册（光绪二十三年十一月二十一日）
麦孟华	《尊侠篇》	《时务报》第 32 册（光绪二十三年六月十一日）
康有为	《两粤广仁善堂圣学会缘起》	《知新报》第 18 册（光绪二十三年四月十六日）；《时务报》第 30 册（光绪二十三年五月二十一日）
徐 勤	《二十四朝儒教会党考序例》	《知新报》第 20 册（光绪二十三年五月初一日）
徐 勤	《孟子大义述自序》	《知新报》第 21 册（光绪二十三年五月十一日）
徐 勤	《中国除害议·无教之害（四）》	《时务报》第 48 册（光绪二十三年十一月二十一日）
徐 勤	《日本横滨中国大同学校学记》	《知新报》第 52 册（光绪二十四年闰三月二十一日）
刘桢麟	《地运趋于亚东论（续前稿）》	《知新报》第 8 册（光绪二十三年二月二十六日）
刘桢麟	《公羊初学问答自叙》	《知新报》第 42 册（光绪二十三年十二月十一日）
陈继俨	《忧教说》	《知新报》第 37 册（光绪二十三年十月二十一日）
陈继俨	《保教末议自叙》	《知新报》第 43 册（光绪二十四年正月二十一日）
陈继俨	《伸民权即以尊国体说》	《知新报》第 61 册（光绪二十四年六月二十一日）
欧榘甲	《变法自上自下议》	《知新报》第 29 册（光绪二十三年八月初一日）
欧榘甲	《论中国变法必自发明经学始》	《知新报》第 38 册（光绪二十三年十一月初一日）
欧榘甲	《春秋公法自序》	《知新报》第 38 册（光绪二十三年十一月初一日）
欧榘甲	《泰晤士报论德据胶州事书后》	《知新报》第 48 册（光绪二十四年三月十一日）

续表

作者	篇名	发表刊物及时间
王觉任	《寝兵说》	《知新报》第27册（光绪二十三年七月十一日）
黎祖健	《〈说任篇〉（上）》	《知新报》第25册（光绪二十三年六月二十一日）
黎祖健	《弱为六极之一说（续前稿教弱种弱）》	《知新报》第47册（光绪二十四年三月初一日）
林　旭	《春秋董氏学跋》	《知新报》第51册（光绪二十四年闰三月十一日）
康同薇	《女学利弊说》	《知新报》第52册（光绪二十四年闰三月二十一日）

注：该表依据《时务报》《知新报》制作而成。

分析表1所列文章内容可见，康门师徒对"康学""康教"的宣传，主要集中在如下几个方面。

其一，康门弟子宣传其思想来源。康门弟子以宣传师说自任，因此无不强调其学问源于康有为。如梁启超的《说群自序》开篇既说："启超问治天下之道于南海先生，先生曰：'以群为体，以变为用，斯二义立，虽治千万年之天下可已。'启超略述所闻，作变法通议。"而其作《说群》也是"内演师说"，希天下志士"得闻南海之绪论"。刘桢麟在《地运趋于亚东论（续前稿）》中，也说："尝闻之南海先生之言矣，世界之公理，由力而趋于智，由智而趋于仁，上古千年，力之世也。"陈继俨更是以宣传师说为己任，作《保教末议》，在《保教末议自叙》中说："继俨学于南海，备闻孔子立教之义，获睹南海之孔子改制考，惧天下未闻南海之说，因以不知孔子之道，驯至乎大道之隐也。继俨又惧天下之言政者，眩于西人之富强，而忘吾教之美备，率天下之人耳近于禽兽也。于是作为此篇，以告天下，思补救于万一。其于孔子之大道，南海之绪论，或有当也。"林旭在为康有为写的《春秋董氏学跋》中，如是说："南海先生既衍绎江都春秋之学，而授旭读之，既卒业，乃作而言曰……"凡此种种，都显示康门弟子宣传"康学""康教"的自觉。

第一章 "康学""康教":"康党"的政治思想与宗教观念

其二,宣传以"三世"说为核心的"素王改制"论,主张设议院、民权、平等。作为"康学""康教"的核心内容,"三世"说、"素王改制"无疑是康门弟子宣传的重要思想,也是康门师徒倡导变法的主要依据。欧榘甲对于孔教经义与变法、强国之间的逻辑关系,作如是说:"中国之坏,自人心始,人心之芜,自学术始,学术之谬,自六经不明始,六经不明,未有变法之方也。六经明则学术正,学术正则民智已开,民智已开,人心自奋,热力大作,士气日昌,爱力相进,国耻群励,以此凌厉九州可也,况变法乎?故谓今日欲救中国,宜大明孔子六经之义于天下。"① 在国家—人心—学术—六经—变法的因果链条中,六经处于核心位置,六经不明则学术谬,学术谬则人心芜,人心芜则国势弱,因此阐明六经经义乃变法强国之本。而欧榘甲对六经经义的阐发,则不出康有为《孔子改制考》的范畴,重在阐明孔子为素王,作《春秋》,为后世作制。在《变法通议》中,梁启超即以"三世"说来论证变法的合理性,他说:"吾闻之,《春秋》三世之义,据乱世以力胜,升平世智力互相胜,太平世以智胜……世界之运,由乱而进于平,胜败之原,由力而趋于智。故言自强于今日,以开民智为第一义。"② 之后,他在为徐勤的《春秋中国彝狄辨》所写序言中,再发此义:

> 孔子之作春秋,治天下也,非治一国也,治万世也,非治一时也。故首张三世之义,所传闻世,治尚粗觕,则内其国而外诸夏。所闻世治进升平,则内诸夏而外夷狄。所见世治致太平,则天下远近大小若一。彝狄进至于爵,故曰有教无类。又曰洋溢乎中国,施及蛮貊。凡有血气,莫不尊亲,其治之也,有先后之殊,其视之也,无爱憎之异,故闻有用夏变彝者矣,未闻其攘绝而弃之也。今论者持升平世之义,而谓春秋为攘彝狄也,则亦何不持据乱世之义,而谓春秋为攘诸夏

---

① 欧榘甲:《论中国变法必自发明经学始》,《知新报》第38册,光绪二十三年十一月初一日,第443页。
② 梁启超:《论学校一·变法通议三之一·总论》,《时务报》第5册,光绪二十二年八月十一日,第271页。

也。且春秋之号彝狄也，与后世特异，后世之号彝狄，谓其地与其种族，春秋之号彝狄，谓其政俗与其行事，不明此义，则江汉之南，文王旧治之地，汧雍之间，西京宅都之所，以云中国，孰中于是，而楚秦之为彝狄，何以称焉。①

夷夏之辨是近代中国推行变法的一大阻力，梁启超、徐勤依据春秋"三世"说重释彝狄之辨，意在为变法扫除障碍。出于同样的目的，梁启超在《论君政民政相嬗之理》中，更是大张此说，指出：

> 春秋张三世之义也。治天下者有三世，一曰多君为政之世，二曰一君为政之世，三曰民为政之世。多君世之别又有二：一曰酋长之世，二曰封建及世卿之世。一君世之别又有二：一曰君主之世，二曰君民共主之世。民政世之别亦有二：一曰有总统之世，二曰无总统之世。多君者据乱世之政也；一君者升平世之政也；民者太平世之政也。此三世六别者，与地球始有人类以来之年限有相关之理，未及其世，不能躐之，既及其世，不能阙之。

而从多君到一君到民政的演变则是有顺序的：

> 凡由多君之政而入民政者，其间必经一君之政，乃始克达，则所异者西人则多君之运长，一君之运短；中国则多君之运短，一君之运长（此专就三千年内言之）。至其自今以往，同归民政，所谓及其成功一也。此犹佛法之有顿有渐，而同一法门。若夫吾中土奉一君之制，而使二千年来杀机寡于西国者，则小康之功德无算也，此孔子立三世之微

---

① 梁启超：《春秋中国彝狄辨序》，《时务报》第36册，光绪二十三年七月二十一日，第2420页。

意也。①

这里,"三世"说又为梁启超论证从君政到民政的嬗变提供了重要依据。在《读日本书目志书后》一文中,梁启超再度发掘此意:"孔子作六经而归于易、春秋。易者随时变易,穷则变,变则通,孔子虑人之守旧方而医变症也,其害将至于死亡也。春秋发三世之义,有拨乱之世,有升平之世,有太平之世,道各不同,一世之中,又有天地文质三统焉,条理循详,以待世变之穷而采用之。呜呼!孔子之虑深以周哉!"② 可见,"三世"说成为梁启超倡导变法的理论基石。

欧榘甲在《春秋公法自序》中也有对"三世"说的阐发,他说:"《春秋》则有三世之义,据乱世以力胜,升平世以智胜,太平世以仁胜,力胜故内其国而外诸夏,智胜故内诸夏而外彝狄,仁胜故天下大小远近若一,讲信修睦之事起,争夺相杀之患泯,环球诸国,能推春秋之义以行之,庶几我孔子大同大顺之治哉!故曰春秋者万国之公政,实万国之公法也。"③ 王觉任也指出:"《春秋》之言三世也,曰据乱世,曰升平世,曰太平世。"④

"三世"说不仅为康门师徒提供了变法的理论依据,而且为其传教提供了信心,因为太平世的"天下大小远近若一",正为孔教的一统天下提供可能。林旭在为康有为的《春秋董氏学》作跋时,说:"孔子为神明圣王,为改制教主,湮暗不彰著久矣。春秋不明,三世不著,则后世以据乱为极轨,而无由知太平之治。中国遂二千年,被暴君夷狄之祸,耗矣哀哉!王仲任谓文王之文,孔子之文。传于仲舒,以孔子为素王,仲舒为素相,汉家一代之治,公羊严颜之业,皆董氏之学,盖孔子之大宗正统哉!"后"经伪经篡后",此义不明,"先生乃推之演之,揭日使中天,拨星以向极,庸董氏得

---

① 梁启超:《论君政民政相嬗之理》,《时务报》第41册,光绪二十三年九月十一日,第2771、2776~2777页。
② 梁启超:《读日本书目志书后》,《时务报》第45册,光绪二十三年十月二十日,第3047页。
③ 详见《知新报》第38册,光绪二十三年十一月初一日,第444页。
④ 王觉仁:《寝兵说》,《知新报》第27册,光绪二十三年七月十一日,第266页。

有此功臣耶"。对于孔教与异教之争夺前景，林旭充满自信，"夫孔子立元以统天，本仁以爱人，建三统而推之无穷，在兹之文，盖自信也。今异种逼迫，覆易是惧，要之彼之所有，皆非我之所无；彼之所无，当资我之所有。彼虽强而必降，我暂昧而大昌，归于壹而与天久长"。①

在"素王改制"的理论之下，民权、平等思想是康门师徒着力发掘的思想内涵，这是康门师徒与其他维新派的共识，也是他们合作的基础。梁启超在上陈宝箴《论湖南应办之事》中说："今之策中国者，必曰兴民权。兴民权斯固然矣，然民权非可以旦夕而成也，权者生于智者也……昔之欲抑民权，必以塞民智为第一义。今日欲伸民权，必以广民智为第一义。"② 陈继俨在《伸民权即以尊国体说》中论及君民关系时说："夫天之生民也，将以自理也。夫天之立君也，亦以理民也。苟无民，何有君？君能理民，民之福也。民能自理，亦君之福也。以君而理民，即缘民以立国。"在他看来，"积水而成渊，积土成山，积权而成国，能国其国者，未有不自固其权者也，还权于民，即所以固权也"。③

其三，宣传尊教、传教。康门师徒思想体系的终极目的在于创建孔教，因此其宣传的核心也在尊教、传教。西方宗教的兴盛使得康门师徒误认为西方的强盛缘于宗教，因此保教进而保国成为康门师徒理论展开的逻辑进路。在与西教的对照中，康门师徒尽力探寻孔教衰微的原因。徐勤在《中国除害议·无教之害（四）》一文中，指出："尝推中国亡教之故，一败于刘歆之作伪经而攻今学，而孔子之微言大义亡。再败于六朝隋唐之尚词章而弃义学，而浮华空虚之习盛。三败于宋儒专言寡过，力攻事功，而孔子己饥己溺道弃天下之义废。"如果说这三者尚是从学术上变乱、废弃孔教经义的话，那么其后则是专制王权利用孔教为其服务，孔教真义进一步湮没，"霸天下之心既雄既武，大禁讲学，束缚天下之论议，钳瞽天下之心思，锄扫天下之廉耻，愚蔽天下之耳目……窃圣人之义，忠孝之道，然后能阴持之，然教主

---

① 林旭：《春秋董氏学跋》，《知新报》第51册，光绪二十四年闰三月十一日，第653页。
② 梁启超：《论湖南应办之事》，《饮冰室合集·文集之三》，第41页。
③ 《知新报》第61册，光绪二十四年六月二十一日，第817~818页。

之尊，仁爱之实，太平之法，皆于霸者不便，则取其专言忠顺，以便于己者，而去其仁智廉耻，去其尊教主。夫仁智廉耻去，教主不尊，则民愚悍亡耻，夷为野蛮，为生番，为禽兽，以待狩戮分割矣"。① 在徐勤看来，正是因为孔教教义不明、不专崇孔教，终至孔教衰微，民愚无耻，夷为野蛮，国将不国。因此，尊教、传教势在必行。

刘桢麟在《公羊初学问答自叙》中也指出经义不明与无人传教，是孔教衰微的重要原因："今中国人士，嚣嚣自称者，宁不曰吾孔子之教哉！然教必有立教之主，教必有垂教之书，乃春秋不过赴告之文，大易亦羲文之业。诗书定本，只收删订之功，礼乐休明，以为周公之制。孔子手定之六经，素王改制之法，而谬然夺之，归之于伏羲文王周公，而孔子反若有名而无实，尊之为教，乌在其为教也。"不仅如此，在科举制度的引诱之下，士人沉溺于无用之学，"而于圣人经义，实茫然未有所知"。反观耶教、佛教则不然，"释氏之尊其教也，日宣佛号而念之，故三藏之书，佛所作者谓之经，其余只谓之律论。彼教之尊耶氏也，凡初入学者，即先授以圣经章节撮要等书，乃次及他学，故无人不受教，其教乃盛行于大地"。② 因此，发掘孔教经义以传孔教势在必行。

陈继俨在《忧教说》中强调，西教之盛由于"定于以一"，而且保教得力，"彼教何以强，定于一故强也"，"西人保教也，有教会，有教堂，有教报。教会立，则同舟共艰，相观而善，而独立无助者，不至见异而迁矣。教堂设，则讲习有麋萃之地，岁时期会，振刷整顿，不致怅怅乎无所之矣。教报行……故彼教之行，周于大地也"。相较之下，中国"齐州之地，甲于西欧，非谓不广矣，而文庙之立，一省之大，郡其一焉，一郡之大，县其一焉，若夫会以萃人才，报以光道真，则举天下之大，而未之见也"。值此外寇深入之时，"以彼之理，遇我之纷，以彼之强遇我之弱，以彼之众，遇我

---

① 《时务报》第 48 册，光绪二十三年十一月二十一日，第 3256 页。
② 刘桢麟：《公羊初学问答自叙》，《知新报》第 42 册，光绪二十三年十二月十一日，第 509 页。

之寡，有不服左衽而言侏离者哉！及今不图，悔何及矣？"①

黎祖健专门著文探讨了孔教致弱之七大原因，其中包括孔教正统失传、刘歆作伪及郑玄、韩愈与诸宋儒不明圣制等，而儒者不传教、孔教不能定于一尊，尤为孔教无法与西教抗衡之重要原因。他认为："所赖以振作一国之士气，维持一国之人心，激厉一国之风俗，莫重于教若"，教之重要由此可见。但遗憾的是，"中国之教则已弱也。孔子受天命而为素王，以匹夫而定百代之制，其于天天人人之故，条理万绪，本末皆赅，精粗具举，自有地球诸星诸教主以来，未有如斯之美备者也。然而易伤未济，大道终穷"。本为"本末皆赅"之教，何以衰弱？他分析了种种原因："一乱于少正卯，再乱于杨墨，三乱于名法，四乱于老庄，五乱于佛法，六乱于耶回，此皆乱于教之外，实儒教所以致弱之根源也。"②除此之外，他认为无人传教也是孔教衰弱的重要原因："夫回教之行也，木罕麦德，挟兵力以威人，不从者杀之，若刲羊豕然，故号召之间，从之者百数十万，其教骤强……耶氏之徒，迫于犹太，弟子十二人，死者十一，其一人犹百折不挠，以传教自任，至保罗以私淑之徒，大张教旨，赴汤蹈火，有墨翟之风，至今日而其教大行者，迺（乃）昔日之艰难困迫，侧身无所，历千百劫而不磨者也。"两相比较，"中土之士，日挟其高头讲章，八股折策，伏案勤苦，穷年矻矻，即使八星勿知，五洲勿识，便以为极儒者之能事，然则见侮于外教，不有由然耶？"至于孔教之不定为一尊，则是其示弱的另一原因，"救世教之所以强者，谓其拜独一之神，而一切淫祀皆毁之，故其教独尊。若夫孔子之席，一夺于文昌，再夺于魁星，三夺于关羽，四夺于观世音，五夺之于一切土木居士"。③

既如此，如何复兴孔教？在康门师徒看来，昌明教义、尊教传教乃复兴孔教的不二法门。而创办学会、学校，又是昌明教义、尊教传教的重要途

---

① 详见《知新报》第37册，光绪二十三年十月二十一日，第428页。
② 黎祖健：《弱为六极之一说（续前稿教弱种弱）》，《知新报》第47册，光绪二十四年三月初一日，第589页。
③ 黎祖健：《弱为六极之一说（续前稿教弱种弱）》，《知新报》第47册，光绪二十四年三月初一日，第589页。

径。因此围绕学会与学校，康门弟子大做文章。一方面，如前所述，在创办学会、学校的实践中，他们尽力贯彻传教、尊教思想；另一方面，在报刊中撰文强调学会、学校提倡传教的重要性。在《变法自上自下议》中，欧榘甲指出，合群的途径在于学会，"合群则宜开学会"，"学会者，士之群也"。而他所主张的学会就是要在省城设大学会，府县设中学会，乡间设小学会，学会之旨乃"以发明孔教，救中国为宗主"，"以通时务求实用为条理"，"其会之目，专门经学，备购图书，通其政治，佑我文明，议论有关时事者，刊之新报，著作有益人心者，付之副墨。其会之人，能文学者，令传教于四方；能言语者，充讲生于异域；能艺术者，制利用于民生。学会已盛，智士愤励，风气日开，人心苏醒，延未坠之道，续将绝之脉，庶有疗乎？及今不图，则祸患接轸，虽欲讲学亦无日矣"。① 这里，欧榘甲所说的学会，其功能是发明经义、传教四方；其组织是遍布各省各府各县各乡，与西方的教堂颇为类似。

梁启超甚至呼吁传教应当从幼学始，在《论学校五·变法通议三之五·幼学》一文中，梁启超强调说："记曰：凡入学者，必释奠于先圣先师，所以一志趣，定向往，崇教而善道也。今之学塾，于孔子之外，乃兼祀文昌魁星等。吾粤则文昌魁星，专席夺食，而祀孔子者殆绝也……嗟夫，以视佛氏之日念佛号、耶氏之七日礼拜者，其相去抑何远矣！"在其为幼学设计的歌诀书中有经学，包括"一孔子立教歌，二群经传记名目篇数歌，三孔门子弟子及七十子后学姓名歌，四历代传经歌"。并且他建议"每日八下钟上学，师徒合诵赞扬孔教歌一遍，然后肄业"。"每十日一休沐，至日，师徒晨集堂中，祀孔子毕，合诵赞扬圣教歌一遍，各散归。凡孔子生卒日，及万寿日，各休沐五日"。② 在幼学中灌输传教宗旨，其效果不言而喻，这是梁启超的精明之处。

此外，康门弟子努力寻找各种机会，宣传其传教、卫教的思想。光绪二

---

① 欧榘甲：《变法自上自下议》，《知新报》第29册，光绪二十三年八月初一日，第299页。
② 详见《时务报》第17册，光绪二十二年十二月十一日，第1105、1109页；第19册，光绪二十三年二月初一日，第1247~1248页。

十三年初，梁启超辞去伍廷芳相邀赴美一事，但他利用此一机会致函伍使，大谈在华工中传教的主张。鉴于华工因未受教育在美遭受歧视的现实，梁启超提出教育华工的六种方法，其首要之法便是立孔庙，他说："西国之人，各奉一教，则莫不尊事其教主，崇丽其教堂，七日休沐，则咸聚其堂而顶礼而听讲，虽其教之精粗得失不必论，要之诱劝奖掖，涵濡渐摩，使人去暴就良，去诈就忠，其意至微，其法至善。今中国之人，号称奉孔教，而农工商贾，终身未登夫子庙堂，不知圣教为何物。故西人谓我为半教化之国，良不诬也。今宜倡义劝捐，凡华市繁盛之地，皆设建孔庙，立主陈器，使华工每值西人礼拜日，咸诣堂瞻仰拜谒，并听讲圣经大义，然后安息，则观感有资，熏陶自易，民日迁善而不自知。西人睹此威仪，沾此教泽，亦当肃然起敬，无敢相慢矣。"① 这里，梁启超将孔庙等同于西方的教堂，让华工按照西人做礼拜的方式去拜谒瞻仰孔子，并听讲圣经大义。可见，西教的传教仪式对于康门师徒设计孔教的传播途径不无影响。

光绪二十三年七月二十一日，《知新报》刊出梁启超的《复友人论保教书》。其中，梁启超系统阐发了其传教、保教主张。虽然他承认友人所说的"西教之强，凭藉国力，是固然矣"，但仍认为西教之强"亦有其本也"，其本在于艰苦卓绝的传教。他以耶教教徒的传教经历为例，强调了传教对于耶教强盛的重要性。在他看来，今人只见耶教之盛，"不知其初之累受逼迫，皆一二匹夫之贱，百折不回，以成之者也"。同时，他还以西汉之前孔教兴国的历史说明孔教之兴乃"匹夫之贱，以强毅坚忍而成之者也"。对于教与国的关系，梁启超强调，"天下无不教而治之民，故天下无无教而立之国。国受范于教，肉食听命于匹夫，是以彼教之挟国力以相凌，非所畏也，在吾之能自立而已"。何以自立？在梁启超看来惟有发明孔教教义、复兴孔教，而孔教复兴的途径在于讲学、开学会："今空言忧愤，无救危亡，思与海内有志之士，大明教之日，即于亡之势，而共求其可以不亡之道。语其条理，

---

① 梁启超：《复伍星使书论美国华工六事》，《知新报》第 14 册，光绪二十三年三月二十六日，第 106 页。

殆必自讲学始。"如何讲学？梁启超主张借鉴西方学会的经验，"拟仿彼中保国公会之例，为保教公会，凡入会者，人设日课，日有札记，以发明经义切实有用为主，五日或十日一会，相与反覆诘难，讲求实学，及推行扩充条理，其一切天算地矿声光化电颛门之学，各专其一，求以能著书为主。其札记每月一汇，公定去取，刻之以布示天下，以转移旧习。其大会一在京师，一在上海。其会中人所至，必分立小会，见人必发明保教之义，由斯渐推渐广，愈讲愈明，则此道之不绝于大地，当有望也"。这里，梁启超提出的保教公会是一个以京师、上海为中心，遍布全国各地的组织，其主要任务是发明经义并及一切有用实学。保教公会是梁启超所期望的保教、传教的重要途径，"居今日而不以保国保教为事者，必其人于危亡之故，讲之未莹，念之未熟者也"。在他看来，中国的历史进程表明，此时保国、保教不仅必要，而且可行。他说："夫春秋三世之义，乱世内其国而外诸夏，升平世内诸夏而外彝狄，太平世天下远近大小若一。彝狄进至于爵，窃尝论之。孔子之道，秦以前所传闻世也，齐鲁儒者，讲诵六艺，成为风气，外此则寥寥数子而已，所谓内其国也。自汉至今，所闻世也，中国一统，同种族者皆宗法焉，所谓内诸夏也。若夫所见世之治，施及蛮貊，用夏变彝，则过此以往所有事也。夫以事势言之，则今日存亡绝续之交，间不容发。以常理言之，则岂惟不亡，直将胥天下而易之。此事亦视我辈为之而已。"① 以"三世"说为基础，梁启超对于孔教的复兴极为乐观。

光绪二十三年，巨野教案发生，德国以此为借口侵占胶州湾。在反思胶州湾事变的过程中，欧榘甲提出了在全国设立孔教教堂、教会的主张，在他看来，"祸乱之兴，由于人心之不明"。因此"今大明吾孔子之经义，准各省各州县各市镇各村落，遍立孔子教堂，遍立孔子教会，悬孔子及诸贤之像，于庚子拜经之日，衣冠瞻拜，行孔子之礼，歌孔子之乐，发扬孔子之大道，各以传孔子圣教自誓，其有善堂医院囚狱，皆令讲生入其中，日诵圣经

---

① 梁启超：《复友人论保教书》，《知新报》第28册，光绪二十三年七月二十一日，第283～284页。

以教之，以生其善心，使知天下之大，万民之众，无一不受孔子之泽，无教不受孔子之范围。不传孔教，即自绝于天，不知圣泽，即自忘其本，其有高深义理，则作为浅近俗话之书以明之，遍送山农野老，妇人孺子，则人人知饮食衣服，宫室伦理，知觉运动，莫不出于生民未有之孔子"。通过设立教堂、教会，孔教遂进入省、府、州、县、市、镇、村的各个角落，然后通过庚子拜经日的各种宗教仪式及普及孔教书籍，使孔教教义深入人心。如此一来，"则吾君民莫不尊奉孔子之制，上则推孔子经世之义，以行仁政，下则推孔子义理之学，以作新民，天下已晓然于至教之所归，岂有鄙毁彼教而致生大衅者乎？"①

从欧榘甲上述所说的学会到梁启超的保教公会，再到此时的孔子教会，虽然名称不尽相同，但其功能均在于传教，均是康门弟子受西教教会、教堂启发而设计出的传教方式。

与报刊宣传并行不悖的是，康门弟子亲自著书发明师说。其发明的主旨也不外乎"孔子改制"、"三世"说、创教传教说。此期，康门弟子的相关著作主要有徐勤的《二十四朝儒教会党考序例》《孟子大义述》，欧榘甲的《春秋公法》，刘桢麟的《公羊初学问答》，陈继俨的《保教末议》等。鉴于孔教经义不明，刘桢麟作《公羊初学问答》，发明孔教经义。他在自叙中说得很清楚："桢麟憒陋，昔年学于南海先生，始闻有所谓圣人之道者，既而先生授以公羊标例举义，为绅绎而诏之，既卒业，桢麟于是瞿然喜，皇然惧，乃知孔子改制立教之本，在于六经，乃知六经之关键在于春秋，乃知春秋之微言大义，赖公羊氏与何邵公发明而光大之。是故不通六经不足以通圣人之道，不通春秋不足以通六经，不通公羊不足以通春秋。"②徐勤的《春秋中国彝狄辨序》，凡三卷，"一曰中国而彝狄之，二曰彝狄而中国之，三曰中国彝狄进退微旨"，梁启超指出该书"于以犁千年之谬论，抉大同之微

---

① 欧榘甲：《泰晤士报论德据胶州事书后》，《知新报》第48册，光绪二十四年三月十一日，第606页。
② 刘桢麟：《公羊初学问答自叙》，《知新报》第42册，光绪二十三年十二月十一日，第509页。

言,后之读者,深知其意,则哓哓自大之空言,或可以少息也。中国之彝患或可少衰也。天下远近大小若一之治,或可以旦暮遇之也。虽然,以孔子之圣,犹曰知我罪我,其惟春秋乎?然则世之以是书罪徐君,而因以罪余者,又不知凡几矣!"①"彝狄"与"中国""远近大小若一"之日,也是孔教遍传天下之时。《春秋中国彝狄辨》的背后仍然是康门师徒遍传孔教的终极关怀。

合观上述史料,可见,康门弟子宣传尊教、传教的逻辑与内容都一如其师。首先,他们强调孔教的教义及其重要性,即孔子改制立法,以六经治万世,"教者,国之所以受治,民之所以托命"。其次,以西教为参照,他们分析孔教衰微的原因,认为关键在于教义不明,无人传教,孔教未定一尊,等等。最后,他们提出尊教、卫教的途径,即通过学校、学会、教会等途径发明教义、尊教传教,从而达到卫教的目的。而康门师徒所传之教的核心又是经过康有为改造后掺杂了民权、平等诸说的公羊学"素王改制"论,他们自认为"孔教",而时人却称之为"康教"。

《时务报》与《知新报》都是戊戌时期影响力很大的报纸,康门弟子铺天盖地的宣传,无疑扩大了"康学""康教"的影响力,成为时人认知"康学""康教"又一重要途径。

四 谭嗣同对"康学""康教"的接受与阐发

谭嗣同虽非康有为的入室弟子,但据梁启超说,谭嗣同初次拜访康有为不获见,遂闻梁启超"语以南海讲学之宗旨,经世之条例,则感动大喜跃,自称私淑弟子"。而其《仁学》正是"冥探孔佛之精奥,会通群哲之心法,衍绎南海之宗旨"之作②。对此,有学者认为,"享有烈士盛名的谭嗣同是弟子,若其遗著是依据康有为的学说所作的话,其师之地位就会变得无限之

---

① 梁启超:《春秋中国彝狄辨序》,《时务报》第36册,光绪二十三年七月二十一日,第3~4页。
② 梁启超:《戊戌政变记》,《饮冰室合集·专集之一》,第106页。

高了"①，似有借烈士盛名之嫌。但如果我们对谭嗣同戊戌时期与康门、"康学"的关系做一深入研究的话，便可发现，梁启超此言绝非虚妄。早在戊戌年之前，谭嗣同与康门、"康学"的关系就很密切，不仅如其他康门弟子一样接受"康学"，而且锐意阐发，大力宣传，其在"康学"传播中所发挥的作用并不亚于康门的入室弟子。因此，考察此期的"康学""康教"，不能不涉及谭嗣同。

甲午战后，谭嗣同的学术发生了根本性的转向。对于此一转向，谭嗣同曾致函唐才常如是说："三十以前旧学凡六种，兹特其二。余更待刻。三十以后，新学洒然一变，前后判若两人。三十之年，适在甲午，地球全势忽变，嗣同学术更大变，境能生心，心实造境。天谋鬼谋，偶而不奇。故旧学之刻，亦三界中一大收束也。"② 以"三十之年"为其学术转向之节点，是因为这一年发生了中日甲午战争，战争的惨败给谭嗣同以极大的外在刺激，其旧学开始动摇。但谭嗣同学术转向的最终实现是在"康学"的影响下发生的，其准确时间不在甲午，也不在乙未，而在丙申。

据梁启超所言，谭嗣同初识康门、"康学"是在乙未年，即光绪二十一年。但根据谭嗣同入京的时间判断，谭、梁初识当在丙申年。而且，戊戌政变发生后，谭嗣同的老师欧阳中鹄即有此说。皮锡瑞日记记载，政变后，"与节吾谈复生事，节吾言彼丙申入都，见康而议论一变，颇不信其师说，今年几决裂矣。"③"丙申"，即光绪二十二年。是年年初，谭嗣同北游京师。七月二十三日，谭在南返后写信给欧阳中鹄，说："六月十八日出京，廿九日到南京，与舍侄分伴，独入官中矣。计北游迄此，几五箇（个）月，时不为不久，地不为不远，见人不为不多，于身心宜有长进。"④ "几五箇（个）月"，说明谭嗣同北游始于光绪二十二年二、三月之间。谭嗣同此次

---

① 〔日〕狭间直树：《梁启超笔下的谭嗣同——关于〈仁学〉的刊行与梁撰〈谭嗣同传〉》，《文史哲》2004 年第 1 期。
② 谭嗣同：《与唐绂丞书》，蔡尚思、方行编《谭嗣同全集（增订本）》（上），第 259 页。
③ 皮锡瑞：《师伏堂日记》（戊戌年九月十六日），《湖南历史资料》1981 年第 2 辑，第 141 页。
④ 谭嗣同：《上欧阳中鹄（十）》，《谭嗣同全集（增订本）》（下），第 458 页。

北游，并未见到康有为，但结交了康门弟子梁启超。① 从梁启超那里，谭嗣同得知"康学"之梗概，"康学"遂成为促成谭嗣同学术转向的内在因素，正如梁启超所说，与谭相识之时，"嗣同方治王夫之之学，喜谈名理，谈经济，及交启超，亦盛言大同，运动尤烈"。② 对于梁启超的这一说法，今人颇多怀疑，认为此乃梁启超欲借重谭嗣同宣传"康学"的策略。但在我看来，梁启超此言不虚，谭嗣同生前的相关言论恰恰为梁启超的上述说法提供了佐证。

对于自己初识康门师徒及接受"康学"的过程，谭嗣同在其戊戌年所撰写的《壮飞楼治事十篇·治事篇第十·湘粤》中，有详细的记述。他说：

> 自南海康工部精探道奥，昌明正学，其门人克肩巨任，于斯有光。一洒俗儒破碎拘挛之陋，而追先圣微言大义之遗。湘人闻风，争自兴起，喁喁胶庠，怀德慕思。几有平五岭而一途之心，混两派而并流之势。其始虽由于一二人力为牵合，然亦会有天焉，岂初愿之遽能及此者哉？嗣同昔于粤人绝无往来，初不知并世有南海其人也。偶于邸抄中见有某御史奏参之折与粤督昭雪之折，始识其名若字。因宛转觅得《新学伪经考》读之，乃大叹服。以为扫除乾、嘉以来愚谬之士习，厥功伟；而发明二千年幽籥之经学，其德宏。即《广艺舟双楫》，亦复笼罩

---

① 关于谭嗣同认识梁启超的时间，梁启超在其《三十自述》中，有光绪二十一年始识谭嗣同之说（《饮冰室合集·文集之十一》，第17页）。《梁启超年谱长编》也采用此说。但谭嗣同光绪二十一年并未入京，谭嗣同入京时间为光绪二十二年，这还可以从谭嗣同另一封写给欧阳中鹄的信中判定。光绪二十二年正月廿八日，谭嗣同写信给欧阳中鹄说："旋因舍侄传赟二月入都考荫，江海孤行，放心不下，令嗣同伴送，此自应去者也。"[《谭嗣同全集（增订本）》（下），第457页]伴"舍侄"入京"考荫"是谭嗣同此次北上的主要原因，这与其回到南京后写给欧阳中鹄的信中所说"廿九日到南京，与舍侄分伴，独入官中矣"相吻合。其实，梁启超的记载，前后也有矛盾，早在戊戌政变后，他在《清议报》刊出的《谭嗣同传》中的记载，颇能补充上述不足。他说："时南海先生方提倡强学会于北京及上海，下志士，走集应和之。君乃自湖南溯江，下上海，游京师，将以谒先生。而先生适归广东，不获见。余方在京师强学会，任记纂之役。始与君相见。"（《清议报》第4册，光绪二十四年十二月十一日，中华书局，1991年影印本，第4页）康有为归广东，当在光绪二十一年十二月，而谭嗣同进京即在次年年初。

② 梁启超：《清代学术概论》，《饮冰室合集·专集之三十四》，第61页。

古今中外，迥非耳目近玩。由是心仪其人，不能自释。然而于其微言大义，悉未有闻也。旋闻有上书之举，而名复不同，亦不知书中作何等语。乃乙未冬间，刘淞芙归自上海，袖出书一卷，云南海贻嗣同者，兼致殷勤之欢，若旧相识。嗣同大惊，南海何由知有嗣同？即欲为一书道意，而究不知见知之由与贻此书之意何在。五内彷皇，悲喜交集，一部十七史苦于无从说起。取视其书，则《长兴学记》也。雒诵反覆，略识其为学宗旨。其明年春，道上海，往访，则归广东矣。后得交梁、麦、韩、龙诸君，始备闻一切微言大义，竟与嗣同冥思者十同八九。上年梁君告嗣同有朱菉荪者，闻嗣同前在上海，问今去否？将不远数千里见访。嗣同益不测何因至前，旋即澹（淡）然置之。次年春，到上海，果晤菉荪，问其见访之故。曰南海教之也。以嗣同粗陋不学，而厚被知遇如此，古称神交，宁复过之？直至秋末，始得一遂瞻依之愿，而梁、韩及嗣同亦先后俱南矣。①

对"康学"做"昌明正学""一洒宿儒破碎拘挛之陋，而追先圣微言大义之遗"的评价，可见谭嗣同对"康学"的敬重、仰慕。而谭嗣同自己对其结识康门师徒与接受"康学"过程的回顾，更是清楚地展示了"康学"对他的影响：光绪二十年，得读康有为之《新学伪经考》，"乃大叹服。以为扫除乾、嘉以来愚谬之士习，厥功伟；而发明二千年幽莃之经学，其德宏"。不过，此时的谭嗣同"于其微言大义，悉未有闻也"。乙未，即光绪二十一年，谭嗣同得读康有为之赠书《长兴学记》，"略识其为学宗旨"；"其明年春"，当指光绪二十二年春，虽未能见到康有为，却"得交梁、麦、韩、龙诸君，始备闻一切微言大义，竟与嗣同冥思者十同八九"。谭嗣同的这一说法，再次补正了梁启超所说的光绪二十一年认识谭嗣同之误。"直至秋末"，即光绪二十三年秋末，才得见康有为。当时

---

① 谭嗣同：《壮飞楼治事十篇·治事篇第十·湘粤》，《谭嗣同全集（增订本）》（下），第445页。

康有为道经上海，准备北上京师；梁启超、韩文举等人则准备入湘执教。其后，谭嗣同也因陈宝箴的邀请回湘，是为谭所说的"梁、韩及嗣同亦先后俱南矣"。

据此可见，谭嗣同受"康学"之影响是有一个很长的过程的，其始当在光绪二十年得读《新学伪经考》之后，但对"康学"之微言大义并不知晓。光绪二十二年与梁启超等康门弟子的交往使其对"康学"有了深入的了解，"始备闻一切微言大义"。这说明，此时的谭嗣同已基本了解了"康学"的核心内容，即创教、改制。虽然此时《孔子改制考》尚未完成，但梁启超等康门弟子已经在协同其师编撰《孔子改制考》，对《孔子改制考》的主旨已有深入的认识，谭嗣同自然可以获知《孔子改制考》的"微言大义"。概而言之，康有为戊戌时期思想的"微言大义"，主要就是要复原孔教，还孔子以托古改制之教主的身份，发明公羊学、"三世"说等"微言大义"，倡导改制变法，即创教思想与改制思想。在康门师徒看来，孔教之所以衰微，除了刘歆作伪等原因外，还由于后世儒者不传教。因此，他们强调，要想孔教复原，必须发明孔教教义，大力传教。在《新学伪经考》叙中，康有为虽指出，正是为了"起亡经，翼圣制"，明"孔氏之道"，才"采西汉之说，以定孔子之本经；亦附'新学'之说，以证刘歆之伪经"。① 但《新学伪经考》烦琐的考证形式遮蔽了其"起亡经，翼圣制"的主旨，因此，谭嗣同读后未能发现其中的"微言大义"，直到经过梁启超的点拨之后，才明了了"康学"的"微言大义"。"竟与嗣同冥思者十同八九"一语，说明此时的谭嗣同与"康学"产生了共鸣，其学术开始转向。最直接的成果便是不久之后写成的《北游访学记》。光绪二十二年七月，谭嗣同北游结束返回南京后，写信给老师欧阳中鹄，对自己此次北游后的学术心得与思想转向进行了总结，并自称此书为《北游访学记》（以下简称《访学记》）。从这一《访学记》中，我们可以清晰地看到"康学"对谭嗣同的影响。

---

① 康有为：《新学伪经考》，《康有为全集》第1册，第355~365页。

书中，谭嗣同首先强调了圣人、圣教对于挽回气数的重要性，"京居既久，始知所愿皆虚，一无可冀。慨然横目，徒具深悲，平日所学，至此竟茫无可依。夫道不行而怨人者，道之不至者也；必倚人而行者，亦自必穷之势也。因自省悟，所愿皆虚者，实所学皆虚也。或言'圣人处今日，苟无尺寸柄，仍然无济'。是大不然"。这里，谭嗣同在对自己的旧学产生动摇、怀疑的同时，也找到了新的依靠，即先圣先贤，因为"先圣先贤，死而不亡。生人之善气，尤易感动，则冥冥中亦能挽回气数，此断断无可疑者，特患人不专精耳"。谭嗣同对圣人的肯定，实际上是在肯定圣人所创教的作用。因为，在他看来，只有圣教，方能挽回今日之劫运。在政、学、教的关系中，教的作用无与伦比，苟不言教，言政、言学等于无用："夫学亦不一，当以格致为真际。政亦不一，当以兴民权为真际。教则总括政与学而精言其理。至于教，则最难言之，中外各有所囿，莫折于衷"，"言进学之次第，则格致为下学之始基，次及于政务，次始可窥见教务之精微。以言其衰也，则教不行而政乱，政乱而学亡。故今之言政、言学，苟不言教，则等于无用"。而中国的问题就在于圣教不明，"教之伦常，无过五伦"，而今之孔教，"君臣一伦，实黑暗否塞，无复人理。要皆秦始皇尊君卑臣，愚黔首之故智，后世帝王喜其利己，遂因循而加厉……"至于圣教不明的原因，谭嗣同将之归结为"韩愈'臣罪当诛，天王圣明'之邪说，得以乘间而起，以深中于人心。一转而为胡安国之《春秋》，遂开有宋诸大儒之学派，而诸大儒亦卒不能出此牢笼，亦良可哀矣。故后世帝王极尊宋儒，取其有利于己也"。韩愈之后圣教经义遂不复明，而西人不明圣教之本来面目，"因秘天为彼教所独有，转疑吾圣教之有缺，不知是皆吾所旧有也"。正是面对三代以降"君权日盛，民权日衰……天子亦遂挟一天以制天下"的时局，"孔子忧之，于是乎作《春秋》。《春秋》称天而治者也，故自天子、诸侯，皆得施其褒贬，而自立为素王。《春秋》受之公羊，故《公羊传》多微言。其于《尹氏》卒云：'讥世卿也。'卿且不可世，又况于君乎？诸如此类，兴民权之说，不一而足。且其战例，亦往往与今之万国公法合。故《公羊春秋》确为孔氏之真传。然其学不昌者，亦与君主之学相悖而已矣。孔子于《春秋》犹多隐晦"。这里，谭嗣同对孔教谱系的建构，显然与"康学"有诸多相似之处，如其对圣人、圣教的肯定，对圣教不昌原因的探析，对孔子作《春秋》以改制及其所说的孔子自立素王、《公羊传》为"孔氏之真传"、兴民权等说法，都与"康学"有诸多相似。

这种相似之处还可以从谭嗣同对"尊教""传教"的重视中见及。谭嗣同说："孔子何尝不可遍治地球哉？然教则是，而所以行教者非也。"孔教之行教者何以非也？在谭嗣同看来，世界各地，"无论何教无不专事其教主，使定于一尊而牢笼万有。故求财者往焉，求子者往焉，求寿者往焉。人人悬一教主于心目之前，而不敢纷驰于无定，道德所以一，风俗所以同也"，耶稣教之所以昌盛即由于此。反观中国，则不然，"各府县孔子庙，惟官中学中人始得祭之，至不堪亦必费数十金捐一监生，赖以升降拜跪于其间。农夫野老，徘徊观望于门墙之外，既不识礼、乐之声容，复不解何所为而祭之，而己独不得一与其盛，其心岂不曰孔子庙一势利之场而已矣！如此安望其教之行哉？"这里，谭嗣同对孔教衰微原因的分析与康门师徒如出一辙，都认为孔教不能定为一尊、无人传教，乃孔教不兴的重要原因。对于如何创教、传教，谭嗣同认为当开学派进行讲学："道力不能骤增，则莫如开一学派，合同志以讲明心学……亦勿虑学派之难开也，患道力不足耳。各教教主，皆自匹夫一意孤行而创之者也。"① 这与康门师徒所主张的通过开学会、讲学以传教也是一致的。

《访学记》显示了谭嗣同的学术转向与"康学"的关联。此后不久，谭嗣同写成了《仁学》，将《访学记》中的绝大部分内容收入其中。可以说，谭嗣同的《仁学》即发轫于《北游访学记》。在《仁学》中，谭嗣同对孔教的学术梳理与其传教主张，都更清楚地显示其与"康学"的关系。光绪二十三年正月，谭嗣同致函汪康年谈及《仁学》的写作，说："去年吴雁翁到金陵述卓如兄言……嘱嗣同畅演家风，敷陈古义。斯事体大，未敢率尔，

---

① 以上各引文见谭嗣同《上欧阳中鹄（十）》，《谭嗣同全集（增订本）》（下），第458~468页。

且亦不暇也。近始操觚为之，孤心万端，触绪纷出，非精探性天之大原，不能写出此数千年之祸乱与今日宜扫荡桎梏、冲决网罗之故，便觉刺刺不能休，已得数十篇矣。少迟当寄上。"① 据此可见，此时的谭嗣同正集中精力撰写《仁学》，而且已经完成了数十篇，并有"少迟"寄给汪康年的打算。梁启超在复严复是年二月间的来信中，也提及《仁学》，并谈及对谭嗣同的印象，说："侪辈之中，见有浏阳谭君复生者，其慧不让穗卿，而力过之，真异才也。著《仁学》三卷，仅见其上卷，已为中国旧学所无矣。此君前年在都与穗卿同识之。彼时觉无以异于常人，近则深有得于佛学，一日千里，不可量也。"② 据此可见，谭嗣同的《仁学》最晚在光绪二十三年二月已完成上卷。光绪二十二年，谭嗣同约于二月抵达京师，三月梁启超即因创办《时务报》离京赴沪，二人在京的交集时间很短，其学术思想交流很可能主要是单向输入，即梁向谭传授"康学""康教"，因此谭给梁的印象是"彼时觉无异于常人"。其实，谭嗣同研读佛学并非始于谭梁相识之后，其在京即"晤讲佛学者，如吴雁舟，如夏穗卿，如吴小村父子，与语辄有微契"。③ 正是谭嗣同对佛学的冥思成为其接受"康学"的媒介，以致谭嗣同在得闻"康学"后不久便写出《仁学》。

梁启超在为《仁学》所作序中如是说："《仁学》何为而作也？将以会通世界圣哲之心法，以救全世界之众生也。南海之教学者曰：'以求仁为宗旨，以大同为条理，以救中国为下手，以杀身破家为究竟。'仁学者，即发挥此语之书也。"④ 这里，梁启超重点强调了《仁学》与"康学"之间的联系。当然，这并不意味着《仁学》与"康学"完全一致，事实上，《仁学》在某些方面对"康学"是有所修正的。

关于《仁学》，谭嗣同于光绪二十三年三月十四日致函唐才常时，说："得廿二书，诵悉……来书所示，若出诸嗣同胸臆，而其微有不同者，非异

---

① 上海图书馆编《汪康年师友书札》(4)，上海古籍出版社，1986，第3238页。
② 梁启超：《与严幼陵先生书》，《饮冰室合集·文集之一》，第110页。
③ 谭嗣同：《上欧阳中鹄（十）》，《谭嗣同全集（增订本）》（下），第461页。
④ 详见梁启超《饮冰室合集·文集之三》，第32页。

趣也。乃嗣同蒿目时艰，亟欲如前书所云，别开一种冲决网罗之学，思绪泉涌，率尔操觚，止期直达所见，未暇弥纶群言，不免有所漏耳。"此信包含了大量谭嗣同与唐才常讨论《仁学》的信息。

首先，信中的"前书"当是指光绪二十二年九月的《报唐才常书》。信中，谭嗣同说："别如许久，深念不可任！胸中结块，铓角森森然，欲倾江海浣涤以出之……七月朔到金陵，颇孤寂无俚，旋往苏州，今于九月返江夏……接九月初一日书，快慰快慰！"此乃谭接到唐九月初一日来书后的复书。此时距离谭嗣同北游南返仅两月余，他所欲向唐倾吐的自然是其北游后的学术心得，"欲倾江海浣涤出之"。但由于唐才常的来书所及主要是浏阳开矿之事，及唐才常与刘淞芙为开矿事出现的矛盾，因此谭的复书也主要谈矿事。加之谭不久拟回浏阳一游，因此对其学术转向并未展开，只是在信的末尾做了如是总结："足下不求与淞芙详剖天下之事理而进及于教务，妄欲引嫌退避，见识于此，亦差一著也……若夫近日所自治，则有更精于此者，颇思共相发明，别开一种冲决网罗之学。"① 从"别开一种冲决网罗之学"一语，可以大致断定"前书"即此书。

其次，信中的"廿二书"当是指二月二十二日唐才常看了《仁学》后的回信，可见光绪二十三年春天，《仁学》初稿写成后，谭便寄给了唐才常。谭嗣同该信即回应唐才常"廿二书"对其《仁学》的评价，据此似乎可以证明《仁学》此时已经完成。虽然唐才常对《仁学》提出了一些意见，但在谭嗣同看来，那只是"微有不同者，非异趣也"。唐才常对《仁学》提出的"微有不同"的意见何在？因看不到唐致谭的信，其内容不得而知，但从谭嗣同复信的内容可以判断，唐的异议正在于谭之《仁学》与"康学"的关系上。信中，谭嗣同特别对自己的《仁学》与"康学"的不同做了说明，他说："嗣同自束发治经学，好疏析章句，而不知拘于虚也。迩闻梁卓如述其师康南海之说，肇开生面，然亦有不敢苟同者。""康南海之说"的"肇开生面"，给了谭嗣同极大的启发，因此而有《仁学》的写成。但谭嗣

---

① 谭嗣同：《报唐才常书》，《谭嗣同全集（增订本）》（下），第247、248、250页。

同的学术与思想又确有不同于"康学"之处。概而言之，谭嗣同自己所列举的其与"康学"的不同约有三点。

其一，对《左传》的态度不同于"康学"。谭嗣同认为"孔子作《春秋》，其微言大义，《公羊》固得其真传，顾托词隐晦，虽何休为之解诂，亦难尽晓。至于左氏之书，则不尽合经，疑后人有所附益，然其叙事详，且皆可稽。苟说经而弃是书，则何由知其本事，而孔子之施其褒贬，亦何由察其深意。此章实斋所谓'道不可以空诠也'。夫《公羊》既难洞其舷谊，而又弗考之于本事，则犹舍舟楫而欲绝江河，可乎哉"。尊《公羊》而不废《左传》，此乃谭嗣同与"康学"的绝大不同。在谭嗣同看来，《左传》的叙事详尽恰恰可以弥补《公羊》之不足。对于康门、"康学"尊《公羊》废《左传》的主张，谭嗣同虽不苟同，却表示理解，认为不过是"欲假之以行其道"，"贤于世之抱残守缺而蕲蕲沽名者远矣"："然今之鸿升硕彦，争趋乎此而腾空言者，其意不在稽古，盖取传中之片言只字而引申为说，欲假之以行其道也，此固经意挚萌而冀有以辅时及物，则贤于世之抱残守缺而蕲蕲沽名者远矣。抑闻天地之道，一阴一阳，物之变者宜也，而物极必反，则变而不失物则也。今之治经学者，独重《公羊》，固时会使然，而以意逆志，意之肆而或凿空，奚翅达乎极也。意者将稍稍反于本义欤？夫诸子百家，其言道有不相入者，亦有道同而异术者，要在善取之而已。"

其二，对荀子的评价与"康学"不同。在谭嗣同看来，"荀卿生孟子后，倡法后王而尊君统，务反孟子民本之说，嗣同尝斥为乡愿矣。然荀卿究天人之际，多发前人所未发，上可补孟子之阙，下则衍为王仲任之一派，此其可非乎？"谭嗣同虽不满荀子"尊君统"，"务反孟子民主之说"，斥其为"乡愿"，但对其在"究天人之际"中的作用给予肯定，这显然与康门、"康学"的态度有所不同。

其三，对韩愈的评价与"康学"不同。谭嗣同认为："唐之韩愈，倡君尊民卑之邪说，宜膺笔伐。然韩愈于中唐板荡黤黮之时，嫉中官之狼戾，诛其无良，愤藩镇之狡猾，躬从天讨。且立朝謇愕，不附任人，其节有足多者，而其跻工商于四民之列，不以为末而抑之，奏请勿困辱之，则庶几乎近世扶掖工商之道。至其论儒墨，以为孔子必用墨子，墨子必用孔子，不相用不足为孔、墨，虽为迂儒非难，亦足见其尊孔子而不蔽于末流之詹言，诚非姝姝（株株）守一先生之说者所能企及，岂可以其一眚而掩其大德哉？且俟异日而持平论之。"据此可见，谭嗣同对韩愈否定之中不无肯定。他否定韩愈的是其"倡君尊民卑之邪说"，这与"康学"并无二致，但其对韩愈的肯定是"康学"中所没有的，如中唐"板荡"之际，力挽狂澜；为人正直，保守气节；扶掖工商，不株守一先生之说等。

上述三点是谭嗣同对自己与"康学"之异的自我剖辩，由此可以看出谭嗣同之学术较之"康学"更为严谨。从谭嗣同力辨其《仁学》与"康学"的不同中，可以推断出唐才常对《仁学》的质疑正在于其与"康学"的距离过近。信中，谭嗣同肯定了"康学"的"肇开生面"之功，"然亦有不敢苟同者。戋戋（戈戈）之见，蕴而未发。今来书及此，不宜复默，请略陈固陋"。① 确如谭嗣同所言，其与"康学"之异不容否认，但从《仁学》中，我们更多的是读出了其与"康学"的相同之处，这也是谭嗣同何以要专门写信给唐才常说明其与"康学"之异的原因。

而谭嗣同的《仁学》与"康学"之同在于如下几点。

其一，与"康学"一样，谭嗣同的《仁学》在学术上是以公羊学为基础展开的，肯定孔子作六经，强调"素王改制"及"三世"说，这是谭、康政治思想的核心内容。谭嗣同认为六经乃孔子所作，意在托古改制，《公羊传》得《春秋》微言大义；刘歆篡改古书以作伪："夫孔子则不然，删《书》则断自唐、虞，存《诗》则止乎三百，然犹早岁从周之制作也。晚而道不行，掩涕于获麟，默知非变法不可，于是发愤作《春秋》，悉废古学而改今制，复何尝有好古之云云也。□□□曰'《论语》第七篇，当是《默而》第七，刘歆私改'默'为'述'，窜入'述而不作，信而好古，窃比于我老彭'十四字以申其古学，篇名遂号《述而》矣。''我非生而知之者，

---

① 以上所引详见谭嗣同《致唐才常（二）》，《谭嗣同全集（增订本）》（下），第528~529页。

敏以求之者也'。'生知'与'敏求'相反相对,文义自足,无俟旁助;而忽中梗'好古'二字,语意都不连贯,是亦刘歆窜矣。世岂甘为莽、歆之奴隶也乎?则好古亦其宜也。"①

其二,与"康学"一样,"三世"说也是谭嗣同阐发"素王改制"政治思想的核心理论:"孔子虽当据乱之世,而黜古学,改今制,托词寄义于升平、太平,未尝不三致意焉。今第观其据乱之雅言,既不足以尽孔教矣。况其学数传而绝,乃并至粗极浅者,亦为荀学攙(搀)杂,而变本加厉,胥失其真乎。"而在孔教失传的路上,谭嗣同认为荀学起到了很大的作用,"一传而为李斯,而其为祸亦暴著于世矣"。他断言:"二千年来之政,秦政也,皆大盗也;二千年来之学,荀学也,皆乡愿也。惟大盗利用乡愿;惟乡愿工媚大盗。二者交相资,而罔不托之于孔。被诒(托)者之大盗乡愿,而责所诒(托)之孔,又乌能知孔哉?""大盗"与"乡愿"托孔子言事,孔教因此不得而明,因此,"君统盛而唐、虞后无可观之政矣,孔教亡而三代下无可读之书矣","二千年来君臣一伦,尤为黑暗否塞,无复人理,沿及今兹,方愈剧矣"。"君臣之祸亟,而父子、夫妇之伦遂各以名势相制为当然矣。此皆三纲之名之为害也"。②

其三,《仁学》的核心是复兴孔教,试图通过创教、传教来挽回世运,这与"康教"颇为一致。谭嗣同将孔教视同与耶教、佛教一样的宗教,不仅如此,在他看来,"教主之不同,非教主之有等级也。众生所见者,教主之化身也,其法身实一矣"。当然,三教亦有先后,"佛生最先,孔次之,耶又次之。乃今耶教则既昌明矣,孔教亦将引厥绪焉,而佛教仍晦盲如故"。虽"其差如此",但在谭嗣同看来,三教确有相同之处,"三教不同,同于变,变不同,同于平等"。并以三教"同一言天,而同受压于天"为例,他指出三教之教主如何从不平等变为平等。对于孔教,谭说:"中国自绝地天通,惟天子始得祭天。天子既挟一天以压制天下,天下遂望天子俨然

---

① 谭嗣同:《仁学》,《谭嗣同全集(增订本)》(下),第319页。
② 谭嗣同:《仁学》,《谭嗣同全集(增订本)》(下),第335~338页。

第一章 "康学""康教":"康党"的政治思想与宗教观念

一天……孔出而变之,删《诗》、《书》,订《礼》、《乐》,考文字,改制度,而一寓其权于《春秋》。《春秋》恶君之专也,称天以治之,故天子诸侯,皆得施其褒贬,而自立为素王。又恶天之专也,称元以治之。故《易》、《春秋》皆以元统天。《春秋》授之公羊,故《公羊传》多微旨,然旨微犹或弗彰也;至于佛肸、公山之召而欲往,孔子之心见矣。后儒狃于君主暴乱之法,几疑孔为从逆,而辍遗经大义而不讲,彼乌知君主者公位也……佛肸、公山之召而欲往,犹民主之义之仅存者也,此孔子之变教也。"① 他强调,孔教可以遍治地球,关键在于传教,"然教则是,而所以行其教者则非也"。"教也者,求知之方也。故凡教主教徒,皆以空言垂世,而不克及身行之,且为后世诟詈戮辱而不顾也"。② 孔教的复原与传播有待于"孔教之有路德":"故耶教之亡,教皇亡之也;其复之也,路德之力也。孔教之亡,君主及言君统之伪学亡之也;复之者尚无其人也,吾甚祝孔教之有路德也。"③

总之,在创教、传教及依循公羊学统阐发孔子教义,提倡改制变法方面,谭嗣同与"康学"大同小异。《仁学》在谭嗣同生前并未公开刊发,但在其朋友圈中广为流传,在某种意义上也是对"康学"的宣传。

不仅如此,谭嗣同还以自己的思想积极影响好友唐才常。在他的影响下,唐才常的学术也发生了极大的转向,他刊发于《湘学报》的文章偶涉"素王改制"。这一点可以从谭嗣同对唐才常及其主笔的《湘学报》的评价中见及。他曾致信唐才常说:"《湘学报》愈出愈奇,妙谛环生,辩才无碍,几欲囊古今中外群学而一之,同人交推为中国第一等报,信不污也。《质点配成万物说》竟明目张胆说灵魂、谈教务矣,尤足征足下救世盛心,于世俗嫌疑毁誉,悍然置之度外,可谓难矣。得此则嗣同之《仁学》殆欲无作,乃足下于《湘学报》一则曰:'绵《仁学》之公理。'再则曰:'《仁学》之真铨。'三则曰:'《仁学》大兴。'四则曰:'宅于《仁学》。'五则曰:'积

---

① 谭嗣同:《仁学》,《谭嗣同全集(增订本)》(下),第333~334页。
② 谭嗣同:《仁学》,《谭嗣同全集(增订本)》(下),第369页。
③ 谭嗣同:《仁学》,《谭嗣同全集(增订本)》(下),第338页。

《仁学》以融机械之心。'六则曰：'《仁学》大昌。'转令嗣同惭惶，虑《仁学》虚有其表，复何以副足下之重许？然近依《仁学》之理衍之，则读经不难迎刃而解，且日出新义焉。"① 唐才常处处称引《仁学》，可见其对《仁学》之赞赏。在看到唐认可《仁学》后，谭嗣同便进一步行动，与唐才常商讨对孔教经义进行分类整理之事。

书中，谭嗣同将孔教经典区分为八类："《论语》专记圣人言行，为孔教之真源，群经之秘钥。方诸耶教，此其《新约》之福音。群经如《诗》、《书》、《仪礼》、《周礼》，其《旧约》乎？《春秋》、《王制》，为变从周改今制之书，亦《新约》之类。《周易》，其默示录。《礼记》，其使徒行传也。彼为耶教者，皆知笃信福音，而吾为孔教者，乃以《论语》为弋取科目之具。孔教不幸，莫兹为酷！今将区为八类：曰微言、曰雅言、曰大义、曰小学、曰大同、曰小康、曰阙疑、曰伪窜（窜）……如此分标于每章之下，间有新义，亦略为疏其滞晦，庶几吾孔教复明于世。"② 在整理孔教时，他建议以《论语》为先，然后他经，而鉴别权衡的标准则是"公理而已矣"。他建议唐才常以其精通之《春秋》《周礼》两经入手，并重申不必以《左传》为伪书，"《春秋》三传，《公》、《穀》为传经，《左》为记史，刘贡父已早著此义，国朝庄存与诸春秋家沿之，足为定论，不必竟废《左》为伪书也"。同时，谭嗣同认为《周礼》也不必攻其为伪，"若夫《周礼》，足下不攻其伪，特定为姬氏一朝掌故之书，尤为平允不激，而含意未伸之贬辞亦即寓乎其中"。对于公羊学在近代的赓续，谭嗣同认为："吾湘魏默深本之以谈洋务。今四川廖季平、广东康长素及其门人弥宏斯旨，蔚为大国，

---

① 谭嗣同：《与唐绂丞书》，蔡尚思、方行编《谭嗣同全集（增订本）》（上），第262页。此书的写作时间可以从其中所引《时务报》的一句话来推断，中称：南昌沈小沂兆祉"言于《时务报》见嗣同著有《仁学》，为梁卓如所称，不知中作何等语？渠意以为学西法，惟平等教公法学最上，农矿工商有益于贫民者，亦不可缓；兵学最下。不审《仁学》颇及上一路否？此正嗣同茧暮惓惓焉欲有事者也，不图小沂猛进乃尔"。梁启超在《时务报》提及谭嗣同的《仁学》，见之于《时务报》第26期（光绪二十三年四月十一日）刊发的《说群自序》。据此可见，此书当作于光绪二十三年四月十一日之后。这也再次佐证《仁学》成书当在此之前。

② 谭嗣同：《与唐绂丞书》，蔡尚思、方行编《谭嗣同全集（增订本）》（上），第264页。

皆与湘学派合者也。"谭嗣同强调公羊学乃湘学一脉,廖、康之学不过合于湘学而已,意在说服唐才常与自己一道弘扬此学。对于此一计划,谭嗣同深为得意,认为:"天假之缘,吾二人同堂讲习,得践此约,足下固精力过绝人,嗣同亦不惜躯命,即不能遍治十三经,当亦思过半矣……但不知此愿何日可偿?……倘得径归,则拟于《湘学报》竟增经学一门,本群教群国之义理掌故时事,汇而以澄吾已亡之孔教,仍依原例,逐条设为问答,俾皆晓然于莫不尊亲之非诬,自谓为经传别开生面矣。"[①]

从接受"康学""康教"到阐发"康学""康教",谭嗣同只用了很短的时间就已完成。之后,谭嗣同便努力谋求宣传"康学",其对唐才常的影响即其积极宣传的结果。光绪二十三年十月以后,随着康门弟子进入湖南执教时务学堂,谭、唐便与康门弟子一道,在湖南宣传"康学""康教",从而使湖南的维新变法深深打上"康学"的印迹,对此,第四章再做详论。

[①] 谭嗣同:《与唐绂丞书》,蔡尚思、方行编《谭嗣同全集(增订本)》(上),第264~265页。

第二章

"康学"引发的不同社会反响

"康学""康教"一体两面,构成了"康党"思想体系的核心内容。但是,时人不但对"康学""康教"的反响大不相同,而且对"康学"的不同内容也有不同的反应①。一方面,由于"康学"的不同部分问世的时空条件不同、内容侧重点不同,"康学"问世后所引发的社会反响也不尽相同。这种差异,集中体现在《新学伪经考》与《孔子改制考》两部著作上。前者虽离经叛道,但因其问世较早,且其内涵与政治距离较远,因此在其问世之初,并没有引发大规模的学术政治纷争。而后者却不同,当其问世之际,戊戌变法风起云涌,其鲜明的改制主旨很快引起了反对派的批评与责难;相反,部分变法派却因康有为借"素王改制"倡导变法而对康有为肃然起敬。另一方面,由于"康教"不符合中国国情,且其中透露了康有为的创教野心,因此受到时人的一致批评与质疑。变法派官绅对"康教"的批评与康门师徒为维护"康学""康教"所表现的结党做派,最终成为康门师徒与变法派官绅关系疏离的重要原因。为了论述的方便,本章主要考察前者,即时人对"康学"的态度异同,分析其中的原因,从而透视戊戌时期学术与政

---

① 萧公权认为,康有为的"孔教运动对变法的影响,大致和宣称孔子改制所得的后果相同。康氏一提出宗教主张,士大夫们立即群起反对"(萧公权:《近代中国与新世界:康有为变法与大同思想研究》,第101页),这与本文的结论不大相同。时人一致反对的并非孔子改制,即本文所说的"康学",而是孔教,即本文所说的"康教"。

治纷争背后的复杂内涵；对于后者，即时人对"康教"的态度，因其与《时务报》颇多关系，故放在第三章中进行讨论。

一 时人眼中的"康学"

光绪十七年，康有为的《新学伪经考》问世。该书的问世曾引起时人的关注，并遭到驳难，甚至于毁版。其中，最为激烈的攻击莫过于光绪二十年给事中余联沅的奏劾。余奏称："广东南海县举人康祖诒，以诡辩之才肆狂瞽之谈，以六经皆新莽时刘歆所伪撰，著有《新学伪经考》一书，刊行海内，腾其簧鼓，扇惑后进，号召生徒以致浮薄之士靡然向风，从游甚重。康祖诒自号长素，以为长于素王，而其徒亦遂各以超回、轶赐为号……康祖诒乃逞其狂吠，僭号长素，且力翻成案以痛诋前人，似此荒谬绝伦，诚圣贤之蟊贼、古今之巨蠹……今康祖诒之非圣无法、惑世诬民，较之华士、少正卯，有其过之无不及也，如此人者，岂可容于圣明之世？若不及早遏炽焰而障狂澜，恐其说一行，为害伊于胡底，于士习、文教大有关系。"① 不过，余联沅奏劾《新学伪经考》，其动因颇为复杂。有研究指出，余奏之出台，"其一是受人之托（包括贿赂），其二是配合攻击李氏兄弟。事实上二者兼而有之，又以前者为主"。② 前者是指张乔芬因"同人团练局"与康有为结怨而请托言官劾之；后者指甲午战后，李鸿章、李瀚章兄弟成为言官指责的对象，康有为之事正好出自李瀚章的辖区之内，故而奏劾康有为可以配合攻击李氏兄弟。既然有如此来头，那么余奏就说明不了太多有关《新学伪经考》的问题，应另当别论。

此外，还有不少读者对《新学伪经考》做出评论，而且多有批评。朱

---

① 苏舆编《翼教丛编》，上海书店出版社，2002，第25页。关于此奏，《翼教丛编》收入时误为《安晓峰侍御请禁毁〈新学伪经考〉片》，经孔祥吉先生考订，知为余联沅所奏。见孔先生《安维峻弹劾〈新学伪经考〉辨误》，《光明日报》1986年11月19日，第3版。《新学伪经考》因此奏遭遇了自行毁版的命运。
② 张勇：《也谈〈新学伪经考〉的影响——兼及戊戌时期的"学术之争"》，《近代史研究》1999年第3期。

一新大概是康门弟子之外最早阅读《新学伪经考》者。光绪十七年《新学伪经考》尚未完稿时，康有为便就教于当时主讲广雅书院的朱一新。初读之下，朱一新复函康有为①，提出自己的不同看法。他既不同意将六经视为刘歆伪作——"窃以为伪《周官》、《左传》可也，伪《毛诗》不可也；伪《左传》之羼乱者可也，伪其书不可也"，也不同意以《春秋》大义附会其他经典——"通三统者《春秋》之旨，非所论于《诗》、《书》、《易》、《礼》、《论语》、《孝经》也。孔子作《春秋》，变周文，从殷质，为百王大法。素王改制，言各有当，七十子口耳相传，不敢著于竹帛，圣贤之慎盖如此。《诗》、《书》、《礼》、《乐》，先王遗典，使皆以一家私说羼于其中，则孔子亦一刘歆耳，岂独失为下不倍之义，抑亦违敏好古之心。必若所言，圣人但作一经足矣，曷为而有六欤？"②在朱一新看来，康有为遍伪六经，乃是"知伪《尚书》之说数见不鲜，无以鼓动一世，遂推而遍及于六经。嘻！其甚已"。他还对康有为使用《史记》时，于"合己说者则取之，不合者则伪之"的做法提出批评："足下不用《史记》则已，用《史记》而忽引之为证，忽斥之为伪，意为进退，初无确据，是则足下之《史记》，非古来相传之《史记》矣。"③显然，朱一新对康有为《新学伪经考》之穿凿附会、务求新奇深表不满，因此反复规劝其治经要明理、学术要平淡："治经所以明理，'莫须有'三字固不足以定爰书，即使爰书确凿，亦不过争今、古文之真伪已耳，曾何益于义理？……夫学术在平淡不在新奇……世之才士莫不喜新奇而厌平淡，导之者复不以平淡而以新奇……窃恐诋讦古人之不已，进而疑经；疑经之不已，进而疑圣，至于疑圣，则其效可睹矣。"朱一新认

---

① 朱一新与康有为关涉《新学伪经考》的通信共计8通，这里所引用的是朱初读该书后的复函；而后来朱复康的信并非仅针对《新学伪经考》。为了让朱一新更多地了解自己的思想体系，康有为在接到朱一新对其《新学伪经考》批评的信后，曾将其"门人功课"送朱看阅。因此，在阅读了"门人功课"后，朱的评价可以说是对包括孔子改制等思想在内的"康学"的整体评价。对于朱康通信的时间与内容的考证，参见张勇《也谈〈新学伪经考〉的影响——兼及戊戌时期的"学术之争"》，《近代史研究》1999年第3期。
② 朱一新：《朱侍御答康有为第二书》，苏舆编《翼教丛编》，第2、5页。
③ 朱一新：《朱侍御答康有为第三书》，苏舆编《翼教丛编》，第7页。

为，当此"外患日亟""邪说诬民"之时，康有为不思卧薪尝胆、正谊明道，而断断考辨古、今之真伪，无疑是在"费精神于无用之地"。① 这里，朱一新对《新学伪经考》的评论没有超越学术批评的范围，而且是将其视为乾嘉学者的考据之作而加以批评的。对此，康有为备感委屈，因此复函朱一新说："惟区区此心，公尚未达之，似以为有类于乾嘉学者，猎琐文单义，沾沾自喜，日事谀闻而敏（叩）其论，果有关于风俗人心者则无有。若是，则为君子之摈斥也固宜。故不敢默而息言，而欲稍陈其愚陋。"② 康有为所要陈说的是其考据背后的大义，但这一大义是初读《新学伪经考》的朱一新所未见及的。光绪十八年二月十六日，朱一新的老师俞樾阅读《新学伪经考》后，在日记中写道："其书力攻古文之伪，故凡后出之《毛诗》、《左传》皆以为伪，并因《说文》有籀古亦排摈之。其所论似正，然亦一家之说。且以诸伪经皆刘歆所造，故目之曰新学，以歆固新莽国师也。然此究谁见其执笔而书乎？又凡古书有与己意不合者，皆以为刘歆窜入，亦未免武断矣。"③ 俞樾是当时的古文经大家，但其"治《春秋》颇右公羊氏"④，曾撰有《春秋公羊传评议》，但与康有为"不惜曲解证据"以附会其微言大义的治经方法不同，俞樾治经是以考据方式探求义理，微言大义必须经由考据而来。因此，对于《新学伪经考》，俞樾虽承认"其所论似正"，"然亦一家之说"，更无法认同其"凡古书有与己意不合者，皆以为刘歆窜入"的武断做法。洪良品读过《新学伪经考》后致书梁启超，表达了他的看法："在贵师明智超识，何尝不知《史》、《汉》有来历，不同杜撰，特歆于魏默深《诗、书古微》之冒称绝学，欲于二千年后特标一帜，而无如二千年以上事实，见于史策者昭昭，因见近儒解经不通，则必藉口刘歆窜入，因附会《王莽传》、《西京杂记》、《史通》诸书，以入其罪，然后经典可以肆其抨击。"洪氏同样批评了康在对待《史记》时，于"有合己意者，则曰

---

① 朱一新：《朱侍御答康有为第三书》，苏舆编《翼教丛编》，第7页。
② 康有为：《与朱一新论学书牍》，姜义华、张荣华编校《康有为全集》第1集，第314页。
③ 俞樾：《俞曲园先生日记残稿》，转引自蔡乐苏等著《戊戌变法史述论稿》，第202页。
④ 章太炎：《俞先生传》，《章太炎全集》（四），上海人民出版社，1985，第211页。

铁案不可动摇；有不合己意者，则以为刘歆所窜入"的做法。为了证实刘歆作伪之说之谬，洪氏将康门师徒据以证成此说之《王莽传》《西京杂记》《史通》中的论据一一列出，加以考订，以说明"刘歆造窜经典之无实据"。对于康有为《新学伪经考》之武断，洪氏感叹道："夫以圣贤煌煌垂世大典，悬诸日月，著在天壤，历千百年无异词，乃忽借暧昧不明之人，以'想当然'三字断定，竟以圣贤经世垂教之书，谓出自乱臣贼子之手，侮圣毁经，贻患不小，非所以信今示后也。"①

就政见而言，康有为后来的变法主张，朱一新、俞樾与洪良品等人未必认可，但此时，他们对于《新学伪经考》的评价都是从传统学术批评的角度进行的，没有掺杂太多的政治因素，也没有任何新旧之争的痕迹。这与下述戊戌时期那些与康有为政见一致者对《新学伪经考》的态度没有太大的出入。

宋恕曾有"驳长孺《伪经考》语"，孙宝瑄听后认为"极确"。宋恕所驳者，乃康有为所说秦始皇焚书并未厄及六经之说，认为："秦既不许天下挟《诗》、《书》，断无其朝廷复设博士教人以《诗》、《书》之理……长孺云：秦欲愚天下，非欲自愚。若自焚其朝廷所藏者，是自愚也。不知秦为治皆本法家，无取《诗》、《书》之义。是在秦为废物，何必藏之。且长孺云：吏即博士，使天下学者往受业。然则秦非仅不自愚，并不欲愚人矣。与焚书之旨相反，此何解耶？"②宋恕驳康说，旨在指出刘歆作伪的不足信。孙宝瑄本人也对"康学"中的很多武断之论提出批评。他不信刘歆作伪，认为："歆以一人而造《周官》，造《书》，造《毛诗》，造《尔雅》，造彝鼎古字，且编窜诸书，无所不至，试问有此精力否？且造之何益？若云取名托诸他人，则无名以媚莽，《周官》一书足矣，《诗》、《书》、《尔雅》将谁媚耶？……若云诸书皆出其手，则攻之适以尊之，歆果圣人也。"③对宋恕驳

---

① 洪良品：《洪右丞给谏答梁启超论学书》，苏舆编《翼教丛编》，第18、19页。
② 孙宝瑄：《忘山庐日记》（上），丁酉年十一月二十七日、二十五日，上海古籍出版社，1983，第154、153页。
③ 孙宝瑄：《忘山庐日记》（上），丁酉年十一月二十五日，第153页。

康之论，孙宝瑄当时认为"极确"，后有所修正，认为秦焚书的确未及"博士所职者"，但"萧何入秦，收丞相御史律令图书，亦未收博士所职者。及后咸阳一炬，而完书毕竟无存矣。坏壁所得古书，非刘歆伪造无疑"。对孙宝瑄的这一见解，章太炎"亦以为然"①。章太炎也曾作《新学伪经考》驳议数条，但并未公开。宋、孙、章三人交密，维新期间一度同住沪上，经常一起纵论古今，"作竟日谈"。在其后的戊戌变法中，他们都是康有为的同志，可谓政见一致。在学术上，三人虽"所从入之学派"有所不同，章太炎"从许、郑入"，宋恕"从三王入仲任、文中、阳明"，孙宝瑄"从洛、闽入"②，但都主治古文经典，与康有为的治学路数有所不同。因此，当看到康有为将古文经传统统说成刘歆作伪且证据不足时，他们的批评自在情理之中。郑孝胥在日记中也记录了他读《新学伪经考》后的感想："于陈善余坐见康祖诒所著《新学伪经考》，历诋汉以来经学之士，以为东汉所尊诸经，皆出刘歆伪撰。类病狂者之所为。余乃曰：世之学者能纠宋本诸书之得失者，乃谓能读古书；能正本朝诸儒之当否者，乃谓能通汉学。轻于发言，殆有狂易之咎矣。善余以为然。"③

更为重要的是，对康有为《新学伪经考》提出批评的，不仅有来自宋恕、章太炎等研治古文经典者，而且有来自那些与康有为同治今文经者。皮锡瑞与康有为一样学主今文，但皮之治经力求凿实，反对空疏。因此，他批评刘逢禄、魏源等人经说的武断，认为："以此说经，圣人之书无完肤矣，以臆说为微言，以穿凿为大义，此真经学之蟊贼！"④ 光绪二十年，他读过《新学伪经考》后，评论道："谓《周礼》等书皆刘歆作，恐刘歆无此大本领，既信《史记》，又以《史记》为刘歆私窜，更不可据。"⑤ 唐才常同样

---

① 孙宝瑄：《忘山庐日记》（上），戊戌年五月二十九日，第 232 页。
② 宋恕：《致饮冰子书》，胡珠生编《宋恕集》（上），第 603 页。
③ 劳祖德整理《郑孝胥日记》第 1 册，光绪二十一年八月十三日，中华书局，1993，第 517 页。
④ 皮锡瑞：《师伏堂日记》（癸巳年六月十二日），转引自吴仰湘《通经致用一代师——皮锡瑞生平和思想研究》，岳麓书院，2002，第 226 页。
⑤ 皮名振：《皮鹿门年谱》，商务印书馆，1939，第 27 页。

学主今文，但与"康学"的宗旨"也微有不合之处"。在唐才常看来，"《周官》、《左氏》为姬氏一朝掌故，而公、穀、大小戴、三家《诗》乃圣人改制之书"①，这与康有为之遍伪古文经传已然不同。黄遵宪是康梁变法路上的亲密伴侣，康梁在维新路上的很多困难都由他代为排解，但这并不意味着黄遵宪信服"新学伪经"说，他曾直言不讳地对梁启超说："《公羊》改制之说吾信之。谓六经皆孔子自作，尧、舜之圣，为孔子托辞，吾不信也。"② 即使康有为的弟子梁启超、陈千秋"亦时时病其师之武断"。在梁启超看来，书中"谓《史记》、《楚辞》经刘歆羼入者数十条，出土之钟鼎彝器，皆刘歆私铸埋藏以欺后世，此实谓事理之万不可通者，而有为必力持之。实则其主张之要点，并不必借重于此等枝词强辩而始成立，而有为以好博好异之故，往往不惜抹杀证据或曲解证据，以犯科学家之大忌"。③ 谭嗣同对康有为否定古文经的武断也"不敢苟同"，认为："孔子作《春秋》，其微言大义，《公羊》固得其真传，顾托词隐晦，虽何休为之解诂，亦难尽晓。至于左氏之书，则不尽合经，疑后人有所附益，然其叙事详，且皆可稽。苟说经而弃是书，则何由知其本事，而孔子之施其褒贬，亦何由察其深意。此章实斋所谓'道不可以空诠也'。"④

今文经学、古文经学有着不同的家法，但从上述各人对于《新学伪经考》近乎相似的批判中，我们看到的是康有为经说中存在的问题与不足：考证疏漏、结论武断。造成这一弊端的原因有二。

其一，"凿空说经"可谓今文经家的传统。复活于嘉道之际的今文经学存在学术研究与经世致用两种路向，前者注重考据，后者则为了发掘微言大义常常会出现对经典的过度诠释，甚至"六经注我"。康有为即属于后者，而且较之前辈今文经家走得更远，正如章太炎所谓"其说本刘逢禄、宋翔

---

① 唐才常：《上欧阳中鹄书》，湖南省哲学社会科学研究所编《唐才常集》，中华书局，1980，第238页。
② 黄遵宪：《致梁启超书》，吴振清等编校整理《黄遵宪集》（下），天津人民出版社，2003，第487页。
③ 梁启超：《清代学术概论》，《饮冰室合集·专集之三十四》，第56~57页。
④ 谭嗣同：《致唐才常（二）》，蔡尚思、方行编《谭嗣同全集（增订本）》（下），第528页。

凤诸家，然尤恣肆"①，以至于唐才常等今文经学家也无法认同其视《左传》为伪经的做法。因此，上述诸家从学术研究严谨性的角度对《新学伪经考》提出批评，应当说切中要害。

其二，与康有为喜博好异、固执自信的性格不无关系。对于《新学伪经考》中存在的问题，康有为并非不知。梁启超、陈千秋曾以弟子的身份参与了《新学伪经考》的著述，二人不仅认识到其中的问题，还向乃师提出修改建议，但"卒莫能夺"。对此，梁启超如是说："有为之为人也，万事纯任主观，自信力极强，而持之极毅。其对于客观的事实，或竟蔑视，或必欲强之以从我。其在事业上也有然，其在学问上也亦有然。其所以自成家数崛起一时者以此，其所以不能立健实之基础者亦以此。读《新学伪经考》而可见也。"② 如此看来，如果不是康有为过度自信、喜博好异的话，《新学伪经考》的不足会大有改观。

上述分析表明，在对待《新学伪经考》的问题上，时人的态度没有太大的差异，基本上都是将之置于学术研究的脉络中加以评判，批评其考证疏漏、结论武断及"六经注我"的治学态度，可谓抓住了《新学伪经考》的病灶。从中我们看不出任何新旧之争的痕迹，这一方面，与《新学伪经考》本身重在否定古文经传而没有牵涉太多微言大义有关。正如谭嗣同所说，《新学伪经考》于"扫除乾嘉以来愚谬之士习，厥功伟；而发明二千年幽篰之经学，其德宏"，"然而于其微言大义，悉未有闻也"。③ 另一方面也与《新学伪经考》问世较早有关。虽然《新学伪经考》所牵涉的微言大义较少，但它毕竟是康有为思想体系的一部分，如果对照了日后康有为的言行，还是很容易看出其中的关联的。但由于该书问世较早，此时维新运动尚未露出端倪，康有为也籍籍无名，其可供世人参阅的资料少之又少。因此，读者

---

① 《太炎先生自定年谱》，光绪二十二年，二十九岁，中国科学院历史研究所第三所编《近代史资料》1957年第1期，第116页。
② 梁启超：《清代学术概论》，《饮冰室合集·专集之三十四》，第57页。
③ 谭嗣同：《壮飞楼治事十篇·治事篇第十·湘粤》，蔡尚思、方行编《谭嗣同全集（增订本）》（下），第445页。

既没有其他有关康有为的思想资源可供挖掘、参照，在面对《新学伪经考》时，便无法做出像日后对照了《孔子改制考》那样的解读，只能将其视为学术著作加以评说。加之当时的康有为人微言轻，虽然《新学伪经考》中的很多论断都"离经叛道"，但它所引发的反响远没有后来的《孔子改制考》那样巨大。

光绪二十四年《孔子改制考》刊出①。《孔子改制考》问世之际，正值各地维新运动进入高潮之时，其鲜明的改制主旨不仅触动了那些反对变法者的敏感神经，他们因之心急如焚，攻击《孔子改制考》不遗余力，而且引起了那些支持变法却与康有为变法路数不同者的反对，康有为之学说因与政治结合而遭到了激烈的批判。

文悌弹劾康有为说："阅其著作，以变法为宗，而尤堪骇诧者，托词孔子改制，谓孔子作《春秋》，西狩获麟，为受命之符，以《春秋》变周为孔子当一代王者，明似推崇孔教，实则自申其改制之义……由是奴才乃知康有为之学术正如《汉书·严助传》所谓'以《春秋》为苏秦纵横者'耳。"②令文悌不安的，与其说是康有为的经说荒谬，不如说是其"托词孔子改制"，自申"改制之义"，更何况其自申之义又是西方的民权、平等诸说！因此，在文悌看来，若康有为的学术仅仅停留在学术层面，他"犹以为方今时事孔棘，求才未可一格"，但当康之学术显然与政治结合到一起，"其谈治术则专主西学，欲将中国数千年相承大经大法一扫刮绝，事事时时以师法日本为长策"时，其对康有为的宽容便到了极限。叶德辉攻击康有为，说："康有为隐以改复原教之路德自命，欲删订六经，而先作《伪经考》，欲搅乱朝政，而又作《改制考》，其貌则孔也，其实则夷也。"③他由《孔子改制考》反观《新学伪经考》才发现，其中的谬误原来不仅仅在于结论

---

① 关于《孔子改制考》刊出时间，有光绪二十三年、二十四年两种说法。本文采用汤志钧先生所考订的"《孔子改制考》应于丁酉付梓，而刊出则在戊戌"说法，见汤志钧《近代经学与政治》，中华书局，2000，第180页。
② 《文仲恭侍御严劾康有为折》，苏舆编《翼教丛编》，第29、30页。
③ 叶德辉：《叶吏部与刘先瑞、黄郁文两生书》，苏舆编《翼教丛编》，第165页。

的武断与考证的疏漏，"以《周礼》为刘歆伪撰……康有为又拾万、方之唾余，以为'新学'、'伪经'之证。其本旨只欲黜君权、伸民力，以快其恣睢之志，以发摅其侘傺不遇之悲。而其言之谬妄，则固自知之也，于是借一用《周礼》之王莽、附王莽之刘歆，以痛诋之"。① 叶德辉的如此心得，如若不是"两考"并读是无法产生的。因此，他所攻击的公羊学不是汉代之公羊学，而是康有为之公羊学，因为"今之公羊学，又非汉之公羊学也。汉之公羊学尊汉，今之公羊学尊夷"。② 其实早在叶德辉之前，朱一新对"康学"就有过与叶相似的认识。朱一新去世较早（光绪二十年），没有机会看到《孔子改制考》。但当他看过康有为"门人功课"之后，即对"康学"有了整体的了解。也同样是联系了"新学伪经"与"孔子改制"说之后，朱一新才对"康学"有了如下心得："今托于素王改制之文，以便其推行新法之实，无论改制出于纬书，未可尽信，即圣人果有是言，亦欲质文递嬗，复三代圣王之旧制耳，而岂用夷变夏之谓哉？……而凡古书之与吾说相戾者，一皆诋为伪造，夫然后可以惟吾欲为，虽圣人不得不俯首而听吾驱策。噫！足下之用意则勤矣，然其所以为说者亦已甚矣。"③ 王仁俊撰《实学平议》，专言"改制辟谬"，内称："近人窃《公羊》以便其私"，"挟一改制之谬论，而匹夫可以帝制自为"。他一口气列举了"改制非圣"之"十大谬"。其谬之首是："何谓制？夏忠、商质、周文是。何谓改制？万世法从商制是。夫子周人也，乃不尊成宪，毅然欲从商制。今有人食毛践土，为本朝臣子，忽焉著书立说，欲改从故明制，直叛逆耳，岂圣人而出此？"④

无论文悌、叶德辉，还是朱一新、王仁俊，他们都认为康有为是借"素王改制"以行己说、"用夷变夏"。除此之外，他们更为重要的疑虑来自以保教为名的"康学"终将导致儒家文化的澌灭，故而攻击、规劝，不遗余力。叶德辉所说的"汉之公羊学尊汉，今之公羊学尊夷"，表达的就是康

---

① 叶德辉：《叶吏部〈輶轩今语〉评》，苏舆编《翼教丛编》，第76~77页。
② 叶德辉：《叶吏部与石醉六书》，苏舆编《翼教丛编》，第163页。
③ 朱一新：《朱侍御答康有为第四书》，苏舆编《翼教丛编》，第9页。
④ 王仁俊：《实学平议二·改制辟谬》，苏舆编《翼教丛编》，第59~60页。

有为援西入中的结果。对此,叶德辉忧虑不已,他说:"战国之世,患在杨、墨,孟子辟之;八代以降,患在佛、老,韩子辟之;今日之世,患在摩西,无人辟之,且从而韪之,以至异说横流,谬论蜂午(舞),衣冠世族,廉耻道亡,我生不辰,吾为此惧。"① 在中教危亡的时局中,叶德辉将扮演孟子、韩子的角色,起而护教。朱一新对"康学"的终极危害也说得很清楚,他说:"彼戎翟者,无君臣,无父子,无兄弟,无夫妇,是乃义理之变也。将以我圣经贤传为平淡不足法,而必以其变者为新奇乎?有义理而后有制度,戎翟之制度,戎翟之义理所由寓也,义理殊斯风俗殊,风俗殊斯制度殊。今不揣其本而漫云改制,制则改矣,将毋义理亦与之俱改乎?"② 在朱一新看来,如果康说流传,其结果"适为毁弃六经张本"。当然,对朱一新的质疑,康有为并不谓然,如前所说,他曾致函朱进行辩驳。然康之辩驳也并未释朱之疑。

此外,包裹在《孔子改制考》经学外衣下的康氏变法思想和取径,不仅令文悌、叶德辉等人惶恐,而且也令曾经支持过康有为的帝师翁同龢及那些一度参与变法维新的官绅无法接受。这一点从他们与康有为的关系离合中可以见及。光绪二十年五月,翁同龢阅读了《新学伪经考》,并在当月初二日的日记中评论说:"看康长素(祖诒,广东举人,名士)《新学伪经考》,以为刘歆古文无一不伪,窜乱六经,而郑康成以下皆为所惑云云。真说经家一野狐也,惊诧不已。"③ 虽然翁同龢"惊诧不已",但"说经家一野狐"也还是将其放在经学研究的脉络中加以评说的。因此,《新学伪经考》并没有影响其日后对康有为变法活动的支持,甚至在余联沅奏劾《新学伪经考》一事上,翁还同意出面为康"周旋一切"④。但当看到《孔子改制考》后,翁的态度发生了极大的转变。据翁同龢戊戌年日记四月初七日记曰:"上命

---

① 叶德辉:《叶吏部与戴宣翘校官书》,苏舆编《翼教丛编》,第 173 页。
② 朱一新:《朱侍御答康有为第四书》,苏舆编《翼教丛编》,第 11 页。
③ 陈义杰整理《翁同龢日记》第 5 册,光绪二十年五月初二日,中华书局,1986,第 2696 页。
④ 参见茅海建《从甲午到戊戌:康有为〈我史〉鉴注》,三联书店,2009,第 41 页。

臣索康有为所进书，令再写一分（份）递进，臣对与康不往来。上问何也，对以此人居心叵测。曰前此何以不说，对臣近见其《孔子改制考》知之。"次日，"上又问康书，臣对如昨。上发怒诘责，臣对传总署令进。上不允，必欲臣诣张荫桓传知。臣曰张某日日进见，何不面谕，上仍不允。退乃传知张君"。① 从这一番君臣较量中，我们看到的是翁同龢对康有为前后态度的转变，而转变的关键是《孔子改制考》。

张之洞与康有为的关系颇为复杂，既有张之洞对"康学"的不满，也有张之洞对"康党"做派的反感，这里仅就张之洞对"康学"的态度略做分析。甲午战后，受空前高涨的民族危机的刺激，国人多言变法，身为湖广总督的张之洞对此同样表现极高的热情，并成为很多维新人士投靠的对象。而张之洞也积极援引维新派，张之洞与康有为因此走到了一起，但后来的史实证明康有为之变法绝非张之洞之变法可比。光绪二十一年，康有为南下筹办上海强学会，得到张之洞的极高礼遇，康有为回忆说，二人"隔日张宴，申旦高谈，共开强学，窃附同心"②。吴德潇曾致函汪康年也说："康君自金陵来同寓，昨夜同公度往访，略谈刻许。南师极倾倒之。"③ 蔡元培日后忆及张之洞对康有为的评价时说：光绪二十一年"赴南京访张香涛氏，适康长素之房师余诚格氏在座。张氏盛称康氏才高，学博，胆大，识精，许为杰出之人才"。④ 这些都说明，虽然张之洞不认同今文经学，与康有为"论学不合"，但此时的康、张关系并没有受到学术上治今、古文不同的影响。其实，张之洞并非绝对排斥学术上的今文经学研究。这一点，从张之洞后来针对《湘学报》中的"揭素王改制之义"所发表的评论中可以见及。光绪二十三年七月，张之洞曾致电湖南学政江标，称：

---

① 陈义杰整理《翁同龢日记》第6册，光绪二十四年四月初七、初八日，第3128页。
② 康有为：《与张之洞书》，中国史学会主编《中国近代史资料丛刊·戊戌变法》第2册，上海人民出版社，1957，第522页。
③ 上海图书馆编《汪康年师友书札》(1)，第381页。
④ 蔡元培：《自写年谱》，高平叔编《蔡元培全集》第7卷，中华书局，1989，第280页。

湘学报卷首，即有素王改制云云，嗣后又复两见。此说乃近日公羊家新说，创始于四川廖平，而大盛于广东康有为。其说过奇，甚骇人听。窃思孔子新周王鲁、为汉制作，乃汉代经生附会增出之说，传文并无此语，先儒已多议之。然犹仅就春秋本经言。近日廖康之说，乃竟谓六经皆孔子所自造，唐虞夏商周一切制度事实，皆孔子所定治世之法，托名于二帝三王，此所谓素王改制也，是圣人僭妄而又作伪，似不近理。湘学报所谓改制，或未必如廖康之怪，特议论与之相涉，恐有流弊。且湘报系阁下主持刊播，宗师立教，为学校准的，与私家著述不同，窃恐或为世人指摘，不无过虑。方今时局多艰、横议渐作，似尤以发明为下不倍之义为亟。不揣冒昧奉商，可否以后于湘报中陈此义。如报馆主笔之人，有精思奥义易致骇俗者，似可藏之箧衍、存诸私集，勿入报章，则此报更易风行矣。①

由此可见，张之洞固然不喜公羊家言，但如果这一学说只是"私家著述"、不与现实政治结合的话，他还是可以容忍的。而这也符合嘉道以降出现的汉宋兼容、古今并治的学术趋向。正因如此，虽然康有为的《新学伪经考》问世在先，但这并没有影响张之洞与康有为的合作。然而，康有为的今文经说是注定要和现实政治结合的，这也注定了康、张合作不能长久。光绪二十一年底，《强学报》因采用孔子纪年为张之洞责令停刊。《强学报》采用孔子纪年意味着康有为的今文经说不再是"私家著述"，已超出张之洞的容忍限度。而在《孔子改制考》问世后，康有为学术为政治服务的用意暴露无遗，张之洞撰著《劝学篇》"暗攻康梁"就不足为奇了。《劝学篇》针对改制之说辩驳道："汉兴之初，曲学阿世，以冀立学。哀平之际，造谶益纬，以媚巨奸，于是非常可怪之论益多，如文王受命、孔子称王之类，此非七十子之说，乃秦、汉经生之说也，而说《公羊》、《春秋》者谓尤甚。新周王鲁以《春秋》当新王。乾、嘉诸儒，嗜古好难，力为阐扬，其风

---

① 许同莘：《张文襄公年谱》卷六，商务印书馆，1946，第116页。

第二章 "康学"引发的不同社会反响

日肆,演其余波,实有不宜于今日之世道者,如禁方奇药,往往有大毒,可以杀人。假如近儒《公羊》之说,是孔子作《春秋》而乱臣贼子喜也。""民权之说无一益而有百害","使民权之说一倡,愚民必喜,乱民必作,纪纲不行,大乱四起"。①《劝学篇》虽有攻康梁之意,但张之洞不敢明言,直到戊戌政变后,康梁成为清廷通缉的要犯时,《劝学篇》暗攻康梁之处才公然揭出②。晚年,张之洞回忆时仍对"公羊"学之深恶痛绝,说:"平生学术最恶公羊之学,每与学人言,必力诋之。四十年前,已然谓为乱臣贼子之资。至光绪中年,果有奸人演公羊之说以煽乱,至今为梗。"③

孙家鼐也曾与维新派一道推动过变法运动,但当康有为的今文经说显然成了其现实变法的理论武器时,他的态度非常明确:

> 臣观康有为著述,有《中西学门径七种》一书。其第六种"幼学通议"一条,言小学教法,深合乎古人《学记》中立教之意,最为美善。其第四种、第五种"春秋界说"、"孟子界说",言公羊之学,及《孔子改制考》第八卷中"孔子制法称王"一篇,杂引谶纬之书,影响附会,必证实孔子改制称王而后已。言《春秋》既作,周统遂亡,此时王者即是孔子。无论孔子至圣,断无此僭乱之心,即使后人有此推尊,亦何必以此事反复征引教化天下乎?方今圣人在上,奋发有为,康有为必欲以衰周之事行之今时,窃恐以此为教,人人存改制之心,人人谓素王可作,是学堂之设,本以教育人才,而转以蛊惑民志,是导天下于乱也。履霜坚冰,臣窃惧之。皇上命臣节制各省学堂,一旦犯上作乱之人,即起于学堂之中,臣何能当此重咎?臣以为康有为书中凡有关孔子改制称王字样,宜明降谕旨,亟令删除,实于风

---

① 张之洞:《劝学篇》,苑书义等主编《张之洞全集》第12册,河北人民出版社,1998,第9720~9721、9722页。
② 《读南皮张制军〈劝学篇〉书后》,《申报》光绪二十四年九月二十六日。
③ 张之洞:《抱冰堂子弟记》,苑书义等主编《张之洞全集》第12册,第10631页。

俗人心大有关系。①

在孙家鼐看来，当"圣人在上，奋发有为"之际，康有为却"欲以衰周之事行之今时"，其流弊必然是"人人存改制之心，人人谓素王可作"。孙家鼐可谓抓住了康有为"孔子改制"的真实用意，无法逾越"纲常名教"的他自然会对康有为的人品、心术产生怀疑。其后，在议覆陈宝箴关于康有为及《孔子改制考》的奏折时，再次指出：

> 查陈宝箴所奏，意在销毁康有为《孔子改制考》之书，兼寓保全康有为之意。臣谨将康有为书中最为悖谬之语，节录于后，请皇上留心阅看。
>
> 其书有云：异哉王义之不明也。贯三才之谓王，天下归往谓之王；天下不归往，民皆散而去之，谓之匹夫。又云：以势力把持其民谓之霸，残贼民者谓之民贼。夫王不王，专视民之聚散向背，非谓其黄屋左纛，威权无上也。又云：今中国四万万人，执民权者二十余朝，问人归往孔子乎，抑归往嬴政、杨广乎？又云：天下义礼制度皆从孔子，皆不归往嬴政、杨广，而归往大成之殿。有归往之实，即有归王之实，乃其固然。又云：于素王则攻其僭悖，于民贼则许以贯三才之名，何其舛哉。
>
> 其书中所称嬴政、杨广民贼，臣诚不知其何指。黄屋左纛乃人君之威仪。天下所尊抑，康有为必欲轻视之，而以教主为尊，臣又不知其何心。人臣忠君爱国，惟有宣布朝廷盛德，乃其书屡言民不归往，散而去之，臣又不知其何心。臣观湖广总督张之洞著有《劝学篇》，书中所论皆与康有为之书相反，盖深恐康有为之书煽惑人心，欲救而正之，其用心亦良苦矣……今陈宝箴请将康有为《孔子改制考》一书销毁，理合

---

① 孙家鼐：《奏为译书局编纂各书宜进呈御览钦定折》，北京大学、中国第一历史档案馆编《京师大学堂档案选编》，北京大学出版社，2001，第46页。

依陈宝箴所奏,将全书一律销毁,以定民志而遏乱萌。①

从孙家鼐所节录的"悖谬之语"及其对张之洞《劝学篇》的赞许中,我们可以看出,他不满康有为的不仅是其"孔子改制"称王所透露的野心,而且包括康所宣传的民权、平等等变法理念。可见,与朱一新等人担心"康学"将造成中国文化的澌灭不同,张之洞、孙家鼐等人担心的是由公羊学演化而来的"康学"成为变乱朝政的"乱臣贼子之资"。这也显示文化与政治人物对"康学"的不同忧虑。

由此可见,《孔子改制考》遭遇了远比《新学伪经考》更大的非议与攻难。其实,《孔子改制考》中的学术武断较《新学伪经考》有过之而无不及,诚如孙宝瑄览《孔子改制考》后所言,"长素于不合于己者,虽真亦斥为伪;于合己意者,虽伪亦目曰真。盖无可与论理"。② 但时人对《孔子改制考》的驳难很少如《新学伪经考》那样从学术角度展开,而是集中攻难其变法改制、通种合教思想。这其中的关键在于学术与现实政治的结合。与《新学伪经考》问世时相比,此时的康有为已不再偏居一隅,而是光绪帝身边的近臣、维新变法的倡导者、新政决策的参与者,其地位与影响力已非昔日可比。因此,当《孔子改制考》问世后,便引发了极大的关注。而《孔子改制考》鲜明的改制主旨与民权、平等之说一下子触动了反对变法者敏感的神经,引发了反对派激烈的批判,其批判的重点在于"康学"的变法思想。与此同时,那些曾经倡导变法但又与康有为之变法不同路向、不同内涵的人们,便起而对其学术与政见提出批评,亮明态度,以便与康有为划清界限。这便是张之洞、孙家鼐等人批判《孔子改制考》的重要缘由。张、孙对康有为的批判显示,"康学"所指向的变法内涵是叛逆的,而其叛逆所指则是至尊之君权与传统之纲常名教。这正是康之变法不同于张、孙等人之所在。当然,康有为自身的性格、做派及其创教野心也是影响康有为与上述

---

① 孙家鼐:《孙协揆议陈中丞折说帖》,苏舆编《翼教丛编》,第38~39页。
② 孙宝瑄:《忘山庐日记》(上),戊戌年五月十五日,第219页。

诸人关系的重要因素，对此将在后文论述。

耐人寻味的是，宋恕等认同康有为借公羊学倡导改制变法的人们，对于《孔子改制考》的态度不仅与张之洞等人不同，而且与他们几年前对《新学伪经考》的态度相比亦有所变化。不但主治今文经之皮锡瑞、唐才常等人认同康有为的"孔子改制"及"三世"说，而且即使那些主治古文经者，也对康有为《孔子改制考》表示了理解、宽容甚至认同。宋恕不服《新学伪经考》，但随着《孔子改制考》的问世，其对康有为的态度便发生了极大的变化，不仅"前疑冰释"，而且对康佩服得"五体投地"："戊春见更生《孔子改制考》，始服更生之能师圣，始知更生能行污身救世之行，而前疑冰释。《新学伪经考》，仆不甚服。见《请开制度局、十二局、民政局》一长折，则益信更生真刻不忘民，确为尼山嫡派。"① 鉴于康有为"新学伪经"的武断，宋恕不服《新学伪经考》自在情理之中，但为什么主治古文经的宋恕在看到《孔子改制考》这一重在阐发今文经学微言大义的著作后，更加佩服康有为了呢？此中的关键在于二人有着共同的变法理想，而《孔子改制考》寄寓的正是康有为的这一理想。宋恕因此"始服更生之能师圣"，这说明他不但不反对"孔子改制"说，而且相信圣人改制，赞同康有为师圣改制。宋恕因读懂了康有为《孔子改制考》的真意与深意而能忽略其考证之疏，佩服其变法之志。因此，当看到孙宝瑄在日记中驳《孔子改制考》的言论后，宋恕虽"颇谓然"，但"既而曰：子以考古贬长素甚善，然长素非立言之人，乃立功之人。自中日战后，能转移天下之人心风俗者，赖有长素焉。何也？梁卓如以《时务报》震天下，使士大夫议论一变，卓如之功；而亲为长素弟子，亦长素功也。八比废，能令天下人多读书，五百年积弊豁然祛除，而此诏降于长素召见后，亦长素功也。长素考古虽疏，然有大功于世，未可厚非也"。孙宝瑄听后"亦敬服其说"②。

事实上，孙宝瑄本人对于《孔子改制考》的态度也与宋大致相同。他

---

① 宋恕：《致饮冰子书》，胡珠生编《宋恕集》（上），第602页。
② 孙宝瑄：《忘山庐日记》（上），戊戌年五月十六日，第220页。

第二章 "康学"引发的不同社会反响

批评康有为"新学伪经"的武断，但信从"孔子改制"公羊"三世"说。他在日记中对《孔子改制考》的很多论断都表示肯定，对于康有为所说的诸子改制，孙记曰："余谓：制者，法也。古人不肯空论理，而必定法，使可遵行。是以谓诸子皆有改制之意，其说极善。惟书中所列诸家，亦有并非立意改制，如原壤、晏婴、邹衍之类，乃皆牵强附会，目为改制创教，以曲圆其说，则颇沿作时文之陋习矣。考古之学贵精确，其似是而非者，奚必援据以贻笑耶！"又云："推孔子为新王，为素王，以春秋当一代，谓以殷变夏，以周变殷，以春秋变周，皆有至理，不可易者也。所未解者，必以《六经》皆孔子自撰作而非述，抑何意耶？"可见，孙宝瑄之于"康学"有所驳也有所不驳，他不信孔子自作"六经"，但对"孔子改制"甚至诸子改制都深信不疑。因为，在孙宝瑄看来，"孔子不过斟酌损益，非凭虑而撰，谓改可也，谓作不可也。孔子既自作，则决不托古。于是可见托古者必非自作明矣。夫创法改制，皆圣人分内事，惟杜撰古事，诬蔑古人，圣人所不为"。①

同样，章太炎对《孔子改制考》也表示了一定的宽容，非但没有批驳，而且对康有为的"孔子改制""通三统""张三世"等不无认同。虽然后来的章太炎成了一个颇为纯粹的古文经学家，与康有为截然对立，但在戊戌变法前后的一段时间内，他虽主治古文经，却经常援引今文经学的观点。如在《诂经精舍课艺》中，章太炎对今文经学的某些观点不但不排斥，而且有时还加援用，认为"《左氏》而通于《公羊》"②；他发表于《时务报》上的《论学会大有益于黄人亟宜保护》一文也有"通三统""大一统"等今文经家言；在《膏兰室札记·孝经本夏法说》及《春秋左传读》中，也有赞同"孔子改制"的言论。这些都已经为以前的研究者所揭出。③ 而章太炎本人

---

① 孙宝瑄：《忘山庐日记》（上），戊戌五月初十日、十四日、十七日，第215、217、224页。
② 汤志钧编《章太炎年谱长编》，中华书局，1979，第19页。
③ 汤志钧：《近代经学与政治》，第250页；张勇：《戊戌时期章太炎与康有为经学思想的歧异》，《历史研究》1994年第3期；刘巍：《从援今文义说古文经到铸古文经学为史学》，《近代史研究》2004年第3期。

对其与今文经学家的这种共识，也直言不讳。光绪二十五年，他因政变受牵连避居台湾，在谈及与康有为的学术异同时说："余自顾学术，尚未若给谏（指朱一新——引者注）之墨宋，所与工部论辩者，特左氏、公羊门户师法之间耳。至于黜周王鲁、改制革命，则亦未尝少异也（余绅绎周秦西汉诸书，知左氏大义与此数语吻合），况旋乾转坤以成既济之业乎？"① 正是"黜周王鲁、改制革命，则亦未尝少异"的共识成了章太炎与康有为合作的学术思想基础。因此，对于具有鲜明经世目的的"康学"，章太炎便有了更多的同情与理解，晚年论及清代今文经学时，他如是说："至于康有为以《公羊》应用，则是另一回事，非研究学问也。"② 虽然完全抹杀"康学"的学术价值有些武断，但对其以公羊经世的评判可谓知言。

由此可见，在戊戌时期，"素王改制"与公羊"三世"说等今文经学理论不仅得到了治今文经者的阐发，而且得到部分治古文经者的理解、宽容乃至认同。何以如此？其中的关键在于这一理论有便于服务现实变法的微言大义。对此，皮锡瑞如是说："孔子改制，西汉旧说，近人多举此为冒子，此亦有故，中国重君权，尊国制，猝言变革，人必骇怪，故必先言孔子改制，以为大圣人有此微言大义，然后能持其说……既言变法，不能不举'公羊'改制之义，此非争门户，矜墨守也。"③ 孙宝瑄也正是从今人之变法看到了公羊家的可贵："今人皆悟民主之善、平等之美，遂疑古贤帝王所说道义、所立法度，多有未当，于是敢于非圣人。自据乱、升平、太平三世之说兴，而后知古人有多少苦衷，各因其时，不得已也。《春秋》公羊家之所以可贵。"④ 这表明，在很多维新同志的眼中，"康学"所指向的变法路向与内涵非但不是叛逆的，而且是可以被理解与接受的。

如此看来，在日益严重的民族危机的激荡下，分属今、古文经学不同学

---

① 《康氏复书》，《台湾日日新报》（汉文版）1899年1月13日，第3版。
② 章太炎：《清代学术之系统》，马勇编《章太炎讲演集》，河北大学出版社，2004，第104页。
③ 皮锡瑞：《师伏堂未刊日记》（戊戌年四月初七日），《湖南历史资料》1959年第1期，第116页。
④ 孙宝瑄：《忘山庐日记》（上），丁酉年十二月十二日，第158页。

术领域的维新人士，竟共享着今文经学"孔子改制"的变法理论，这其中所透露出的是戊戌时期学术与政治之间的复杂关系。

二 "康学"不同反响背后的学术与政治

谈及学术与政治的关系，贺麟如此说："学术和政治的关系，也可以说是'体'与'用'的关系。学术是'体'，政治是'用'。学术不能够推动政治，学术就无'用'，政治不能够培养学术，政治就无'体'……政治是学术的由知而行，由理想而事实，由小规模而大规模，由少数人的探讨研究到大多数人的身体力行。政治没有学术作体，就是没有灵魂的躯壳，学术没有政治作用，就是少数人支离空疏的玩物。"① 贺麟深受儒学的熏陶，其一生都在为儒学的现代转换殚精竭虑，他对学术与政治关系的见解正是用西学改造儒学的产物。学术为"体"，政治为"用"，这一看似传统的论断，在本质上更接近于西方文化。因为，贺麟强调学术与政治密切关系的一个重要前提是学术的独立自由，而学术独立自由正是西方文化的传统。在儒家文化中，学术与政治的关系非常紧密，"通经致用""内圣外王"等价值取向所彰显的正是学术与政治的亲密关系，从政成为绝大多数学者的理想追求，"学而优则仕"则又成功地架起了由学术通往政治的桥梁。在学术与政治的亲密关系中，如果说先秦时期的"百家争鸣"尚在一定程度上反映当时的学术独立的话，那么随着儒学独尊地位的确立，主流学术便失去了原有的独立性，沦为政治意识形态的诠释工具。当社会需要变革时，学者也只能从已有的经典中阐发微言大义，寻求理论支持，学术在与政治的关系中发生了扭曲。然而传统学术发展到清代，在各种因素的交互作用下，乾嘉汉学一度出现了学术脱离政治的趋向，不过这并非西方式的学术独立。而且，在世变的催促下，在学术致用传统的作用下，嘉道以降的学术便开始由乾嘉汉学的脱离国计民生、琐碎无用转向经世致用。不过，乾嘉汉学对嘉道以降的学术研

---

① 贺麟:《学术与政治》，《当代评论》第1卷第16期，1941，第231页。

究也产生极其重要的影响，表现为学术在发挥致用功能的同时，也不能无视学术自身的严肃性与规范性，这在今文经学的研究中体现得最为清晰。康有为的"两考"正是在这两种学术传统同时作用的背景下写成的，时人对"两考"的评价也是在学术与政治两个向度上展开的。

清嘉道以降，一方面，在世变的催促下，清代学术逐渐由考据向经世倾斜，经世思潮勃然而兴，而今文经学所具有的与政治密切相关的特性恰好迎合了这一潮流；另一方面，从学术演变的内在因素来看，乾嘉汉学积弊日深，在学术反思中，为弥补朴学考据义理的缺失，一些学者开始从今文经中寻找儒学的微言大义，今文经学应运而兴。① 谈及清学分裂的原因，梁启超认为"有发于学派之自身者，有由环境之变化所促成者"，前者指学术演变的内在因素，后者指经世思潮的影响。② 两者共同促成了今文经学的复兴。也正因如此，清代的今文经学一直存在学术研究与经世致用的双重路向。前者以颇为严密的考据为基础，体现的是乾嘉考据传统在今文经学领域的延伸。而在戊戌之前，这一路向上的今文经学研究曾获得了士林的广泛认可。这一点，从阮元的《皇清经解》收录了庄存与、孔广森、刘逢禄的今文经学成果，以及王先谦的《皇清经解续编》收录了陈奂、陈立、俞樾等人的公羊学研究成果中可以见及。然而，学术与政治的结合毕竟是公羊学的主题。虽然在经历了乾嘉考据学风的长期浸润之后，那些意在经世的今文经学家也不能无视考据的重要性，但为了政治实践的需要，他们的学术见解又往往无法避免"凿空说经"的弊端。清代今文经学肇端于常州学派，为了发掘孔子寄托于《春秋》中的旨意，他们常常离开历史事实说经，其最核心的观点是：《春秋》乃孔子所撰，是经世之书；《公羊传》提出"通三统""张三世"之义，因此《春秋》大义存于《公羊传》；《春秋》并非记事之史，而是为万世制法的经世之书。于是，《春秋》便由史学性格转向义理性格，这为公羊学"凿空说经"大开方便之

---

① 罗检秋：《从清代汉宋关系看今文经学的兴起》，《近代史研究》2004年第1期。
② 梁启超：《清代学术概论》，《饮冰室合集·专集之三十四》，第51页。

门。之后，他们不仅以微言说《春秋》，还以微言说六经。较早将公羊学的微言推向其他儒家经典的是宋翔凤。他在《论语述何》中将"三统"说推衍到和《公羊传》毫不相干的《论语》上。之后戴望进一步将宋翔凤的观点推衍到六经。① 如果说庄存与、刘逢禄等人的今文经说尚属考证严密的话，那么其后的龚自珍、魏源等人已经由公羊学迈向变法论，以学术为政治所用，而康有为的今文经学理论更是直接为其变法张本。学术为政治服务的主旨使得龚、魏、康的学术外衣捉襟见肘。因此，他们的今文经学研究在学术层面便引发了时人的批评。晚清名士李慈铭就魏源的《古微堂外集》发表评论说："自道光以来，经学之书充栋，诸儒考订之密，无以复加。于是一二心思才智之士，苦其繁富，又自知必不能过之，乃创为西汉之说。"② 朱一新批评嘉道以降的今文经学家说："公羊家多非常可怪之论，西汉大师自有所受，要非心知其意，鲜不以为悖理伤教。故为此学者，稍不谨慎，流弊滋多。近儒惟陈卓人深明家法，亦不过为穿凿。若刘申受、宋于庭、龚定庵、戴子高之徒，蔓衍支离，不可究诘。凡群经略与公羊相类者，无不旁通而曲畅之。即绝不相类者，亦无不锻炼而傅合之，舍康庄大道而盘旋于蚁封之上，凭臆妄造以诬圣人，二千年来经学之厄，盖未有甚于此者也。"③

与龚、魏相比，康有为的今文经说走得更远④。在强烈的经世目的驱使下，为了现实变法的需要，他虽套用了今文经学理论，却"既不尽依公羊典范，更不禀承今文家法。惟取能合用其说者"⑤，合己说者则取之，不合者则伪之，这种对经典的随意取舍、过度阐释，已非此前的今文经学家可比。正因如此，无论主治古文经的章太炎、宋恕，还是主治今文经的皮锡

---

① 关于清代常州学派今文经学的演变，参见彭明辉《晚清的经世史学》，台北，麦田出版社，2002，第74页。
② 徐珂:《清稗类钞》第8册，中华书局，1986，第3825页。
③ 朱一新:《无邪堂答问》卷1，第24页；见《拙盦丛稿》，沈云龙主编《近代中国史资料丛刊》（272），台北，文海出版社，1968，第67~68页。
④ 关于"康学"的经世精神，刘巍的《〈教学通议〉与康有为的早期经学路向及其转向——兼及康氏与廖平的学术纠葛》有着深入的研究，见《历史研究》2005年第4期。
⑤ 汪荣祖:《康章合论》，《从传统中求变——晚清思想史研究》，百花洲文艺出版社，2002，第361页。

瑞、唐才常,都从学术的角度对《新学伪经考》提出批评。然而,康有为之经说毕竟"非与考据家争长短",而重在思想阐发,为其政治上的变法提供依据。而且,与此前的今文经学家基本上是在传统中寻求阐释经典、发掘微言大义的学术思想资源不同,康有为则不仅利用传统的资源,还大量吸取了西学养分。于是,康有为传统的学术外衣之下包裹的竟是西方的民主政治主张。这是康有为所处的时代使然。康有为的时代已非传统的封建时代可比,甚至与龚、魏所处的时代也已然不同,此时的中国社会已经引进了西方资本主义的经济与技术,它要求相应的制度变革,但是康有为等人又对西方的思想文化一知半解,于是只能利用传统的思想资源——今文经学来打造其变法理论,这在《孔子改制考》中反映得最为充分。然而,今文经学毕竟是儒家文化的一脉,用其解释传统的社会变革尚不免附会,若用其阐发近代的社会变革,其牵强与附会更加明显,这是康有为的局限。问题的关键在于,时人对康有为的解读也在学术与政治之间转换。如果说他们对《新学伪经考》的评论尚是放在清代今文经学研究的脉络里展开的话,当康之今文经说与维新变法的政治实践相结合刊出《孔子改制考》时,时人的评判标准便由学术转向了政治。

康有为今文经说的考证疏漏、结论武断是人所共知的,即使康门弟子也不讳言。重要的是,当康有为的今文经说与现实的政治变革纠结在一起要为现实的变法服务时,学术本身的疏漏与严谨已经无关紧要,不再是大家批评的重心。于是,时人对于《孔子改制考》的评价与《新学伪经考》截然不同,政见取代学术成为更重要的评价标准。与康有为政见不同者,借攻击康有为的今文经说而反对其政治上的变法,并使得原本不太森严的今、古文经壁垒日渐森严;与康有为政见相同者,虽仍对其学术上的武断与附会提出批评,但更多的是因政见一致而理解、认同其"孔子改制"与"三世"说等变法理论,学术的"致用"压倒"求真"。正是在晚清民族危机日益急迫的特殊时空下,致用压倒学术求真,才有古文经学家对《孔子改制考》予以理解、宽容乃至认同的一幕。章太炎一度与康门弟子决裂,他也自称与康有为论学"如冰炭",但是,当我们放眼于维新变法时期章太炎自身的学术及其与康门师徒的关系时,便发现除却短暂的冲突之外,他们基本上能够存异求同。关于此期章太炎在学术上力图援引今文经释古文经的倾向,前文已经论及,这里略就其对康有为的态度做一分析。①

光绪二十三年初,章梁冲突发生后,章太炎一度极其愤怒,曾致函孙诒让与谭献等师友,表示:"《新学伪经考》,前已有驳议数十条,近杜门谢客,将次第续成之。"② 然而,公然驳难《新学伪经考》其实并非章太炎的本意,只不过是感情冲动下的愤怒之举。冷静之后,他还是理智地接受了师友的建议,将驳议搁置不提。其实,为了共同的变法理想,章太炎完全可以对"康学"给以宽容。这从其戊戌政变后的言行中可以见及。戊戌之后,今、古文经学的分野日渐森严,章太炎在学术上已然成了古文经的捍卫者。但因与康有为的政见一致,当他在学术上批评时人的今文经说时,对康有为这一今文经学的"集大成者"却网开一面,并对那些借攻击康有为之经说以反对其变法的做法表示鄙夷。光绪二十五年八月,面对守旧派借驳斥康有为经说以否定变法的言论,章太炎撰《翼教丛编书后》为康辩护:"是书驳康氏经说,未尝不中窾要,而必牵涉政变以为言,则自成其瘢疣而已……且经说之是非,与其行事,固不必同。"在章看来,康有为在变法时"不失为忠于所事",故质问:"彼与康氏反唇者,其处心果何如耶?"③ "经说之是非,与其行事,固不必同"一语,是理解章太炎与康门师徒关系的密钥。章太炎固然不认同康有为之经说,但对其行事的首肯使得章不可能公然驳难康之经说,更不可能因论学不合而走向决裂,更何况此时的章太炎还时常援引今文经说入其古文经说中!同年十一月,章太炎作《今古文辨义》,仍然没有公然驳斥康有为,而明言是反驳廖平之说;且由于该文内容与康有为相关,特意在文末申明:"若夫经术文奸之士,藉攻击廖士以攻击政党者,则

---

① 关于章太炎与康有为在学术与政治上的异同,汤志钧先生在其《近代经学与政治》中有所涉及,参见该书第260~263页。
② 谭献著,范旭仑、牟晓朋整理《复堂日记》之《钱基博跋记》,河北教育出版社,2001,第415页。
③ 章太炎:《翼教丛编书后》,汤志钧编《章太炎政论选集》(上),中华书局,1977,第96页。

埳井之鼃，吾弗敢知焉。"① 这些都表明，为了变法的政治目标，章太炎对康有为的学术给予了极大的包容，甚至他自己也力图从古文经中发掘出今文经学家"黜周王鲁、改制革命"的思想内涵，以助其政治变法。对这种因政见一致而宽容其学术的态度，章太炎也毫不隐晦，在"自述其治学功夫与志向"时谈及今文经学，曾如是说："清世《公羊》之学，初不过一二人之好奇，康有为倡改制，虽不经，犹无大害，其最谬者，在依据纬书，视《春秋》经如预言，则流弊非至掩史实逞妄说不止。"② 在章太炎看来，"康有为倡改制，虽不经，犹无大害"，但在反对变法者看来康有为以今文经学"倡为改制"贻害无穷。双方的结论虽相反，但思考问题的思路是相同的，即都是以政治为标准来评判学术。

孙诒让与章太炎交密，因此为康门弟子驱逐章太炎一事打抱不平。但当章太炎以驳斥《新学伪经考》一事咨询他时，他并没有因此支持章太炎，相反致函章氏说："是当哗世三数年，荀卿有言：狂生者不胥时而落；安用辩难？其以自薰劳也。"③ 就孙诒让而言，他与康有为论学同样"如冰炭"，但反对章太炎公然驳难"康学"，个中原因是他对康有为变法主张的认同，担心公开驳难将不利于变法大局。对孙氏此中的深意，宋恕如是说："先生为古文经学大师，尤精治《周礼》，今文经学领袖岭表某氏攻许、郑甚力，于《周礼》直斥为刘子骏伪作。然先生不以此而迁怒反对，极表同情于其所持改制立宪之政论。"④ 孙诒让在维新变法失败后，论及康门师徒时，也说："康氏学术之谬，数年前弟即深斥之。去年致章枚叔孝廉书，亦曾及之。然其七八上书，则深钦佩其洞中中土之症结。于卓如则甚佩服其变法通议之剀切详明，不敢以其主张康学之执拗而薄之。此薄海之公论，非不佞之臆论也。"⑤ 可见，在学术与政治之间，孙诒让更看重后者，因此虽然不认

① 章太炎：《今古文辨义》，汤志钧编《章太炎政论选集》（上），第 115 页。
② 诸祖耿：《记本师章公自述治学之功夫及志向》，《制言》第 25 期，1936，第 6 页。
③ 章太炎：《瑞安孙先生伤辞》，《章太炎全集》（四），第 224 页。
④ 宋恕：《又寄挽籀顾先生》，胡珠生编《宋恕集》（上），第 477 页。
⑤ 上海图书馆编《汪康年师友书札》（2），第 1474 页。

同康有为的学术，却尊重康有为的变法主张与实践，为了政治变法而主张对康之学术示以宽容。

同样，宋恕、孙宝瑄对康有为的态度也经历了由不满其学术到钦服其变法之志的转变。《新学伪经考》问世后，宋、孙都对康有为学术之武断提出异议；章梁冲突发生后，宋恕与孙宝瑄都表示了对康门弟子的不满，宋恕为之致函章太炎，称："别怅时馆之事，恕与孙君中玙、胡君中巽等大为执事不平，极望别树正旗，摧彼骄敌。今得胡、童两君同声相应，实天之未绝斯文，恕虽久怠，岂愿自外！"① 但当《孔子改制考》问世后，孙、宋对康有为的态度发生巨大转变，这同样反映了在那个特定的历史条件下，即政治共识压倒学术歧异的事实。这一事实即使是同治今文经者，也同样存在。清代今文经学家之间的公羊学理论，往往是同中有异，即使同为主张变法的今文经学家，其今文经说的内容也不尽相同，但在维新变法的大局之下，学术上的歧异显得微不足道。唐才常曾致函其师欧阳中鹄，对其与康有为学术、政治的异同如是说："授业于素王改制，讲之有年，初非附会康门。去年办《湘〈学〉报》时，即极力昌明此旨，至六、七月间，始与桂孙同往书肆购得《新学伪经考》阅之。今年三月，始读所谓《改制考》、《董氏学》两书。其宗旨微有不合处，初不敢苟同……至其拜服南海五体投地，乃因历次上书，言人所不能言，足愧尽天下之尸居无气而窃位欺君者，故不觉以当代一人推之。"②

从不同人群对"康学"的态度异同中我们看到的是：就康有为个人而言，在戊戌时期，中国的社会经济已经迈出了学习西方的步伐，并要求在政治上实行相应的变革，但此时的康有为因没有足够的西学储备，无法运用西方的思想体系来倡导变法，于是只能在现有的儒家思想中寻找可资利用的资源，以今文经说附会西方的思想元素宣传变法，由此产生的牵强与附会、武断与疏漏显而易见。在学术与政治之间，康有为因政治上的变法需要，牺牲

---

① 宋恕：《复章枚叔书》，胡珠生编《宋恕集》（上），第572页。
② 唐才常：《上欧阳中鹄书》，湖南省哲学社会科学研究所编《唐才常集》，第238页。

了学术上的严谨与求真,此乃宋恕所说的"能行污身救世之行"。就宋恕等人而言,他们虽与康有为的学术主张不无分歧,并因此对《新学伪经考》提出批评,但当《孔子改制考》显露康有为借学术以致用的目的后,共同的政治追求使他们在学术上存异求同,虽对康之学术武断与疏漏不乏批评,但更多的是宽容与理解,甚至共同分享其"孔子改制"的变法理论。就那些反对康有为变法者而言,学术经世的传统他们能够认同,今文经学研究他们可以容忍,但当传统的今文经学注入了西方民权、平等等政治理念之后,他们的容忍便达到了极限。从他们对《新学伪经考》与《孔子改制考》的不同态度中,我们看到,虽然"康学"在学术上有这样那样的不足,但他们都对其托古改制的实质看得很清楚,他们反对"康学"的真正目标是其中的民权、平等与托古改制,担心的是"康学"终将带来中国制度的变乱与文化的澌灭。可以说,变法的支持者因政见与康有为一致而容忍其学术,反对者则因政见与康有为不同而对其学术大张挞伐,由此所反映的正是戊戌时期学术与政治关系的常态。

第三章

从"吾党"到"康党"：
康门师徒与变法派官绅的关系离合
——以《时务报》为中心

如果说"康学"尚能得到部分维新同人的理解、包容的话，那么"康教"及康门师徒为维护"康学""康教"所表现的结党做派，则遭到了时人的一致反对。当甲午战败、维新初起之时，康门师徒以其对变法的执着追求而被其他维新同志视为"吾党"。但康门师徒的维新是以"康学""康教"为指导的，且他们有着与其他维新同志截然不同的结党做派。因此，随着维新运动的展开，为了维护"康学""康教"与师门利益，康门师徒不惜与其他维新同志冲突、决裂，遂被时人目为"康党"。从"吾党"到"康党"的称谓变化，不仅显示了康门师徒与变法派官绅的关系离合，而且折射出了"康党"的内涵与特征。因此，本章拟以《时务报》为中心，从"康党"与其他变法派官绅关系的离合入手，分析"康党"称谓的由来，"康党"内涵的演变，以及变法派官绅对"康党"态度的前后变化、双方关系离合的原因，兼及时人对"康教"的态度，从而窥探这一关系离合所造成的多重影响。

一 "吾党"之一：维新初期变法派官绅眼中的康门师徒

甲午战败后，严峻的民族危机将一批具有变法意愿的人们召唤出来，他们以变法图存为己任，以学会、报刊、学堂为阵地，以引进西方制度为理想，并自觉以"吾党""吾辈"相称。从各路维新人士的相互联络中可以看到，当维新初起之时，康门师徒的确表现了出众的才华，并得到了变法派同人的认可，被视为"吾党"之一。

受甲午战败与《马关条约》的影响，光绪二十一年的北京首先成了维新人士聚集联络的地方。是年二月十八日，梁启超致函汪康年，说："我辈今日无一事可为，只有广联人才，创开风气，此事尚可半主。在都言之已熟，不识足下在彼所得若何耳？"①"在都言之已熟"，说明康门师徒已经与在京的变法人士取得了广泛的联系，而且达成了"广联人才，创开风气"的共识。这一年，康有为在京的一系列政治活动为他赢得了声誉。是年三月初，在各省公车纷纷上书反对议和的声浪中，康有为组织了联省公车上书。本来，这次上书因和约的批准而中止，知之者并不多，但康有为等人随后刊刻了《公车上书记》，对康、梁在此次上书活动中的作用进行了有效的宣传，产生了良好的效果。倾向变法的谭献看到《公车上书记》后，在六月初六日的日记中写道："见《公车上书记》。会试举人千数百人上书言时事，沮和约，安攘大计，万八千言，纲目毕具，为康祖诒长素撰稿，即著《新学伪经考》之人。"②这显然是康门师徒宣传的结果。《马关条约》签订后，康有为又抓住了朝野思变的时机，于五月十一日由都察院代上《为安危大计乞及时变法呈》，即《上清帝第三书》。康有为的上书引起了光绪帝的注意，在众多昌言变法的奏折中，光绪帝于闰五月二十七日下发了包括康有为所奏在内的九件奏折，"著各直省将军督抚""分晰复奏"，这些都为新中进士的康有为赢得了政治声誉，康有为在同志中的影响力、号召力随之增强。五月，康有为又草拟《上清帝第四书》，因无人代递，遂"决意归"。后康有为接受了陈炽先办报、后办会的建议，暂留北京，与弟子梁启超、麦孟华创办了《万国公报》（后改《中外纪闻》）。在办报的同时，康有为"复挟

---

① 上海图书馆编《汪康年师友书札》（2），第1830页。
② 谭献著，范旭仑、牟晓朋整理《复堂日记》，光绪二十一年六月初六日，第377页。

第三章 从"吾党"到"康党":康门师徒与变法派官绅的关系离合

书游说,日出与士大夫讲辨,并告以开会之故,明者日众",强学会遂于光绪二十一年十月正式成立。虽然康有为于是年八月底离京而没有参会,但他是该会的首倡者①。

光绪二十一年,康有为可谓收获不菲,不仅顺利考中了进士,而且通过上书光绪帝、创办《万国公报》、倡设强学会,结交了一批维新人士,扩大了自己的影响,使得很多有意于维新者开始关注康有为。张之洞与康有为的交往正是在此背景下展开的。

是年九月,康有为抵达南京,与张之洞"隔日张宴,申旦高谈"。张之洞对康有为的评价也很高。正是基于对康有为的欣赏与信任,张之洞同意在上海、广东两处开办强学会,并决定由汪康年"主沪",康有为"主粤"。吴德潇致函汪康年谈及此事说:"传闻康主粤,公主沪。康现租张园,规模恢张。长素魄力之雄,公心思之诚笃,皆会中圣手,从此号召,必有可观,甚慰甚慰。"②叶澜也曾致函汪康年说:"得家兄书,以长素主北,吾兄主南,从此北智南能,各运广长舌,为大众说法,行见顽石点头,惟不可分顿、渐二门,以为树敌计耳。"③这些来自四面八方的信息正说明,康、汪各主一方的说法在当时的变法派官绅中广为流传。由此可见,此时的康有为是被同人看好的,并被看作合作的对象。

遗憾的是,事情并没有按预定的方向发展,上海强学会未等汪康年到达已由康有为主持开办,并约其弟子徐勤、何易一共办《强学报》。而上海强学会、《强学报》开办未久,张之洞即勒令停办。对于强学会停办的原委,康有为当时即致函其弟子说:"览邓仲果书,乃知为学术不同,疑我借局以行其经学,故多方排沮……以忌我之故,并排及孔子,奇甚,孔教其衰矣!……岂料攻孔子不谈经学者,乃出于所谓清流者乎?"④日后,康有为

---

① 对于康有为在强学会创办中的首倡之功,沈曾植曾在强学书局成立后致函汪康年说:"书局之议,长素始之,推锋而出,先登者陨,接踵者功,瑕叔螯弧,古今通例。"见上海图书馆编《汪康年师友书札》(1),第1142页。
② 上海图书馆编《汪康年师友书札》(1),第382页。
③ 上海图书馆编《汪康年师友书札》(3),第2602页。
④ 康有为:《致何树龄、徐勤》,姜义华、张荣华编校《康有为全集》第2集,第100页。

又回忆及此，说："香涛以论学不合背盟，电来属勿办。则以'会章大行，不能中止'告，乃开会……而江宁一切不来，处处掣肘，即无杨崇伊之劾，亦必散矣……吾以十二月母寿，须归，先调君勉、易一来办事，急须开报，以用孔子纪年，及刊上谕事，江宁震动，适有京师劾案，遂藉此停止。"①康有为将强学会、《强学报》停办的根源归结为"论学不合"，这是问题的一方面，而从时人的评说中我们还可以感受到事情的另一面。戊戌政变发生后，"穗石闲人"在回忆梁鼎芬与康有为交恶的原因时，如是说："讵料康到沪后，任意出报发议，绝不商量。太史与黄公屡书争之，且诋之。最可骇者，不以大清纪年而以孔子纪年，名为尊圣，实则轻慢。太史与黄公深恶之。即日停报，自是与康不合。"②此中指出，康与梁之所以交恶，一是"不以大清纪年而以孔子纪年"，这即康有为所说的"论学不合"；二是"康到沪后，任意出报发议，绝不商量"。本来盛传"主粤"的康有为却在"主沪"的汪康年未到之时，为所欲为，绝不商量，这显然是张之洞、梁鼎芬等人所无法接受的，甚至黄遵宪也"屡书争之"。这也反映康有为目中无人、独断自是的性格。强学会、《强学报》停办后，参与其事的经元善也对康有为大加指责："今闻（强学会——引者注）为言路所劾，此虽关乎气数，然细思之，亦由吾公未能应天以实，感召麻祥所致。弟初读《长兴学记》及《伪经考》诸书，深佩足下之学。去冬忽承南皮先生作介，幸接光仪，良用欣慕。惟采诸舆论，清浊两途，皆有大不满意于吾公之处，静观默察，方知吾公尚少阅历，且于谦恕慎三字，未能真切体验躬行，又不免偏重好名。"③之后，他又致函汪康年，认为"强学会事，诚是当务之急，一唱百和，方期逐渐扩充，以树自强之本，忽然封禁，浩叹殊深"，究其原因，"惟康长翁之手段，似长于坐而言，绌于起而行，欲集众人之资以逞一己之

---

① 楼宇烈整理《康南海自编年谱》（外二种），第31~32页。
② 叶德辉：《附穗石闲人读梁节庵太史驳叛犯书书后》，叶德辉编《觉迷要录》录三，光绪三十一年刊本，第8页。
③ 虞和平编《经元善集》，华中师范大学出版社，1988，第166~167页。

第三章 从"吾党"到"康党":康门师徒与变法派官绅的关系离合

见,物议之来,或有由致"。① 这里,经元善所说的"一己之见",即指"孔子纪年",与康有为所说的"论学不合"相一致。值得注意的是,"论学不合"之外,经元善还指出了导致会、报停办的另一原因,即康有为"欲集众人之资以逞一己之见"所体现的独断自是的做派。同年十二月十二日,《申报》刊出消息,说:"自强学会报章,未经同人商议,遽行发刻,内有廷寄及孔子卒后一条,皆不合。现时各人星散,此报不刊,此会不办。同人公启。"② 其中"未经同人商议,遽行刊发",说的也是康有为的独断自是的做派。

合观上述史实可见,康有为的政治学说与其独断自是的做派是造成张之洞停办强学会、《强学报》的主要原因。其实,对于康有为的学术、政治主张,时人并非不知,也并非都能认同,但这并不影响大家对康有为的认可及与他的合作。然而,一旦康有为欲在其变法实践中强行实施"孔子纪年"时,便遭到极大的抵制。因为在很多人看来,使用"孔子纪年"而不用大清纪年,这无疑是叛逆的,正如梁启超事后所说:"盖见者以为自改正朔,必有异志也。"如果康有为能与同志诸人存异求同,那么强学会、《强学报》的结局可能会是另外一番景象。但问题的关键在于,康有为不仅有着不妥协的独断性格,而且有着与同志诸人截然不同的学术追求与变法路径,其学术主张又注定要与政治结合,"孔子纪年"的背后即其创立孔教与"素王改制"的理想。因此,双方的合作注定很难成功。此乃张之洞抵制"康学"之始。由于此次与张之洞交手的只有康有为一人,因此便没有出现后来的"康党"之谥。但此中所暴露的康门问题,带有普遍性,是日后时人指认"康党"的重要依据。

上海强学会、《强学报》的创办风波暴露了康有为独断自是的做派及其学术、政治追求与其他变法派官绅的分歧。此后,部分变法派官绅对康有为颇有微词。光绪二十二年初,吴樵致函汪康年谈及康、梁,称:"卓如近在

---

① 上海图书馆编《汪康年师友书札》(3),第 2425 页。
② 《强学停报》,《申报》光绪二十一年十二月十二日。

闲住，意欲到沪助公，或在鄂译书局觅一事。渠未写信，属代致，均望公筹之。康徒惟此人可与也。迩日与之极熟，窥其旨亦颇以康为不然，而不肯出之口，此其佳处。公不可无以报之。"① 此时，汪康年接收强学会余款准备在沪办报，吴樵向汪康年力荐梁启超，并有"窥其旨亦颇以康为不然"之语。之后，吴樵再次致函汪康年，主张其与康门合作："羽子之事，浩吾所见极是，而鄙意亦以合办为然。盖长素新败，其气甚猛，且经此一折，必有长进，合办必无参商，惟住局必得其人方可调护。穗卿新改官，伯唐亦欲南归，若使二人中之一与卓如共事，必能济之。……樵自问亦能调和。康门余人不能知。"②"羽子"指康有为的从兄康有仪；"浩吾"指叶瀚，是张之洞幕府中的维新人士，与汪康年同为浙江人。"鄙意亦以合办为然"，说明在此问题上，吴樵与叶瀚意见一致，但叶瀚对与康门合作之事，最初是有所顾虑的，他曾致函汪康年说："弟初非欲与长素故异，不过恐局势一成，又将交排，而兄又白费心力，进则见挤于康，退又贻诮于众。故改章公举，一以洽众志，一以免中变。"③ 从"初非欲与长素故异"一语可见，叶瀚最初的态度是反对合作的，而其态度改变的关键在于"改章公举"。

后来的事实证明，虽然汪康年顾虑重重，但在众人的劝说下，以汪康年为代表的江浙派维新人士还是选择了与康门合作办报。这一方面是看中了梁启超的才华，另一方面也说明虽然上海强学会、《强学报》风波暴露了康有为的性格缺陷，但变法派官绅对康门师徒创教的宗旨看得不很清楚，因此仍视之为"同党"。于是而有《时务报》的汪、梁合作。上海强学会、《强学报》停办后，张之洞将余款交给幕僚汪康年，支持其开办《时务报》。在张之洞、黄遵宪等人的支持下，《时务报》于光绪二十二年七月初一日创刊，汪康年任总经理，梁启超任总主笔。于是，便有了张之洞支持下的汪康年与康门弟子在时务报馆的合作。

《时务报》一经刊出，天下震动，变法派欣喜不已。邹代钧初阅《时务

---

① 上海图书馆编《汪康年师友书札》（1），第 467 页。
② 上海图书馆编《汪康年师友书札》（1），第 478 页。
③ 上海图书馆编《汪康年师友书札》（3），第 2535～2536 页。

第三章 从"吾党"到"康党":康门师徒与变法派官绅的关系离合

报》后,致函汪康年说:"阅之令人狂喜,理识文兼具,而采择之精,雕印之雅,犹为余事,足洗吾华历来各报馆之陋习,三代以下赖有此举,为吾党幸,为天下幸,望公与卓如勉为之,须精益求精,幸勿稍懈。"① 吴樵初读之后不禁"狂舞":"急读之下,狂舞万状,自始至终,庄诵万遍,谨为四百兆黄种额手曰:死灰复炽;谨为二百里清蒙气、动物、植物种种众生额手曰:太平可睹。我辈亦当互相称庆。"② 吴德潇读后则觉其"日新月盛,为之喜快","然烛读之,此后决其必盛,但须吾辈始终不懈耳。年来快心之事,当以此为第一"③。张元济甚至将时务报馆视为聚集同志的据点:"吾兄办事从报入手,最为中肯。今天下未尝无有心人,苦于隔而不通,散而不聚耳。今渐通矣,聚矣。凡有同志,或至馆相访者,或以文字相赠者,吾兄宜加意牢笼,毋使倦懈,始则观听系焉,继则臭味洽焉,终且为我所用矣。"④ 严复读《时务报》后致函汪、梁说:"稔大报一时风行,于此见神州以内人心所同,如怀总干蹈厉之意,此中消息甚大,不仅振聩发聋,新人耳目已也……使中国而终无维新之机,则亦已矣。苟二千年来申、商、斯、高之法熄于此时,则《时务报》其嚆矢也,甚盛甚盛。寄上汇票百元……聊表不佞乐于观成此事之心云尔。"⑤ 一时间,趋新之士以识梁、汪二人为荣,对此,夏曾佑曾致函汪康年说:"天津为神京孔道,客自南来者踵相接也,识与不识,无不以见兄与任弟为荣,其不及见者,辄自讳匿,而弟遂得藉知公之踪迹。"⑥

从上述诸人"吾党""吾辈"的称谓中可见,《时务报》不仅是汪、梁的事业,而且是变法同人的共同心愿。因此,在变法同人的眼中,康门师徒无疑是志同道合的"吾党"。也正因如此,有研究者指出《时务报》是维新派的"同人"报。而《时务报》的影响力正来自主笔梁启超,梁启超的名

---

① 上海图书馆编《汪康年师友书札》(3),第2658页。
② 上海图书馆编《汪康年师友书札》(1),第500页。
③ 上海图书馆编《汪康年师友书札》(1),第403页。
④ 上海图书馆编《汪康年师友书札》(2),第1688页。
⑤ 上海图书馆编《汪康年师友书札》(4),第3273页。
⑥ 上海图书馆编《汪康年师友书札》(2),第1324页。

声随之大震。叶瀚曾致函汪康年，评价梁启超，说："梁卓如先生，大才抒张，论著日富，出门人问余之言，救天下童蒙之稚，敢（甘）拜下风，愿处北面，先生不知容我与否？"① 张元济致函汪康年论及梁启超时说："乡人有逾七旬素称守旧者，读其文且慕之，且赞之。其摄力何若是之大耶！"② 梁启超因《时务报》名声大震，以至于二十出头的梁启超竟被张之洞称为"卓老"。③

梁启超在《时务报》所显示的出众才华，为梁启超甚至康门赢得了荣誉、口碑，也为其赢得了更多机遇。这也正是湖南变法派官绅盛情邀请梁启超入湘执教时务学堂的关键原因所在。如同在《时务报》一样，初入湖南时的梁启超也得到了广泛的认可，包括后来竭力反对"康党"的叶德辉、王先谦等人在内。对此，熊希龄日后回忆说："查去年初立学堂，延聘梁卓如为教习，发端于黄公度观察，江建霞、邹沅帆及龄与伯严皆赞成之。继则张雨珊、王益吾师亦称美焉。卓如初至之时，宾客盈门，宽待优渥。学堂公宴，王益吾师、张雨珊并谓须特加热闹，请于曾忠襄祠张宴唱戏，普请各绅以陪之，其礼貌可谓周矣。"④ 梁启超入湘发端于蒋德钧而非黄遵宪，这里熊希龄抬出黄遵宪自有隐情⑤。对熊希龄所言，皮锡瑞在日记中记曰："言梁卓如来，诸人倾服，自是实事。"⑥ 在梁启超入湘之际，江标也曾这样说："此间时务学堂拟敦请卓公为主讲，官绅士民同出一心，湘士尤盼之甚切也。"⑦ 身为《时务报》主笔的梁启超，可谓变法的鼓吹者，而湖南官绅能"同出一心"地欢迎他，正说明他们在变法上的共识。

---

① 上海图书馆编《汪康年师友书札》（3），第2560页。
② 上海图书馆编《汪康年师友书札》（2），第1682页。
③ 上海图书馆编《汪康年师友书札》（2），第1672页。
④ 熊希龄：《上陈中丞书》，《湘报》第112号，光绪二十四年五月二十七日，中华书局，2006，第445页。
⑤ 这里的"隐情"是指：鉴于黄遵宪与蒋德钧欲聘李维格而遭到汪康年反对的前车，在聘梁的问题上，熊希龄干脆隐蔽了蒋德钧的建议与他自己的意愿，搬出黄遵宪来压服汪康年。参见拙文《梁启超出任湖南时务学堂总教习首荐人考》《历史档案》2013年第2期。
⑥ 皮锡瑞：《师伏堂未刊日记》（戊戌年六月二十二日），《湖南历史资料》1959年第2期，第134页。
⑦ 上海图书馆编《汪康年师友书札》（1），第253页。

第三章 从"吾党"到"康党":康门师徒与变法派官绅的关系离合

与梁启超入湘同时,康有为开始北上北京。康有为到达北京之时,正值德占胶州湾事件发生。康为之大声疾呼,上书光绪帝,即《上清帝第五书》。据梁启超说,工部拒绝代奏,直到戊戌年正月才由总理衙门奏上。尽管如此,该上书仍很快在变法派官绅中产生了影响。而且,从时人的反响中,可见康有为初入京师是得到大家认可的,详见第五章。

既然梁启超、康有为都是为变法而来,那么各地的变法派官绅自当与康、梁在变法的旗帜下同舟共济,和睦相处;既然是"同人"报,有着共同变法理想的"同人"在《时务报》的宣传内容上便不会出现太多的分歧。但问题的关键是,康、梁虽是变法派中人,但又有着与其他变法派官绅不尽相同的理想与追求。在康门师徒的观念中,康门自己的学术政治理想与创教传教宗旨又往往置于维新大局之上,有时为了实现自己师门的理想,达到自己师门的目的,他们甚至不惜置维新大局于不顾。因此,当康门师徒将其变法理论与其做派带入维新事业中时,他们与其他变法派官绅之间的分歧与冲突便不可避免,并最终由变法派官绅眼中的"吾党"变成了"康党"。

二 "康党"的由来与特征

光绪二十年十一月,康有为游广西,住风洞,看到元祐党籍的碑刻,"刻记于党人碑"。他为元祐党籍撰刻的跋文称:"光绪甲午之腊,南海康长素以著书讲学被议,来游此岩,睹党人碑而感焉。自东汉党人,南宋庆元党禁,晚明东林党人,并此而四矣。其攻党人者,则曹节、蔡京、韩侂胄、魏忠贤。其为党人者,则李膺、司马公、朱子、高顾二先生也。后之观者,亦不必以党为讳矣。人亦乐为李、马、朱、顾耶?抑甘从侯览、魏忠贤耶?"[①]这里,康有为直言不讳,对党人的行为给予了充分的肯定。康有为公然褒扬党人,无疑是对儒家君子不党古训的叛逆,也反衬出康有为内心的党人情结。

---

① 转引自马洪林《康有为大传》,辽宁人民出版社,1988,第191~192页。

《论语·为政》云："子曰：'君子周而不比，小人比而不周。'"受此影响，君子不党的观念成为几千年里多数君子奉行的准绳，故结党也往往为正人君子所不齿。因为，无论是"小人"结党，还是"君子"结党，虽然其初衷有所不同，但结党之后必然会陷入结党营私、党同伐异、意气用事的境地。因此，虽然东汉、元祐、庆元及东林等党人都堪称是"君子"结党，但屡遭非议。元祐党籍后五百余年，明代宰相叶向高对元祐以后的历史如是评价：

> 自元祐诸君子用事，尽改熙丰之法，一激而为绍圣，则小人胜，反而为元符，则君子小胜，又激而为崇宁，则小人大胜。当其胜，必尽去其人，尽反其行事。即易代革命，不若是甚者。纲纪，法度，国家，所以治乱安危，而堪此播弄，堪此翻覆，亡形见也。是安得不有靖康之祸哉！①

无论是"君子"还是"小人"，"当其胜，必尽去其人，尽反其行事。即易代革命，不若是甚者"，其党同伐异、意气用事并无二致。因此，叶向高将"靖康之祸"溯源到"元祐诸君子用事"，确非无据。同样，庆元党禁、东林党人也往往被论者视为王朝灭亡的导火索，特别是清代，鉴于明亡的教训，上至君臣，下至士人，无不以结社、讲学为戒。乾隆朝修订的《钦定四库全书提要》之《庆元党禁》中，对庆元党禁及历代党人做了如下评论：

> 宋代忠邪杂进，党祸相仍，国论喧呶，已一见于元祐之籍。迨南渡后，和议已成，外忧暂弭，君臣上下，熙熙然燕雀处堂，诸儒不鉴前车，又寻覆辙。求名既急，持论弥高，声气交通，贤奸混糅，浮薄诡激之徒，相率攀援，酿成门户，遂使小人乘其瑕隙，又兴党狱以中之，兰

---

① 《苍霞草》卷一，叶向高撰《苍霞草全集》第1册，江苏广陵古籍刻印社，1994，第147～148页。

第三章 从"吾党"到"康党":康门师徒与变法派官绅的关系离合

艾同焚,国势驯至于不振,春秋责备贤者,不能以败亡之罪,独委诸韩侂胄也。……总之,儒者明体达用,当务潜修。致远通方,当求实济。徒博卫道之名,聚徒讲学,未有不水火交争、流毒及于宗社者。东汉不鉴战国之横议,南北部分,而东汉亡。北宋不鉴东汉之党锢,洛蜀党分而北宋亡。南宋不鉴元祐之败,道学派盛而南宋亡。明不鉴庆元之失,东林势盛而明又亡。皆务彼虚名受其实祸。决裂溃覆之后,执门户之见者,犹从而巧为之词,非公论也。①

君子结党,酿成门户,党同伐异,给小人以可乘之机,其结果不是振兴国家,而是国破家亡。

总结历史的教训,历代的君臣士大夫都以朋党为戒,即使君子结党也在禁止之列,清代尤其如此。清代中晚期以降,随着清王朝的由盛转衰,民族危机日益加深,对党社运动尤其是东林党人的评价开始转变,为东林辩护的论述不断出现。早在1795年,秦瀛为纪念发现东林党领袖顾宪成的自传手稿而撰文,文中引述孔子"君子群而不党,小人党而不群"的论述,认为顾宪成并没有如人们所指责的那样组织"党",而是建立了一个志同道合者的"群"而已,他的努力出于"公"而不是出于"私"。② 到了戊戌维新时期,在强烈民族危机的刺激下,维新人士公然呼吁合群、开办学会,以实际行动践履孔子的"君子周而不比""群而不党"的古训。无论是士大夫重新评价东林党人,还是维新派为自己的学会、社团正名,其立论的依据都是"群而不党",而非公然褒扬党人结党。

相较之下,康有为的党人碑跋文无疑是颠覆性的,他不仅充分肯定了党人的结党,而且羡慕之情溢于言表。他的借题发挥正反映其内心的党人情结。正是这种甘为党人、"不必以党为讳"的心态,才有了康门师徒颇类党人的作为。

---

① 《庆元党禁》卷一,《钦定四库全书提要·史部七》,第1~3页。
② 秦瀛:《小岘山人诗文集》卷六;参见〔美〕埃尔曼《经学、政治和宗族:中华帝国晚期常州今文学派研究》,赵刚译,江苏人民出版社,第301~303页。

据梁启超回忆，早在万木草堂时期，康门弟子即被时人名为"康党"。光绪十七年，康有为讲学于长兴里之万木草堂，先后就学的弟子有几十人。其中在维新时期比较活跃的有梁启超、韩文举、欧榘甲、韩昙首、麦孟华、龙泽厚、徐勤等。时至1890年代，在强烈民族危机的刺激下，"聚徒讲学"不再稀奇，更无可厚非，然而，康有为这次"聚徒讲学"却引起了时人的关注。为宣传康有为的学说，其弟子经常"四出"标榜。据梁启超所言，他与陈千秋刚入康门学习仅数月，便"以其所闻，昌言于学海堂，大诋诃旧学，与长老侪辈辩诘无虚日……居一年，乃闻所谓'大同义'者，喜欲狂，锐意谋宣传，有为谓非其时，然不能禁也"①，以至于"每出，则举所闻以语亲戚朋旧，强聒而不舍，流俗骇怪指目之，谥曰'康党'，吾侪亦居之不疑也"②。其时，梁启超等人"所闻"于康有为者几乎囊括了"康学"的全部内容，梁启超如是说："先生著《新学伪经考》方成，吾侪分任校雠，其著《孔子改制考》及《春秋董氏学》则发凡起例，诏吾侪分纂焉。吾侪坐是获所启发，各斐然有述作之志。其著《大同书》，覃思独造，莫能赞一辞。然每发一议，未尝不择其可语者相与商榷。"③当康门弟子"四出"宣扬"康学"，"诋诃旧学"时，在"流俗"眼中表现的是一种"党同伐异""朋比为奸"的结党做派。"康学"本就新奇，难为人所容，其弟子们又无所避忌，恣意宣传，于是而有"康党"之称。

这里的"康党"仅限于万木草堂中的康门弟子，而指目"康党"者，也仅限于"流俗"之辈。"康党"绝非褒扬之词，但康门弟子"居之不疑"，这显示"康党"乃康门弟子的自我认同。当然，梁启超此一回忆写于1927年，距离康有为万木草堂开班授课之时已三十余年，将"康党"之得名追溯于此，不免有倒放电影之嫌。但证之以当时康门师徒的言论，可见"康党"确为当日康门师徒的自我意识、自我认同。他们的内心有着与其他维新派不同的理想与追求，也有着与其他变法同人不同的做派。光绪二十二

---

① 梁启超：《清代学术概论》，《饮冰室合集·专集之三十四》，第61页。
② 梁启超：《南海先生七十寿言》，《饮冰室合集·文集之四十四》（上），第28页。
③ 梁启超：《南海先生七十寿言》，《饮冰室合集·文集之四十四》（上），第28页。

年，梁启超在给康有为的信中，如是说：

> 我辈以教为主，国之存亡于教无与，或一切不问，专以讲学授徒为事，俟吾党俱有成就之后，乃始出而传教，亦是一道也。①

同年在写给康有为的另一封信中，梁启超又说：

> 某昔在馆亦曾发此论，谓吾党志士皆须入山数年方可出世，而君勉诸人大笑之。……不知我辈宗旨乃在传教也，非为政也；乃救地球无量世界众生也，非救一国也；一国之亡于我何与焉。

据此可见康门师徒对于"吾党"的自觉及"康党"与其他维新派不尽相同的理想追求——传教。虽然"康党"的终极目的是传教，但梁启超这种弃政而专事传教的主张也未能得到康有为的认同，从事变法仍然是"康党"的当务之急。正如研究者所指出的那样，"保全中国的文化认同（儒学）与维持中国的政治独立（帝国），在康有为的心中是同等重要的"。② 而无论是变法还是传教，"康党"都有一套理论，时人谓之"康学""康教"。"康学""康教"成为"康党"变法的理论、方针与传教理想的主要依据，"康党"的各种变法活动都是以此为依据展开的。

"康学""康教"以及康门师徒为宣传"康学""康教"所表现的结党情结与党人做派，构成了戊戌时期时人眼中"康党"的主要特征。而无论是由"康学""康教"而来的变法理论，还是结党做派，在时人看来，或为激进，或是叛逆。因此，反对派对"康党"的攻击也主要集中于此。戊戌年，湖南人曾廉在奏劾康有为时曾说："概康有为尝主泰西民权平等之说，意将以孔子为摩西，而己为耶稣；大有教皇中国之意，而特假孔子大圣借宾

---

① 中国史学会主编《中国近代史料丛刊·戊戌变法》第 2 册，第 544 页；又见丁文江、赵丰田编《梁启超年谱长编》，上海人民出版社，2009，第 39 页。
② 萧公权：《近代中国与新世界：康有为变法与大同思想研究》，第 89 页。

定主,以风示天下……梁启超在康有为之门,号曰越赐,闻尚有超回等名,亦思驾孔门而上之。盖康有为以孔子为自作之圣,而六经皆托古。梁启超以康有为为自创之圣,而六经待新编。其事果行,则康氏之学将束缚天下而一之,是真以孔子为摩西,而康有为为耶稣也。"① 应当说曾廉的上述指控并非诬枉,只要是读过《孔子改制考》的人,都能感受到康有为强烈的创教野心。曾廉抓住康有为学说中最为"异端"的两点——"民权平等"与"教皇中国"加以攻击,可谓切中要害。

曾廉是变法的反对派,因反对变法而对"康党"的学术、传教加以攻击,这在中国几千年的变法史上并不稀奇。稀奇的是,随着维新活动的展开,那些曾经视康门师徒为"吾党"并与之携手共进的维新同志,也渐以"康党"目之。从"吾党"到"康党",康门师徒在维新同志眼中的角色发生了极大的转换,而导致这种转换的关键正在于以康有为为首的"康党"有着与维新派不尽相同的理想、宗旨和利益。如果说"康学"尚能为部分维新同志理解、认同的话,那么"康教"就不但为反对变法者大肆攻击,而且为多数维新同志所不容。更关键的是,"康党"成员为宣传"康学""康教",维护师门利益,意气用事,置维新大局于不顾,由此引发的纷争最终成导致维新大局破裂的重要原因之一。

三 从"吾党"到"康党":变法派官绅眼中康门师徒的角色转换

随着维新运动的开展,康门师徒逐步由变法派官绅眼中的"吾党"变为了"康党",而导致这种转换的关键正在于以康有为为首的"康党"有着与其他变法派官绅不尽相同的政治理想、宗教关怀与结党做派,这在《时务报》的纷争中体现得最为明显。

---

① 曾廉:《应诏上封事》,中国史学会主编《中国近代史资料丛刊·戊戌变法》第2册,第492页。

第三章 从"吾党"到"康党":康门师徒与变法派官绅的关系离合

如前所述,在对待"康学"问题上,时人的态度因政治立场相异而不同,但在对待"康教"时,时人无论是趋新还是守旧,都一致表示反对。光绪二十二年,《时务报》创办伊始,康有为再次指示梁启超争取采用孔子纪年,但鉴于上海强学会、《强学报》的前车之鉴,汪康年、黄遵宪等人便坚决抵制。出于同人的压力,梁启超便没有坚持。对此,梁启超致函康有为说:"孔子纪年,黄、汪不能用。后吴小村文(父)子来,又力助张目,仍不能用。盖二君皆非言教之人,且有去年之事,尤为伤禽惊弦也。"① 诚如梁所言,黄遵宪与汪康年均"非言教之人",因此便对"康党"孔子纪年背后的尊教目的不仅警惕,而且抵制。日后,黄遵宪曾致函梁启超,论及其对"康教"的态度时说:"其(康有为——引者注)尊孔子为教主,谓以元统天,兼辖将来地球,及无数星球,则未敢附和也。往在湘中,曾举以语公,谓南海见二百年前天教主之盛,以为泰西富强由于行教,遂欲尊我孔子以敌之,不知崇教之说,久成糟粕,近日欧洲,如德、如意、如法,于教徒侵政之权,皆力加裁抑。居今日而袭人之唾余以张吾教,此实误矣。公言严又陵亦以此相规。"在黄看来,"孔子为人极,为师表,而非教主"②,因此对康有为创教之举"未敢附和"。严复曾致函梁启超,劝其不必保教,认为"教不可保而亦不必保,又曰保教而进,则又非所保之本教矣"。③ 黄、严或游历东洋,或留学西洋,对西洋政教学术颇为熟悉,能知"康教"之由来及其谬误。因此,对于"康教",他们虽不认同,却不乏理解。出于维护大局起见,他们都没有公然反对,只是私下规劝。

不仅如此,时务报馆的变法同人对于梁启超是否会在《时务报》宣传"康学"也给予了同样的警惕。光绪二十二年十月,缪荃孙曾致函汪康年表达了他的此种忧虑。为此,梁启超致函汪康年说:"弟之学派,不为人言所动者已将十年。然请告缪君,弟必不以所学入之报中,请彼不必过虑,不然《书目表》后之文早登报矣。所以不尔者,自信吾学必行,无取乎此,不徒

---

① 详见夏晓红编《〈饮冰室合集〉集外文》(上),北京大学出版社,2008,第4页。
② 详见吴振清等编校整理《黄遵宪集》(下),第486、487页。
③ 梁启超:《致严复》,《饮冰室合集·文集之一》,第109页。

为人之多言也。若夫吾之著书，则彼乌能禁我。"① 梁启超的承诺似乎给《时务报》同人吃了个定心丸。因此，在很长一段时间里，梁启超发表于《时务报》的文章基本不援引师说，《时务报》也因此成为宣传维新而非宣传"康学""康教"的主阵地。

如果梁启超能够一直信守诺言，打消在《时务报》宣传"康学""康教"的念想，那么其与《时务报》同人的合作自然会长久。遗憾的是，梁启超的不援引师说只不过是权宜之计，这一点在梁启超写给康有为的信中说得很清楚："故毋宁稍谐众论，俟局面既定，然后徐图。"的确，教乃康门师徒的终极关怀，梁启超甚至有弃政专主传教的打算，可见传教在"康党"心中是凌驾于从政之上的。而今梁启超的屈从不过是暂时的妥协，绝非放弃，"俟局面既定"还会言教。而梁启超"徐图"的背后正是黄遵宪的支持："此事惟公度一人全力举之，而公度于（弟子），以非常相待，此馆全权，时时可以在我。日内（弟子）病，公度疑其太劳，觅同门襄其事。"②黄遵宪对梁启超的支持是出于对其才华的欣赏。很快，在黄遵宪的支持下，康门弟子麦孟华、徐勤、欧榘甲来到《时务报》担任主笔。此外，康门的另外三个弟子韩昙首、龙泽厚和梁启超的弟弟梁启勋也都到报馆工作。这种人事上的安排无疑是康门师徒扩大其在时务报馆势力的明证。

随着康门弟子在时务报馆的聚集，宣扬"康学"的氛围日炽，虽然梁启超此时尚未公然在《时务报》大肆宣传"康学"，但在私下因"论学不合"与《时务报》的另一位主笔章太炎发生冲突。正是在此次冲突中，章太炎直呼康门弟子为"康党"。在章看来，此次冲突缘于其与康门弟子"论及学派，辄如冰炭"："自与梁、麦诸子相遇，论及学派，辄如冰炭。……康党诸大贤，以长素为教皇，又目为南海圣人，谓不及十年，当有符命，其人目光炯炯如岩下电，此病狂语，不值一噱。而好之者乃如蛣蜣转丸，则不得不大声疾呼，直攻其妄。"正是出于对"康学"的不满，

---

① 上海图书馆编《汪康年师友书札》（2），第1843~1844页。
② 梁启超：《与康有为等人书》，夏晓虹编《〈饮冰室合集〉集外文》（上），第4页。

第三章 从"吾党"到"康党":康门师徒与变法派官绅的关系离合

光绪二十三年三月十三日,章太炎于酒后"大声疾呼",直攻"康学"之妄,遂有"康党麋至,攘臂大哄",甚至"梁作霖复欲往殴仲华,昌言于众曰:昔在粤中,有某孝廉诋谤康氏,于广坐殴之,今复殴彼二人者,足以自信其学矣"。① 当康门弟子为维护师说对章太炎大打出手时,其党同伐异的结党做派便暴露无遗。因此,章太炎直呼其为"康党"。对此,孙宝瑄曾在日记中记曰:"章枚叔过谈,枚叔以酒醉失言,诋康长素教匪,为康党所闻,来与枚叔斗辩,至挥拳。"② 据笔者有限的阅读,此乃有可靠记载的"康党"得名之始。而章太炎眼中的"康党",包含了康门弟子的政治主张与结党做派两层含义,这与康有为在强学会、《强学报》中所暴露的问题颇为相似。不同的是,张之洞一派重点攻击"康学"中的"素王改制",而章太炎则主要攻击其创教、传教思想,即"以长素为教皇","谓不及十年,当有符命"等。如前所述,创立孔教乃"康党"的终极关怀,只是"康党"所传之"教",其自认是"孔教""圣教",而在他人看来却是"康教",教主即康有为。

谭献对"康学""康教"的态度与章太炎颇多相似。光绪十八年,他初读《新学伪经考》即云:"循览康氏《新学伪经考》一过,行陈壁垒,非方植之所敢望。"③ 光绪二十四年二月,又记曰:"阅《新学伪经考》。康氏书持之有故,不无周内。《史记》中涉古文字往往髣出,此有迹可寻者。"④ 谭献不仅在学术上认同康有为,而且对康有为的变法主张与活动颇多褒扬。光绪二十四年二月谭献在日记中记曰:"康工部有为有五次上书,为大僚所格,未达九重。原文传布,登沪上报章,展阅一过。言有过于痛哭者。扼不上闻,固为沉笃之习。然以此为药,即能起笃疾,尚不敢信。"⑤ 即使如此,谭献对"康教"却极为反感。光绪二十四年闰三月,谭献读完康有为的

---

① 章太炎:《致谭献书》,光绪二十三年三月十九日,汤志钧编《章太炎政论选集》(上),第 14~15 页。
② 孙宝瑄:《忘山庐日记》(上),丁酉年三月十四日,第 89 页。
③ 谭献著,范旭仑、牟晓朋整理《复堂日记》,光绪十八年八月十一日,第 359 页。
④ 谭献著,范旭仑、牟晓朋整理《复堂日记》,光绪二十四年二月十二日,第 393 页。
⑤ 谭献著,范旭仑、牟晓朋整理《复堂日记》,光绪二十四年二月十二日,第 393 页。

《春秋董氏学》后,在日记中记曰:"穰卿寄《春秋董氏学》六册,翻绤(阅)一过。门目尚有条理,仍病其为繁列子目,遂至割裂重复。口说一目不安,不若师传为确,以传经表亘经说之前尤失次。著撰时杂佛家,甚至涉及耶稣,是何以当言必有伦类之旨!康氏有识有笔,嚣张日甚,傅会推许,至有康教之目。吾不知其税驾矣!"① 在谭氏看来,康有为"有识有笔",其学说本可以受人尊敬,可他却"嚣张日甚,傅会推许",以致被人目为"康教"。言语之间,流露着他对康氏的惋惜之情!

就在章、梁冲突发生一个月后,梁启超不再信守自己"不以所学入报中"的承诺,在《说群序》中援引师说,内称:"启超问治天下之道于南海先生。先生曰:'以群为体,以变为用,斯二义立,虽治千万年之天下可已。'启超既略述所闻,作《变法通议》。又思发明群义,则理奥例赜,苦不克达。既乃得侯官严君复之治功天演论,浏阳谭君嗣同之仁学,读之犂然有当于其心,悼天下有志之士,希得闻南海之绪论。见二君之宏箸,或闻矣见矣,而莫之解莫之信,乃内演师说,外依两书,发以浅言,证以实事,作说群十篇,一百二十章。"② 梁启超的此次破例立刻引起了汪康年兄弟的反对,汪诒年拒绝刊印梁启超的这篇文章。为此,梁启超力争,表示:"启超之学,实无一字不出于南海。前者变法之议,(此虽天下人之公言,然弟之所以得闻此者,实由南海)未能征引(去年之不引者,以报之未销耳),已极不安。日为掠美之事,弟其何以为人?弟之为南海门人,天下所共闻矣。若以为见一'康'字,则随手丢去也,则见一'梁'字,其恶之亦当如是矣……谓因此一语而阅报者即至裹足,虽五尺之童,知其不然矣,公何虑焉?"③ 虽然在梁启超的坚持下,《时务报》最终刊发了梁启超的文章,但从中我们可以清楚地感受到"康党"与变法派同人之间的分歧所在。这种分歧是无法消弭的,由此而来的纷争也同样不可调和。

---

① 谭献著,范旭仑、牟晓朋整理《复堂日记》,光绪二十四年间三月初十日,第395页。
② 梁启超:《说群序》,《饮冰室合集·文集之二》,第3页;此文刊于《时务报》《知新报》时为《说群自序》。
③ 上海图书馆编《汪康年师友书札》(2),第1862~1863页。

第三章 从"吾党"到"康党":康门师徒与变法派官绅的关系离合

不过,汪、梁冲突初起之时,变法派官绅大多不明就里,对此也未做过多的解读,认为这不过是二人的意见分歧而已,尚未将梁启超与"康党"挂钩。大家看好的是梁启超鼓动变法的热情与才华。由于《时务报》同人的高度警惕,康门弟子谋求借《时务报》宣传"康学""康教"的意图终未实现。在此背景下,梁启超于光绪二十三年十月离开时务报馆,入湘执教时务学堂。梁启超的离开并不意味着"康党"放弃《时务报》这块阵地。入湘后的梁启超虽不热心作文,却仍兼任《时务报》总主笔。直到戊戌年初,当汪康年告知梁启超,欲聘郑孝胥担任总主笔时,梁启超遂与汪康年摊牌。光绪二十四年二月十一日,梁启超致函汪康年表示,"非兄辞,则弟辞;非弟辞,则兄辞耳","如兄愿辞,弟即接办","如兄不愿辞,弟即告辞,再行设法另办此事"。① 由此看来,在"康党"眼中,《时务报》志在必得,即使此时不能得手,日后还会"再行设法另办此事"。戊戌年三月十四日,陈庆年在日记中记曰:"汪穰卿见过,言梁卓如欲借《时务报》以行康教(康长素为梁师,其学专言孔子改制,极浅陋),积不相能,留书痛诋,势将告绝。殊非意料所及,可叹也。"② 确如所言,"康党"控制《时务报》意在宣传"康学""康教",因此抵制"康教"也成为汪康年等人对抗"康党"、拒绝交出《时务报》的重要理由,汪康年在给很多朋友的信中都提到这一点。他致函邹代钧,表示担心《时务报》交出后会导致"康教"横行,邹代钧复函如是说:"公之不愿交出,盖为大局计,虑康教之横也。"③ 汪康年不言权力争夺、学术异同,而是将抵制"康教"作为拒绝交出《时务报》的公开理由,可见抵制"康教"在当时是颇有号召力的。而后,汪氏兄弟便竭力抵制"康教"渗透《时务报》。当《时务报》第48册出版前后,康广仁将大同译书局印书告白稿交给汪诒年,但汪诒年拖延不发,不得已,梁启超再次出面,致函汪诒年说:"译书局若有出书告白交来,乞为代登报

---

① 上海图书馆编《汪康年师友书札》(2),第1854页。
② 陈庆年:《戊戌己亥见闻录》,中国社会科学院近代史资料研究所编《近代史资料》总第81号,中国社会科学出版社,1981,第107页。
③ 上海图书馆编《汪康年师友书札》(3),第2754页。

末。蔡尔康之《中东战记》且登,而独于弟所自办之事靳之乎?"① 梁启超信到之日,正值年关休刊,直到第 51 册,汪诒年才以另纸夹入的方式送出了一张大同译书出版书目的告白。而且,在这份告白中的《孔子改制考》被《上古茫昧无稽考》《周主诸子并起创教考》《诸子创教改制考》等子目所取代。这说明,"康教"在当时已经为很多同志所不容。

至此,"康党"与汪康年的关系走向决裂。康、梁借助黄遵宪之力逼汪让出《时务报》,并以光绪二十三年汪康年出游日本时会见孙中山之事大做文章。对此,汪康年极为震惊,四处求援。汪康年的堂兄汪大燮从北京致函汪康年说:

> 裕函到京,闻康、梁去皆支吾,欲归咎于弟。兄往访三次不见,有一次正投刺,见康之弟及麦孺博出门,门者以兄刺示之,二人俯首速行,并不请见。兄知若辈终日营营,不知所为何事,大惧大惧。其欲借题陷弟,告子封、菊生,子封又为嘱菊生及他人察其举动,当时子封告菊生,谓兄有怒意不再往,然实欲探其所为,若于穰有不便,将誓不两立。后知其无能为役,愈思取巧,愈速其败,遂至不能容于都门。嗣康以茶会讲保国事,为人所击,道不行,于是无能为。论其初心,实怀叵测。行者之无能为,君知之耳,岂能遍喻于人。形迹之间,不可不审也。②

这里的"裕函"是指驻日公使裕庚从日本发来的关于"时务报馆通孙文"的电函。后来在汪大燮、张元济、张荫桓等人的暗中运动下,"裕函"所说"时务报馆通孙文"一事得以压下。

与黄遵宪相比,汪康年的支持者更胜一筹。陈庆年戊戌年闰三月二十日日记曰:"闻康长素弟子欲攘夺时务报馆,以倡康学。黄公度廉访复约多

---

① 上海图书馆编《汪康年师友书札》(2),第 1866 页。
② 上海图书馆编《汪康年师友书札》(1),第 782 页。

第三章 从"吾党"到"康党":康门师徒与变法派官绅的关系离合

人,电逐汪穰卿,悍狠已极。梁节庵独出为鲁仲连,电达湘中,词气壮厉,其肝胆不可及也。"陈庆年、梁鼎芬同为张之洞的幕僚,他们对"康学"的反感由来已久,汪康年的支持者正来自张之洞及其幕僚。就在梁鼎芬的电报发出后不久,黄遵宪便放弃了对梁启超的支持。四月初一日,陈庆年又记:"闻节庵说,黄公度复电,以路远不及商量为词,且诬汪入孙文叛党。其实公度欲匈挟湘人以行康学,汪始附终离,故群起攘臂。爰发其隐情以复公度。公度嘱陈伯严电复,谓其徇人言逐汪太急是实,并无欲行康学之事云。"①"公度欲匈挟湘人以行康学"一语表明,在梁鼎芬眼中,黄遵宪已是"康党"。对此,邹代钧颇不谓然。同年五月三十日,邹代钧曾致函汪康年谈及"康党"与黄遵宪,说:"东游事,公之心鄙人与伯严都知之,惟若辈甚欲以此相陷,公度已将此电节庵,伯严极言公度不可如是,公度始改悔,而康党用心尚不可知(徐勤屡械言)。""东游事",即指汪康年赴日本会见孙文之事;伯严,即陈三立。这里,邹代钧有意将黄遵宪与"康党"加以区分。在邹代钧看来,黄遵宪与"康党"不同,"大约公度虽不达人情,而心术尚不至阴狠。康党则不然,同我则党之,异我者仇之,势可杀则杀之,其奸诡亦不可不防"。②邹代钧抛开政治主张不论,而是从做派入手将黄遵宪与"康党"区别开来。但梁鼎芬不如此认为,在他看来,"助梁逐汪"的黄遵宪显然已是"康党"。

而同样是在这次汪、梁角逐中,汪大燮所开列的"康党"名单又多出了夏曾佑及其任职的《国闻报》。汪大燮告诫汪康年凡重要信件绝不可交夏曾佑代转,"顷得初五书,乃由夏穗卿寄来,骇极。以后凡有要信,望迳(径)寄兄或菊生处,至以为要。《国闻报》专门主张康教,穗卿从前陷弟,岂忘之耶?……此时康梁恐正在津。其与康、梁之交则不待言矣","《国闻报》专门主张康教",是"真康党也"。③汪大燮是汪康年的堂兄,而夏曾佑又是二汪的表兄弟。信中所言均为私密之事,从中我们可以感受到,在汪大燮看来,

---

① 陈庆年:《戊戌己亥见闻录》,《近代史资料》总第81号,第111页。
② 上海图书馆编《汪康年师友书札》(3),第2757~2759页。
③ 上海图书馆编《汪康年师友书札》(1),第781、787页。

夏曾佑虽为其表兄弟，但此时在私人关系上与康梁更近，甚至被指为"康党"。上述两函分别写于戊戌年四月十四日和五月二十日。在此前后，《国闻报》对"康党"的政治活动进行了大量报道（详见第五章），这成为汪大燮判定其为"真康党"的主要依据。而《国闻报》之所以连篇累牍地报道"康党"变法之事，确与主笔夏曾佑有关。正如汪大燮所言，夏曾佑与康、梁特别是梁启超的关系非常亲密，不仅认同"孔子改制"说，而且通过《国闻报》声援"康党"的变法，"康党"在京开办保国会的活动正是因夏、梁的特殊关系而出现在《国闻报》上的。当《国闻报》对康、梁的保国会活动多所报道，刊发《保种余义》《保教余义》时，汪大燮便认定夏曾佑、《国闻报》是"康党"。可见，随着康门师徒影响力的扩大，时人对"康党"的指认已不再限于康门师徒，已经开始向康门师徒的支持者扩张。

在梁鼎芬的鼎力相助下，此次汪、梁冲突以"康党"失败告终，汪康年得以继续控制《时务报》。由此所暴露的"康党"不顾大局、结党营私的做派却令很多变法同志侧目。戊戌年六月，康、梁再度设法，借助皇权将《时务报》收归官办，正是"康党"此一做派的继续。

戊戌年五月二十九日，御史宋伯鲁奏请，《时务报》改归官办，而宋伯鲁此奏正是康有为代拟的。六月初八日，光绪帝颁发上谕，将《时务报》改归官办。联系该年二月梁启超说过的"再行设法另办此事"，可知，此一上谕当是"康党"所找到的"另办此事"的绝佳途径，也是在百日维新中，"康党""挟朝（命）以行其私谋"的重要举措。此谕一下，舆论哗然，纷纷谴责"康党"假公济私、不顾大局。陈庆年六月十三日日记记曰："以上海《时务报》改为官报，从御史宋伯鲁之请也。今年康党欲逐汪穰卿，以夺报利，为梁节庵所阻。故此次嗾宋为此奏，挟朝（命）以行其私谋，攘大利以行其邪说。此等心术，安能任变法之事乎？"[①] 曾被汪大燮视为"康党"的《国闻报》，却刊出了《〈时务报〉各告白书后》，对"康党"给予了严厉的批评，首先指出，梁启超指斥汪康年"以众人之力之资，视若己有产业"，"此不足

---

① 陈庆年：《戊戌己亥见闻录》，《近代史资料》总第81号，第116页。

以穷汪氏也",因为汪康年是"当日众推而众著之总理","固得独居创办名",这是西洋公司的惯例;接着质问梁启超、黄遵宪,既如所言"此众人之事","则何以第一次起意逐汪氏时,不谋之众而独牵率一二人附己者?欲藉暧昧之事,以恫喝劫持之乎?梁心海(梁鼎芬)之书具在,可覆按也";最后,对"康党"挟天子之命将《时务报》改为官报之举表示反感,"既知公义捐款至万金,《时务报》为公事非私事矣,则何人实畀梁君以全权,使之以众人之捐款为一家之芹献,辄请奏改公立民报为官报乎?借曰此举而义,亦不应以众人之资,市一家之义,而悉掩总理及诸捐友之公义也。然则梁之所谓私者,正吾之所谓公。梁之所谓公者,正吾之所谓私"。①《国闻报》对"康党"的责难咄咄逼人,不留情面。据考证,此文为严复所作②,其对"康党"挟天子之命以行私见的批评,道出了很多变法同人的心声。

张美翊致函汪康年称:"昔鲁通有尝言,世风日下,人才最难,何苦自相攻伐如此,读之每为浩叹!公虽不与校,窃为卓如深惜之。今湘中复有书院互讦之案,盖亦主张太过意气用事之故,可胜慨然。"③本来难得的人才,却又自相攻伐,"康党"的意气用事、不顾大局不免令张美翊为之三叹。邹代钧致函汪康年说:"康党有腾驾云雾之势,公首先倡开风气,毕竟受开风气之害(即报事),可为寒心","康居然以抗旨入告,殊属无谓,且交公度查复,尤形鬼蜮。伯严已力言于公度,谓此事必须公允,万不可稍涉偏倚,公度却面允。昨闻子培言,公度到鄂已与南皮商妥,当不至离经也"。④叶瀚致函汪康年说:"知《时务报》归官督办,同气之残,令人发指……公此时必见彼党得志,他人见轻,而不能不与支持。但彼党喜生事,而不能成事,天下共闻共见。目今大局,汉种亡于南海党,江浙各省侵地于荒尾党。"⑤"同气之残,令人发指",这是变法派同人对"康党"结党营私的惋

---

① 《〈时务报〉各告白书后》,《国闻报》光绪二十四年七月初十日。
② 王栻编《严复集》第2册,中华书局,1986,第492页。
③ 上海图书馆编《汪康年师友书札》(2)第1758页。
④ 上海图书馆编《汪康年师友书札》(3),第2761~2763页。
⑤ 上海图书馆编《汪康年师友书札》(3),第2600页。

惜。而"汉种亡于南海党"一语道出的是,"康党"意气用事对维新大局可能造成的毁灭性恶果。叶澜称:"康敢犯天下之不韪,亦小人得志而不思其后者也。"① 将康有为归为"小人"未免失当,但君子"得志而不思其后"同样令人担忧。缪荃孙致函汪康年说:"康、梁如此行为,是乱天下人,岂是治天下人?国家将亡,必有妖孽,此妖孽也。"② 从众人的言语中,我们感受到的是他们对"康党"排斥异己、喜生事端、意气用事做派的反感与厌恶,以及此种做派可能带来的不良后果的担忧。可以说,冲突发生之后,很多维新派同人是"右汪而左康",正如王照所言:"《昌言报》仍系《时务报》之原式,未有一期停印,而销路如故。盖汪之运动力,本不减于康梁,而又得同业之多助故也(以舆论机关而出自钦命,津沪各报,无不隐讽者)。"③ 得道多助,"康党"之失在于其不顾大局、结党营私。

作为宣传维新的主阵地《时务报》在维新派内部的纷争中走向终结,这对维新力量无疑是一种极大的消解,本来能够精诚合作的维新同志却在种种纷争中逐步走向分裂。

虽然戊戌政变发生后,章梁"前嫌冰释",重归于好,但在冲突发生之初,章太炎义愤填膺,决然离开时务报馆,并迅速在浙江集结力量,筹办《经世报》,与《时务报》对抗。为聘宋恕为主笔,章太炎曾致函宋,称:"顾既与康党相左,亦有骑虎难下之势,非得君之规诲,异时一有蹉跌,一身不足惜,亦为浙学贻羞。……纵不爱麟,当亦为浙学大局起见。今日适得仲容来书,于廓清康学不遗余力,度君亦有同志。"④ 的确,章太炎在时务报馆的遭遇得到了浙籍维新人士孙宝瑄、宋恕、孙诒让等人的同情。因"康教""康党"所引发的是"浙学"与"康学"的对抗。如前所言,无论孙宝瑄、宋恕,还是孙诒让,他们本对"康学"并不公然反对,而且颇多

---

① 上海图书馆编《汪康年师友书札》(3),第2610页。
② 上海图书馆编《汪康年师友书札》(3),第3062页。
③ 王照:《复江朔雲兼谢丁文江书》,中国史学会主编《中国近代史资料丛刊·戊戌变法》第2册,第574页。
④ 马勇编《章太炎书信集》,河北人民出版社,2003,第13页。

第三章 从"吾党"到"康党":康门师徒与变法派官绅的关系离合

理解,但章梁冲突使他们对"康党"产生敌意,并公然"于廓清康学不遗余力"。宋恕复函章太炎,称:"别怅时馆之事,恕与孙君中玙(孙宝瑄)、胡君中巽(胡道南)等大为执事不平,极望别树正旗,摧彼骄敌。今得胡、童两君同声相应,实天之未绝斯文,恕虽久怠,岂愿自外!"① 他因此对康有为大加恶评,曾致函胡道南、童学琦说:"康长素侈然自大,实不过帖括变相。公车上书中议论可笑已极!其文亦粗俗未脱岭僚气,说经尤武断无理,乃竟能摇动天下,赤县民愚可谓极矣!昌明正学,端在贵馆,不可不各竭心力也。"② 这里的"贵馆"即指由胡、童经理的经世报馆。对于章梁冲突,宋恕态度鲜明,曾致函梁启超,直言不讳地说:"前之不满于君者,大因有二……一为逐余杭。余杭经学文章,今日江浙实无其敌,君于不通已极之岸贾,尚以大度登其大谬之《驳〈辟韩〉》,而不肯登余杭之作,仆时则益疑君非正人。"③ 虽后来的《经世报》并不出色,不久便停闭,但这无疑是维新派内部出现分裂的一个见证,特别是浙籍维新人士与康门师徒日渐疏离。待到汪、梁冲突发生后,这种分裂更加明显。浙籍人士甚至以抵制"康学"为己任。《时务报》改官办后,叶瀚致函汪康年称:"南海伪学,其势虽昌,其存不久,然逆料将来,必一败涂地。但目今其声势可席卷天下,被累不少,故弟与同志约,不容彼党侵入浙界,务须仿日本进步党所为,留以有待。众佥谓然。故浙学速成,则彼党来,公逐之可矣。"④

与浙籍维新人士公然与"康学"对抗不同,时务报馆的重重矛盾也让无数维新志士为之三叹。他们一度斡旋其中,力图化解矛盾,维护大局,但最终为之失望。当汪梁矛盾四处传扬尚未公开之时,维新派诸多同志都表示担心,纷纷致函汪康年,从维护维新大局的角度加以劝解。邹代钧说:"外人皆言公与卓如不合,然否?千万不可。茫茫宇宙,共有几人,又生龃龉,

---

① 宋恕:《复章校叔书》,胡珠生编《宋恕集》(上),第572页。
② 宋恕:《又复胡童书》,胡珠生编《宋恕集》(上),第578页。
③ 宋恕:《致饮冰子书》,胡珠生编《宋恕集》(上),第602页。
④ 上海图书馆编《汪康年师友书札》(3),第2600页。

岂非自孤，窃料断不至此。"① 张元济致函汪康年，说："此间颇言公与卓如意见不合，彼此参商，卓故避去，弟大不谓然。彼此同办一事，意见岂能尽相符合，辩论之处终不能免，然终不当以此贻误大局。稍有识者且能之，况兄与卓之日讲群学者乎！守旧之徒，方目吾辈为无成，果无成，为彼类所笑，患犹浅；使为外人所笑，其害不尤深乎！甚愿公与卓之一雪此言也。"② 吴德潚告诫汪康年注意团结，"近来时时乃窃有尤念之意，以创始数人虽无意见隔阂，然不能如去夏初成议之时，有一段并心一意，双烟一气，气象千万。祈公仍守一'绵'字做去。外侮尚不易御，万不可再添同人意见……鄙意中国旧习办事最可恨，幸有我辈数人，尚能成此一事，其妙处正在无中国旧习，如此数人竟不能持之永久，更复何望？"③ 维新同人这诸多语重心长的劝解意在护持那来之不易的维新大局。遗憾的是，时务报馆的矛盾并未因此化解。当矛盾公开之后，维新同人都以之为耻辱。高凤谦云："卓如方进用之时，挟诏旨与足下为难，继又腾书各报，极力痛诋。弟骤读此书，即引以为深辱。何者？迩年以来，言新法者群推汪、梁，若一旦为人所轻，则凡言新法者皆将见轻于人，守旧者有所藉口，而维新之机失矣。"④

　　由此可见，康门师徒特有的变法理论"康学""康教"及其党人做派，终将其从变法维新的"吾党"中分离出来，变为"康党"。而且，早在戊戌政变发生之前，甚至在百日维新之前，"康党"已走到了很多变法派官绅的对立面。这其中的关系疏离是无法用新旧之争来解释的。此时，即使以往所说的旧派对"康党"的攻击也多集矢于"康学""康教"及康门师徒的做派，偶有涉及民权之说者，但很少有公然反对变法者。

　　从"康党"与变法派官绅关系的上述离合中可见，甲午战后，变法乃多数有识之士的共识。在民族危机逼迫下，各地的学堂、学会、报刊大量涌现，呈

---

① 上海图书馆编《汪康年师友书札》（3），第2711页。
② 上海图书馆编《汪康年师友书札》（2），第1703~1704页。
③ 上海图书馆编《汪康年师友书札》（1），第439页。
④ 上海图书馆编《汪康年师友书札》（2），第1649页。

第三章　从"吾党"到"康党"：康门师徒与变法派官绅的关系离合

现了大好的维新局势。"康党"成员所具有的运动能力与宣传才华，使他们很快在变法派官绅中显露头角，并在维新初期被变法派官绅所看好，视为"吾党"。但遗憾的是，在时局的激荡下，在康门师徒的努力下，他们所信奉的变法理论被带入变法实践中。而这种变法理论在多数变法派官绅看来又是不可取的。因此，在如何宣传和推进变法的问题上，变法派官绅与"康党"出现分歧、纷争，甚至在百日维新开始之前，"康党"已成为很多变法派官绅之敌。这与百日维新期间那些既得利益者因担心变法造成的利益损失而反对"康党"有本质的不同，更与观念上的新旧无关。戊戌年六月十三日，政变后任驻日公使的李盛铎曾对康有为做如是评价："康有为乃今日开新党之代表，然而，在开新党之中，不以康氏主张为然者，亦颇有其人，以康氏弃公论而不用故也。康氏之议论甚高，而不切合实际，此乃康氏之一大病，我决不讳言。"①这说明，戊戌时期很多学术政治纷争，起因并非新旧观念。

就"康党"而言，因其成员有着共同的学术思想、变法理论和创教宗旨而具有其他变法派官绅所无法比拟的凝聚力，也因此显示超越其他变法派的能量。但问题在于，"康党"为了实现自己的团体利益，有时不惜置维新大局于不顾，康门弟子"四出"宣传师说，结党营私、意气用事，甚至有康有为"当有符命"之说，这事实上是在向时人透露康有为"教皇中国"的内心世界。加之康有为性格自信、傲慢，自号"长素"，更是坐实了其驾孔子而上的野心，因此导致了时人对"康党"的一致反感。由此引发的纷争，对于维新变法产生了极大的负面影响。在激进变法理论的指导下，"康党"成员不顾自身理论的缺陷，不顾同人的反对，在维新运动中大肆宣传，最终导致了变法派内部的分裂。可以说，"康党"的理论与做派犹如一把双刃剑，在凝聚了"康党"成员的同时，却将"康党"从变法派群体中孤立出来。这不仅体现在"康党"处理《时务报》的各种冲突上，而且在湖南变法与百日维新中也体现得淋漓尽致。

---

① 孔祥吉、〔日〕村田雄二郎：《一个日本书记官记述的康有为与戊戌变法：读中岛雄〈随使述作存稿〉与〈往复文信目录〉》，《中国近代思想史研究集刊（第6辑）·戊戌变法与晚清思想文化转型》，社会科学文献出版社，2010，第227页。

第四章
"康党"与湖南的维新运动

光绪二十三年金秋,"康党"成员进入湖南,对湖南的维新运动产生了深远的影响。这种影响表现为"康党"在湖南的维新运动中渗透"康学""康教",推行激进变法方针。当康门弟子将其政治思想渗透到湖南变法实践中时,"康党"便为很多湖南变法派官绅所不容。学界对湖南维新运动的研究已取得了不少成果,但现有的研究对湖南维新运动中的新旧之争论述较多①,而对变法派内部的矛盾纷争关注较少。对于造成湖南变法派分裂的主因——"康党"与湖南维新运动的复杂关系,迄今尚无专文论及。因此,本章拟对"康党"如何影响湖南变法、湖南官绅如何迎拒"康党"等问题,进行深入的实证研究,重点剖析变法派内部矛盾与纷争的起因,进而揭示湖南变法派在变法路径上的不同选择。

一 "康党""康学"进入湖南

光绪二十年八月初一日,江标奉旨督学湖南;次年七月二十四日,陈宝箴奉命抚湘。二人的到来为素以守旧著称的湖南带来了转机。对于二人治湘

---

① 代表性的研究成果有:黄彰健《论光绪丁酉戊戌湖南新旧党争》,见氏著《戊戌变法史研究》上册,第379~504页;罗志田《近代湖南区域文化与戊戌新旧之争》,《近代史研究》1998年第5期;罗志田《思想观念与社会角色的错位:戊戌前后湖南新旧之争再思——侧重王先谦与叶德辉》,《历史研究》1998年第5期。

的前景，当时的维新人士颇为看好。唐才常曾致其弟书，说："我湘得陈右老力加振刷，厚植人才，则将来挽回大局之人，又未必不出湖南，拭目俟之可耳。"①梁启超致函汪康年，对新任湖南学政江标褒扬有加："十八行省中，湖南人气最可用，惟其守旧之坚，亦过于他省，若能幡然变之，则天下立变矣。江建霞顷督湘学，此君尚能通达中外，兄与之厚，盍以书鼓动之，令其于按试时，非曾考经古者不补弟子员，不取优等。而于经古一场，专取新学，其题目皆按时事。尝见建霞所命题甚通。以此为重心，则禄利之路，三年内湖南可以丕变矣。此事关系大局非浅，望酌行之。"②可见，当时的维新志士对陈、江是寄予厚望的。

陈、江二人也的确不负众望，在短短两三年的时间内，便开创出了湖南的维新局面，这从谭嗣同致徐仁铸的一封信中可以见及。光绪二十三年八月，徐仁铸奉命督学湖南。正当徐仁铸走马上任之际，谭嗣同修书一封，对陈、江二人在湖南开创出的维新局面进行了总结，他说：

> 溯自三十年来，湘人以守旧闭化名天下，迄于前此三年犹弗瘳，此莫大之耻也。愚尝引为深痛，而思有以变之，则苦力莫能逮。会江建霞学政莅湘，遂以改本县书院请，欣然嘉许。而他州县亦即相继以起。未几，义宁陈抚部持节来，一意振兴新学。两贤交资提携，煦翼湘人，果始丕变矣。至今日人思自奋，家议维新，绝无向者深闭固拒顽梗之谬俗，且风气之开，几为各行省冠。

湖南从三年前的"守旧闭化"到此时的风气大开，陈、江二人功不可没。具体而言，谭嗣同对他们所创设的新政一一加以列举，包括电线、轮船、矿物、银圆、银行、官钱局、旬报馆、校经堂学会、舆地学会、方言学

---

① 唐才常：《致唐次丞书（七）》，湖南省哲学社会科学研究所编《唐才常集》，第249页。
② 上海图书馆编《汪康年师友书札》（2），第1834页。梁启超该信注日期为六月初一日，而江标被任命为湖南学政的时间则是光绪二十年八月初一日。可见，梁启超写信当在光绪二十一年六月，此时的江标可能是到任不久。

会、时务学堂、武备学堂、化学堂、藏书楼、西书刊行、机器制造公司、点灯公司、火柴公司、煤油公司、种桑公社、农矿工商之业，等等，"不一而足。近又议修铁路及马路。其诸书院亦多增课算学、时务，乌睹所谓守旧闭化者耶！"① 在短短两三年的时间内，湖南竟兴办了如此多的新政，由此足见陈宝箴、江标推行新政的力度与成效。陈、江在湖南开创的维新事业有目共睹，因此成为各地维新志士实现抱负的理想去处。正是在此背景之下，"康党"进入湖南，而时务学堂的创办为其进入湖南提供了历史机缘。

光绪二十二年冬，在籍守制的前四川龙安府知府蒋德钧倡办时务学堂，得到陈宝箴的大力支持。蒋德钧遂一面为时务学堂经费奔波，一面物色时务学堂教习人选。光绪二十三年夏，蒋德钧北上津京，其任务之一即到天津考察被推荐为时务学堂教习的陈锦涛。蒋德钧考察陈锦涛的结果是，陈虽"粹然儒者，言词朴讷"，但其口音很重，"恐非湘中能习"，因此，建议由陈锦涛替换《时务报》的西文主笔李维格，然后聘任李维格为西文总教习。同时，他提议聘请《时务报》的中文总主笔梁启超为时务学堂中文总教习。蒋德钧的提议很快得到了湖南官绅的一致认同，诚如江标在致函汪康年时所言："此间时务学堂拟敦请卓公为主讲，官绅士民同出一心，湘士尤盼之甚切也。弟亦望卓公来，可以学报事交托。"② 而梁启超也一直看重湖南维新的大好时局，早在光绪二十二年北京强学会遭封、《时务报》尚未创刊时，他就有入湘的打算，曾致函汪康年说："湘省居天下之中，士气最盛，陈右帅适在其地，或者天犹未绝中国乎？若报馆不成，弟拟就之，兄与伯严、沅帆素洽，有书往，望一为先容也。"③ 如今，湖南的变法局面已今非昔比，而梁启超在时务报馆与汪康年等人龃龉不断，也促使他赴湘执教时务学堂。

梁启超入湘对"康党"来说意义重大，因此，在梁启超准备离沪赴湘之际，康有为特意赶到上海，商讨"教育之方针"。为了能够在时务学堂顺利传授"康学""康教"而无阻力，梁启超以"分教习必由自行聘定，乃易

---

① 谭嗣同：《与徐仁铸书》，蔡尚思、方行编《谭嗣同全集（增订本）》（上），第 269~270 页。
② 上海图书馆编《汪康年师友书札》（1），第 253 页。
③ 详见上海图书馆编《汪康年师友书札》（2），第 1831~1832 页。

第四章 "康党"与湖南的维新运动

臂使"为由，自聘同为康门弟子的韩文举、叶觉迈为中文分教习。为此，梁启超曾致函陈三立、熊希龄，说："分教习必由自行聘定，乃易臂使。超所见广雅书院、两湖书院，其分教与总教皆不相能，可为殷鉴。故超初时欲在湘请分教，以便讲授；顷深思之，似未为可。已拟偕分教韩君孔广（名文举）、叶君湘南（名觉迈）同来矣。超之意欲兼学堂、书院二者之长，兼学西文者为内课，用学堂之法教之；专学中学不学西文者为外课，用书院之法行之。"①总教习自聘分教习，而且同为康门弟子，自然少了相互掣肘的麻烦，这为"康党"在时务学堂传授"康学"提供了保证。在此基础上，康门师徒还商定了康门弟子入湘后的教育方针。对于康门师徒在沪聚议教育方针之事，狄葆贤事后回忆说：

> 任公于丁酉冬月将往湖南任时务学堂时，与同人等商进行之宗旨：一渐进法；二急进法；三以立宪为本位；四以彻底改革，洞开民智，以种族革命为本位。当时任公极力主张第二第四两种宗旨。其时南海闻任公之将往湘也，亦来沪商教育之方针。南海沉吟数日，对于宗旨亦无异词。所以同行之教员如韩树园、叶湘南、欧榘甲皆一律本此宗旨。②

可见，康门弟子在时务学堂的激进方针是早有预谋的。"康学"与这种激进的授课方针相结合，康门弟子必将在湖南掀起新的波澜，这是那些盛情邀请梁启超入湘执教的湖南官绅始料不及的。问题的关键在于，由康有为策划、康门弟子落实的激进教育方针竟然在湖南得以推行，这显然与湖南官绅的支持与配合密不可分。

就官方而言，盐法道黄遵宪、学政徐仁铸与湘抚陈宝箴的支持至关重要。黄遵宪因有出使日本、游历欧美的经历，对西方的立宪制度有着深刻的认识，对日本的明治维新向往已久，因此，其支持康门弟子的变法活动并不

---

① 梁启超：《与陈三立、熊希龄函》，夏晓红编《〈饮冰室合集〉集外文》，第7页。
② 丁文江、赵丰田编《梁启超年谱长编》，第58页。

意外。他本人与梁、谭的交谊颇深，特别是对梁启超，黄遵宪一直呵护有加，在《时务报》的汪、梁冲突中始终袒护梁启超，甚至在黄的心中，梁启超是实现其救世变法理想的寄托者。他后来曾致函梁启超回忆及此，说："既而游欧洲，历南洋，又四五年，归见当道者之顽固如此，吾民之聋聩如此，又欲以先知先觉为己任，借报纸以启发之，以拯救之。而伯严苦劝之作官，既而幸识公，则驰告伯严曰：'吾所谓以言救世之责，今悉卸其肩于某君矣！'"① 这里的"某君"，即梁启超。将"救世之责""卸其肩于"梁启超，可见黄对梁之器重与信任。也正因此，梁、谭等人在湖南变法中的很多想法都曾与黄遵宪交流，如梁启超在写好上陈宝箴书后便先送给黄遵宪过目。而黄遵宪对梁启超等人的变法意图也心知肚明。当"谭嗣同等禀请开学会"时，"黄公度即认为是议院"②。可以说，对谭、梁变法活动的深意，黄无所不知。当然，这并不意味着黄遵宪的变法路数与谭、梁完全一致。

与黄遵宪相比，徐仁铸则不仅与谭、梁一样主张变法，而且其倡导变法的路数也与谭、梁一致。早在其被任命为湖南学政之初，谭嗣同便致函徐仁铸，介绍了湖南自巡抚陈宝箴与前学政江标入湘以来的新政推行状况，在肯定了巡抚与前学政的成绩之后，谭嗣同特别强调了学政在湖南新政中发挥的作用，说："此其转移之机括，厥惟学政一人操之。何则？以督抚之位尊权重，宜乎无不可为，及责以学校之事，何以教育，何以奖掖，何以涤瑕，何以增美，则其位其权，皆成渺不相涉。学校废则士无识，士无识则民皆失其耳目，虽有良法美意，谁与共之？此故非学政莫能为力矣。"谭嗣同之所以强调学政的作用，是希望徐仁铸能够当仁不让地在湖南推行新政。但学政要想推行新政，谈何容易！必须意志坚定，方能见效。谭嗣同以江标初到湖南时所遭受的压力与江标的坚持不懈为例，说明了这一点："方江学政之至也，谤者颇众。及命题喜牵涉洋务，所取之文，又专尚世俗所谓怪诞者拔为前茅，士论益哗。至横造蜚语，钳构震撼，而江学政持之愈力，非周知四国

---

① 吴振清等编校整理《黄遵宪集》（下），第499页。
② 皮锡瑞：《师伏堂未刊日记》（丁酉年十二月廿一日），《湖南历史资料》1958年第4期，第77页。

之士，屏斥弗录，苟周知四国，或能算学、方言一技矣，文即至不通，亦衮然首举之。士知终莫能恫喝，而己之得失切也，乃相率尽弃其俗学，虚其心以勉为精实，冀投学政之所好，不知不觉，轩然簌然，变为一新。"引江标为例，谭嗣同显然是希望徐仁铸也能像江标一样，坚持定见，不为世俗所左右，厉行改革。不仅如此，谭嗣同进一步向徐仁铸说出了其兴民权的主张，"方今急务在兴民权，欲兴民权在开民智"，而在湖南，民权之兴，《湘学报》的作用巨大，"《湘学报》实巨声宏，既足以智其民矣，而立论处处注射民权，尤觉难能而可贵"，而这些"皆江学政主持风会之效也"。① 后来的事实证明，徐仁铸确实不负谭嗣同所望，不仅在湖南学政任上厉行新政，而且其倡导变法的路数也与康门师徒若合符节，上任伊始，徐仁铸在其所颁发的《湘士条诫》中即表示："居今日而治经，宜先昌其微言大义，融会贯通，厘然有得，彼法之所措注，多为吾道之所称传，逐类探求，早开鼻祖，陈编具在，借镜始彰，当有中夜旁皇而服膺勿失者。"②"昌其微言大义"即显示与"康党"相似的治学路向。他上任不久所著的《輶轩今语》③，更是系统阐发公羊学的变法理论，倡导变法。对于《輶轩今语》与"康学"之间的异同，皮锡瑞在其日记中记曰："……徐研甫送来'輶轩今语'，多与康、梁说合。"④ 当时，甚至有《輶轩今语》为梁启超代作之说。⑤ 据此可见，徐仁铸对"康党"变法之支持非同一般。而徐仁铸思想之开化，甚至

---

① 谭嗣同：《与徐仁铸书》，蔡尚思、方行编《谭嗣同全集（增订本）》（上），第270页。
② 《督学使者徐颁发湘士条诫》，《湘报》第5号，光绪二十四年二月十九日，第36页。
③ 戊戌年二月初一日《湘学报》第28册开始连载徐仁铸的《輶轩今语》，分6期载完。
④ 皮锡瑞：《师伏堂未刊日记》（戊戌年二月十五日），《湖南历史资料》1958年第4期，第106页。
⑤ 关于《輶轩今语》为梁启超代笔的说法，当时宾凤阳曾致函叶德辉说："近闻《輶轩今语》一书乃广东梁启超所作，并非出自徐公手笔，则是推崇异学、扇惑人心者，其罪应有专责。"叶德辉所说的"梁代宛平所作《輶轩今语》"之说，大概即听自宾凤阳。几十年后，许姬传在《戊戌变法侧记》中也有"研舅（徐仁铸——引者注）曾把梁启超所著《輶轩今语》颁示学宫"之说（见《文史杂志》1985年第1期）。如果说宾凤阳在当时持此说，尚是考虑到徐既是学使又是叶德辉的老师，有替徐开脱之意的话，那么许姬传几十年后仍持此说，似无为徐开脱之必要，很可能是从徐仁铸口中传下来的实情。不过梁启超本人似无此种说法。

令观念本来不旧的皮锡瑞大吃一惊,他在日记中记道:"徐研甫学使来函,请十一日两点钟,旁注泰西时刻,想是五点钟。此等未免骇俗,与云西历若干年无异。"①

较之黄、徐,陈宝箴的态度尤为重要。光绪二十三年十一月二十一日,梁启超入湘刚一个月,便上书陈宝箴,公开其变法"自立"以备不虞的主张,说:"为今日计,必有腹地一二省可以自立,然后中国有一线之生路。今夫以今之天下,天子在上,海内为一,而贸然说疆吏以自立,岂非大逆不道,狂悖之言哉?虽然,天下之事变,既已若此矣,决裂腐烂,众所共睹,及今不图,数年之后,所守之土,不为台湾之献,即为胶州之夺。……所谓日夜孜孜,存自立之心者,谓为他日穷无复之之时计耳,岂曰谓目前之言哉?……脱有不幸,使乘舆播迁,而六飞有驻足之地,大统沦陷,而种类有依恃之所,如是焉而已。"② 一个月后,谭嗣同也上书陈宝箴,阐述其"自立民权"主张:"练兵固所以救亡,而非能决其不亡也明矣。于不能决其不亡之中,而作一亡后之想,则一面练兵以救亡,仍当一面筹办亡后之事……语曰:善败者不乱。嗣同请赓之曰:善亡者亦不乱。善亡之策有二:曰国会;曰公司。国会者,群其才力以抗压制也。湘省请立南学会,既蒙公优许矣,国会即于是植基,而议院亦且隐寓焉……无论如何翻天覆地,惟力保国会,则民权终无能尽失。……言民权于此时,非第养生之类也,是乃送死之类也。……方今海内能兴民权者,系惟我公。"③ 据此可知,陈宝箴对于梁、谭的"自立""民权"主张及南学会的"议院"性质也是知道的,而从后来陈的态度中可见,他并没有阻止梁、谭的变法活动。陈宝箴之所以能够默

---

① 皮锡瑞:《师伏堂未刊日记》(戊戌年二月初一日),《湖南历史资料》1958年第4期,第104页。
② 梁启超:《上陈宝箴书》,中国史学会主编《中国近代史资料丛刊·戊戌变法》第2册,第533~534页。该上书没有署时间,但从其内容可以推断当作于光绪二十三年十一月二十一日。梁启超于是年十月中旬入湘,该书中有"入湘以来已逾一月",可知该书写于是年十一月中旬以后,从其中"月之望日……迄今六昼夜"判断,当在望日之后的第六天,即十一月二十一日。
③ 谭嗣同:《上陈右铭抚部书》,蔡尚思、方行编《谭嗣同全集(增订本)》(上),第278页。

第四章 "康党"与湖南的维新运动

许谭、梁的"自立""民权"活动,是与当时日趋激烈的民族危机分不开的。

光绪二十一年,"马关定和议成",陈宝箴"痛哭曰:无以为国矣!"是年八月,当其奉命抚湘之际,便有"营一隅为天下倡,立富强根基,足备非常之变,亦使国家他日有所凭恃"之想。对此,其子陈三立后来回忆说:"(光绪廿一年)八月,诏授湖南巡抚。府君故官湖南久,习知其利病。而功绩声闻昭赫耳目间,为士民所信爱。尤与其缙绅先生相慕向。平居尝语人曰:'昔廉颇思用赵人,吾于湘犹是也。'府君盖以国势不振极矣,非扫敝政兴起人材,与天下更始,无以图存。阴念湖南据天下上游,号天下胜兵处,其士人率果敢负气,可用。又土地奥衍,煤铁五金之产毕具。营一隅为天下倡,立富强根基,足备非常之变,亦使国家他日有所凭恃。故闻得湖南,独窃喜自慰;而湖南人闻巡抚得府君,亦皆喜。"① 而后民族危机日趋激烈,光绪二十三年十月德占胶澳,不久俄占旅大,一时间列强"瓜分豆剖,渐露机牙"。胶州湾事变给陈宝箴的刺激较之甲午战败有过之而无不及。据梁启超说,丁酉年十一月十五日,陈三立突然约梁启超等人"集于堂中,坐次述世丈之言,谓时局危促,至于今日,欲与诸君子商一破釜沉舟、万死一生之策。彼时同座诸公,咸为动容"。正是在瓜分危机的刺激下,陈宝箴产生了约谈诸君,与诸君"商一破釜沉舟、万死一生之策"的念想。十一月十五日陈三立的这次约谈,使得梁启超、谭嗣同等人对陈宝箴"破釜沉舟"的决心有了了解,也激发了梁、谭上书陈宝箴和盘托出其变法深意的胆量。对此,梁启超在《上陈宝箴书》中说得很清楚,他说自己入湘已逾一月,本想拜访陈宝箴,但苦于教学繁忙,不及闲暇,"月之望日,伯严约诸君",当听说陈宝箴"欲与诸君子商一破釜沉舟、万死一生之策"后,"启超闻是言,必突突不自制,热血腾腾焉,将焰出于腔,盖振荡迅激,欲哭不得泪,欲卧不得瞑者,迄今六昼夜,径欲走见,有所陈说,而呐

---

① 陈三立:《皇授光禄大夫头品顶戴赏戴花翎原任兵部侍郎都察院右副都御史湖南巡抚先府先君行状》,氏著《散原精舍诗文集》(下),上海古籍出版社,2003,第852页。

（讷）于言语，弗克自达，用敢以笔代舌，披沥肝胆，为我公一言之"。① 显然，陈宝箴的"万死一生"之策引起了梁启超的共鸣，他乘机将自己的变法主张和盘托出。谭嗣同的上书同样是在此背景下写成的，但与梁相比，谭嗣同的上书内容更为激进，不仅有"自立"，而且寄托于"民权"。当瓜分危机迫在眉睫，梁、谭先后上书，提出"善亡之策"，正与陈宝箴"营一隅为天下倡，立富强根基，足备非常之变"的想法暗合，于是而有康有为所说的"卓如与复生入湘，大倡民权，陈、黄（遵宪）、徐（仁铸）诸公听之，故南学会、湘报大行"的一幕，于是而有湖南新政中之报刊"与学堂、学会连为一气"的局面。

可以说，湖南维新并不始于梁启超等人入湘，陈、江等人早已为湖南新政开创了良好的局面，但康门弟子入湘使得湖南新政开始染上"康学"色彩，并逐渐偏离了原有的轨道。光绪二十三年十月时务学堂开课；十一月，谭嗣同禀请开南学会，戊戌年二月初一日南学会即开讲；二月十五日《湘报》开始出报。随后，时务学堂、《湘报》与南学会便成为"康党"宣传变法的重要阵地，而由康门弟子执教的时务学堂首当其冲。由于梁启超等人的变法路径是遵循"康学""康教"所阐发的理论进行的，因此他们的各种宣传便带有明显的"康学"印迹，即由公羊学而来的变法理论、创立孔教等思想；同时，这些由"康学"开出的变法理论又受到西方民权、平等思想的影响，从而使得"康党"的变法又染上了"以夷变夏"的色彩。这些可以从时务学堂的课程设置、教习导读与课艺批札中见及。

时务学堂的课程是由梁启超与李维格制定的。按照《时务学堂功课详细章程》（以下简称《章程》）规定，时务学堂课程分为两类：一是溥通学，二是专门学；并规定："溥通学，凡学生人人皆当通悉；专门学，每人各占一门。""凡初入学堂，六个月以前皆治溥通学，至六个月以后，乃各认专门，既认专门之后，其溥通学仍一律并习"。那么，时务学堂的溥通学与专

---

① 梁启超：《上陈宝箴书》，中国史学会主编《中国近代史资料丛刊·戊戌变法》第2册，第533页。

门学又分别有哪些课程呢？《章程》规定，溥通学有四："一曰经学，二曰诸子学，三曰公理学，四曰中外史志及格算诸学之粗浅者。"专门学有三："一曰公法学，宪法、民律、刑律之类为内公法，交涉、公约、约章之类为外公法；二曰掌故学，三曰格算学。"而在溥通学与专门学中，《章程》还规定学生所读之书，均分为"专精之书"与"涉猎之书"，"专精之书必须终卷，按日分课，不许躐等；涉猎之书随意翻阅"。在列出溥通学与专门学的类别之外，时务学堂还有更详细的"第一年读书分月课程表"，通过该表我们可以更进一步了解时务学堂课程设置的具体内容。现将学堂"第一年读书分月课程"① 抄录如下（见表2）。

表2　第一年读书分月课程

	专精之书
第一月溥通学	读书法　此书见学校报第一、第二册 礼记·学记篇、少仪篇 管子·弟子职篇 孟子 先阅学校报中《读孟子界说》，其余按学校报中《孟子今义》求之，半月可卒业 春秋公羊传 先阅学校报中《读春秋界说》，其余按学校报中《春秋公法》求之
第二月溥通学	春秋公羊传 公理学 其书按次印入学校报中。学者治《春秋》，既谙诸例，即当求公理以互相印证
第三月溥通学	春秋公羊传　　公理学
第四月溥通学	春秋公羊传　　此书每日读湘刻本八九叶，约月余可以卒业。既与《繁露》、《穀梁》、《白虎通》、《公法》等书合读，三月之功，无不全通矣。礼记·中庸篇、礼运篇、大学篇。《中庸》为孔子行状，《礼运》、《大学》皆言大同之书，宜先读。公理学

① 详见《湘报》第102号，第942～946页；见夏晓红编《〈饮冰室合集〉集外文》上册，第24～30页。

续表

		专精之书
第五月溥通学		论语 先阅学校报中《读论语界说》，分类求之，数日可卒业 诸子学术流派书 此书学堂有刻本，当与学校报中《读诸子界说》并读。 古学案上卷。此书按次印在学校报中，上卷言孔子以前学派及孔门诸子学派。公理学
第六月溥通学		二戴记·中裁篇先读。其篇目先后别著《界说》中。周礼 先阅学校报中《读周礼界说》。荀子 先阅学校报中《读荀子界说》。古学案中卷。中卷言周、秦诸子学派。公理学
第七月溥通学		古学案中卷　荀子　墨子　公理学
第七月专门学	公法门	公法会通 最便学者。公法总论　万国公法
	掌故门	周礼 先阅学校报中《读周礼界说》。秦会要 此书在学校报中，因二千年制度多本于秦，故必以此书为掌故学根原
	格算门	学算笔谈　笔算数学 以为学算显浅易入之书。格物质学 此为言格致总学最新而最明白之书
第八月溥通学		二戴记 古学案中卷　墨子　先阅学校报中《读墨子界说》 公理学
第八月专门学	公法门	佐治刍言 此书为内公法之书。公法便览 凡治公法学者，皆当随时取与《春秋》相印证
	掌故门	佐治刍言 治掌故学者，必须读宪法书，乃不为古法所蔽，故须读此书。若已经涉猎者，则不必读。周礼　日本国志
	格算门	几何原本　形学备旨 二书宜参互读。代数术 代数备旨 二书宜参互读。谈天 与《天文图说》、《天文揭要》参看
第九月溥通学		古学案下卷 下卷言秦、汉至唐儒者学派。管子　公理学
第九月专门学	公法门	各国交涉公法论　左氏春秋　国语战国策 此等例案有可以略为引证者
	掌故门	历代职官表　全史职官志　通考、续通考、皇朝通考·职官门　日本国志·职官志
	格算门	几何原本　形学备旨　代数术　代数备旨　地学浅识 与地学指略、地学稽古论并读

续表

专精之书		
第十月溥通学		古学案附卷。附卷言外教流派。老子　庄子　列子　公理学
第十月专门学	公法门	各国交涉公法论　希腊志略　罗马志略
	掌故门	历代职官表　全史职官志　三通考·职官门 日本国志·职官志
	格算门	几何原本　形学备旨　代数术代数备旨 地学浅识 化学鉴原
第十一月溥通学		古学案附卷　吕氏春秋　淮南子　公理学
第十一月专门学	公法门	各国通商条约 通商约章类纂 欧洲史略
	掌故门	唐律疏义 全史·刑律志 日本国志·刑律志 法国律例 英律全书
	格算门	几何原本 形学备旨 代数术代数难题 化学鉴原续编 化学分原
第十二月溥通学		左氏春秋 先阅学校报中《读左氏界说》。商君书韩非子　公理学
第十二月专门学	公法门	通商约章及成案　法国律例　英律全书
	掌故门	法国律例　大清律例
	格算门	几何原本 代数难题　代微积拾级　微积溯原　化学鉴原 续编、补编

涉猎之书

凡涉猎之书，不过摘举其要者略列一二；既谓之涉猎，则无乎不可，不必限于此也

第一月	宋元学案中象山学案、上蔡学案　朱子语类中论为学之方、训门人诸卷。此等皆发扬志气，鞭策向学之书，宜先读，约数日可卒业 史记·儒林列传　汉书·艺文志、六艺略　汉书·儒林传 此等为经学原流之书，必当先读，以知梗概，数日可卒业。格致须知中天文、地学、地理、地志诸种
第二月	春秋繁露　春秋穀梁传 治溥通学、经学，《繁露》为《春秋》之关键，《穀梁》为《公羊》之羽翼，皆当于读《公羊》时并读之，《繁露》宜择读，其详别见 公法诸书。《春秋》一书，皆言内公法、外公法之义，故读《春秋》时，必须略窥公法之书，乃易通也。万国史记 时务、知新、湘学各报

续表

涉猎之书
凡涉猎之书，不过摘举其要者略列一二；既谓之涉猎，则无乎不可，不必限于此也

第三月	春秋穀梁传　公法诸书　万国史记　日本国志　格致须知中重、力、化汽诸种　各报
第四月	白虎通 中多春秋之制，读《春秋》时宜并读之。日本国志　泰西新史揽要　格致汇编　各报
第五月	四库提要·子部 择其周秦诸子各书提要略观之。宋元学案、明儒学案各卷小序及各传。读诸子学派书，可兼观宋明诸儒学派。国朝先正事略·儒林、经学两门。本朝学派亦当略知，未有完善之书，姑读此编。佐治刍言 此为宪法学之书，然学者宜人人共读，可先于此时读之。日本国志　格致汇编　格物质学　各报
第六月	周秦诸子任意涉猎，三史任意涉猎，西学启蒙十六种任意涉猎，西国政学事物源流 上海译书局新刻本　各报

注：本表依据《湘报》第102号制作，原文照录。

分析表2可见，梁启超等人设置的"第一年读书分月课程表"，虽门类繁杂，数量较多，但一个显著的特点即在溥通学中，公羊学占有绝大比重，其中包括《读书法》《礼记》《孟子》《春秋公羊传》《春秋公法》《公理学》《论语》《读春秋界说》《诸子学术流派书》《古学案》《二戴记》《周礼》《荀子》《墨子》《管子》《老子》《庄子》《列子》《淮南子》《左氏春秋》《韩非子》等，很多书目都是公羊学中的经典，其中《春秋公羊传》读的时间最长，达四个月之久。而且，学生入学后的前六个月都专治溥通学，此外，在涉猎之书中，也有不少是为了辅助明了公羊大义而选取的。如在《春秋繁露》《春秋穀梁传》的后面，备注"治溥通学、经学，《繁露》为《春秋》之关键，《穀梁》为《公羊》之羽翼，皆当于读《公羊》时并读之，《繁露》宜择读"；而在公法诸书的后面注："《春秋》一书，皆言内公法、外公法之义，故读《春秋》时，必须略窥公法之书，乃易通也。"《白虎通》也是因为"中多《春秋》之制，读《春秋》时宜并读之"。学生入

学后的前六个月都专治溥通学,这充分体现了梁启超主讲下的时务学堂的学术志趣之所在。

与公羊学课程相配合的是,梁启超撰写的导读文章。如在阅读《孟子》之前,须先读梁启超的《读孟子界说》,而与《春秋公羊传》相配合的是《读春秋界说》和《春秋公法》,类似的还有《读论语界说》《读诸子界说》《读荀子界说》《读周礼界说》《读墨子界说》《读左氏界说》等。通过阅读这些导读文章,时务学堂学生的学术取向无疑会受到梁启超的极大影响。现以《读春秋界说》与《读孟子界说》为例,说明梁启超的学术取向对时务学堂学生的影响。

《读春秋界说》包括八个"界说",其内容与康有为《孔子改制考》如出一辙。"界说"一为"春秋为孔子改定制度以教万世之书",其中梁启超引用《史记·太史公自序》与《孟子》中的论断佐证孔子作《春秋》,以教万世的观点:"《史记》太史公自序曰:周道衰微,孔子知言之不用道之不行也。是非二百四十二年之中,以为天下仪表,文成数万,其指数千,万物之散聚皆在春秋;孟子曰:春秋天子之事也。夫春秋一儒者之笔耳,何以谓为天子之事?盖以春秋者损益百王,斟酌三代,垂制立法以教万世,此其事皆天子所当有事者也。独惜周道衰微,王者不能自举其职,而天地之公理,终不可无人以发明之也,故孔子发愤而作春秋,以行天子之事……孟子曰:王者之迹熄,然后春秋作。又曰:知我者其惟春秋乎?罪我者其惟春秋乎?夫作春秋何以见罪孔子?盖逆知后世必有执布衣不当改制之说,而疑孔子之僭妄者,故先自言之也。后之儒者不明此义,而甘为罪孔子之人,则何益矣?""孔子改制之说,本无可疑,其见于周秦诸子两汉传记者极多,不必遍举。""界说"二为"春秋为明义之书非记事之书",指出:"春秋之所重者在义,而不在事与文也。……太史公所谓万物聚散,皆在春秋,其指数千者,即今之春秋是也",而"春秋之所以为万世之书者,曰惟义之故。孔子所以为圣者,曰惟义之故。孟子所以言道统述及孔子即举春秋者,曰惟义之故。若夫事也者,则不过假之以明义。……苟不辨明义与事之界,则春秋不可得而读也";"界说"三为"春秋本以义为主,然必托事以明义则其义愈切著";"界说"四为"孔子因避时难故仅借事以为记号而大义皆传于口说";"界说"五为"既明第二至第四三条之理,则可以知春秋有三书,一曰未修之春秋,二曰记号之春秋,三曰口说之春秋";"界说"六为"先师所传口说与经别行,故箸之竹帛之时,间有遗漏错置";"界说"七为"春秋借记号以明义,有时据事直书恐其义不显明,固常变其词、变其实,以著其义";"界说"八为"春秋之例乃借以明义,义既明,则例不必□"①。从这些"界说"的标题,便可明了其大义了。可以说,梁启超的《读春秋界说》正是依循康有为的《孔子改制考》而来,从中学生们可以了解"康党"关于"孔子改制"理论的核心内涵。

与《读春秋界说》一样,《读孟子界说》阐发的也是"康党"的孔子创教、改制理论。文章开篇即云:"孔子之学至战国时有二大派,一曰孟子,二曰荀卿……要之孔子乃立教之人,孟子乃行教之人。必知孟子为孔教中一派,始可以读《孟子》。"在孔教之中,"康党"重视孟子,是因为"孟子之学在经世","荀子之学传经","然所传微言大义不及孟子,孟子专提孔门欲立立人,欲达达人。天下有道,某不与,易之宗旨,日日以救天下为心,实孔学之正派也";而孟子"于六经之中,其所得力在《春秋》"。故而,孟子述及孔子,即舍"五经"而言《春秋》,"盖凡言经世者,未有不学《春秋》者也。故必知孟子所言一切仁政,皆本于《春秋》,然后孟子学孔子之实乃见"。在此基础上,梁启超从《孟子》中所开出的微言大义是"孟子于《春秋》之中,其所传为大同之义"和"保民为孟子经世宗旨"。对于前者,梁启超用了大量的篇幅来阐发孟子的大同之义:"孔子立小康之意,以治二千年以来之天下,在《春秋》亦谓之升平,亦谓之临一国之言,荀子所述皆此类也。立大同之言,以治今日以后之天下,在《春秋》亦谓之太平,亦谓之临天下之言,孟子所述皆此类也。大同之义,有为今日西人所已行者,有为今日西人所未行,而可决其他日之必行者。读《孟子》者,

---

① 《清议报》第6册,光绪二十五年一月十一日,页码不清;第8册,光绪二十五年二月初一日,第3~5页。

皆当于此求之。"他进一步分析说，"孟子言无义战，为大同之起点"，"近日公法家大立会以昌其说，此为孔教渐行于地球之征"，"孟子言井田为大同之纲领"，"孟子言性善为大同之极效"，"孟子言王霸，即大同、小康之辨"，"孟子言尧舜，言文王，为大同之名号"。对于后者，梁启超阐发说："保民为孟子经世宗旨。孟子言民为贵，民事不可缓，故全书所言仁政，所言王政，所言不忍人之政，皆以为民也。泰西诸国今日之政，殆庶近之。惜吾中国孟子之学久绝也。明此义以读《孟子》，则皆迎刃而解，否则司马温公之疑孟，余隐之之尊孟，徒事晓晓，楚固失矣，齐亦未为得也。"遗憾的是，"孟子之学，至今未尝一行于天下"，"自宋以来，有尊孟子之名，无行孟学之实"。因此，他勉励时务学堂诸子"今二三子既有志于大道，因孟学实入德之门，圣学之基也。持此界说以读孟子，必有以异于时昔之所见者。勿以为习见之书而忽之也"。①

分析至此可见，"第一年读书分月课程表"已充分反映了梁启超的学术志趣及"康学"对时务学堂的影响。这种影响通过教习的相关导读文章得到了强化，而学堂教习为学生的课艺、日记所作的批语则进一步强化了这种影响。现将"梁启超等所批学堂课艺、日记"中的言论节录如下：

时务学堂课艺总教习梁启超批以下刻本：
凡赋税于民者，苟为民作事，虽多不怨，今西国是也，上海租界每季巡捕捐极重，未有以为怨者也。苟不为民作事，虽轻亦怨矣。中国之税，至本朝而轻极矣，孟子谓："轻于尧、舜之道也，大貉、小貉也。"
又：今日欲求变法，必自天子降尊始，不先变去跪拜之礼，上下仍习虚文，所以动为外国讪笑也。
又：《春秋》大同之学，无不言民权者。尽取六经中所言民权者，编辑成书，亦大观也。

---

① 梁启超：《读孟子界说》，《饮冰室合集·文集之三》，第17~21页。

分教习韩文举批：

……

又：后世为臣者，不明以臣佐君之义，皆是为民作用而遂甘为奴隶妇孺，至于国破时，仅以一死塞责，后世遂目为忠臣。二千年之痼弊，牢不可破。

又：美国总统有违例，下议院告之上议院，上议院得以审问，例能夺其权而褫其职。英国虽君臣共主之国，其议院亦曾废君。可见舜亦由民公举，非尧能私授也。

分教习叶觉迈批：

教主立法，专在智民。然民智之后，又必打入仁说。正所谓诚者天之道，思诚者人之道也。

《学堂日记》梁批以下手书本：

屠城屠邑，皆后世民贼之所为。读《扬州十日记》，令人发指眦裂，故知此杀戮世界，非急以公法维之，人类或几乎息矣。

……

又：议院虽创于泰西，实吾五经、诸子、传记随举一义，多有其意者，惜君统太长，无人敢言耳。

又：二十四朝，其足当孔子王号者无人焉，间有数霸者生于其间，其余皆民贼也。

又：衣服虽末事，然切于人身最近，故变法未有不先变衣服者。此能变，无不可变矣。

……

又梁批：臣也者，与君同办民事者也。如开一铺子，君则其铺之总管，臣则其铺之掌柜等也，有何不可以去国之义。①

---

① 《〈宾凤阳等上王益吾院长书〉附》，苏舆编《翼教丛编》，第 145~148 页。

上述批语包括去跪拜、变服饰、兴民权、开议院、推重素王孔子，并借助五经、诸子大义阐发民权思想。这些都与后来的《湘报》与南学会问答相配合。而《扬州十日记》一条，则反映梁启超等人的种族革命思想。这与康门师徒在沪上所订的"教育之方针"相一致，也与梁启超后来的回忆相吻合："盖当时吾之所以与诸生语者，非徒醉心民权，抑且于种族之感，言之未尝有讳也。此种言论，在近数年来诚数见不鲜，然当时之人闻之，安得不掩耳？其以此相罪，亦无足怪也。"① 对于康门弟子在湖南时务学堂传授"康学"的显著效果，叶德辉曾如是说，自梁启超主讲时务学堂，"以《公羊》、《孟子》教授湘中弟子，数月之间，三尺童子皆知言改制，言民权，言秦始皇不焚书，言王安石能变法，千百年之事（是），一旦得而非之；千百年之非，一旦反而是之"。②

当以梁启超为首的康门弟子在时务学堂以公羊学变法、民权平等启迪后生时，《湘报》的论说及南学会的演讲、问答也与之配合，大力宣传公羊学变法理论、民权平等、改朔易服、保种保教等内容，直到光绪二十四年三月底四月初，陈宝箴整顿《湘报》为止。现将光绪二十四年三月底之前《湘报》及南学会演说与问答中和"康学"相配合的内容择要列举，详见表3。

表3　《湘报》及南学会演说与问答中和"康学"相配合的内容一览

《湘报》号	题目	作者	内　　容	要点
第3号（光绪二十四年二月十七日）	《开诚篇》	樊锥	今日之新学新政崭然出九土之头角，倡万党以开先，虽其成与不成，尚未敢稍恃……中国一日存，吾一日必图以济之，黄种一日存，吾一日必图以济之，孔教一日存，吾一日必图以济之……今一言曰：如有能力使中国不亡、圣教不危、神种不险者，不问其如何，吾愿举天下以从之。	保国、保种、保教，而不提保大清

---

① 丁文江、赵丰田编《梁启超年谱长编》，第56页。
② 叶德辉：《明辨录序》，转引自邝兆江《湖南新旧党争浅论并简介〈明辨录〉（附〈明辨录〉序编目及书信按语〈西医论〉）》，《历史档案》1997年第2期。

续表

《湘报》号	题目	作者	内　容	要点
第5号（光绪二十四年二月十九日）	《论中国宜讲求法律之学》	梁启超	孔子圣之神也，而后世颂其莫大功德在作《春秋》，文成数万，其指数千。有治据乱世之律法，有治生平世之律法，有治太平世之律法，所以示法之当变，变而日进也……泰西自希腊罗马间治法家之学者，继轨并作，赓续不衰，百年以来，斯义益畅……举国君民上下权限划然，部寺省署办事章程日讲日密，使世界渐进于文明大同之域，斯岂非仁人君子心力之为乎？《春秋》记号也，有礼仪者谓之中国，无礼仪者谓之夷狄。礼者何？公理而已；义者何？权限而已。	《春秋》三世说、君民平权
第6号（光绪二十四年二月二十二日）	《皮鹿门学长南学会第二次讲义》	皮锡瑞	天主耶稣教徒传教，骎骎及于中国，今十八省都有天主教，湖南省外府亦有之，其教蔓衍五大洲。而我孔子之教仅通行于中国及日本、朝鲜、越南同文之国，其余皆不知有孔教。何彼教所行如彼其广远，而我孔教所行如此之狭小，岂我孔子大圣人反不如彼天主耶稣之力量大耶。此无他故，实由彼有人传教，有教会，故力量大能行远，我无人讲学、无学会，故力量不大不能行远。	孔教、传教之思想
第6、7号（光绪二十四年二月二十、二十二日）	《论热力（上、下）》	唐才常	悲夫！悲夫！吾四百兆神州之遗民，轩辕之贵种，素王之教徒，曾无一人剖心泣血屠腹刲肠，痛陈不变之祸于君父之前者…… 公法由野番而文明，《春秋》由据乱而升平而太平，天地初不设一成之格以限人，人岂容画不变之程以自限。惟有热力愈变愈新愈文明耳。	《春秋》三世说
第7号（光绪二十四年二月二十三日）	《谭复生观察南学会第二次讲义》	谭嗣同	绝大素王之学术开于孔子，而战国诸儒各衍其一派，著书立说，遂使后来无论何种新学何种新理，俱不能出其范围。盖儒家本是孔教中之一门……后世专以儒家为儒，其余有用之学，俱摈诸儒外，遂使吾儒之量反形狭隘。而周秦诸子之蓬蓬勃勃为孔门支派者一概视为异端，以自污其教主。	素王、孔教教主

146

续表

《湘报》号	题目	作者	内　容	要点
第16号（光绪二十四年三月初三日）	《南海康工部有为条陈胶事折》跋文	谭嗣同	此南海先生第五次上书也……言人所不敢言，其心为支那四万万人请命。其疏为国朝二百六十年所无也。适从友人处得见其草之半，亟登报首，不复拘论说冠前之常例，上以著继绝存亡之伟书，下以标起懦廉顽之正鹄，其半续获，当遂联书。	追捧康有为
第18号（光绪二十四年三月初五日）	《悲孔（上、下）》	何来保	悲夫！吾素王之仁，含宏万宗，精贯一旨，其澌灭殆尽，仅余一线也，久矣。语曰：哀莫大于心死，而身死次之。余以为哀莫大于教亡，而国亡次之。以吾黄神之后，乃臣仆于亚当，素王之尊，难平等于犹太，历有年所，悠悠忽忽至于今日，今日以后其将为非洲之苏罗族人，不待言矣……南海康氏谓孔子之道，在四万万人心公理之中。故昔日如彼逃者绝无一人，今也不然……今日非彼之教不能，遽云拒也；存我之教不能，遽云保也。	素王 保教 直接引用康有为之说
第20号（光绪二十四年三月初八日）	《中国宜以弱为强说》	易鼐	请陈以弱为强之策四焉："一曰改法以同法"，即"西法与中法相参也"；"二曰通教以绵教"，即"西教与中教并行也"；"三曰屈尊以保尊"，即"民权与君权两重也"；"四曰合种以留种"，即"黄人与白人互婚也"。"若欲毅然自立于五洲之间，使敦槃之会以平等待我，则必改正朔、易服色，一切制度悉从泰西。""中国守素王改制之教二千余年，从之则兴，背之则亡，百世常新，毫无缺陷。"	通教 改正朔 易服色
第20号（光绪二十四年三月初八日）	《谭复生观察南学会第五次讲义》	谭嗣同	我既恨他传教，我为何不传我的孔子教？今耶稣教之盛遍满地球，而我孔教则不过几个真读书人能传之。其余农工商亦徒闻其名而已，谁去传孔教教他？每一府厅州县止有一座孔子庙，而一年中祭祀又只有两次，又惟官与阔绅士方能与祭，其余皆不许进去。孔子庙徒为势利场而已矣，岂有一毫传教之意哉？是我孔子尚不能行于本国也。	传教

续表

《湘报》号	题目	作者	内容	要点
第21号（光绪二十四年三月九日）	《论实力（上）》	熊崇煦	"岂复有衣冠万族，礼乐兆年，始为据乱世，进为升平世，再进为太平世，优游乎文明，容与乎覆载，且将袵斯民于万国和平会哉！"	公羊三世说
第24号（光绪二十四年三月十二日）	《开诚篇三》	樊锥	读康工部五上之书，则不惟其偏安之不可得，恐求一噍类而抑不堪也……然而终不忍言者，切肤之痛甚，亡种之祸烈，而屠教灭国之事惨也……今日欲中国之必不亡，则舍有一策之外必无别幸……愿吾皇操五寸之管，半池之墨，不问于人，不谋于众，下一纸诏书……用明治之五誓，曰万机决于公论。公论者，遂起民权、撰议院、开国会，以尤违责之四万万而策群；曰四海一心。一心者使人人有自主之权，人人以救亡为是……曰内外一途……曰洗旧习、从公道……用孔子纪年，除拜跪繁节……曰求知识于寰宇。	孔子纪年、除跪拜、开会，并直接应用康有为之说
第28号（光绪二十四年三月十七日）	《南学会问答》		长沙杨鳌问：观梁君《君政民政相嬗之理》，则曰：多君为政者，据乱世之政也；一君为政者，升平世之政也；民为政者，太平世之政也。多君为政，其别亦有二：一曰酋长之世，一曰封建及世卿之世；一君为政，其别有二：一曰一君为政治世，一曰君民共主之世；民为政，其别亦有二：一曰有总统之世，一曰无总统之世……此理愚颇信之……然而又疑民主之说者，其一曰或谓西国民主之制可行于中国，此非本朝士子所忍言也……又有谓倡民主之义者，非必欲变为民主也，但以减轻君主之压力，以伸民气而御外侮，于是而君主安若泰山，是倡言民主制义者，正所以保君权也。此又一说也。此大事，愚不能明，请高明海之。答曰：于圣贤微言大义晦盲否塞之秋，独能发此奇伟精深之意，此岂秦以后之学者胸中所能有哉。勉之乎，公羊氏之非常异义，其必有所得矣，斯事愚亦何敢论断。总之，眼光注定民身上，如何可以救民，即以如何为是，则头头是道、众说皆通矣。	公羊三世说与君主、君民共主、民主

148

续表

《湘报》号	题目	作者	内容	要点
第29号（光绪二十四年三月十八日）	《南学会问答》	毕永年问谭嗣同答	毕永年问：今日设会盛心，一在保种，一在保教。盖民权不振，必日危日险，终任人之印度我而种不能保。然学业不精，则虽日言民权、日言保种，徒启草莽窥窃之念，并无自立不拔之基，将保种而适足灭种……中人果能日兴己学，日尊己教，日灭文武秀顽之见，日除操戈同室之羞，而后可绝西国之觊觎……否则，愈厉以亲上死长之义，则客气愈深，愈激以自强卫国之功，则偾事愈甚；终以保教为奴隶基督，终以保教为割地自王，终以民权为洒耻雪愤，一旦天崩地坼，万险环生，求如今日之文恬武嬉将为六朝五代之局，恐终不可得矣！再问：倾闻复生先生讲义声情激越，淘足兴顽起懦。但今日之局，根本一日不动，吾华不过受野番之虚名，銮舆一旦西巡，则中原有涂炭之实祸，所谓保种保教，非保之于今日。盖保之于将来也。此时若不将此层揭破，大声疾呼，终将隔膜，愈欲求雪耻，愈将畏首畏尾，或以西学为沽名之具，时务为特科之阶，非互相剿袭，即仅窃皮毛矣。质之高明，当有良法。答曰：王船山云抱孤心，临万端，纵二千年，横十八省，可与深谈，惟见君耳。然因君又引出我无穷之悲矣，欲歌无声，欲哭无泪，此层教我如何揭破。	保国保种保教、亡后之图，而且在语气上与康有为之上第五书，很相似
第31号（光绪二十四年三月二十一日）	《恭拟密筹大计乞恳代奏折》	唐才常	今日欲易危为安，图存于亡，当以收拾民心、疏通上下、改制新民为第一义，伏愿我皇上……下罪己之明诏……定议院之宏规……亟抚士民以同权之至意，特假督抚以变法之全权，由是张师统以孔子纪年，易官制以泰西为准，开国会以日本作则，改律例与公法相通，上规汉室和亲之典以融其隔阂，下宏瀛海大同之教以释其忿，则耳目可新，国力可群，人心可固。	孔子纪年、通婚、通教

续表

《湘报》号	题目	作者	内容	要点
第32号（光绪二十四年三月二十二日）	《浏阳县黎筑云大令县考牌示并二场时务题》		经学题：素王改制论；六经皆政书论；春秋萌聘征伐即具公法之理说；释新 掌故题：伸民权所以尊君权说；拟联合各省学会分遣通儒传教海外以保教保国议；罢谏官设议院议……	素王改制、通儒传教海外以保教保国
第34号（光绪二十四年三月二十四日）	《存华篇》	毕永年	呜呼，悲哉！吾华之教之统之亡千百年于兹矣。今幸之者曰国绪未绝也，正朔未更也，服色未易也，数千年素王之教犹蒸蒸欣欣未遽丧也……然自秦始皇、唐太宗、明太祖以塞聪固明，圈苾豪杰为治，故民权日屈，而尧舜禹汤文武周公赎民、公天下之精意亡……自老杨以柔静无为毒中国，宋儒以玩物丧志薄事功，故士气日靡，而孔孟平等、平权、悲悯迅奋、改制翼教之真脉亡……而公羊太平孟子大同庄列管墨沟通天人之理亡，则甚矣。民权不伸，士气不振，师统垂绝，华之所以为华，固不待外人扑蹶久已……今日能贵民、重民、公权于民，而后国可保，君可存也……如湘潭易氏、浏阳唐氏所云者，则雷动飚驰而耳目改观，气机拨动，我士民益当血诚相与，共保阽危矣。存华之机，其在是欤！其在是欤！	改制、翼教、公羊太平、孟子大同，并再次赞扬易萧与唐才常的激进言论
第35号（光绪二十四年三月二十五日）	《治事篇第一释名》	谭嗣同	南海康工部以新学伪经考为一世所排，几构奇祸。嗣同常谓之曰：排君者何尝读君之书哉！特眩于伪经二字，遂诋为非圣耳。向使不名伪经考而名真经考，必皆相率而奉之矣！	为康有为之《新学伪经考》辩护
第35号（光绪二十四年三月二十五日）	《皮鹿门学长南学会第八次讲义》	皮锡瑞	今欲阐扬孔教，要知孔子何以为古来大圣人，何以为我中国二千余年之教祖，中国所以尊信者孔子之外，厥惟孟子。孟子极尊孔子，此当引孟子之言为据……尧舜诸圣人是君道，能创业，其功德在一世之天下。孔子是师道，能创教，其功德在万世之天下。凡创教传世者，必有书籍，其人已往而后读其书如见其人，则其教可永远不废……太史公曰：言六艺者，折中于夫子。书经孔子手订去取，必有微旨，非徒编辑成帙，如昭明太子文选真西山文章正宗之比。故自孔子删订之后，人人读孔氏书，孔	素王改制孔子为教祖

续表

《湘报》号	题目	作者	内 容	要点
			子遂为中国二千余年之教祖。凡各国之教皆有旧教，有新教。新教出而旧教衰，所称教祖不归于其先创始之人，而归于其后集大成之人。集大成者，必力量最大、声名最盛、徒党最众、著述最多，有此人出而前人之旧学皆为所掩，故中国之教不祖伏羲神农黄帝尧舜禹汤文武周公而祖孔子……公羊素王改制之说，出于纬书，郑康成释废疾曰孔子虽有圣德，不敢显然改先王之法，以教授于世。若其所欲改其阴书于纬藏之，以待后王。郑君言改制之说，深切著明，后儒不信纬并不信公羊。然则孟子何以云春秋天子之事……朱子注孟子曰：罪孔子者以谓无其位而讬二百四十年南面之权，无其位即素王也。讬二百四十年南面之权，即讬王于鲁也。学者不信纬书公羊，亦将并不信孟子朱子乎？……后世儒者亦多袭用素王改制之意。……学者要知孔子何以为教祖，当先考求孔子删订六经之旨，春秋一经为圣人经世之书，更须先通大以微言，方知孔子创教，实有素王改制之事。	素王改制孔子为教祖
第43号（光绪二十四年闰三月初五日）	《公法学会叙》	唐才常	吾素王以春秋为公法，与当世乖午，而诡其实以有避，五其比、屠其赘、微其词以有需，或治据乱世之律，治升平世之律，治太平世之律，纷然殽陈，要其微言宏旨，如重民、恶战、平等、平权、以礼仪判夷夏，以天统君，以元统天，与远近大小若一诸大端，则所以纳万世于大同之准，舆天地相终始，彼西国布衣有能不戾吾素王改制之心者，乃全球之公理，而世界日进文明之朕兆。	素王改制、公羊三世
第44号（光绪二十四年闰三月初六日）	《皮鹿门学长南学会第六次讲义》	皮锡瑞	今时事岌岌……中国四百兆人将有灭种灭教之惧……如救焚拯溺，其最急者，一曰保种，一曰保教……《春秋左氏传》曰非我族类其心必异，人情莫不自私其种类，歧视异种异类。《春秋》张三世之义，太平之世，远近大小用心若一，此惟太平方能若是。今天下尚未到此境界……今欲保教，急须讲明孔教义理，使人皆灼知孔教与天主教何者为同，何者为异，自然不至为彼煽诱。若能推广学会，行教四方，使吾圣人之道施及蛮貊，尤为盛事。时务学堂学约十条以行教终，甚望诸君矢此宏愿。	保种、保教、传教、《春秋》三世说，主传教，又与时务学堂之学约相呼应

151

续表

《湘报》号	题目	作者	内　容	要点
第47号（光绪二十四年闰三月初九日）	《时文流毒中国论》	唐才常	今策中国宜开民智、伸民权、一民心……夫中国之塞智摧权，腐心亡种亡教以有今日者，其在斯乎（时文——引者注）……夫耶稣变教，乃有普人路德之徒，日昌大义于天下，而孔子改制则董氏以来无一人阐发宗风者。今且以时文贼之，而吾教大为五洲诟病，岂不痛哉！……时文不废，孔教万无可存之理。孔教既亡，黄种万无可存之理。	保种、保教、孔子改制
第50号（光绪二十四年闰三月十三日）	《南学会问答》	章瑞麒	问：闻先生讲学云湖南大开学会，保教保种，中国为黄种人，与泰西白种人异。中国有孔子教，与泰西耶稣教异。保黄种则黄种不绝，谈孔教则孔教不衰。苟非讲学以开通民智，则生于黄种中不知为黄种，习于孔子教不知为孔子教。不知为黄种，将渝于白种矣。不知有孔子教，将混入耶稣教矣……今日之学会由省推之府……由府推之县……由县推之各乡镇市……更宜推广中国学会于泰西各国都会之地……质之先生以为何如？答（略）。	保种保教、传教海外
第57号（光绪二十四年闰三月二十一日）	《皮鹿门学长南学会第六次讲义》	皮锡瑞	孔子所以必改制者，凡法制行至数百年必有流弊。古者一王受命必改制以救弊……孔子作《春秋》有素王改制之义，实以周末文胜宜改旧法、去其太甚。使孔子得志于时，大行其道，必当有所变革，而不尽从周制，可知素王改制为后世法。	此次讲义，皮锡瑞通篇阐发孔子改制之大义
第58号（光绪二十四年闰三月二十二）	《平等说》	皮嘉祐	夫平等之说，导源于墨子，阐义于佛氏，立法于泰西，墨子之兼爱尚同也，佛法之平等也，泰西人人有自主权利，爱汝邻如己……孔子之教弟子曰：泛爱众，又谓道千乘之国，必爱人，似近于兼爱。其修《春秋》至太平世，天下远近大小若一，夷狄进至于爵，不分内外，不别夷夏。《春秋》又有疾始灭、疾火攻之例，而恶其不平等……是则平等之说，孔孟未尝不言。	借助《春秋》、孟子大义、墨子思想讲平等

注：该表据《湘报》中华书局2006年影印本制作；原文照录。

第四章 "康党"与湖南的维新运动

上述内容已清楚显示了"康学""康教"与湖南维新变法之间的内在联系。借助公羊"三世"说、"素王改制"等理论宣传民权、平等、议院等变法思想,创立孔教以达到保国、保种、保教的目的,这是康有为变法理论与变法路径的核心,也是《湘报》、南学会演讲与问答、时务学堂教学的主旨。而"康学"对湖南变法的此种影响,在《湘报》与南学会开办不久便清楚地显示出来。

"康学"之所以能在《湘报》、南学会顺利传播,除了得益于官方的支持外,还与湖南士绅的积极配合密不可分。这其中,谭嗣同、唐才常、皮锡瑞等人的作用至关重要。谭嗣同既是湖南籍士绅,也是康有为的私淑弟子、"康学"的重要阐发者与宣传者,在"康学"进入湖南的过程中,他起到了重要的桥梁作用。如前所述,在谭嗣同的影响下,唐才常对公羊学的兴趣大增,曾致函谭嗣同对《仁学》绝口称赞,二人甚至商定分工整理孔教教义类目。谭嗣同还建议在唐才常主持的《湘学报》中增设"经学"一门,"本群教群国之义理掌故时事,汇而以澄吾已亡之孔教,仍依原例,逐设为问答,俾皆晓然于莫不尊亲之非诬,自谓为经传别开生面矣"。[①] 谭嗣同当时虽不在湖南,但已有了归湘的打算,因此表示只要回到湖南,就和唐才常一道利用《湘学报》实现其宣传孔教的想法。光绪二十四年初,唐才常发表《师统说》,认为中国"不能教主孔子,又不以纪年,而师无统也"。中国以君统而敌西方之"师统","万万不能争胜"。因此,建议朝廷"诚与天下更始,曰光绪若干年,即孔子降生若干年,推之内政外交皆用之。此虽虚文,而人人尸(师)其教主尊其师统之心,当盖牢不可破,而国力之坚因之,君统之固亦因之。然后举一切政学,参以君师并重之精神,而生动力,而策公义,则政教沟通,谁敢叛其师、亡其君者矣?且宁惟君统固而已,血气尊亲之盛,太平雎麟之化,或庶行于大地哉!"[②] 呼吁孔子纪年、提倡师教主、尊师统,这显示唐才常对"康学"的认同、接受。因此,在徐仁铸赴任湖

---

① 谭嗣同:《与唐绂丞书》,蔡尚思、方行编《谭嗣同全集(增订本)》(上),第265页。
② 陈善伟编《唐才常年谱长编》,香港中文大学出版社,1990,第448页;王佩良校点《唐才常集》,岳麓书社,2011,第288页。

南学政之际，谭嗣同特别向他推荐了唐才常，说《湘学报》"主笔者为同县唐绂丞拔贡才常，嗣同同学，刎颈交也。其品学才气，一时无两，使节抵湘，行自知之"。① 而后，当戊戌年初谭嗣同因陈宝箴的邀请归湘参与新政后，他并没有利用《湘学报》宣传"康学"，而是另辟蹊径，筹办了《湘报》，由唐才常主笔，并将之变为宣传"康学"的重要阵地。

如果说"康学"在《湘报》的宣传得益于谭、唐的支持的话，那么南学会宣传"康学"则与皮锡瑞的默契配合密切相关。光绪二十三年秋，主讲南昌经训书院的皮锡瑞回籍探亲，为湖南新政的大好局面所吸引，而皮锡瑞之古今兼通也得到了湖南官绅的赏识。当皮初归之时，湖南官绅正为胶州湾事聚议，古今兼通的皮锡瑞遂成为官绅援引的对象。对此，皮锡瑞在日记中记曰，"公度谓予通古学，不意兼通今学。予愧谢之"；"熊秉三至，论学堂及变法事宜，盛推予善谈，以为学会非予不可"；"公度欲留我在湖南，右帅乔梓，必欲我在右江"。② 陈氏父子是江西人，故希望皮锡瑞继续主讲经训，但在黄、熊等人的盛情挽留下，皮锡瑞还是迟迟不回江西，并接受了诸君派给他南学会主讲的职务。皮锡瑞学主公羊学，与"康学"相近。对其与"康学"之默契，皮锡瑞并不讳言，曾在日记中记曰："康长素见'湘报'刻予讲义，甚佩服，与此公可谓神交矣。"正是这种学术上的"神交"，使得皮锡瑞对康门师徒多有认同。当皮锡瑞在《时务日报》看到文悌参劾康有为的奏折后，他在日记中说："'时务日报'列文悌参康工部疏，讦发阴私，非奏疏体，孔子改制亦非满人所知！谓讲学不应昌言国亡及申民权、去跪拜之类，所见尤陋！惟言其好利、好钻营、钻张樵野之类，当属有因。观古来能办大事之才，多不矜细行，欲图进用，不得不托足权门，必苛绳之，三代以下无完人矣。特不知南海果能任大事否耳。熊亦元、雷见吾来，

---

① 谭嗣同：《与徐仁铸书》，蔡尚思、方行编《谭嗣同全集（增订本）》（上），第269页。
② 皮锡瑞：《师伏堂未刊日记》（丁酉年十一月初十、十四日），《湖南历史资料》1958年第4期，第75、76页。

谈此事亦与予所见略同，以上谕及文御史所奏示之，大约开通之士多护南海也。"① "开通之士多护南海"，这显然是皮锡瑞的揣测之词，事实并非如此。当时，能如皮锡瑞一样同情、理解、支持康有为者，其实并不多。这其中，对"孔子改制"的认同与宣传，正是皮锡瑞与"康党"默契的基础。也正因如此，皮锡瑞高度关注"康党"的言行。光绪二十三年十一月三十日，皮锡瑞日记云："梁卓如送所著'春秋界说'一卷见示，发明公羊家言……梁氏文笔甚畅，使予为之，不能如此透彻，才力之相去远矣。"十二月初六日又记："梁卓如送来'新学伪经考'，又从黄麓泉假廖季平'古学考'、'王制订'、'群经凡例'、'经诂甲篇'，康学出于廖，合观其书，可以考其源流矣。"② 戊戌年二月初十日，在读了梁启超刊发于《时务报》的《论君政民政相嬗之理》后，记曰："'时务报'第四十一册论春秋三世义，可谓上下古今，岂八股先生所能窥其藩篱乎？"二十五日又记："夜与宣翘论学，考廖、康宗旨。"三月初三日，皮锡瑞看到康有为的上书后，记曰："见南海所上书，不减长沙痛哭，而尼之不得上。当危急存亡之时，仍护疾忌医之习，彼昏不知，亦至是哉！"③ 三月十六日，记曰："康长素'孔子改制考'向欧云樵购取一部。"二十三日记曰："阅'春秋董氏学'，康氏极尊重董子，以为在孟、荀上，发明甚略，而大义已具矣。"④ 七月十二日记曰："阅'新学伪经考'，虽本刘、龚，实有独到之处；惟问求之过深，反授人以口实，再加更定，可以名世，袒护古文者，未必能强夺也。"⑤

皮锡瑞不仅关注"康党"的活动与著述，而且，他在南学会的演讲也

---

① 皮锡瑞：《师伏堂未刊日记》（戊戌年六月初十、十九日），《湖南历史资料》1959年第2期，第129、132页。
② 皮锡瑞：《师伏堂未刊日记》（丁酉年十一月三十日、十二月初六日），《湖南历史资料》1958年第4期，第79、80~81页。
③ 皮锡瑞：《师伏堂未刊日记》（戊戌年二月初十、二十五日，三月初三日），《湖南历史资料》1958年第4期，第104、115、124页。
④ 皮锡瑞：《师伏堂未刊日记》（戊戌年三月十六日、二十三日），《湖南历史资料》1959年第1期，第85、89页。
⑤ 皮锡瑞：《师伏堂未刊日记》（戊戌年七月十二日），《湖南历史资料》1959年第2期，第141页。

与"康学"颇多相合之处。二月二十八日与三月初六日，皮锡瑞即在南学会宣讲保种、保教，其中所说的孔教因无人传教而致弱等内容均与"康学"一致，他说："今日之势，彼强我弱，彼教夺孔教甚易，以孔教易彼教甚难。孔教无人传于海外，其知有孔教者，只在中国教士数人，是孔教之传于彼者甚狭，彼教遍传中国，其势必欲争孔教之席，又恐争之不胜，而取孔教之精理名言入彼教，则彼教之行于我者更广。"基于此种认识，皮锡瑞同样认为传教之于保教至关重要，"若能推广学会，传教四方，真能使圣人之道，施及蛮貊，尤为盛世"。对于"时务学堂学约十条，以行教终"，皮锡瑞大为赞赏，认为："其言深切著明，甚望诸君矢此宏愿。"[①] 不仅如此，皮锡瑞在孔子为教主的认识上也与"康党"若合符节，他从戊戌年三月二十日起，连续两次在讲义中阐发孔子为教祖、为素王及孔子何以改制的观点，指出："欲先发明孔教，要知孔子何以为千古大圣人？何以为中国二千余年之教祖。……凡创教者，必有书籍，后世读其书，如见其人，则其教可久远不废……故自孔子之后，人人读孔氏书，孔子遂为中国二千余年之教祖。"孔子之书虽多，"而创之功，亦作春秋为大，孟子称孔子，必举'春秋'言之……'公羊'素王改制之说，亦出'纬书'。郑君释'废疾'曰：'孔子虽有圣德，不敢显然改先王之法，以教授于世，若其所欲改，其阴书于纬，藏之以待后王。'郑君之言深切著明。后儒不信'纬'，并不信'公羊'，然则孟子何以云'春秋天子之事'？夫所谓素王者，素者，空也；王即天子之事也。'春秋有褒贬予夺，即王者之赏罚。孔子不得位，不能行法，于是空设一王之法，以行赏罚，而又不能以亡是公、乌有先生当之，故因鲁史之文，而即托王于鲁。'"皮锡瑞同样比附耶、回等教，说："孔、佛、耶、回，惟回教谟罕默德及身而王，天主至十数传后始有教皇之称，佛在后世，亦称觉王。我孔子称素王，在当时太史子余即云'天其素王之乎'？春秋公

---

① 皮锡瑞：《师伏堂未刊日记》（戊戌年二月二十五日），《湖南历史资料》1958 年第 4 期，第 116 页。

羊家称素王尤著。"① 随后，皮锡瑞进一步阐发孔子改制之义，称："孔子所以必改制者，凡法制行至数百年，必有流弊。古者一王受命，必改制以救弊……据此，则孔子作'春秋'，有素王改制之义，实以周末文胜，当改旧法，去其流弊。使孔子得志于时，能行其道，必大有所变革，而不尽用周制，可知也……至于法之变者，后世于文、质、三统，久置不讲……法久必敝，敝则当改，未有因循废弛，一切不变，而能转乱为治，转弱为强者！"据此可见，皮锡瑞之学术与"康学"颇多默契，这无疑为"康学"进入南学会提供了方便之门。

在各种有利因素的共同作用下，"康党""康学"不仅顺利进入湖南，而且对湖南变法产生了巨大的影响。这种影响，无论新派还是旧派，都看得很清楚。三月二十八日，谭嗣同在谈及湘粤学术关系时，如是说："若夫学术沉瀣尤足惊异。自南海康工部精探道奥，昌明正学，其门人克肩巨任，于斯有光。一洒俗儒破碎拘挛之陋，而追先圣微言大义之遗。湘人闻风，争自兴起，喁喁胶序，怀德慕思。几有平五岭而一逵之心，混两派而并流之势。其始虽由于一二人力为牵合，然亦会有天焉，岂初愿之遽能及此者哉？"② 这"其始"起"牵合"作用的"一二人"无疑是谭嗣同、梁启超等康门弟子。在康门弟子的"牵合"下，"湘人闻风争自兴起"，几有"混两派而并流之势"。据此可见"康学"影响湖南变法之一斑。在相近的日子里，叶德辉也论及湖南变法与"康学"的关系，说："天下事，凡张皇太过者，则溃败愈速，今日时务，张皇之过也。……今以湘事论，勿问其他，讲学托名于开民智、伸民权……况所讲之学为康有为之学乎？夫康有为《改制》、《伪经》，其狂悖骇俗与吾邑易生同，而其袭人之说以为己说亦复相类。"③ 而同为维新人士的陈汉弟在戊戌年六月谈及湘学与"康学"的关系时，也如是

---

① 皮锡瑞：《师伏堂未刊日记》（戊戌年三月十六、二十四日），《湖南历史资料》1959年第1期，第83~85、89~92页。
② 谭嗣同：《壮飞楼治事十篇·治事篇第十·湘粤》，蔡尚思、方行编《谭嗣同全集（增订本）》（下），第445页。
③ 叶德辉：《叶吏部与南学会皮鹿门孝廉书》，苏舆编《翼教丛编》，第169页。

说:"方今各省学会,舍湘学而外,无人创设。湘学已为康教所惑,浙学汲汲宜办,以杜其萌芽,先发制人,此其时也。"①

湖南新政中明显的"康学"印迹很快便招来了叶德辉等人的竭力反对,维新派内部也因此走向分裂。陈宝箴等人虽迫于民族危机一度默许谭、梁的变法活动,但当其发现湖南维新过于依附"康学"且过于激进时,便不再听之任之了。

二 湖南官绅对"康学""康党"的排拒

"康学"借助公羊学说昌言变法的路数,不仅旧派以为过激,变法派也有同感,并因此逐步走向分裂。

早在光绪二十三年三月二十一日《湘学新报》创刊之际,湖南变法派同人就曾在《例言》中规定:"本报不列经学专门者,以近来经解诸书汗牛充栋,家法师法,聚讼纷如;或主素王改制立说,以明孔教真派,似于时事有裨。然言之未免过激,故暂阙如。"②可见,在时人的眼中,通过"素王改制"来倡导变法的方式,有"过激"之弊。虽然后来《湘学新报》一度违背《例言》,三次涉及"素王改制",但在张之洞的干涉下,湖南学政江标对其进行整顿,并于第十五册刊载《两湖督院张咨会湘学院通饬湖北各道府州县购阅湘学报公牍》,后附注云:"素王改制之说,《例言》中本云过激,不以为然。惟以后报中三见,是与《例言》刺谬,殊恐蹈经学附会之陋,故特重订正义,明分泾渭,已著第十四册,阅者祈详辨之。"③此时的《湘学报》偶涉"素王改制"与主笔唐才常的学术转向不无关系。经过此番整顿后,《湘学报》便很少阐发"素王改制"。而戊戌年二月创办的《湘报》从一开始便大肆宣传"素王改制",无疑是"康学"影响的结果。

---

① 上海图书馆编《汪康年师友书札》(2),第2045页。
② 《湘学新报》第1册,第12页;该报创刊时名为《湘学新报》,自第21册起改名为《湘学报》。
③ 中国史学会主编《中国近代史资料丛刊·戊戌变法》第4册,第555页。

第四章 "康党"与湖南的维新运动

《湘报》在宣传"康学"的同时,还对康有为的言行备加关注,褒扬有加。对此,不仅旧派加以攻击,而且很多变法同人也不以为然。戊戌年三月初三日,《湘报》第16号刊发《南海康工部有为条陈胶事折》(即康有为"上清帝第五书"),前附谭嗣同所写跋文。文中,谭嗣同称康有为为"南海先生",并有"先生于是愤不顾身,伏蒲而谏,敬王莫如我敬,言人所不敢言,其心为支那四万万人请命,其疏为国朝二百六十年所无"之语。① 针对《湘报》的言论,王先谦于戊戌年三月曾致函毕永年说:"报馆之文杂袭鳞萃,或侈□径情,流为犯讪,或党援推奉,自召不平……而欲仆摄斋登堂,攒眉入社,附和既所难安,箴规又不敢出,徒然东涂西抹,与三五少年相追逐,岂复有善全之地邪!"② 其中,"党援推奉"一语,黄彰健认为当是针对谭嗣同的跋文而言的。③ 在王先谦提出批评的同时,陈三立也不以为然。欧阳中鹄为此致信谭、唐,规劝其在《湘报》的言论无论"詈骂"还是"美誉"都不要过激。谭、唐则联名复函欧阳中鹄,说:

> 接读来谕,不胜骇异!所谓詈骂者未曾吐其千一万一,何况于过?然此犹得日恶恶从短不欲闻人之恶也,岂赞美二字贤人君子之所用心而亦悬为禁令乎?既不许骂,也不许美,世何必有报馆?第相率缄口为乡愿足矣。揆其命意,不过因南海先生传孔门不传之正学,阐五洲大同之公理,三代以还一人,孔子之外无偶,逆知教派将宏,垂泽必远,自揣学不能胜而又不胜其忌妒之私,于是谤之讪之,妄冀阻其教力,及终不能阻,则禁人之赞美,而斥之以为过,其用心何其艰深而迂苦也?然向之所赞,不过只就其一疏而言,于其微言大义,一字不曾赞及,既以为非,此后只好专赞其大处耳。犹有持不通之说者,谓嗣同等非其门人,何为称先生?不知一佛出世,旷劫难逢,既克见圣,岂甘自弃,不以师礼事之,复以何礼事之?且普观世间,谁能禁嗣同等之不为其门人者,

---

① 详见《湘报》第16号,光绪二十四年三月初三日,第61页。
② 王先谦:《王益吾祭酒复毕永年书》,苏舆编《翼教丛编》,第158页。
③ 黄彰健:《论光绪丁酉戊戌湖南新旧党争》,《戊戌变法史研究》上册,第425页。

忌妒者又将奈之何哉！请转语伯严吏部，远毋为梁星海所压，近毋为邹沅帆所惑，然后是非可出，忌妒之心亦自化。即从此偶有异同，亦可彼此详商，不致遽借师权以相压。嗣同等如轻气球，压之弥涨，且陡涨矣。①

该信中，谭、唐不仅对康有为褒扬有加，而且请欧阳转告陈三立，勿为梁鼎芬、邹代钧所惑，勿"借师权以相压"，其目标直指陈三立。随后，即三月初六日，欧阳复函谭、唐，指出他的上封信与陈三立无关，而是出于己意，并说陈三立对康有为是很赞赏的："伯严于康先生五体投地，谓中国有此人，即亡如不亡。其论报两语，未尝要鄙人用压力，鄙人自述之耳。天下惟不知赞詈人为无心肝，知赞詈则足与于君子……方今吾道大孤，同地球止有此数，吾非斯人之徒与而谁与……愿两弟益大吾力，宏吾量，以固吾群可也。"② 这里，欧阳已担心谭、唐与陈三立的结怨会影响维新大局，因此多方调和，化解矛盾。但欧阳的调和无济于事。三月初十日，谭再次复函欧阳，说："是日上午已有人来告某之丑诋，并谓先生之称谓，为嗣同等钻营康名士，自侪于门人之列；又谓湖南不应有此，意在设法阻压。及下午到尊处，见某在座，神色颇异，方欲与言，旋即避去，固疑所谓设法者，必于函丈处设法，而已进有言语矣……即梁星海之流亦尚未想到，何况时常相见之人乎……证以平日诋卓如、诋绂丞，及力阻不许聘康南海来湘，则其人亦太不可测矣。而又往函丈处陈诉，岂欲出死力钤束嗣同等而后快耶！"在信的末尾，谭嗣同并告诉欧阳"今事已过往，聊复述之，祈函丈亦勿以此示伯严"。③ 联系谭、唐的上封信，可知这里的"时常相见之人"即指陈三立；"是日上午已有人来告某之丑诋"一语，说明在谭文刊发的当天，陈三立就

---

① 谭嗣同：《上欧阳中鹄（二十二）》，蔡尚思、方行编《谭嗣同全集（增订本）》（下），第475页。
② 欧阳予倩编《谭嗣同书简》卷三，附录二《欧阳中鹄书（十）》，上海文化供应社，1943，第132页。
③ 谭嗣同：《上欧阳中鹄（二十六）》，蔡尚思、方行编《谭嗣同全集》（增订本）（下），第478页。

表示了不满,认为此乃"钻营康名士",这表明陈三立对谭嗣同等人追随"康学"的反感,而且这种反感是发自内心的,并非旧派施压的结果。可见,当戊戌年三月初,谭、唐等人因追捧康有为已与陈三立出现了矛盾,而如果考虑到当时湖南"一省政事,隐然握诸三立手,其父固信之坚也"① 这一史实,那么"湖南不应有此"一语,则意味着陈氏父子接下来将会弱化湖南维新中的"康学"因素。

三月初八日,易鼐之《中国宜以弱为强说》刊于《湘报》。易文发表后的一两天内,《湘报》馆便收到谭嗣同、唐才常的老师欧阳中鹄的信,信中欧阳批评其所刊易鼐之文"过于偏激,警世骇俗,非处士所宜言"。三月十一日湘报馆复函欧阳中鹄,中有"承来教并述陈大中丞殷拳恳挚之心,于鄙馆初八日刊登易君'以弱为强说'一节,嫌其过于偏激,惊世骇俗,非处士所宜言。鄙馆闻命之余,无任感悚"② 之语。据此可知,易鼐之文发表后,首先对其提出告诫的是欧阳中鹄与陈宝箴等支持维新变法者。

易文的偏激缘于"康学"的影响,对此,三月十八日,叶德辉致函皮锡瑞说:"近世时务之士,必欲破夷夏之防,合中外之教,此则鄙见断断不能苟同者……数日前,同邑易生有《中国宜以弱为强论》,为通教、合种之说,同邑之士群起而攻之。有人来告,鄙人告以易生所论并非出于本心,乃袭《时务(报)》议论中之残唾,参以癸巳年《申报》宋存礼所上合肥相国书,识者当鄙其学之陋,不当讶其论之新。"在叶德辉这里,易鼐只是一个引子,他由易鼐的合种、通教之说引出康有为,然后对其学术与为人大加攻击:"夫康有为《改制》、《伪经》,其狂悖骇俗与吾邑易生同,而其袭人之说以为己说亦复相类。……六经既伪,人不知书,异教起而乘其虚,岂非孔子之大祸?居恒与友人戏谈云'宁可以魏忠贤配享孔庭……断不可以康

---

① 陈灉一:《睇向斋逞臆谈》,["近代史料笔记丛刊"(附二种)],中华书局,2007,第121页。
② 《复欧阳节吾舍人论报书》,《湘报》第23号,光绪二十四年三月十一日,第91页。

有为搅乱时政，使四境闻鸡犬之不安。其言可采，其人必不可用'。"① 可见，叶德辉真正担心的不是易鼐，而是"康学"对湖南乃至全国新政的影响。次日，皮锡瑞在所拟的复叶德辉函中说："弟说保教，重在阐扬圣教，使人晓然于圣教之大，并切实有用，庶人皆尊信，不至遁入彼教，前者讲学，皆如此说，未尝如易君所云'通教保教'及'合种留种'也。弟亦知先生之言，非为弟发。"② 从皮锡瑞努力划清其与易鼐界限的辩解中，可见皮本人也不认同易鼐的观点。三月二十日，黄遵宪就易鼐之文发表看法，认为过于"骇俗"。据皮锡瑞三月二十日日记记载："二点钟开讲，说'春秋'大义，绂丞与欧云樵等以为善……公度未讲，而讲毕谈易鼐事，亦以为骇俗，谓日本有渐进、顿进二党，今即顿进，亦难求速效，不若用渐进法，报文勿太激烈。彼官府且不免畏首畏尾，况吾辈耶！"③ 黄遵宪于此时谈起易鼐之事，或许是得到陈宝箴所说的"属公度商令此后删去报首议论"之指示。

就黄遵宪个人而言，当《时务报》初创之际，他虽身居官位，却为维新事业"无所避忌"，表现了颇为激进的变法态度，甚至在公开场合公然宣传民权。光绪二十二年冬，为出使英国一事，黄遵宪进京，"至都即讲民权"，这令维新同志陈炽大为不安，曾致函汪康年说："公度事可疑可诧，渠至都即讲民权，弟亦规之，大约不能从耳。"④ 在陈炽看来，黄遵宪的言行太过激进，有些匪夷所思。但两年后，当黄遵宪看到易鼐的文章时也认为过于"骇俗"，并就此提出了"渐变"的主张，由原来的"至都即讲民权"转向"不若用渐进法"。黄遵宪的这一思想转变，缘于丁酉年六月初六日本公使的劝诫。对此，黄遵宪曾致函梁启超说："二十世纪之中国政体，其必法英之君民共主乎？胸中畜（蓄）此十数年，而未尝一对人言，惟丁酉之

---

① 叶德辉：《叶吏部与南学会皮鹿门孝廉书》，苏舆编《翼教丛编》，第169页。
② 皮锡瑞：《师伏堂未刊日记》（戊戌年三月十九日），《湖南历史资料》1959年第1期，第87页。
③ 皮锡瑞：《师伏堂未刊日记》（戊戌年三月二十日），《湖南历史资料》1959年第1期，第88页。
④ 上海图书馆编《汪康年师友书札》（2），第2076页。

第四章 "康党"与湖南的维新运动

六月初六日,对矢野公使言之,矢野力加禁诫。尔后益缄口结舌。虽朝夕从公游,犹以此大事未尝一露。"① 正是得到了矢野的"禁诫",黄遵宪在此后的湖南变法中谨言慎行,虽然他很支持谭、梁的活动,但其个人的言行不激进,很少像谭、梁那样昌言民权、议院。戊戌年三月,黄遵宪向陈宝箴建议在湖南创设保卫局,虽然在黄遵宪的心目中,保卫局"隐寓民权"之意,但这"隐寓"之意,黄遵宪从未向任何人说破,其对陈宝箴父子的解释是:"今之督抚易一人,则尽取前政而废之,三十年来,所谓新法,比比然矣。必官民合办,筹费之于民,权分之于民,民食其利,任其责,不依赖官局,乃可不撤,此内政也。万一此地割隶于人,民气团结,或犹可支持。即不幸,力不能拒,吾民之自治略有体制,扰攘之时,祸患较少,民之奴隶于人者,或不至久困,重阶级,亦较易升。譬之为家长者,令子若孙衣食婚嫁,一一仰给于父兄,力又不能给,不如子若孙之能自成立明矣",而"于此寓民权,终未明言也"。② 黄之所以这样谨慎,一则是担心遭到太多的阻力,再则也与黄遵宪的变法理念有关。因为,此时的黄遵宪所奉行的变法理念,不过是"欲奉王权以开民智,分官权以保民生"而已。③ 这与康门师徒所奉行的变法方针显有不同。虽然他本人相信公羊改制之说④,但很少公然宣传此说,他在南学会所做的历次演讲都不曾涉及"康学"。当发现"康学"对湖南变法产生消极影响时,他便设法矫正。康门弟子在湖南大倡保教之说,黄遵宪为之忧虑,担心楚人"因此而攻西教","因于南学会演说,意谓世界各教宗旨虽不同,而敬天爱人之说则无不同。……人类不灭,吾教永存,他教断不得搀而夺之。且泰西诸国,政与教分,彼政之善,由于学之盛。我国则政与教合。分则可借教以补政之所不及;合则舍政学以外无所谓教。今日但当采西人之政、西人之学,以弥缝我国政学之敝,不必复张吾教,与人

---

① 黄遵宪:《致梁启超书》,吴振清等编校整理《黄遵宪集》(下),第491页。
② 黄遵宪:《致梁启超书》,吴振清等编校整理《黄遵宪集》(下),第505~506页。
③ 黄遵宪:《致梁启超书》,吴振清等编校整理《黄遵宪集》(下),第491页。
④ 黄遵宪:《致梁启超书》,吴振清等编校整理《黄遵宪集》(下),第487页。

争是非、校长短也"。① 当梁启超经常援引师说时，黄遵宪劝其"何乃以康之短自蔽"。② 直到光绪二十八年（1902），黄遵宪看到梁启超在《新民丛报》中颇为激进的言论后，仍然规劝之，说："而今日又进一言者，以无智不学之民，愿公教导之，诱掖之，劝勉之，以底于成，不愿公以非常可骇之义，破腐儒之胆汁，授民贼以口实也。公之目的固与我同，可无待多言，愿公纵笔放论时，少加之意而已。"③ 据此可见黄遵宪在变法路向上与康门师徒之不同。也正因此，黄遵宪虽因为支持谭、梁的变法而遭到旧派的攻击，但在湖南维新派内部，其口碑一直很好。光绪二十三年底，当汪康年因《时务报》与黄遵宪出现龃龉并向邹代钧诋毁黄时，邹代钧复函汪康年说："公度事可不必再议，尊械已由鄙敝处销毁，断不至有痕迹。此公在湘甚好。"④ 他对汪康年所说的黄遵宪对"康党"之说提出异议，认为黄与"康党"绝不相类。⑤

闰三月二十一日，远在湖北的张之洞致电湖南巡抚陈宝箴，也对易鼐之文提出批评："近见刊有易鼐议论一篇，直是十分悖谬，见者人人骇怒。公政务殷繁，想未寓目，请速检查一阅便知其谬。此等文字远近煽播，必致匪人、邪士倡为乱阶，且海内哗然，有识之士必将起而指摘弹击，亟宜谕导阻止，设法更正。公主持全湘，励精图治，忠国安民，海内仰望，事关学术人心，不敢不以奉闻，尤祈切嘱公度随时留心救正。"⑥ 同一天，张之洞还为此事致电徐仁铸，称："去岁驺从过鄂时，鄙人力言《湘学报》多有不妥，恐于学术人心有妨，阁下主持风教，务请力杜流弊，承台端允许，谓到彼后必加匡正。嗣奉来函复云某君已经力劝等语，是以遵命代为传播，转发通省

---

① 黄遵宪：《致梁启超书》，吴振清等编校整理《黄遵宪集》（下），第487页。
② 陈宝箴：《请厘正学术造就人材折》，王叔子等编《陈宝箴集》（上），中华书局，2003，第780页。
③ 黄遵宪：《致梁启超书》，吴振清等编校整理《黄遵宪集》（下），第509页。
④ 上海图书馆编《汪康年师友书札》（3），第2748页。
⑤ 上海图书馆编《汪康年师友书札》（3），第2757页。
⑥ 张之洞：《致长沙陈抚台、黄臬司》，光绪二十四年闰三月二十一日午刻发，苑书义等主编《张之洞全集》第9册，河北人民出版社，1998，第7581页。

书院。息壤在彼，尚可覆按。乃近日由长沙寄来《湘学报》两次，其中奇怪议论较去年更甚，或推重摩西，或主张民权，或以公法比《春秋》。鄙人愚陋，窃所未解，或系阁下未经寓目耶？此间士林见者啧有烦言，以后实不敢代为传播矣……学术既不敢苟同，士论亦不敢强拂。"①

对比张之洞的上述两份电文可见，其对陈宝箴与徐仁铸的态度有着极大的不同，如果说对陈宝箴更多的是提醒的话，那么对徐仁铸则明显含有批评之意。张之洞之所以要批评徐仁铸，关键在于徐仁铸对"康学"的认同与倡导。在张之洞看来，作为巡抚的陈宝箴尚可因"政务殷繁"未能过目，但作为专门主持风教的学使，徐仁铸怎能"未经寓目"？《湘学报》之所以会出现"奇怪议论较去年更甚"的现象，正是徐仁铸倡导"康学"的结果。《輶轩今语》的刊刻充分显示了其与"康学"的关系。以学使的身份宣传"康学"，这是张之洞绝对无法容忍的。因此，他断然表示"学术既不敢苟同，士论亦不敢强拂"；显然，徐仁铸已是张之洞眼中的"康党"。与叶德辉一样，易鼐之文不过是张之洞对"康学"发难的一个契机。其实，张之洞抵制"康学"进入湖南并不始于此。早在光绪二十三年七月十二日，就曾为《湘学报》出现"素王改制"字样，致电湖南学政江标，提出警告。②

闰三月二十三日，陈宝箴复电张之洞，称："前睹易鼐所刻论，骇愕汗下，亟告秉三收回，复嘱其著论救正。此外，所刻亦常有交激，迭经切实劝诫，近来始无大谬，然终虑难尽合辙，因属公度商令此后删去报首议论，但采录古今有关世道名言，效陈诗讥谏之旨。公度抱恙尚未遽行，兹得钧电，当切属公度极力维持，仰副盛指。"③ 联系上文可知，陈宝箴此电所言绝非应付张之洞，而是肺腑之言。当易文发表后不久，欧阳中鹄的信中即转达了陈宝箴的意见，而黄遵宪三月二十日南学会讲学后与诸君"谈易鼐事，亦

---

① 张之洞：《致长沙徐学台》，光绪二十四年闰三月二十一日，苑书义等主编《张之洞全集》第9册，第7581~7582页。
② 许同莘编《张文襄公年谱》，商务印书馆，1946，第116页。
③ 《陈抚台来电》，光绪二十四年闰三月二十三日，苑书义等主编《张之洞全集》第9册，第7581页。

以为骇俗",很可能正是得到了陈宝箴的"商令"。"近来始无大谬"正是陈宝箴"迭经切实劝诫"的结果。

易鼐之文的直接后果是,四月初一日陈宝箴札饬湘报馆"重新厘正报章体裁"。四月二十三日《湘报》刊登《本馆申定章程》,称:"本月初一日奉抚宪札饬,厘正报章体裁,本馆同志公同商酌,申定章程八条,拟自五月初一日起改照新定条例办理,特此布告。"八条中最关键的是第一条:"现在用俗话编成工程致富演义,其词虽浅,其理却精,俾士农工商皆可购读。俟此书编竣再编他书,间有论说文字随时并登。"① 这意味着《湘报》自开办以来首载论说的形式不再继续。新章虽说从五月一日起执行,但实际上从四月二十三日起,《湘报》的报首便不再刊载论说,到五月十一日,共十五期(唯一的例外是,五月初八日刊载了张翼云的《书唐才常时文流毒中国论后》)。而且,从闰三月二十四日起,也就是陈宝箴复电张之洞之后,《湘报》所刊论说已经非常平淡,但从上述"间有论说文字随时并登"的字里行间,我们仍可以感受到湘报馆同人对论说的留恋及伺机恢复的心态。果然,新章执行了仅十五期,从五月十二日开始,《湘报》又恢复了报首论说的旧例。如果说五月二十三日之前的论说尚属平和的话,那么自二十四日起,《湘报》的篇首论说却渐趋激进。② 日见激进的言论与因时务学堂激化的矛盾有关(详见下文)。随之而来的是,陈宝箴勒令《湘报》停办。五月三十日,邹代钧曾致函汪康年,谈及此事时说:"《湘报》出事故甚多,大约以倡康教为宗旨,而擅操骂人之权。右丈属其停止,熊不愿也,再三言之,始允于明日停止。果停止与否,尚难料也。即停止,渠必改换名目,另开报馆,将来不知作何披猖。"③ 邹代钧的这番话再次道出了《湘报》与

---

① 详见《湘报》第84号,光绪二十四年四月二十三日,第755页。
② 自五月二十四日起,《湘报》报首所登论说分别为:第109号,五月二十四日,《后汉书党锢传后》,蔡艮寅(蔡锷——引者注);第110号,五月二十五日,《诸子学派散见论语孟子考》,黄颂銮;第111号,五月二十六日,《公恳抚院整顿通省书院禀稿》;第112号,五月二十七日,《上陈中丞书》,熊希龄;第113号,五月二十八日,《公法律例相为表里说》,郑宝坤;第114号,五月三十日,《后汉书党锢传后》,黄颂銮。
③ 上海图书馆编《汪康年师友书札》(3),第2758页。

"康学""康教"之间的关系，以及陈宝箴停止《湘报》的原因。果如邹代钧所言，六月初一日《湘报》刊出了《本馆告白》，称："本月初二日移居对门，又须酌议章程，暂行停报，择于本月十五日出报。"① 在经历了近半个月的停报后，六月十五日复刊的《湘报》再次登出告白，称："本馆前因创办经费不敷，蒙抚宪给予津贴，兹已改定章程，专归商办。禀请抚宪将津贴银两从此停发。"②

分析至此，可见，陈宝箴之整顿《湘报》，缘于其言论过激而又过于依附"康学"，这既与旧派的压力有关，也与陈宝箴父子的思想认识有关。而且，陈之整顿《湘报》只是为了制止过激，弱化"康学"，而非走向守旧，与王先谦等人关闭《湘报》的图谋不可同日而语。当得知《湘报》整顿后还要复刊时，王先谦曾致函陈宝箴说："报馆一事，前面谈时，尊意拟即停止。后晤少穆，知系暂停复启，将牌示馆门，非经钧览，不准付刊，立法至善。然区区之私，不无过虑……报馆有无，不关轻重……然值熊君决裂之余，众口不平，转以报馆为多事，官评舆诵，莫不以停止为宜。论湘中之政务，去之无害而颇有益。论台端之名望，行之无加而或有损。"③ 可见，在《湘报》停报一事上，王先谦曾规劝陈宝箴停报在前，又奉劝其不要复报在后，但陈宝箴只是停报整顿，没有停止不办。这说明，当王先谦劝陈停办《湘报》时，陈本人也因无法接受《湘报》的过激言行正有停报整顿之意，而王先谦劝陈不要复报，则因与陈的本意不合而未被采纳。而且，重新复刊的《湘报》仍然坚持宣传变法维新的路子，只不过没有此前激进而已，而且其中仍然可见涉及"民权""议院"之文字。如《湘报》第156号所刊之《泰西新史揽要书后》，谈到强国之方时说："今日之策时政者，动谓泰西之强强于开民智也，立学校也，设议院也，兴国（学）会诸政教也。此则诚是也，而不知有一种沸沸蓬蓬之气，炎炎离离之神相贯

---

① 详见《湘报》第115号，光绪二十四年六月初一日，第460页。
② 详见《湘报》第117号，光绪二十四年六月十五日，第465页。
③ 王先谦：《虚受堂书札》卷一，沈云龙主编《近代中国史料丛刊》（683），台北，文海出版社，1996，第38页。

注于开民智、立学校、设议院、兴学会诸政教之中，任狂海翻澜，万死一生而弗辞者，斯则所谓热力者也。"①《续史记货殖传今义》中云："一言以蔽之，曰有自主之权，无束缚奴隶之苦也。平权之义倡于美，行于日本，中国亦渐讲平等之义，斯说将日显矣。"② 既有"非经钧览，不准付刊"之规定，那么复刊后的《湘报》论说，陈宝箴自然过目。经陈过目后的《湘报》仍然可见这类文字，正说明陈宝箴整顿《湘报》并没有改变其倡导变法的路向。

与《湘报》一样，康门弟子在时务学堂的激进言论也很快引起了反弹。据梁启超说，春节学堂放假，学生携教习日记批答回家，其激进言论开始"流布人间"，于是全湘哗然。③ 据唐才常说，戊戌年三月，外间便有时务学堂更换总办、总教习的传言。戊戌年五月，唐才常在为陈宝箴调阅时务学堂札记事致欧阳中鹄的信中曾忆及此事，说："昨读赐七丈（谭嗣同——引者注）函，言及前日呈札记一则，甚为骇异。外间攻学堂事，三月即有所闻。或谓中丞已厌卓如，或谓日内将使祭酒公代秉三，叶奂彬为总教习。种种诪言，皆云出自中峰。韩、欧、叶三君闻之，即忿然欲去，经受业再三婉留，始安其位；然其愤懑之心，未尝一日释也……亦绝不料中丞已有疑心，果如外人所云也。"④ 在经历了陈宝箴调阅时务学堂札记的风波后，唐才常再回忆三月间的传言，才有了"绝不料中丞已有疑心，果如外人所云也"的联想。而证之以邹代钧致汪康年的信，可知唐才常的联想并不诬枉，而外间传言虽然未必尽实，但也是事出有因。此时的陈宝箴的确有更动时务学堂人事的考虑，变法派内部也因此出现了矛盾。戊戌年闰三月十二日，邹代钧为时务报馆纷争之事致函汪康年函，首次提及其与谭嗣同、熊希龄的矛盾：

报事鄙人与考功均以交出为是……鄙人与考功之力量，万不能维

---

① 详见《湘报》第 156 号，光绪二十四年八月初一日，第 621 页。
② 详见《湘报》第 166 号，光绪二十四年八月十三日，第 661 页。
③ 丁文江、赵丰田编《梁启超年谱长编》，第 56 页。
④ 唐才常：《上欧阳中鹄书》，湖南哲学社会科学研究所编《唐才常集》，第 237 页。

持。现为湘中时务学堂，鄙人已与谭、熊树敌（公度助谭、熊），能挽回与否，尚不能必，又何能维持《时务报》？……湘事大坏，义宁有忌器之意，鄙人力量何能胜之，言之愤甚。谭猖披过于熊，若早去谭，事犹可挽回。①

考功，指陈三立。可见，在戊戌年闰三月之际，维新派内部谭嗣同、熊希龄已与邹代钧等人在时务学堂问题上有了矛盾。而矛盾的焦点是因时务学堂教习的言论激进，导致了陈宝箴有更换时务学堂总办的打算，其人选不是"祭酒"王先谦，而是邹代钧。黄遵宪助谭、熊，而邹代钧的支持者则是陈宝箴与陈三立。其结果是，由于谭、熊力争，陈宝箴在证据不足的情势下，没有强行更动，这即邹代钧所谓的"义宁有忌器之意"。联系一个月前谭嗣同与陈三立在评价康有为问题上的矛盾可知，陈三立不仅对康有为的人品与学术表示反感，而且对谭嗣同、唐才常等人在湖南变法中附会"康学"、追捧康有为的做法表示不满，认为"湖南不应有此"。这已预示着接下来陈氏父子会在湖南的新政中尽力弱化"康学"的影响。因此，当康门弟子在时务学堂的激进言行传出之后，无论从个人喜好还是从维护维新大局出发，陈氏父子都会产生学堂换人的打算。而邹代钧因与陈三立交好，便成了学堂总办之人选。但由于谭、熊的力争，更由于学堂之激进言行尚无实据，陈宝箴有"忌器之意"而没有强行更动。② 陈宝箴所"忌"之"器"，当是谭嗣同及其关系网络。本来对于巡抚陈宝箴来说，更换一个学堂总办、总教习，易如反掌，但有了谭嗣同的鼎力相助，陈便不能贸然行事。作为官宦子弟，谭嗣同擅长交游，在湖南新政中上下联络，扮演着重要角色，而且，陈宝箴与谭父又有同宦之谊。因此，无论从私交还是从新政大局考量，陈宝箴都不愿

---

① 上海图书馆编《汪康年师友书札》，第 2754、2756 页。
② 以往的研究多认为陈宝箴整顿时务学堂是旧派压力的结果，但当戊戌年闰三月前后，由于时务学堂激进、悖谬之言论尚无实据，旧派对于时务学堂的攻击也很有限。而此时的陈宝箴父子已经有了换人的打算，正说明其更换学堂人事的动因更多的不是旧派的压力，而是其内心已无法容忍康门弟子的激进言行。

贸然与谭决裂。

当双方在学堂问题上僵持不下时，找到教习言论激进的证据便成为解决问题的关键。随后，谭嗣同因浏阳南学分会事于闰三月十八日离开长沙回浏阳，直到四月十五日才动身返回长沙。① 而就在谭嗣同回浏阳期间，陈宝箴调阅了时务学堂的札记。② 乘谭离开长沙之机调阅札记，这也许是历史的巧合，也许是陈宝箴父子的有意安排，但无论如何，谭的离开都为陈氏父子调阅札记，减少了阻力。关于陈宝箴调阅札记的目的，欧阳中鹄在五月初七日给谭嗣同的信中解释为"自加检点，备预不虞"。③ 黄彰健先生认为"欧此种解释应可信"④。在我看来，陈宝箴调阅札记固然有"自加检点，备预不虞"的意图，但另一个不为外人知晓的目的是在寻找证据，即为时务学堂的人事调整寻找证据。欧阳因不知道陈与谭、熊此前在学堂问题上的矛盾，故做出上述解释。黄彰健先生因为关注的是戊戌年湖南新旧党争的问题而对新派内部的矛盾关注不够，对戊戌年三月陈宝箴与谭、熊等人在时务学堂问题上的矛盾未加涉及，因此其对陈宝箴调阅时务学堂札记一事的解释，也很难全面。

陈宝箴的这次突然袭击颇有收获，尽管时务学堂的分教习"皇遽无措，及尽一夜之力统加抉择，匿其极乖谬而临时加批"，但陈宝箴还是从这众多涂抹过的札记中找到了两份未经涂改而又言辞"悖谬"的札记。陈宝箴在找到证据之后，并没有直接通知谭嗣同、熊希龄等人，而是让谭的老师欧阳中鹄转告谭，并将两份未经修改的札记给了欧阳。戊戌年五月初，欧阳中鹄

---

① 关于谭嗣同离开长沙的时间，皮锡瑞闰三月十八日日记有"复生亦归浏阳去矣"一语，[皮锡瑞：《师伏堂未刊日记》（戊戌年闰三月十八日），《湖南历史资料》1959年第1期，第103页］据此可知，谭归浏阳的时间最晚是三月十八日。
② 关于陈调阅札记的时间，谭嗣同曾在给欧阳中鹄的信中有"嗣同于调札记时虽未到省"之语，这提示我们，陈调阅札记是在谭回浏阳期间。
③ 欧阳予倩编《谭嗣同书简》卷三，附录二《欧阳中鹄书（七）》，第128页。
④ 黄彰健：《论光绪丁酉戊戌湖南新旧党争》，《戊戌变法史研究》上册，第466页。黄先生此文对戊戌年湖南新旧之争的史实梳理得比较清晰，但对新派内部的矛盾关注不够。由于没有注意到邹代钧等人对戊戌年湖南维新派内部矛盾的叙述，因此对于诸如陈宝箴调阅札记等事的解读便不免偏颇。

便致函谭嗣同，告知此事。欧阳此信已遗失，但从五月初六日唐才常致欧阳的信中可见欧阳致谭信的些许内容。唐说："昨读赐七丈函，言及前日呈札记一则，甚为骇异。……中丞调阅札记，乃陈、杨二君自内学生收取，收齐后，始汇交受业一阅。受业深恐三教习闻之，致滋不阅，且戒秉三勿与三教习言……来谕云'分教习等皇遽无措，及尽一夜之力统加抉择，匿其极乖谬而临时加批'等语。果谁见之？而谁闻之？"随后，唐历数了自己的学术宗旨，说明其讲"素王改制"绝非"附会康门"："为学宗旨各有不同，是素非丹，看朱成碧，二千年来有何定轨？受业于素王改制讲之有年，初非附会康门。……至其拜服南海五体投地，乃因历次上书，言人所不能言，足愧尽天下之尸居无气而窃位欺君者，故不觉以当代一人推之。若谓依附某学门墙，逐微名微利，则受业……并非无噉饭所者。"最后，他恳请欧阳将此信"并呈伯严先生，知受业非'皇遽'、无依草附木者，幸甚感甚"。① "皇遽"即指陈宝箴调阅札记时，分教习"皇遽无措"之事；而"无依附草木者"，是自明其言行并非"附会康门"、依附"康学"门墙。从唐此信的行文来看，所谓分教习"皇遽无措，及尽一夜之力统加抉择，匿其极乖谬而临时加批"及"附会康门"之语，很可能都出自陈三立。这既说明陈三立对"康学"的反感，也说明陈与谭、唐的关系已近破裂。五月初七日，欧阳再次就时务学堂札记事，致函谭、唐说："调取札记，乃自加检点，备预不虞，有不得不急就正者。此中委曲，兄尚不尽得所以然，即间露一二，亦志在《扬水》之卒章，不敢以告。弟等亦但平其心，养其气，敛其才，藏其智，以俟积厚流光，异日出而昌其学，不必凭虚逆億（亿）。别检两卷呈览，仍恳交仆带还，此等如何安置，思之尚未得法，故心恶之。"② 这另检出的两卷，陈宝箴请欧阳"带还"谭嗣同，看其在证据面前还能做何辩解。只要谭、熊不再坚持，离开时务学堂，陈宝箴的目的也就达到了。

根据上述欧阳"别检两卷呈览，仍恳交仆带还……思之尚未得法"一

---

① 唐才常：《上欧阳中鹄书》，见湖南哲学社会科学研究所编《唐才常集》，第238页。
② 欧阳予倩编《谭嗣同书简》卷三，附录二《欧阳中鹄书（七）》，第128页。

语,黄彰健分析说:"五月二十二日湘省公呈所附梁启超手书时务学堂批语提到《扬州十日记》,此一批语含有种族革命,亦即排满的用意……戊戌五月初七日欧阳所出示的两卷批语,欧阳心恶之,则欧阳所看到的这两卷批语恐亦系这一类性质而其批语措辞或更明显,更激烈。"① 黄先生的这一推论早在1970年代就已做出,但大陆学界在谈到此一问题时,并不提及黄先生的观点,或认为陈宝箴一无所获②,或对其结果不加讨论。在我看来,黄先生的这一推论颇有见地,这从以下黄遵宪给陈三立的信中可以得到补正。

在看到时务学堂"悖谬"札记后,陈三立曾多次致函黄遵宪,商讨对策。由于陈三立的信函无从找到,我们只能从黄遵宪的复函中感受陈、黄对此事的态度。黄遵宪复函称:

> 屡奉台示,忧虞皇惑,不知所措,更不知何以作答。与此君交二年,渊雅温厚,远过其师,亦不甚张呈其师说,其暧暧妹妹,守一家之言,与之深谈,每有更易。如主张民权,为之言不可,渠亦言民知未开,未可遽行。吾爱之重之。惟康郎琵琶嘈嘈切切,所来往又多五陵少年,遇事生风,或牵师而去,亦非所敢料。关东大汉、西游行者姑且勿论,惟学堂中所言民贼独夫与及《伪经考》、《改制记》,诚非童稚所宜听受。鄙意亟欲聘一宋学先生,即意在匡救。然闻意见不合而去。闻系用某名作关聘而某实未之知也。所延分校阳君某,亦不知某事。自此君北上,久未到学堂,未阅札记。今欲筹别由鹿门聘一分校。如此转移是否可行,敬乞酌夺。久未晤,何日乃得相见,一吐其胸中所欲言也。一转移之法,似宜以留皮鹿门充时务学堂,谓先生不来,难以久旷,即以南学会学长互调,俟其来时,再行商劝。
>
> 欧阳子改作湘报馆主笔,乔茂萱舍课吏馆而去,遂出一枯窘题,令人无从措手。现在设法诱一友人来,待其入湘,当强令就此。此君在粤

---

① 黄彰健:《论光绪丁酉戊戌湖南新旧党争》,《戊戌变法史研究》上册,第473页。
② 见蔡乐苏等著《戊戌变法史述论稿》,第510页;周秋光《熊希龄与湖南维新运动》,《近代史研究》1996年第2期,第98页。

充粤秀监院，岁修千金，曾到海外，为乙酉拔贡、乙丑乡榜，《人境庐诗集》中所谓梁诗五居实者也。又及。

再，得一王本卿，仍少一人。意欲以沈子培、梁卓如分任之。①

黄遵宪此信未署时间，但从其所说的"乔茂萱舍课吏馆而去"、"现在设法诱一友人来，待其入湘，当强令就此"及"似宜以留皮鹿门充时务学堂"等信息判断，此信当写于戊戌年四月二十日前后。②而从"屡奉台示，忧虞皇惑，不知所措，更不知何以作答"一语可见，在此之前，陈三立已为此事多次写信给黄了。黄遵宪所说的"关东大汉""西游行者"，"民贼独夫"，"《伪经考》《改制记》，诚非童稚所宜听受"等信息，均来自陈三立，与戊戌年五月王先谦等人所披露的学堂"悖谬"札记有所不同，这应当是陈宝箴调阅时务学堂札记时看到的内容。

分析至此，可以确定，陈宝箴的确从调来的札记中找到了教习言论激进的证据，陈三立屡次致函黄遵宪，是为了商讨对策。黄遵宪的建议是由皮锡瑞聘一分校，并留皮"充时务学堂"。据此可见，早在四月中旬，当陈宝箴调阅时务学堂札记并看到教习之激进批札后，便再次考虑更换时务学堂的人事了。这与其三月份的想法一以贯之，只不过此时他已有了更为确凿的证据。

---

① 黄遵宪：《致陈三立函》，《黄遵宪全集》（上），中华书局，2005，第 415～416 页。
② 据皮锡瑞日记，戊戌年四月十二日记，"赴公度廉访席，在座蒋少穆、熊秉三、左子异、欧阳节吾、黄玉田。公度见面即云有事奉商，课吏堂五月开，乔茂萱回电不来，欲留我在此，勿往江西。我云已到右帅处辞行，不能不去。彼云将自往见右帅。看说得通否？劝再等两日"。可见，"乔茂萱舍课吏馆而去"当在此时。因乔不来，黄打算让皮锡瑞补缺。四月十五日又记，"公度廉访约学会一叙，饭后到学会，公度旋来，云课吏事得一同乡暂开办，约我早归，以三月为期，此刻不便强留。闻江西有信催去，中丞亦不允许也"。皮锡瑞：《师伏堂未刊日记》（戊戌年四月十二、十五日），《湖南历史资料》1959 年第 1 期，第 119、121 页。由于陈宝箴不允，黄遵宪便约同乡友人梁诗五来就课吏馆。戊戌年四月二十日，皮锡瑞从长沙出发，赴江西。黄信有"似宜以留皮鹿门充时务学堂"语，说明此时皮锡瑞尚未离开长沙。而且，四月二十五日，由徐致靖的保荐，光绪帝谕令黄遵宪与谭嗣同北上"引见"。此信，黄对此重要事件未加提及，说明此信当写于此前。综合上述信息，我判定黄写给陈的信当在戊戌年四月二十日前后。

面对确凿的证据，谭、熊自然无复可言。而且，此时谭嗣同因徐致靖的保荐正准备北上"引见"，并于五月十日之后①离开了长沙。正如邹代钧所说，"谭猖披过于熊，若早去谭，事犹可挽回"，谭的离开也一定令陈宝箴如释重负，既然学堂札记"悖谬"的证据已经找到，铁证如山，只要再有人以此攻击时务学堂，陈宝箴便可以对其人事进行调整。而五月二十二日的《湘省公呈》，恰好为陈宝箴更换时务学堂的总办、总教习提供了支持。就在陈宝箴得到时务学堂札记"悖谬"实证的同时，叶德辉等人也得到了类似的证据，于是由王先谦、叶德辉等湘绅联名具呈陈宝箴，要求陈宝箴"严加整顿，屏退主张异学之人，俾生徒不为邪说诱惑，庶教宗既明，人才日起，而兼习时务者，不至以误康为西，转生疑阻"。② 对于这次《湘省公呈》与陈宝箴变动时务学堂人事的关系，黄彰健先生认为，"如果旧党以此奏闻于朝，朝廷发现陈的偏袒，陈宝箴也吃不消，因此陈终于接受王先谦'湘省公呈'的主张，将时务学堂所有中文教习予以解聘，陈并'札委'黄遵宪为时务学堂总理官，汪诒书太史为总理绅"。③ 黄先生将陈宝箴换人的原因归结为旧党的压力，此种解释仍然是在不了解陈与谭、熊已在时务学堂问题上存在僵局的思路下进行的。其实，《湘省公呈》恰恰为陈宝箴解决时务学堂这一棘手的问题提供了有力的支持。这一点还可以从陈宝箴解决时务学堂问题的迅速反应中见及。五月二十二日，《湘省公呈》递到陈宝箴手中，最晚到二十六日④，陈宝箴便"札委"汪颂年代替熊希龄为"总理绅"，并拟请沈曾植为中文总教习。如果没有自戊戌年三月以来的思考与准备，无论旧派如何反对，陈宝箴也不可能在短短四天的时间内解决时务学堂

---

① 戊戌年五月初十，欧阳中鹄写信给谭嗣同，有"轮船到否，今日能成行否"之语（见欧阳予倩编《谭嗣同书简》卷三，附录二《欧阳中鹄书（十四）》，第138页），据此可见，谭嗣同已定于五月初十离开，即使初十未能成行，其离开长沙也在一两日之内。
② 《湘省公呈》，苏舆编《翼教丛编》，第150页；中国史学会主编《中国近代史资料丛刊·戊戌变法》第2册，第641页。
③ 黄彰健：《戊戌变法史研究》上册，第484页。
④ 熊希龄的《上陈中丞书》，已经有"委汪颂年太史为总理绅董"之语，可见陈之批札最晚在五月二十六日已经做出。《湘报》第112号，光绪二十四年五月二十七日，第445页。

第四章 "康党"与湖南的维新运动

的问题。正是有了这长时间的酝酿,特别是有了调阅札记以来的确凿证据,陈宝箴才得以借机迅速做出反应。至于公开委任的"总理绅"是汪颂年而不是邹代钧,那只不过是因为谭、熊与邹矛盾过深,陈宝箴为避嫌起见而采取的策略而已。事实上,陈宝箴私下已经说好让邹与汪共同接办。这从五月三十日邹代钧致函汪康年的下述信中可以见及:

> 鄙人为时务学堂事,竟与谭、熊为深仇,谭虽得保而去,熊则仍踞此间,动辄以流血成河为言,且行同无赖,似难与计较。学堂事渠虽交出,费尽许多心力,实一言难罄。右丈委汪颂年与鄙人接办,而熊怒未息,其无状竟及于义宁乔梓矣。湘中万难相容,势必走附康门,求一出身也。公以恬退责我,我不受也。苟不恬退,谭、熊必以洋枪中我矣。此二人者,鄙人向引以为同志,本有才,从前做事尚为公,一旦陷入康门,遂悍然不顾。吁!康徒遍天下,可畏也。时务学堂各分教,均一律辞去。卓如得保,自不再来。右丈意拟请子培为总教,其分教则用湘人士之通达者……得此君,湘氛当可廓清。①

无论汪颂年还是邹代钧,他们都是湖南维新运动的倡导者,这一点也提示我们注意,陈宝箴整顿时务学堂的方向不过是力矫过激、去除"康学",而不是走向守旧。光绪二十四年五月三十日《湘报》第114号刊登了陈宝箴对于熊希龄等《公恳抚院整顿通省书院禀稿》的批示,中称:"上年创设时务学堂,兼讲中西之学,总教习所定章程明通正大,刊刻传布,无人指以为非,亦无异端之谤。乃自梁总教去后,中学物论繁兴,本部院始渐有所闻,因委盐道总理其事,藉资整饬。旋复购得坊刻课艺文批,大为骇怪。已而审非学堂所刻。又闻熊庶常曾有毁版之事,复檄总理黄道严行查禁。一月以来,极为学堂一事殚心整顿,并非知而不为。"② 这里,陈宝箴肯定总教

---

① 上海图书馆编《汪康年师友书札》(3),第2757页。
② 《抚宪批示》,《湘报》第114号,光绪二十四年五月三十日,第454页。

习梁启超所定"章程明通正大",不提学堂札记,且否认"坊刻课艺文批"为真,显然是为了维持大局、继续新政。他于五月十四日委任黄遵宪为时务学堂"总理官","整饬"学堂,查办坊刻时务学堂课艺文批之事,也不过是为了封堵反对派之口。黄查办之结果自然是文批为冒名伪作,并于五月二十一日《湘报》刊登《本省公牍·学堂告示》,称:"昨见府正街叔记新学书局刻有时务学堂课艺,本道与学堂各教习同加批览,深为骇异。其中所刊者多非本学堂学生之真笔。即如中学叶教习本广东东莞县人,该课艺刻为南海县人。西学王教习本福建龙溪县人,该课艺又刻为上海县人。其为冒名伪作可知。"① 既然是冒名伪作,便与时务学堂没了关系。对于坊刻课艺文批的真伪,皮锡瑞戊戌年六月二十二日日记记曰:"梁卓如来(湖南),诸人倾服,自是实事。以后不知如何决裂?或因迁怒秉三,而其事起于书店之刊课文,授诸生以口实;或卓如去后,分教习之才不及卓如,批改有未妥处。熊、黄毁版,以为伪作,似未必是伪也。"② 可见,指认坊刻课艺文批为伪,这不过是与旧派周旋的一种策略而已。而且,这种策略也被陈宝箴所援用。③ 陈、黄的这一切都是为了保护新政、新法。

保护新政,绝非袒护"康党",在更换了康门弟子之后,陈宝箴也对熊希龄等人的"康党"做派给予了批评,指出:熊希龄等人在将《公恳抚院整顿通省书院禀稿》呈递他的第二天,便刊登于《湘报》,"诚难保非传闻误会,怀挟意见,互相攻讦……前次钦奉上谕,深以门户纷争,互相水火,徒蹈宋明积习为戒……若或相互倾轧,同室操戈,徒以快一时之意,从此自重之士于桑梓振作之务,必至不敢预闻,他时及溺之嗟,虽悔胡及?且该绅等平日所自期许者,将居何等耶?……语曰:'小不忍则乱大谋。'又曰:'躬自厚而薄责于人。'愿与诸君子交勉之而已"。④ 这里,陈宝箴从维护大

---

① 详见《湘报》第107号,光绪二十四年五月二十一日,第426页。
② 详见皮锡瑞《师伏堂未刊日记》(戊戌年六月二十二日),《湖南历史资料》1959年第2期,第134页。
③ 《湘报》第130号登载了陈宝箴关于严禁冒刻时务学堂课艺的札饬。
④ 《抚宪批示》,《湘报》第114号,光绪二十四年五月三十日,第454页。

局、维护个人声誉等角度，批评了熊希龄等人怀挟攻讦的弊端，这与邹代钧所说的谭、熊"一旦陷入康门，遂悍然不顾"，词异意同。而以往所说的湖南旧党在驱逐了康门弟子之后，却接受了汪颂年、邹代钧等维新人士，这里的新旧判分显然是不符合史实的。而从陈三立对"康学"反感中，我们也可以感受到陈氏父子在变法路向上与康门师徒的不同。《湘报》的停刊整顿与时务学堂的更换总办、总教习、教习正是陈宝箴为弱化湖南新政中的"康学"因素而采取的措施。几乎与此同时，即光绪二十四年五月二十七日，陈宝箴上《请厘正学术造就人材折》，其中对"康学"及康门弟子之是非做了如下评说：

> 意其所以召毁之由，或即其生平才性之纵横、志气之激烈有以致之，及徐考其所以然，则皆由于康有为平日所著《孔子改制考》一书。此书大指推本《春秋公羊传》及董仲舒《春秋繁露》，近今倡此说者为四川廖平，而康有为益为之推衍考证。……逮康有为当海禁大开之时，见欧洲各国尊崇教皇，执持国政，以为外国强盛之效实由于此……是以愤懑郁积，援素王之号，执以元统天之说，推崇孔子，以为教主，欲与天主耶稣比权量力，以开民智，行其政教。而不知圣人之大德配天，圣人之大宝曰"位"，故曰："虽有其德，苟无其位，不敢作礼乐焉。"欧洲教皇之徒，其后以横行各国，激成兵祸战争至数十年，而其势已替，及政学兴、格致盛，而其教益衰，今之仅存而不废者，亦如中国之僧道而已……其著为此书，据一端之异说，征引西汉以前诸子百家，旁搜曲证，济之以才辩，以自成其一家之言，其失尚不过穿凿附会。而会当中弱西强，黔首坐困，意有所激，流为偏宕之辞，遂不觉其伤理而害道。其徒和之，持之愈坚，失之愈远，嚣然自命，号为"康学"，而民权、平等之说炽矣。甚或逞其横议，几若不知有君臣父子之大防。《改制》一编，遂为举世所忿疾，其指斥尤厉者拟为孟氏之辟杨墨，而康有为为众射之的，非无自而然也。……独所撰《改制》一书，传播已久，其徒又类多英俊好奇之士，奉为学派，自成风气。即如现办译书局事务举

人梁启超,经臣于上年聘为湖南时务学堂教习,以尝受学康有为之门,初亦间引师说,经其乡人盐法道黄遵宪规之,谓"何乃以康之短自蔽",嗣是乃渐知去取。若其他才智不逮,诚恐囿于一隅之论更因物议以相愈竞,有如四月二十三日谕旨所谓"门户纷争,互相水火,徒蹈宋明积习,于时政毫无裨益"者,诚可痛也。①

如果不是亲眼看到了康门弟子在湖南变法中激进言论,如若没有"康学"与湖南变法的密切关系,陈宝箴可能不会对"康学"与康门弟子有如此深入的了解,也不可能对其是非做出如此中肯的评价。这里不厌其烦地征引陈宝箴对康有为及其弟子的评价,意在揭示"康学"、"康教"及"康党"的做派在变法中对"康党"自身及维新大局造成的负面影响。

分析至此,我们再看陈寅恪对其父、其祖与康门变法路向不同的分析,也许更能理解"其中味":"当时之言变法者,盖有不同之二源,未可混一论之也",其一源为"南海康先生治今文公羊之学,附会孔子改制以言变法";另一源则为"历验世务欲借镜西国以变神州旧法者……先祖先君见义乌朱鼎甫先生一新《无邪堂答问》驳斥南海公羊春秋之说,深以为然。据是可知余家之主变法,其思想源流之所在矣"。② 以康有为为首的附会孔子改制以言变法的路上,聚集了康门弟子及其亲信,并因谭、梁的入湘在湖南维新中得以实践;而陈宝箴所奉行的渐进的变法路上也绝非仅仅是陈氏父子,邹代钧、欧阳中鹄等人都是其信从者,甚至黄遵宪也倾向于后者所主张的渐进变法。

就在陈氏父子整顿《湘报》与时务学堂之际,叶德辉等人也对徐仁铸、皮锡瑞在湖南宣传"康学"提出了批评与规劝,从中亦可见湖南士绅对"康学"的抵拒。其实,在梁启超入湘不久,叶德辉便开始对"康学"表示警惕。早在光绪二十三年十一月间,叶德辉即致函弟子,对梁启超可能会在

---

① 陈宝箴:《请厘正学术造就人材折》,王叔子等编《陈宝箴集》(上),第780页。
② 陈寅恪:《陈寅恪集·寒柳堂集》,第167页。

第四章 "康党"与湖南的维新运动

湖南宣传师说表示担忧："时务学堂梁卓如主张公羊之学，以佐其改制之谬论，三尺童子无不惑之……梁卓如人尚笃实，信其师说，则将祸我湘人。"①戊戌年正月，当徐仁铸的《䡅轩今语》问世后，叶德辉进一步意识到"康学"对湖南的影响与危害。叶德辉与徐仁铸有师生情谊，但在看到《䡅轩今语》后，便挺身而出，作《〈䡅轩今语〉评》②，攻击"康学""康党"。通观《〈䡅轩今语〉评》，通篇没有攻击徐仁铸本人之语，而是直指"康有为""康门之士""康学"③，因为在他看来，徐仁铸已是"康党"。这在其后来写给友人的信中说得很清楚："今岁正月，得见梁代宛平所作《䡅轩今语》，主张康教不遗余力，并引陆子静'四方各有圣人'一语，默推西方之人，不思陆氏此语，即惑于异氏之学之深，学使为风教之官，岂可以之垂训？其尤谬者，以孔子之作《春秋》，比西士之作公法，骎骎乎以通教之意明诏学人，诚不知其出身何途，甘为彼教之奴隶。鄙人虽以师门之故，亦断不能含默无言，否则月旦乡评交相讥刺，不目为耶氏之奴隶，或目为康党之门人，则鄙人将见外于湘人而终身不能言学矣！评语之作，亦乌能已乎？"④这里，叶德辉眼中的"康党"不仅指康门弟子，还包括徐仁铸，他本人绝不会因为姑息与徐仁铸的师生情谊保持缄默而被指为"康党"之门人，因此起而攻击"康党"。叶德辉在撰写《〈䡅轩今语〉评》的同时，还刊刻了《明辨录》，收录了很多批评"康党""康学"的书信、文章。在

---

① 叶德辉：《与邵阳石醉六书》，叶启倬辑《郎园先生全书·郎园论学书札》，中国古书刊印社汇印本，1935，第2页。这句话后半句在收入苏舆编的《翼教丛编》时做了改动，改为"梁卓如来湘，苟务伸其说，则将祸我湘人"，删去了对梁启超为人的肯定，但表达的意思大体一致，即叶德辉担心梁启超在时务学堂传授"康学"。叶德辉：《叶吏部与石醉六书》，苏舆编《翼教丛编》，第163页。

② 《〈䡅轩今语〉评》刊出日期不详，但戊戌年闰三月二十九日皮锡瑞已收到叶德辉的送书，可见该书最晚当刻于此月。皮锡瑞：《师伏堂未刊日记》（戊戌年闰三月二十九日），《湖南历史资料》1959年第1期，第112页。

③ 如"康门之士，每欲举一切旧学之书，大声疾呼而废之，于是人不知有古学，惟知有康学……康门之士，喜郑渔仲之言变法，而恶温公之讥孟子，党同伐异，因噎废食，世有达者，当起而辨之……"见苏舆编《翼教丛编》，第78页。

④ 叶德辉：《与俞恪士观察书》，苏舆编《翼教丛编》，第179页。

叶德辉看来，徐仁铸的《輶轩今语》本源于康有为的《长兴学记》、梁启超的《读西学书法》等①，其为"康学"绝无疑问，而徐又利用学使之便，宣传"康学"，自然是"康党"中人。叶德辉在《〈读西学书法〉书后》中如是说："湘中时务学堂诸生，信其邪说，群立党名，父兄不能稽，长官不能禁，推原其故，则以康、梁之死党高据要津，主持风会，驱以利禄之路，弛其名教之防，而人心之败坏，逐（遂）岌岌不可终日者。"② 这里的"康、梁之死党"，即指徐仁铸。对于徐仁铸利用学使之便宣传"康学"，时人多有言之者。王先谦曾致函徐仁铸，不无讥讽地说："阁下主持康教，宗风所扇，使承学之士望景知归，此次敝郡岁试，弟之亲友以南海圣人获隽者不下十人，以南海先生入选者则指不胜屈。两次面谕生童，赞扬康学，大众皆点头领会，足见湘人虽愚，未尝不可化诲。惟事必行之以渐，似不宜过于迫急，若以威势强人服从，则与西国以兵力胁持行教何异？"③ 邹代钧致函汪康年也有"研甫考事，多有骇人听闻者，极力表扬康旨，卷中有康南海三字，必列上等，如此狼狈，奈何奈何"④ 之语。以学使的身份宣传"康学"，无疑扩大了"康学"在湖南的影响。可见，徐仁铸与"康党"的关系的确非同一般。

正因如此，叶德辉认为，"康学"之所以能在湖南盛行，关键在于"上有奥援，下有党众"："康梁之书……其推行之速也，则以上有奥援，下有党众，海内不学之士可以文其固陋，不轨之徒可以行其党会。其始倡言变法以乱政，其继阴乘变法而行教。粤人黄遵宪主之，湘人谭嗣同和之，康门邪说渐有其端绪。迨徐学使导之以利禄之途，其徒日繁，乃相率而鸣于众曰康学。"⑤ 这里，黄遵宪、谭嗣同与徐仁铸一样都是"康党"之"奥援"，

---

① 叶德辉：《叶吏部〈长兴学记〉驳义》，苏舆编《翼教丛编》，第98页。
② 叶德辉：《叶吏部〈读西学书法〉书后》，苏舆编《翼教丛编》，第130页。
③ 王先谦：《王祭酒与徐学使书》，苏舆编《翼教丛编》，第162页；又见王先谦《虚受堂书札》卷一，沈云龙主编《近代中国史料丛刊》（683），第62页。
④ 《邹代钧致汪康年》，光绪二十四年七月二十八日；详见上海图书馆编《汪康年师友书札》（3），第2762页。
⑤ 叶德辉：《叶吏部〈长兴学记〉驳义》，苏舆编《翼教丛编》，第98页。

其为"康党"自不待言。正是在徐、黄、谭的助益下,"康学"才得以畅行湖南,给湖南带来了极大的危害:"康有为何足以言学?……其流毒独吾湘受之,此则鄙人争所必争,而不仅在于学术矣……鹿门在汉学中所谓章句之儒,性情尤为敦厚,入裸国而同裸,无怪其然。鄙人爱之重之,是以必欲去之。古人云近朱者赤近墨者黑。"① 其实,无论学术主张还是政治认同,皮锡瑞都很接近"康党",但叶德辉认为,皮锡瑞并非"康党",而是"康学"祸害湖南的受害者,其宣传公羊改制说不过是"入裸国而同裸""近墨者黑";而且,在他看来,与皮锡瑞一样被"康学"祸害的湖南学子大有人在,由王先谦领衔、叶德辉等人参与的《湘省公呈》就明确指出了这一点:"湘省风气醇朴,人怀忠义……乃中学教习广东举人梁启超,承其师康有为之学,倡为平等、平权之说,转相授受……梁启超及分教习广东韩、叶诸人,自命西学通人,实皆康门谬种……学子胸无主宰,不知其阴行邪说,反以为时务实然,丧其本真,争相趋附,语言悖乱,有如中狂。始自会城,浸及旁郡,虽以谨厚如皮锡瑞,亦被煽惑,形之论说,重遭诟病。而住堂年幼生徒,亲承提命,朝夕濡染,受害更不待言。"② 这里,王先谦、叶德辉等人对康门弟子可谓恨之入骨,但对那些受"康学"影响的湖南学子充满同情与爱护之意。这说明,叶德辉等人的目的并不在于罗织党祸,而在于制止"康党""康学"在湖南的影响。

因此,对于皮锡瑞,叶德辉规劝多于批判,曾多次致函皮锡瑞,劝他归江西执教经训书院。据皮锡瑞戊戌年三月十八日日记记载:"下午,……奂彬在坐,发议颇不可解:右铁道人,左康工部,未免意见偏激。云有信与我,想大旨即如是,我用我法,不能随人作计。故者无失其为故,亦不必与争也。"次日,皮锡瑞收到叶德辉之来信,其中对皮锡瑞之子皮嘉佑的《醒世歌》提出批评,认为其中的"若把地球来参半,中国并不在中央","地球本是浑圆物,谁居中央谁四傍"等句所表达的"地球列国环峙,并无夷

---

① 叶德辉:《叶吏部与戴宣翘校官书》,苏舆编《翼教丛编》,第174页。
② 《湘省公呈》,苏舆编《翼教丛编》,第149页。

夏之防"之论，似是而非，并对皮锡瑞等人所讲之"藉保护圣教为名，以合外教"提出批评，指出："讲学托名于开民智、伸民权，则试问今日之民，谁肯居于不智？又试问不智之民，何必更伸其权？况所讲之学为康有为之学乎？"① 对于叶德辉的质疑，皮锡瑞——解释说："讲义刊十余次，公于他说亦未置议，惟断断致辨平等之非，讲义于平等止一见，且明属之西人，未尝专主其说。""弟说保教，重在阐扬圣教，使人晓然于圣教之大，并切实有用，庶人皆尊信，不至遁入彼教，前者讲学，皆如此说，未尝如易君所云'通教保教'及'合种留种'也。弟亦知先生之言，非为弟发。"显然，对于叶德辉的批评，皮锡瑞更多的是解释，而不是辩驳，因为他明白，叶德辉不过是讨厌康有为而波及自己。他曾致函叶作如是说："公恶康氏之学，迁怒于人，并迁怒于古人，'孟子'、'公羊'，皆加诋斥。默深，乡先生也，定庵，公素喜其书，尝假弟处抄本手校者也，而亦诋之。又诋梨洲'建都'篇为启洪秀全都金陵之'逆志'。"② 叶、皮是故交，叶对皮发难，只是为了逼迫其离开湖南，而不是有意刁难皮锡瑞。在叶德辉的劝诫下，皮锡瑞遂离开湖南。随着皮的离开，二人的辩难也告结束。

可见，当戊戌年春夏之交，康门弟子在湖南维新中宣传"康学""康教"的做派暴露无遗，激起了湖南部分官绅的反对，并被目为"康党"。徐、谭、黄、熊等人与康门弟子的关系非常密切，因此也被两湖地区的很多人指为"康党"。而黄遵宪之被归入"康党"，不仅因为其在湖南支持康门弟子宣传"康学"，而且缘于他在《时务报》纷争中对康门师徒的鼎力相助。对于时人的"康党"指认，黄遵宪除了在上述陈三立代复的电文中，略明其"并无欲行康学之事"③ 外，似未做太多的置辩。谭嗣同则对时人的"康党"指认，不无认同，在为跋文之事写给其师欧阳中鹄的信中说："犹有持不通之说者，谓嗣同等非其门人，何为称先生？不知一佛出世，旷劫难

---

① 叶德辉：《叶吏部与南学会皮鹿门孝廉书》，苏舆编《翼教丛编》，第167页。
② 皮锡瑞：《师伏堂未刊日记》（戊戌年四月初七日、三月十九日、四月初三日），《湖南历史资料》1959年第1期，第116、87、114页。
③ 陈庆年：《戊戌己亥见闻录》，《近代史资料》总第81号，第111页。

逢，既克见圣，岂甘自弃，不以师礼事之，复以何礼事之？且普观世间，谁能禁嗣同等之不为其门人者，忌妒者又将奈之何哉！请转语伯严吏部，远毋为梁星海所压，近毋为邹沅帆所惑，然后是非可出，忌妒之心亦自化。"①可见，谭嗣同自己并不反感被指为"康党"，不以入"康门"为耻，反以为幸。熊希龄对时人的指认做了辩解，他说，当初时务学堂总教习、分教习的聘请均非由他决定，学生读公羊学也是由教习所定，"龄本无学术，只管办事，不知其他……其不能越俎而谋功课者，权限为之也，此可明读公羊之非由龄主定也"。②显然，熊希龄对时人的"康党"指认并不认同。而徐仁铸则对于自《輶轩今语》刊刻以来叶德辉等人的诸多责难，迟迟未见回应，直到戊戌政变前夕才进行了辩解。他致函王先谦说，自己与康有为仅一面之交，尚在七八年前，且无深谈。至于康有为的著述，只见过《新学伪经考》，连《孔子改制考》都未过目，他在湘所颁《告示条诫》"与康学正如风牛马不相及"。"至于民权、平等之说，向所深绝"，"在本棚堂上讲论康某，则裁抑之词，十居八九。若谓大赞康学，尤不明其传讹之故也"。然而，连徐仁铸本人都无法否认的事实是，"康学"在湖南方兴未艾。究其原因，徐仁铸认为与其说是自己的《輶轩今语》助长了"康学"在湖南的兴盛，不如说是叶德辉的《〈輶轩今语〉评》鼓动了湖南的"康学"热："叶君奂彬一无商量，于所刊平（评）语中，谓侄推重康学。试问有何证据？若谓铸与其徒梁君稔，则梁亦非铸延来者也。士子信以为实，乃致援以为揣摩之端。郴州已见数卷，记有何树荧者用之，曾大加申斥。本棚则尤繁矣。来函谓见取列者有之，不知有万余卷以此黜落者也。推原其故，则奂彬实鼓动其机。宝永等处并无此风，自叶书出而萌芽于郴，渐盛于衡，至本棚则不可究矣。"③将"康学"在湖南的兴盛归结为叶德辉的"鼓动"，显然是徐

---

① 谭嗣同：《上欧阳中鹄（二十二）》，蔡尚思、方行编《谭嗣同全集（增订本）》（下），第475页。
② 熊希龄：《上陈中丞书》，《湘报》第112号，光绪二十四年五月二十七日，第445~446页。
③ 王先谦：《虚受堂书札》卷一"附复书"，沈云龙主编《近代中国史料丛刊》（683），第63~64页。

仁铸的一己私见，不无自我开脱之嫌，而否认《輶轩今语》与"康学"的关系更是欲盖弥彰。徐仁铸该信写于戊戌年八月初四日，与戊戌政变只隔一日，或许此时的他已经看到了"康学"的弊端，因此尽量撇清与"康党""康学"的关系，想必其心境已与《輶轩今语》刊出之时大不相同。

  总之，康门弟子入湘之后，湖南的维新事业染上了颇为激进的色彩。当南学会成立且隐喻议院之意时，紧追谭嗣同等人变法的皮锡瑞在日记中如是说："谭嗣同等禀请开学会，黄公度即以为议院，中丞已牌示，以孝廉堂为公所，开化可谓勇矣。"① 显然这种变法的速度超出了皮锡瑞的预期，皮为之欣喜。就皮锡瑞个人而言，虽然其变法路数与康门弟子一样，信奉并昌言素王改制，但随着湖南"新旧之哄"渐趋激烈，远在江西的皮锡瑞便引以为耻、引以为鉴。他在日记中如是说，"六月二十五日《申报》，已将熊太史书登载，予谓此等事彼此相诟，大为湘人之耻。尝见戏剧中看亲相骂，两亲家母，此詈彼云'偷人的'，彼詈此云'偷和尚的'，请以移赠诸公。"并告诫其弟子变法要以湖南为诫，勿激烈，"二十七日秉三刊其上中丞书，自明心迹及王、张、叶三君之行为……夏少村来，以此报示之，使知任事之难，当以湘人为鉴，宜心平气和，委曲求全，方能于事有济"；七月初六日再记："少村、奉峨至，以湖南信示之，使知办事之难，宜和平，勿激烈为是。"② 皮锡瑞鉴于湖南激进所带来的恶果而规劝其门人"宜和平，勿激烈为是"。皮之告诫事出有因，因为他已经感觉到其弟子们正在变法中刻意模仿湖南之激进，六月二十五日皮锡瑞在日记中记曰，"秦静山来见，公达、斐猗同至，云小宜等已开一学会，今日同议事来。开会自是佳事，特恐小宜等气太盛，动欲收拾地方官，将惹是非，不可不防"；八月初七日又记："少村云：闻小宜言，熊秉三出使日本，黄公度入军机，恐未必确。诸人所以嚣嚣然

---

① 皮锡瑞：《师伏堂未刊日记》（丁酉年十一月二十一日），《湖南历史资料》1958年第4期，第77页。
② 见皮锡瑞《师伏堂未刊日记》（戊戌年七月初八日、六月二十二日、七月初六日），《湖南历史资料》1959年第2期，第139、134、138页。

者，欲学熊也。"①

当湖南的"新旧之哄，起于湘而波及京师"时，授意其弟子们在湖南激进变法的康有为却改变了激进的态度，这可在其致赵曰生的信中见及。光绪二十七年，康有为致函赵曰生说：

> 览书骇甚，与弟义至笃，不能不告。
>
> 当戊戌以前，激于国势之陵夷。当时那拉揽权，圣上无权，故人人不知圣上之英明，望在上者而一无可望，度大势必骎骎割鬻至尽而后止，故当时鄙见专以救中国四万万人为主。用是奔走南北，大开强学、圣学、保国之会，欲开议院、得民权以救之。因陈右铭之有志，故令卓如入湘。当时复生见我于上海，相与议大局，而令复生弃官返湘。以湘人材武尚气，为中国第一，图此机会，若各国割地相迫，湘中可图自主。以地在中腹，无外人之干涉，而南连百粤，即有海疆，此固因胶、旅大而生者。诚虑中国割尽，尚留湘南一片，以为黄种之苗，此固当时惕心痛极，斟酌此仁至义尽之法也。卓如与复生入湘，大倡民权，陈、黄、徐诸公听之，故南学会、《湘报》大行。湘中志士，于是靡然奋发，人人种此根于心中，如弟所云是也。
>
> 及见皇上，乃知圣明英勇，能扫除旧国而新之，又能决开议院，授民以权……吾为感泣，愿效死焉。复生之过鄂，见洞逆，语之曰：君非倡自立民权乎？今何赴征？复生曰：民权以救国耳。若上有权，能变法，岂不更胜？复生至上海，与诸同人论，同人不知权变，犹为守旧论。当时《知新》亦然。复生到京师，即令吾晓告《清议》、《知新》诸报。然当时京师之哗谤，文悌攻我保国会，谓吾欲为民主，保中国不保大清，致荣禄得藉此以报那拉。于是圣主几弑，而令中国几亡，酿至今八国入京，东三省破（被）割。虽诸贼之罪，而亦吾党当时笔墨不

---

① 见皮锡瑞《师伏堂未刊日记》（戊戌年六月二十五日、八月初七日），《湖南历史资料》1959年第2期，第135、150页。

谨,不知相时而妄为之,有以致之。①

然而,康有为已经改变了的主张却没能及时有效地影响其弟子,弟子们仍"守旧论",诚如康有为所说"此机甚大,如机器之转轴能发不能收,则并创造机器师,亦同归于尽而已",致使康有为留下"虽诸贼之罪,而亦吾党当时笔墨不谨,不知相时而妄为之,有以致之"的遗憾。这是康有为多年之后的反思,其中的教训可谓沉痛、深刻。但既是多年后的反思,便很难代表他戊戌年的认识。事实上,即使康本人,虽然光绪帝召见之后决心依靠皇帝变法,但他在京师的活动也未能做到谨言慎行。这是"康党"的做派使然。

湖南维新变法的实践清楚地显示,"康学"对湖南的变法产生了重要的影响,并使湖南的维新一度染上了颇为激进的色彩,而湖南部分官绅在抵拒"康学"的过程中显示了与康门弟子不尽相同的变法路径。

当湖南变法初起,因受民族危亡的刺激,加之谭、梁的自立、民权主张与陈宝箴之"营一隅为天下倡,立富强根基,足备非常之变"的观念有某种相通之处,于是两者一度同舟共济,倡导维新。于是而有学报、学堂与学会联为一气的局面。但随着康门弟子以"康学"为指导的变法路数日渐显露,陈宝箴等人为稳健变法起见便加以制衡。对陈宝箴的制衡措施,以往的研究多认为是出于旧派的压力。这一论断显然是忽视了陈宝箴等人制止激进的内在主动性。实际上,在所谓的"旧派"不满"康党"激进言论的同时,新派内部也同样对之表示不满。上述分析表明,陈氏父子开始批评《湘报》及产生更换时务学堂人事的想法,几乎与所谓"旧派"的反对同时,或更早。陈三立对谭嗣同等人过于依附、追捧康有为的做法不仅反感,而且表示"湖南不应有此",这意味着康门弟子在湖南的激进变法无法长久。

以康门弟子为主体的"康党"虽因激进的变法方针遭到了湖南旧派的

---

① 详见姜义华、张荣华编校《康有为全集》第5集,第400~401页。

攻击与新派的"节制",但其成员之间所具有的巨大凝聚力是其他维新派所无法比拟的。这种凝聚力正来自其共同的学术、共同的变法理论,以及明确的变法方针。因为"康党"以康门弟子为主体,共同的师承使得他们有着共同的学术,并以此作为其变法的理论基础,大肆宣传;在变法中,康有为对其门人与亲信具有极大的号召力。因为有着共同的变法理论,"康党"各成员在维新运动中前呼后应、左右配合,并因此显示了超越其他维新人士的能量。缘是,与其他维新人士相比,康门师徒在维新运动中成绩更突出,也更引人注目,这一点无论毁之者还是誉之者,都看得很清楚。当看到孙宝瑄批驳《孔子改制考》的考证疏漏时,宋恕便列举康有为在维新中的成绩予以反驳:"子以考古贬长素甚善,然长素非立言之人,乃立功之人。自中日战后,能转移天下之人心风俗者,赖有长素焉。"① 而与谭、梁产生矛盾的邹代钧则发出了"吁!康徒遍天下,可畏也"的慨叹。因此,"康党"成员进入湖南不久,便使得湖南诸多新政深深打上"康学"的印迹,但遗憾的是,"康党"的变法理论与变法方针太过偏激,"康党"的做派太过自我,面对旧派的攻击与维新同志的规劝,"康党"不加区分,一概抵制,最终导致了变法派内部的分裂,湖南大好的变法形势也在这各种对抗与纷争中走向终结。

---

① 孙宝瑄:《忘山庐日记》(上),戊戌年五月十七日,第220页。

第五章
"康党"与百日维新

光绪二十三年深秋,一个特殊的历史机缘使得康有为来到京城,在他的带动下,"康党"成员不断向京师聚集,并展开了一系列的维新活动,从而将"康党"的影响由地方带到中央。分析百日维新前后"康党"在京的作为,有助于我们评估"康党"对中枢决策的影响力,以及当时在京官绅对待"康党"的态度。

一 康有为进京的动机与机缘

关于光绪二十三年康有为进京的动机,康有为在其自编年谱中如是说:

> 中国人满久已,美及澳洲皆禁吾民往。又乱离迫至,遍考大地可以殖吾民者,惟巴西经纬度与吾近,地域数千里,亚马孙河贯之,肥饶衍沃,人民仅八百万,若吾迁民往,可以为新中国。当乙未,吾欲办此未成。与次亮别曰:"君维持旧国,吾开辟新国。"时经割台后,一切不变,压制更甚,心虑必亡,故欲开巴西以存吾种。乙未之归,遇葡人及曾游巴西者,知巴西曾来约通商招工,其使来至香港,而东事起。巴使在香港候吾事定,至数月,东事益剧,知不谐乃归。吾港澳商咸乐任此,何君穗田擘画甚详,任雇船招工之事。于是,拟入京举此……①

---

① 楼宇烈整理《康南海自编年谱》(外二种),第33~34页。

对于康有为的这段自述，茅海建对其真伪进行了详细的签注、考订，说明其中的若干细节是不可靠的，但并不否认康有为此次进京正是为了联络移民巴西之事。① 而康有为移民巴西的计划早在光绪二十一年就已经产生了，只是没有付诸实行。而且，康的这一想法还影响到了其他维新派同志。谭嗣同在光绪二十三年春作的《吴铁樵传》中，就曾提到梁启超有移民巴西之说："梁启超曰：巴西亦美洲大国也，土满而不治，召我中国之农农焉。苟群而往，将以中国之农塞其国。"② 可见，移民巴西在此时已是康门的共识。不仅康门弟子受康有为的影响，而且连汪康年也对移民巴西一事念念不忘。他曾于光绪二十三年夏秋，多次致函时任总理衙门章京、刑部候补主事的张元济，咨询巴西招工一事。光绪二十三年六月十三日，张元济致函汪康年，答复其巴西招工一事，说："巴西招工，自是美事，前秘鲁领事许九香为弟言：巴西招工意甚迫，若不允，仍私自招去。所以不允者，恐其虐待也，私招而虐待，反无道以保护之矣，则何如辟此途径乎，此言甚确。惟译署办事总以清净寂灭为主，其奈之何哉！"此后，张元济又在多封复汪康年的信中谈及巴西招工，表示"招工事总为相机"。③ 康有为移民巴西的想法得到了何穗田的支持，因为有了何穗田的积极推动，"擘画甚详"，并"任雇船招工之事"，康有为才决定进京推动此事。光绪二十三年十月，在商讨完梁启超入湘执教的教育方针之后，康有为便离沪赴京。

而就在康有为抵达北京之际，震惊中外的德占胶州湾事件发生。胶州湾事件对于中国官绅之刺激不亚于甲午战败，它意味着自甲午战后列强不断酝酿的瓜分中国领土的呼声已由舆论转为行动。德国人的无理、要挟、刁难令决策层饱尝屈辱，且不乏潸然泪下、寝食难安者。据翁同龢日记记载，十月二十八日，当李鸿章、张荫桓、庆亲王商讨胶州湾事变时，"庆邸谈次激昂流涕"。半月后，翁同龢去探视病中的工部尚书钱应溥，尚书"尚不能饭"，

---

① 茅海建：《从甲午到戊戌：康有为〈我史〉鉴注》，第197~210页。
② 谭嗣同：《吴铁樵传》，蔡尚思、方行编《谭嗣同全集（增订本）》（上），第258页。
③ 上海图书馆编《汪康年师友书札》（2），第1699、1717页。

竟"谈时事流涕"①。而清朝最高决策层,特别是翁同龢、张荫桓等人处理胶州湾事件的屈辱经历,以及由此激发出来的变法欲求,正是康有为之变法呼声产生回响的重要背景。

在胶澳事件的处理中,翁同龢可谓全程参与,与他一起全程参与的还有张荫桓,而这二人正是此次康有为进京后的重要依靠。张荫桓是康有为的同乡,其接纳康有为并不意外,而翁同龢之所以接受康有为,离开胶澳事件对他的触动是无法解释的。光绪二十三年十月十八日,曹州教案进入翁同龢的视野。二十一日,山东巡抚已"遵旨将县摘顶",并将处理结果奏上,该案的办理不谓不及时,但二十二日,翁同龢便看到山东的奏报,"德兵船入胶澳,占山头,断电线,勒我守兵三点钟撤出,四十八点钟退尽云云",他们当即"草电旨二道,一饬李秉衡勿先开炮,一令许景澄向德外部理论"。后翁约张荫桓、李鸿章三人入署商量,"警报迭至,章高元两营退扎四方山,又胶州电局德令发洋信,不准接华信。余谓宜发照会予德馆,责其因何不照会遽调兵登岸,樵野属稿"。② 此时的翁同龢已经意识到问题的棘手,当夜未眠。次日早朝时,光绪帝亮明其在胶澳问题上的态度,"上意力持不战,述慈圣言,甚忧劳也",并"电饬李秉衡勿轻言决战贻误大局"。③ 在经历了甲午战败的伤痛之后,不战是当时绝大多数有识者的共识。接下来便是翁同龢与德使海靖艰难的谈判。其实,占据胶州湾是德国从国王到使臣的既定目标,曹州教案不过是一个借口而已,但翁同龢等人并不知道德国的目标,因此反复被德人愚弄、刁难、要挟。德国最初提出六条照会,表示要将教案与德占胶澳事件分开办理,也就是说在教案议结后,胶澳事件"另案办理"。何谓"另案办理"?翁同龢的理解是"隐示以可别指一岛"。对此,他在日记中记曰:"此等语何忍出口,特欲弭巨祸低颜俯就耳,呜呼,悕矣。"④ 后

---

① 陈义杰整理《翁同龢日记》第6册,光绪二十三年十月廿八日、十一月十二日,第3060、3065页。
② 陈义杰整理《翁同龢日记》第6册,光绪二十三年十月廿二日,第3058页。
③ 陈义杰整理《翁同龢日记》第6册,光绪二十三年十月廿三日,第3059页。
④ 陈义杰整理《翁同龢日记》第6册,光绪二十三年十一月十一日,第3065页。

来，虽然翁同龢等人愿意别指一岛给德国，但一方面列强纷纷反对指南方岛屿给德国；另一方面胶澳是德国的既定目标，德国也不接受别指一岛。而德国所谓的"另案办理"实际上是要租界胶澳。为了达到租界胶澳的目的，德使海靖翻云覆雨，喜怒无常，将翁同龢等人呼来喝去，身为帝师的翁同龢备感屈辱。在德国的要挟下，翁同龢等人不得不接受德国的各种利益要求：胶澳租给德国九十九年，山东的路矿权力也让给德国。对于这一结果，翁同龢在日记中痛言："此最憾最辱之事，何时雪此耻耶。"① 屈辱备尝之后，翁同龢不禁发出"何时雪此耻"的感叹！雪耻谈何容易，唯一的途径便是变法自强。十二月二十二日，翁同龢等人"定胶澳结案及人犯处决"，两日后，"上颇诘问时事所宜先，并以变法为急，恭邸默然，谓从内政根本起。臣颇有敷对，诸臣亦默然也。退令领班拟裁绿营、撤局员、荐人材之旨，又拟饬部院诸臣不得延阁官事旨"。显然，胶澳事件引起了光绪帝对变法的重视，从处理胶案的艰辛中，翁同龢也深感变法之迫切，因此"颇有敷对"。而当天赫德的一番批评中国因循守旧的话同样触动了翁。翁在日记中如此记曰："未刻赴总署晤赫德，因借款、大连湾事嘱其向窦解围，伊应允，并言四十年劝中国自强，乃因循至此，其言绝痛，有心哉斯人也。"当日日记末尾，翁同龢对赫德之语做了颇为详细的记录："记赫德语：'四十余年食毛践土，极思助中国自强，前后书数十上，无一准行者，大约疑我不实不公耳。今中国危矣，虽欲言，无可言矣。即如日本偿款，当时我献策，将海关洋税全扣，每年二千万，十年可了，而张大人驳我。我又献策，我可借银五千万镑，除还日本外尚余一千……百镑，中国可办他事，而俄法出而担借以挠我。试观今日还债两倍于本，较吾策孰得孰失耶？胶事办此榜样，各国生心，英国实欲中国兴旺，商务有益，今有此样，恐各国割据，则亦未免要挟矣。又我再作旁观末论呈阅，我亦知中国万不能行，特尽我心耳。我言若行，三十年可无大变故。此次语极沉痛，未能悉记。'"② 各国生心，列强虎

---

① 陈义杰整理《翁同龢日记》第6册，光绪二十三年除日（十二月廿九日），第3084页。
② 陈义杰整理《翁同龢日记》第6册，光绪二十三年十二月廿二、廿四日，第3080～3082页。

视,不变法何以图存!但如何变法,谁能堪此重任?这是一个令翁同龢头痛的问题。当德使反复变卦、百般刁难之际,翁同龢曾与庆邸谈于月华门,感叹道:"时势如此而无人肩任,可叹也。"①

正当翁同龢急需力任变法之人时,康有为出现在北京,可谓恰逢其时。多年心怀变法救亡大志的康有为抓住胶澳事件后民族危机高涨的时机,一方面"上书求变法于上",另一方面"开会振士气于下"。② 正是在强烈民族危机的刺激下,康有为的疾呼得到了回应,康有为也走进翁同龢的视野。当然,康有为在京的活动在引起高层注意的同时,也引起了部分官绅的反感与抵制,其中既有反对变法者,也有赞成变法者。这也与"康党"的变法主张及其做派密切相关。

二 百日维新前"康党"的维新活动及其反响

光绪二十三年冬,康有为到京后做的第一件要事就是上书光绪帝,即"外衅危迫,分割洊至,急宜及时发愤,革旧图新,以少存国祚,呈请代奏事",也就是"康党"所说的《上清帝第五书》。

该上书,康有为首先指出胶州湾事件是甲午战后列强瓜分中国的第一步,必将引发各国的效仿,后果不堪设想:"日本议院日日会议,万国报馆议论沸腾,咸以分中国为言。若箭在弦,省括即发,海内惊惶,乱民蠢动。职诚不料昔时忧危之论,仓猝遽验于目前;更不料盈廷缄默之风,沉锢更深于昔日。瓜分豆剖,渐露机牙,恐惧回惶,不知死所,用敢万里浮海,再诣阙廷,竭尽愚诚……三年来泰西专以分中国为说。报章论议,公托义声,其分割之图,传遍大地,擘画详明,绝无隐讳……英国《泰晤士报》论德国胶事,处置中国极其得宜。譬犹地雷四伏,药线交通,一处火燃,四面皆应,胶警乃其借端,德国固其嚆矢耳……自尔之后,赴机愈急,蓄势益紧,

---

① 陈义杰整理《翁同龢日记》第6册,光绪二十三年十一月廿六日,第3070页。
② 梁启超:《记保国会事》,中国史学会主编《中国近代史资料丛刊·戊戌变法》第4册,第416页。

事变之来，日迫一日。"其后果将会是"皇上与诸臣，虽欲苟安旦夕、歌舞湖山而不可得矣，且恐皇上与诸臣，求为长安布衣而不可得矣"。

危机若此，何以应对？在康有为看来，当务之急在于"退而结网"，他所提出的变法策略，"亦不敢言自保，言图存而已；亦不敢言图存，即为偏安之谋"。为此，他提出了一系列应对胶警之策，包括：（1）"皇上因胶警之变，下发愤之诏，先罪己以励人心，次明耻心激士气"；（2）"集群材咨问以广圣听，求天下上书以通下情"；（3）"明定国是，与海内更始"；（4）"自兹国事付国会议行，纡尊降贵，延见臣庶，尽革旧俗，一意维新"；（5）"大召天下才俊，议筹款变法之方"；（6）"采择万国律例，定宪法公私之分"；（7）废老旧官吏，派勤王出游等。在此基础上，康有为还提出了图保自存的变法策略，"夫今日在列大竞争之中，图保自存之策，舍变法外别无他图。此谈经济者异口而同词，亦老于交涉之劳臣所百虑而莫易。顾革故鼎新，事有缓急，因时审势，道备刚柔。其条目之散见者，当世之士能言之"。而他为皇上提供的变法三策为："第一策曰：采法俄日以定国是"；"第二策曰：大集群才而谋变政"；"第三策曰：听任疆臣各自变法"。"凡此三策，能行其上，则可以强；能行其中，则犹可以弱；仅行其下，则不至于尽亡"。① 这里，因为是上书光绪帝，故康有为将教之危机搁置不提，而是大谈国之危机，将国置于教之上，这与康门师徒在《强学报》《时务报》初创时的态度已然不同，也是康有为的聪明所在。作为皇帝，光绪帝更关心社稷江山之存亡，教在光绪帝的心中不过是统治工具而已，与"康党"将教视为终极关怀截然不同。也正因如此，随着康有为的论说进入光绪帝的视线，他便逐渐赢得了皇帝的信任。

康有为的这一上书，写于其到京不久，并交工部代奏，但据梁启超说，工部拒绝代奏，直到光绪二十四年正月才由总理衙门奏上。尽管如此，该上书仍很快便在维新派中引起了反响。光绪二十三年十一月初，"戊戌六君子"之一的刘光第致函刘庆堂，内中谈到康有为的上书："前月刑部主事吴

---

① 详见姜义华、张荣华编校《康有为全集》第4集，第2~7页。

某（荫生，提督吴长庆之子，号燕甫）递一条陈，乞堂官代奏，不过谏止办庆典之事，而各堂官变色伸舌，以为语有障碍，断不敢代奏。吴君遂具呈，力请开缺还家。（兄有愧此人多矣）数日来，工部主事南海康有为亦作有条呈欲递，但不知彼部堂官曾肯与代奏否？（其意痛发'兼弱攻昧、取乱侮亡'八字）"①十一月二十六日，杨锐致函汪康年说："长素条陈，透切时弊。"②"康党"为了有效地宣传康有为，于光绪二十三年十二月编辑《南海先生五上书记》，由上海大同译书局出版。光绪二十四年二月，该上书刊于《知新报》，三月刊于《湘报》。光绪二十四年二月，谭献在报纸上看到了康有为的第五次上书后，在日记中记曰："康工部有为有五次上书，为大僚所格，未达九重。原文传布，登沪上报章，展阅一过。言有过于痛哭者。扼不上闻，固为沉笃之习。然以此为药，即能起笃疾，尚不敢信。"③

在自己刊印《上清帝第五书》的同时，康有为称"又草三疏，交杨淑峤，分交王幼霞、高理臣上之"。据茅海建先生考证，王鹏运于光绪二十三年十二月十九日所上《胶州不可借德宜密结英、日以图抵制折》及《结倭连英并缓偿倭款片》，其所涉及的联英、日策及波兰土耳其事、缓偿日本赔款，皆是康有为当时的主张，很可能是康有为起草的。④而高燮曾于光绪二十三年十一月十九日所上的《请令康有为相机入西洋弭兵会片》也应为康有为所起草⑤。而后，总署对此一奏片的处理办法，可以说改变了康有为的人生轨迹。据十一月十八日康有为所记："既谒常熟，投以书告归。与李合肥言巴西事，许办之，惟须巴西使来求乃可行。是时将冰河，于十八日决归，行李已上车矣，常熟来留行。翌日，给事中高燮曾奏荐请召见，并加卿衔出洋，常熟在上前力陈之，奉旨交总理衙门议，许应骙阻之于恭邸，常熟

---

① 详见《刘光第集》，中华书局，1986，第276页。
② 上海图书馆编《汪康年师友书札》（3），第2408页。
③ 谭献著，范旭仑、牟晓朋整理《复堂日记》，光绪二十四年二月十二日，第393页。
④ 茅海建：《从甲午到戊戌：康有为〈我史〉鉴注》，第218～219页。
⑤ 马忠文：《高燮曾疏荐康有为原因探析——兼论戊戌维新前后康、梁的政治贿赂策略与活动》，《学术交流》1998年第1期。

再持之，恭邸乃谓'待臣等见之乃奏闻'。奉旨令王大臣问话。"①

关于翁同龢赴南海馆挽留康有为一事，学界有两种截然不同的观点。以孔祥吉、村田雄二郎为代表的观点认为，翁同龢的确于光绪二十三年十一月十八日赴南海会馆挽留过康有为。主要证据是翁同龢这一天的日记有改动，这是翁氏在政变后为避祸对日记所做的删改，目的是隐去这天清晨到南海会馆访康的情节。② 对此观点，马忠文提出异议，认为这天翁同龢到南海会馆挽留康氏的说法不可信。首先，此时的康有为积极进取，贿买高氏疏荐，不可能萌生南归的念头；其次，有材料显示，十八日这天康有为往见翁同龢遭拒的可能性很大。最后，翁同龢重缮日记重点非十八日的内容，而是十九日的内容，翁同龢删去的应是十九日军机大臣召见时他对高氏疏荐康有为建议积极促动的内容。③ 两种不同的观点均能言之成理，自圆其说。这里姑且不论翁挽留康有为真实与否，但有一点是可以肯定的，即在讨论高燮曾荐康的奏片时，翁同龢是积极促动者。这一点似乎比翁同龢是否赴南海馆挽留康有为更为重要。高燮曾在奏荐康有为的附片中如此说：

> 臣闻西洋有弭兵会，聚集之所在瑞士国，其大旨以排难解纷、修好息民为务，各国王公大臣及文士卓有声望者，皆准入会，如两国因事争论，未经开战之先，可请会中人公断调处，立意甚善。臣见工部主事康有为学问渊长，才气豪迈，熟谙西法，具有肝胆，若令相机入弭兵会中，遇事维持，于将来中外交涉为难处，不无裨益，可否特予召对，观其所长，饬令总理各国事务衙门厚给资斧，以游历为名，照会各国使臣，用示郑重。见在时事艰难，日甚一日，外洋狡谋已露，正宜破格用人为自存之计，所谓请自隗始者不必待其自荐也。④

---

① 楼宇烈整理《康南海自编年谱》（外二种），第34页。
② 参见孔祥吉、〔日〕村田雄二郎《〈翁文恭公日记〉稿本与刊本比较——兼论翁同龢对日记的删改》，《历史研究》2004年第3期。
③ 马忠文：《张荫桓、翁同龢与戊戌年康有为进用之关系》，《近代史研究》2012年第1期。
④ 《给事中高燮曾奏为保荐康有为以游历为名加入弭兵会事》，录副奏折，档号：03-5617-051，缩微号：423-2356。

康有为入弭兵会一事,在当时的维新派中引起了反响。光绪二十三年十一月十六日,杨锐致函汪康年,谈及此事,称:"昨因高理臣给谏奏派其出洋入万国弭兵会,亦近事之差强人意者。"① 光绪二十三年十二月初五日,由严复、夏曾佑等人主办的天津《国闻报》刊出《中国拟联泰西弭兵之会》的消息,称:"顷本馆接京友来函,高理臣给谏本此意以建言,于前月某日具折陈奏,请中国简派通知泰西诸国时事之人,赴欧洲联络各国同人入此会,并密保工部主事南海康有为足膺此任,并闻总理衙门已奉旨议行。至其详细情形,容再探明登告。"郑孝胥于光绪二十四年正月初六日日记记曰:"谢筱亭、李一琴来。一琴初归自湖南……又闻康长素已赏卿衔,命出洋游历,且充弭兵会员。"② 康有为加卿衔出洋入弭兵会的消息,郑孝胥是从归自湖南的李维格(一琴)口中得来的,他当时在湖南时务学堂任西文总教习。而李的消息当是康门弟子从康有为处得来的。据叶德辉说:"朝传一电报曰,康有为赏五品卿衔,游历各国,主持弭兵会……电至时务学堂也,同年友汪诵年编修为余言之,余笑曰:'此康谣耳,不足信。'数日往询其弟子梁启超,则言之忸怩。梁固笃信康教,终身不欲背其师,而亦不能为其师讳。"③ 后来,梁鼎芬在《康有为事实》中也谈及此事,称:"康有为好捏造谕旨,上年胶事初起,康有为创言愿入外国弭兵会,以保海口,其事已极可笑。康有为竟发电至粤、至湘、至沪,云已奉旨加五品卿衔,前往西洋各国入弭兵会,闻者骇异,其实并无此事。"④ 光绪二十四年正月,总理衙门章京张元济致函汪康年,谈及康有为入弭兵会事,说:"康先生并无赏五品卿衔之说,弭兵会亦已罢论。惟高位者,颇能为所歆动耳。"⑤ "惟高位者,颇能为所歆动"一语,说明此一时期康有为在京的活动是有效的,特别是身居高位的翁同龢、张荫桓等人都很看重他。虽然康有为入弭兵会一事为总

---

① 上海图书馆编《汪康年师友书札》(3),第2408页。
② 《郑孝胥日记》第2册,光绪二十四年正月初六日,第639页。
③ 详见苏舆编《翼教丛编》,第165页。
④ 清华大学历史系编《戊戌变法文献资料系日》,上海书店出版社,1998,第1256页。
⑤ 上海图书馆编《汪康年师友书札》(2),第1723页。

理衙门所否，但总理衙门对于高奏的处理办法，却改变了康有为的人生道路，使他很快进入皇帝的视线中，并从而影响皇帝的决策。

有研究表明，光绪帝当天一早看到高燮曾的奏片后，并未直接批复，而是在召见枢臣时将高片带上，君臣共同商议后才令总署"酌核办理"。总理衙门在处理高荐康的奏片时所拟定的处理办法，耐人寻味。高片中的康有为入弼兵会一节已被否决，因许应骙反对"破格召见"，恭亲王提出替代之方，即由"王大臣问话"康有为。① 总署这一特别的处理办法为康有为提供了绝佳良机，从此康有为由一个工部主事步步高升，逐步开始影响清朝的最高决策者光绪皇帝。促成这一良机者，无疑是翁同龢与张荫桓，但同时我们必须充分看到康有为个人的积极努力及胶州湾事变后的紧张时局在其中的促动作用。

光绪二十四年正月初三日，康有为被总理衙门大臣请去问话。关于问话的过程与内容，康有为在其年谱中如此说：

> 正月初二日，总理衙门总办来书，告初三日三下钟王大臣约见。至时李中堂鸿章、翁中堂同龢、荣中堂禄、刑部尚书廖寿恒、户部左侍郎张荫桓，相见于西花厅，待以宾礼，问变法之宜。
>
> 荣禄曰："祖宗之法不能变。"我答之曰："祖宗之法，以治祖宗之地也，今祖宗之地不能守，何有于祖宗之法乎？即如此地为外交之署，亦非祖宗之法所有也。因时制宜，诚非得已。"
>
> 廖问宜如何变法？答曰："宜变法律，官制为先。"
>
> 李曰："然则六部尽撤，则例尽弃乎？"答以："今为列国并立之时，非复一统之世，今之法律官制，皆一统之法，弱亡中国，皆此物也，诚宜尽撤，即一时不能尽去，亦当斟酌改定，新政乃可推行。"
>
> 翁问筹款，则答以："日本之银行纸币，法国印花，印度田税，以中国之大，若制度既变，可比今十倍。"于是陈法律、度支、学校、农、商、工矿政、铁路、邮信、会社、海军、陆军之法，并言日本维

---

① 马忠文：《张荫桓、翁同龢与戊戌年康有为进用之关系》，《近代史研究》2012年第1期。

新，仿效西法，法制甚备，与我相近，最易仿摹。近来编辑有《日本变政考》及《俄大彼得变政记》，可以采鉴焉。①

对于此次总署王大臣约见康有为，翁同龢当天日记记曰："未初到总署……传康有为到署高谈时局，以变法为主，立制度局、新政局、练民兵、开铁路、广借洋款数大端，狂甚。"② 由"狂甚"一语可见，康有为自大的性格在此次谈话中充分暴露出来，并未因为面对的是王大臣而稍加收敛。

就在此次总署王大臣约见之后，康有为抓紧时间，以谈话内容为基础，完成《外衅危迫，分割洊至，宜及时发愤，大誓臣工，开制度新政局折》（即《上清帝第六书》），递到总署，恳请代奏。于是，二月十九日，总署复奏高燮曾奏片的同时，代奏了康有为的奏折，该奏称：

> 光绪二十三年十一月十九日，准军机处抄交给事中高燮曾奏《请令主事康有为相机入西洋弭兵会》一片，军机大臣面奉谕旨："总理各国事务衙门酌核办理。钦此。"臣等查原奏所称，西洋弭兵会立意虽善，然当两国争论，将至开战，会中即有弭兵之论，并无弭兵之权；近日土、希之战，不能先事弭兵，是其明证。该给事中所请令工部主事康有为相机入会一节，应毋庸议。惟既据该给事中奏称，该员学问淹长，熟谙西法。臣等当经传令到署面询。旋据该员呈递条陈，恳请代奏。臣等公同阅看，呈内所陈，语多切要，理合照录原呈，恭呈御览，伏乞皇上圣鉴。谨奏。③

总署对高奏的变通办理，给了康有为被王大臣约见的大好机会。康有为也及时抓住了这一机会，不仅在约见时畅所欲言，而且在其后又及时拟写奏折，让光绪帝了解自己的主张。

---

① 楼宇烈整理《康有为自编年谱》（外二种），第36~37页。
② 陈义杰整理《翁同龢日记》第6册，光绪二十四年正月初三日，第3086页。
③ 详见姜义华、张荣华编校《康有为全集》第4集，第11页。

第五章 "康党"与百日维新

康有为该奏的核心内容是仿行日本明治维新,"大誓臣工,开制度新政局",内称:

> 考日本维新之始,凡有三事:一曰大誓群臣以革旧维新,而采天下之舆论,取万国之良法;二曰开制度局于宫中,征天下通才二十人为参与,将一切政事制度重新商定;三曰设待诏所许天下人上书,日主以时见之,称旨则隶入制度局。此诚变法之纲领,下手之条理,莫之能易也。伏愿皇上采而用之,因日食之警,震动修德,除旧布新;择吉日大誓百司庶僚于太庙,或御乾清门,下诏申警,宣布天下以维新更始;上下一心,尽革旧弊;采天下之舆论,取万国之良法,俾趋向既定,四海向风。然后用南书房、会典馆之例,特置制度局于内廷,妙选天下通才数人为修撰,派王大臣为总裁,体制平等,俾易商榷。每日值内,同共讨论;皇上亲临折中一是,将旧制新政斟酌其宜。某政宜改,某事宜增,草定章程,考核至当,然后施行。其午门设招待所,派御史为监收,许天下人上书,皆与传达,发下制度局解之,以通天下之情,尽天下之才……其他条陈关涉新政者,皆发制度局议行。

与设制度局同时,康有为还提出在中央设立法律局、税计局、学校局、农商局、工务局、矿政局、铁路局、邮政局、造币局、游历局、社会局、武备局十二专局来推行行政,"凡制度局议定之新政,皆交十二局施行"。地方则"每道设一新政局,督办照主考学政及洋差体例,不拘官阶,随带京衔,准其专制奏事","每县设一民政局,由督办派员会同地方绅士公议新政"。康有为这一奏折最核心的内容是制度局,按照他的设计,制度局"将成为中央的政治决策机构,一切新政政令均将经其讨论决定后,交十二局办理。康有为本人也企图通过进入制度局即'参议',而成为变法的领导者与决策者"。①

---

① 参见茅海建《从甲午到戊戌:康有为〈我史〉鉴注》,第299页。

该上书中，康有为还提道："职译纂累年，成《日本变政考》一书，专明日本改政之次第；又有《大彼得变政记》，顷方缮写，若承垂采，当以进呈……若西人所著之《泰西新史揽要》《列国变通兴盛记》，于俄、日二主之事颇有发明。皇上若俯采远人，法此二国，诚令译署并进此书，几余批阅"。① 此后，康有为接连不断向总署递交新的变法条陈与书籍。二月二十日，他将《俄彼得变政记》一书及《为译撰〈俄彼得变政记〉成书，可考由弱至强之故，呈请代奏折》（即后来的《上清帝第七书》）送到总署请求代递。二月二十七日又将《为胁割旅大，覆亡在即，乞密联英日，坚拒勿许折》递到总署。三月二十日康氏复将《日本变政记》《泰西新史揽要》《列国变通兴盛记》三书及《进呈〈日本变政考〉等书，乞采鉴变法以御侮图存折》《请照经济科例推行生童岁试片》交到总署。康有为不失时机，积极主动通过总署向光绪帝呈递上书与书籍，为的是影响光绪帝，使其走上变法道路，并影响其决策。而总理衙门能够及时将其上书与书籍呈递御前，则是张荫桓的秘密活动的结果，有研究者指出："康有为这位资历甚浅的额外六品主事，终于冲破种种阻隔得到皇帝的格外赏识，这在清代历史上可谓绝无仅有……康氏在短时间内迅速发达起来，完全是因为在张荫桓引领下，沿着'秘密'捷径，走入光绪帝的视线之内。"② 在今人看来是秘密的事情，其实当时并非秘密，很多人都知道康有为发达靠的是张荫桓。皮锡瑞曾在日记中记曰："见'时务日报'……又有云康工部得志，乃张樵野主持，卓如定章虽佳，必欲人人读其编定之书，似有王荆公三经新义之弊……"③已经见诸报章的事情自然称不上秘密。当然，在康有为发达的路上，同样不可忽视的是翁同龢的作用，如果联系后来康有为进呈《孔子改制考》时，因翁同龢的反对而大费周折，便可看出，没有翁同龢的支持，康有为的进用之路也不会如此顺畅，而此时翁同龢对康有为活动的支持，是康有为得以进入光

---

① 详见姜义华、张荣华编校《康有为全集》第 4 集，第 14~15 页。
② 马忠文：《张荫桓、翁同龢与戊戌年康有为进用之关系》，《近代史研究》2012 年第 1 期。
③ 皮锡瑞：《师伏堂未刊日记》（戊戌年六月十八日），《湖南历史资料》1959 年第 2 期，第 131 页。

绪帝视线并引起光绪帝注意的重要因素之一。

翁、张的引导、支持与帮助无疑对康有为的成功进用作用极大，但我们同时不能忽视康有为及其党人的积极努力。

在康有为的上书尚未引起光绪帝的重视之时，"康党"还做了以下两件重要的事情。

一是组织进京参加戊戌科会试的举人再次发起了公车上书。光绪二十四年戊戌科会试，康门弟子梁启超、麦孟华、梁朝杰、龙应中等人均参加会试。就在各省举人云集北京之时，山东即墨县发生了德军毁坏文庙圣像的事件，于是由麦孟华、梁启超领衔公车上书，签名的各省举人多达830人。

二是开办保国会。对于保国会的缘起，康有为在其年谱中如此说："以公车云集，欲遍见其英才，成一大会，以伸国愤，由是少盘桓焉。李木斋亦来言开会事，卓如新在湖南开南学会极盛，时扶病来京，幼博以医卓如故，同寓三条胡同金顶庙。乃定于二十二日开保国会于粤东馆，为草定章程，士夫集者数百，投筹公举演说，举吾登座，楼上下人皆满，听者有泣下者。盖自明世徐华亭集灵济宫讲学后，未有斯举也。二十五日再集于崧云草堂。二十九日再集于贵州馆，人皆逾百数。是时，各省人士应时开会。"① 第一次开会，众推康有为登台演讲，康有为就胶州湾事件发生后的危局发表演说，称："若夫泰西立国之有本末，重学校，讲保民、养民、教民之道，议院以通下情，君不甚贵，民不甚贱，制器利用以前民，皆与吾经义相合，故其致强也有由。吾兵、农、学校皆不修，民生无保养教之之道，上下不通，贵贱隔绝者，皆与吾经义相反，故宜其弱也，故遂复有胶州之事。四十日之间，要挟逼迫者二十事：其一，德之强租胶州，人所共知也；其二，则英欲借我款三厘息，而俄国不许矣；其三，欲开大连湾通商，俄不许矣……二月以来，失地失权之事，已二十见；来日方长，何以卒岁？缅甸、安南、印度、波兰，吾将为其续矣！观分波兰事，胁其国主，辱其贵臣，荼毒缙绅，真可为吾之前车哉！……孟子曰：国必自伐，然后人伐之。故割地失权之事，非

---

① 楼宇烈整理《康南海自编年谱》（外二种），第39~40页。

洋人之来割胁也，亦不敢责在上者之为也，实吾辈甘为之卖地，甘为之输权。若使吾四万万人皆发愤，洋人岂敢正视乎？而乃安然耽乐，从容谈笑，不自奋厉，非吾辈自卖地而何？"① 闰三月初一日，保国会第二次聚会，由梁启超发表演说。

康有为在百日维新前多管齐下的努力的确收获很大，就向上争取光绪帝的努力而言，通过总署的谈话及代递奏折，康有为已经深获帝心，赢得了光绪帝的信赖。这是康有为之所以在戊戌年能与百日维新发生关联的重要前提。就向下发动士人组织保国会开会、演讲，并对之进行宣传等活动而言，康有为的号召的确吸引了不少人的眼球，并成功开展了数次保国会聚会与演讲。对于康有为此一时期在京的影响，康自己也颇为得意，曾在自编年谱中如是说："是时，各省人士应时开会，保滇会、保浙会继起，人数皆逾百数。当是时，公车如云，来见者日数十，座客填塞，应接不暇，分日夜之力，往各会宣讲。客来或不能见，见亦不能答拜，多有怨者。"② 对当日康之门庭若市的情景，胡思敬也曾如是说："是时天子方开特科，四方高视阔步之士，云集辇下，争曛交康先生，有为亦倾身结纳，终日怀刺，汲汲奔走若狂。"③

然而，康有为这些轰轰烈烈的活动，在赢得光绪帝的信任和发动了舆论的同时，也给"康党"带了很多负面的效应。保国会第二次聚会便遭到了礼部尚书、总理衙门大臣许应骙和兵部侍郎杨颐的反对，因此未能在粤东新馆召开。与此同时，一系列弹劾保国会的奏章如雪片般飞来。先是浙人孙灏作《驳保国会议》，逐条驳斥了《保国会章程》，指出，"例禁结社拜盟、敛钱惑众，若辈显干宪典，与地方大光棍无异，厚聚党徒，忘冀非分，务在摇动民心，戕削命脉，行同叛逆"，"创是会者，显以总理自居，明知来者皆附党羽，乃以多推荐者为辞，泯其僭妄之迹。至曰议员，叛逆之心，昭然呈

---

① 详见姜义华、张荣华编校《康有为全集》第4集，第58~59页。
② 楼宇烈整理《康南海自编年谱》（外二种），第40页。
③ 胡思敬：《戊戌履霜录》卷2，中国史学会主编《中国近代史资料丛刊·戊戌变法》第1册，第374页。

露","谬称总理决定,非自拟于民主,即自比于教皇。以国法论,总理皆大典特设之员,何得妄称?"① 孙灏从"厚聚党徒""僭妄""叛逆"入手对"康党"的驳斥,可谓抓住要害。而"非自拟于民主,即自比于教皇"一语,本与保国会毫无关联,却道出了很多时人反感"康党"的原因所在。接着,闰三月十二日,潘庆澜又上《请饬查禁保国会片》,中称:"臣闻近日京城内外有所谓'保国会'者,刊刻章程,邀集徒众……闻系工部主事康有为为首,殊甚诧异。夫康有为以通籍出仕之员,意欲有所陈奏,即可由该部堂官代陈,但无违悖字样,亦绝不至壅蔽,何必为此矫同立异之举。况结会敛钱,久干例禁,康有为身已在官,岂未之知而必显违例禁,悍然不顾乎?方今中外多事,讹言易兴,又何可使辇毂之下,多此妄言异说,淆民听而惑士心?拟请饬下顺天府、五城一体查禁,以免滋事。至工部主事康有为应如何惩处之处,出自圣裁。"② 与孙灏相比,潘奏颇为具体,就事论事,认为保国会"显违例禁",也是事实。次日,李盛铎又上《会党日盛宜防流弊折》,虽未指名保国会,但其态度显然是反对保国会的。之后,御史黄桂鋆于闰三月二十七日又上《禁止莠言以肃纲纪折》《浙商私借洋款纠合保浙会片》,其矛头所指仍然是保国会及在保国会影响下成立的保浙会、保滇会、保川会。如前所述,结社集会在清初虽为例禁,但在民族危机日益加深的晚清,开办会社已屡见不鲜,并非始于保国会,甚至身为封建大吏的张之洞也曾积极参与过上海强学会的筹办。然而前此任何一次会社都没有遭到像保国会那样多的攻难、弹劾,何况此时的康有为又是光绪帝身边的亲信之臣。何以如此?这当与康门师徒的行为做派密切相关。

出于对康有为的信任,光绪帝并没有下旨查处保国会。这显然是对"康党"及保国会的保护和支持。光绪二十四年闰三月十五日,梁启超致函夏曾佑说:"京中卧病,办保国会,昨十二日为潘庆澜所劾,今上神明,谓会能保国,岂不大佳,遂尔留中,吾华之兴废有自乎。付章程请将其事刊之

---

① 叶德辉编《觉迷要录》录四,第4~7页。
② 中国第一历史档案馆编《光绪朝朱批奏折》第32辑,"戊戌变法",中华书局,1995,第561页。

于报，虽西人闻之亦必惊为创事，非如强学之封禁也。"① 受此鼓舞，"康党"以《国闻报》《知新报》为阵地，加紧宣传保国会事，以此来回击反对派的奏劾。

闰三月十七日，《国闻报》发表《拟保国会章程》，并以《保国会事》为题，发表"访事西人"消息："去月二十七，京中大集朝士与公车开保国会于南横街，续会者数四，公卿朝士到会者数百人，请康工部演说。本月十二日潘侍御庆澜劾之。今上谓会能保国，西国与日本会甚多，今非昔比，可置勿论。遂而留中。今得其章程附刊于左，将来访得其演说再为续登。此为中国千年未有之风，继强学之后，其章程想必以先睹为快也。"② 当"康党"将光绪帝的私下之言公然刊之于报刊时，其挟天子以打压对手的做派也公之于众。其后，闰三月二十三日，《国闻报》以《京城保国会题名记》为题，发表出席三月二十七、闰三月初一日保国会大会的人员名单。闰三月二十四日，《国闻报》又刊发保国会会员名单，闰三月二十九日、四月初三日、四月初六日的《国闻报》都有关于保国会的报道，分别为《书保国会题名记后》《论保国会》《闻保会事书后》，盛赞康有为及其弟子。四月初十日、十一日，《国闻报》连载了康有为在保国会第一次集会的演讲词，四月十二日、十三日，《国闻报》又连载了梁启超在保国会第二次集会的演讲词。四月十五、十六日连续刊出《如有三保》，四月十六日刊出《会事续闻》，四月十九日、二十日连续刊出《保教余义》（上、下），四月二十三、二十四日连续刊出《保种余义》。"康党"这一系列的大肆宣传，在吸引了支持者目光的同时，也激化了与反对者的矛盾。

《国闻报》的保国会名单刊发后，很多人对"康党"表示不满，列名其中的乔树枬致函梁启超表示抗议："顷闻人言，《国闻报》中列有保国会题名，贤师弟实司其事，贱名与焉，鄙人大惑不解。鄙人与足下无生平之欢，在湖湘间才一见耳，与令师更无片语之接，何所取而把臂入林耶？将以茶会

---

① 详见丁文江、赵丰田编《梁启超年谱长编》，第72页。
② 《保国会事》，《国闻报》光绪二十四年闰三月十七日。

为据乎？则当时实未闻贤师弟道及'保国会'三字，且来者先后数百人，谁实闻之，而可以为证，请足下试言之。将以门簿为据乎？则足下固言书明姓名爵里，以便令师往拜，卒之令师未来，仆亦未往，人所共知也。又将以二金之醵为据乎？则鄙人固居心鄙吝，其靳而不与者，又不独鄙人也。足下将诬及鄙人，更诬及此数十百人耶？且'保国'二字，非在位贤能大臣，安能胜之……又闻人言，贤师弟立会宗旨，但保中国，不保大清，或曰此悖逆也，吾曰悖逆诚然，亦且梦呓。自我世祖章皇帝定鼎以来，深仁厚泽二百余年，中国大清，岂有分别。一言以蔽之，曰贤师弟本未声明保国会之名，而滥列多名，乘机作乱，居心狡诈，行同诳骗。不但贻讥正士，并且见笑外人，勿谓十八行省之士气人心，可以诈伪动之也。"①

汪康年的堂兄汪大燮对"康党"的保国会活动也不看好，他致函汪康年说："康保国会开讲数次，兄皆未到，彼出知单必有兄名，而知单从未至兄门，其奇如此。同人有赴者，闻其言，自始至终无非谓国家将亡，危亟之至，大家必须发愤。而从无一言说到办法，亦无一言说到发愤之所从。张菊生谓其意在耸动人心，使其思乱，其如何发愤，如何办法，其势不能告人，斯固然也。"《国闻报》发表保国会名单后，汪大燮致函汪康年说："今御史有劾保国会者，而《国闻报》将所有赴会听讲之人姓名籍贯尽刻之。兄揣其用心有二端，非刻论也，一则藉众人以自保，此浅说也。一则甚欲兴衣冠大狱，狱兴则人心去。又此辈率多豪杰，借国家以除之（既杀人又可以罪国家），其有不尽者则归彼矣。"同时，汪大燮对"康党"进行了深入的剖析：

> 彼无成事之才，彼固不自量也。然其意界限极分明，其门墙中之私党为一类，其平日来往知名之人，是面子之党为一类，叫人替他出官，可谓之官党。官党为之前驱，若能多死数人，便有生法，此深说也。此种人不必显与为难，亦何可为其所愚。特述其大凡，惟子培、芸阁数人

---

① 中国史学会主编《中国近代史资料丛刊·戊戌变法》第4册，第419页。

可告之，余不可说也。①

此中的"张菊生"指张元济，"子培"指沈曾植，"芸阁"指文廷式。从行文可见此三人都对"康党"有所不满。汪大燮所说的"其门墙中之私党"即指康门师徒，后入康门的谭嗣同、林旭当属此类，这也是"康党"自我认同的部分；"其平日来往知名之人，是面子之党为一类"，夏曾佑、黄遵宪、徐仁铸及保国会中的知名人士，似可归为此类；而御史宋伯鲁、杨深秀便是"官党"一类。这显示，随着"康党"影响力的增大，康门师徒的学术、宗旨与做派日渐为更多的人所知晓，"康党"的内涵不断扩大，成员已不限于康门弟子，而是包含了那些与"康党"关系密切的名人、官僚。

由于言路的屡次弹劾，虽因光绪帝的保护，保国会未被禁止，但康有为的声望已大打折扣。据汪大燮说："长素在此开讲，素与台谏联络，自谓足以笼罩而出言无忌。近有潘安涛劾之，请封其万木草堂。全台诸公亦翻然欲与康敌，幸其门大同学会四字早刮去，否则牵连更甚也。"② "全台诸公亦翻然欲与康敌"之说，虽不免夸大，但也可见此时康有为处境之窘迫。据康有为自己所说，"谤言塞途，宾客至交皆避不敢来，门可罗雀，与三月时成两世界矣"，"常熟以吾谤鼎沸，亦欲吾去"。③ 据此可见，"康党"的保国会活动因其"显违例禁"遭到了极大的反对，后因驻日公使裕庚将"时务报馆通孙文"的消息传回北京，"康党"惶恐，到处托人设法摆脱干系，保国会活动也随之停止。

虽然康有为对下的结社开会活动未能真正联络士人，但对上的上书言事为其获得了光绪帝的信赖。在保国会的活动停止后，康有为于四月十三日"乃草折请定国是，而明赏罚，交杨漪川上之。……又为一篇，交徐子静学士上之。……先是又草变革科举折，亦为二篇，分交杨漪川、徐子静上之。又草请派近支王公游历折、请开局译日本书折、请派游学日本折，皆由杨漪

---

① 上海图书馆编《汪康年师友书札》（1），第782～783页。
② 上海图书馆编《汪康年师友书札》（1），第780～781页。
③ 楼宇烈整理《康有为自编年谱》（外二种），第40页。

川上之，奉旨允行。又为宋芝栋侍御请催举经济特科折，又盛宣怀借款八百万，岁息约三十余万，无人敢言之，乃请提其息为译书、学堂之费，皆奉旨俞允。于是，学堂有款，而举特科者纷纷矣。又为御史李盛铎草译书、游历及明赏罚、辨新旧折，李上之"。①

就在康有为策划了这一系列的上书后，四月二十三日，光绪帝下"明定国是之谕，举国欢欣"。至此，变法不再只是有识者的共识，还是皇帝的谕令，其合法性不言而喻。对于"康党"与"定国是诏"之间的关系，梁启超致函夏曾佑（五月十七日），说："新政来源真可谓令出我辈……仆等于彼时，乃代杨侍御徐学士各草一奏，言当定国是，辨守旧开新之宗旨，不得骑墙模棱，遂有二十三日之上谕。"② 此乃康有为影响光绪帝决策的重要成果，百日维新就此拉开序幕。四月二十八日，光绪帝召见康有为，随后康有为便获得了上书皇帝的便捷通道。康有为遂利用这一捷径积极上奏，并联络台谏影响光绪帝的决策。

上述分析表明，百日维新之前，"康党"特别是康有为在京的种种努力，效果明显。不仅取得了光绪皇帝的信任，而且在士人中产生了很大的影响，康有为可谓一颗冉冉升起的政治明星。但也就在此时，康门师徒自身的缺陷逐渐暴露，特别是在保国会等问题上，他们太过张扬，其结党营私的做派已为很多人所不容，随之而来的攻击与责难使康有为在士林中的威信大跌。这对康有为日后在百日维新中的活动无疑是极其不利的。

三　百日维新中"康党"的政治活动与反响

从四月二十三日光绪帝下"定国是诏"始，为期一百零三天的百日维新拉开了序幕。康有为及其弟子也因光绪帝的信任与重用而和百日维新结下了不解之缘。然而，"康党"自身的缺陷决定了他们无法走得太远，最终在

---

① 楼宇烈整理《康南海自编年谱》（外二种），第41页。
② 丁文江、赵丰田编《梁启超年谱长编》，第79页。

慈禧太后发动的戊戌政变中几乎被一网打尽。

四月二十五日，康有为为徐致靖草拟的《国是既定用人宜先谨保维新救时之才请特旨破格委任折》奏上，一举保荐了康有为、黄遵宪、谭嗣同、张元济、梁启超五人，康有为奉旨于二十八日预备召见。这对康有为来说，无疑是莫大的荣幸，也是其各种努力的结果。对此，时人也不无羡慕。叶昌炽在日记中如是说："夫子栖栖遑遑入周朝，观金人而未尝得见天子，后圣之遭际何其隆也。"① 四月二十八日，光绪帝如期召见了康有为，康有为畅谈了自己的变法主张，一席君臣对话后，康有为更是深获帝心。随后，奉命在总理衙门章京上行走。五月初三日之后，康有为与光绪皇帝之间的奏折、谕旨传递，不再通过总理衙门，而是直接由军机大臣廖寿恒专门负责。这样，康有为对光绪帝的影响更加便捷！

康有为影响光绪帝决策的第一个重要成果便是科举的废除。就在光绪帝召见康有为时，康便提出了变革科举的问题："吾乃曰：'今日之患，在吾民智不开，故虽多而不可用，而民智不开之故，皆以八股试士为之。……今群臣济济，然无以任事变者，皆由八股致大位之故。故台辽之割，不割于朝廷而割于八股；二万万之款，不赔于朝廷，而赔于八股；胶州、旅大、威海、广州湾之割，不割于朝廷，而割于八股。'上曰：'然。西人皆为有用之学，而吾中国皆为无用之学，故致此。'对曰：'上既知八股之害，废之可乎？'上曰：'可。'对曰：'上既以为可废，请上自下明诏，勿交部议，若交部议，部臣必驳矣。'上曰：'可。'"② 这次君臣对话拉开了戊戌时期废除八股的序幕。次日，康有为又上《请废八股试帖楷法试士改用策论折》。其中，他痛言八股之弊："乃以三百万可用之精力、人才、月日，钩心斗角，敝精费神，举而投之枯困搭截文法之中。以言圣经之大义，皆不与之以发明也。徒令其不识不知，无才无用，盲聋老死，是比白起之坑长平赵卒四十万，尚十倍之。其立法之谬异、流弊之奇骇，诚古今所未闻，而外人

---

① 叶昌炽撰，王季烈编《缘督庐日记钞》（二），戊戌年四月二十五日，北京图书馆出版社，2007，第401页。
② 楼宇烈整理《康南海自编年谱》（外二种），第41~43页。

所尤怪诧者矣。"为了达到废科举而不被阻挠的目的,他建议光绪帝"内断于心,请勿下部议,特发明诏,立废八股"。① 同一天,康代宋伯鲁拟《请变通科举改八股为策论折》。五月四日,他又代徐致靖拟《请废八股以育人折》。结果,"二十九日芝栋折上,上即令枢臣拟旨,是日京师哗然,传废八股,喜色动人。连数日寂然。闻上得芝栋折,即令降旨。刚毅请下部议,上曰:'若下礼部,彼等必驳我矣。'刚又曰:'此事重大,行之数百年,不可遽废,请上细思。'上厉声曰:'汝欲阻挠我耶?'刚乃不敢言。及将散,刚毅又曰:'此事重大,愿皇上请懿旨。'上乃不作声,既而曰:'可请知。'故待初二日诣颐和园请太后懿旨,而至初五日乃降旨也。……时八股士骤失业,恨我甚,直隶士人只欲行刺。"② 对照两次君臣对话,可见在废除八股的决策中,"康党"发挥了至关重要的作用。正因如此,梁启超在致夏曾佑信中,不无自豪地说:"新政来源真可谓令出我辈,大约南海先生所进《大彼得变政记》、《日本变政记》两书,日日流览,因摩出电力,遂于前月二十间有催总署议覆先生条陈制度局之议。仆等于彼时,乃代杨侍御徐学使各草一奏,言当定国是,辨守旧开新之宗旨,不得骑墙模棱,遂有二十三日上谕。南海、菊生召见,力言科举事,既退出,即飞告仆,令作请废八股折,宋侍御言之,是日即得旨送往园中,至初五乃发耳。大率有上开新折者,则无不应,盖上下之电力、热力,皆以相摩而成也。"③ 五月五日,废除八股的上谕如是说:"自下科为始,乡会试及生童岁科各试向用四书文者,一律改试策论,其如何分场、命题、考试一切详细章程,该部即妥议具奏。"④

科举旧章既废,新章如何制定成为维新派关注的焦点。康有为对此做了认真的思考,五月十八日,他代徐致靖草拟《祈酌定各项考试策论文体

---

① 详见姜义华、张荣华编校《康有为全集》第4集,第79、80页。
② 楼宇烈整理《康南海自编年谱》(外二种),第44~45页。
③ 丁文江、赵丰田编《梁启超年谱长编》,第79页。
④ 第一历史档案馆编《光绪宣统两朝上谕档》(24),广西师范大学出版社,1996,第206页。

折》。康有为年谱记其事云:"以新定科举事,请采用朱子科场贡举议,分科试士,令人习一经,如《诗》一科,《书》一科,《易》一科,《仪礼》一科,《礼记》附,《春秋》公羊、穀梁一科,《左传》附之,《史记》、两《汉书》一科,三国、晋、六朝史一科,唐、五代、宋史一科,辽、金、元、明史一科,国朝掌故,若《会典》、《东华录》、《十朝圣训》一科,经史各五科。《四书》则人人须通,西学则人专一门,普通之学以为论。自草一折,为徐学士草一折,奉旨礼部议,为所驳。"据学者考订,徐折并未交礼部议,"奉旨存"。康有为所说的"奉旨礼部议,为所驳",与史实不符。① 可见,康有为有关科举新章的设想并未被清廷接受。五月二十二日,礼部出台了新的科举章程,即:"一、试题宜变通旧制;一、场期宜量为归并;一、命题宜酌有定衡;一、立言宜示以宗旨;一、五策宜各试所长;一、科举宜分途录送;一、入闱宜严惩怀挟;一、文律宜勿拘常格;一、考试宜酌从一律;一、书籍宜统行颁发。"② 礼部所奏奉旨通行各省。然而,对于礼部所议章程,维新派并不满意。杨养浩致函汪康年,评价礼部之科举新章说:"制艺科改试策论,初读上谕,不胜欣幸,嗣阅部议章程,殊不满人意。试问四书论与八股经论与经艺究有何异?且复规规于程式,四书论仍宗朱注,经论则遵御撰七经,史论则遵御批《通鉴》,违例不得录取。议者大抵为己张本,恐有直言时事不知忌讳,无以箝(钳)制其口,故特限之以程式,使知顾忌,不敢明目张胆,肆其攻抵(诋)耳。噫!事至今日,当轴诸公犹汲汲为身家之计,泥守成例,不知实心报国,上副朝廷拔取真才之至意,海内何望。"③ 叶昌炽也如是说:"见礼部所议改试策论章程,束缚驰骤,甚于旧制,无怪康门之反唇也。"④

此外,"康党"参与的另一项重大变革是京师大学堂的初建。据康有为

---

① 孔祥吉:《康有为戊戌年变法奏议考订》,胡绳武主编《戊戌维新运动史论集》,湖南人民出版社,1983,第353~354页。
② 《清实录》卷420,光绪二十四年五月下,中华书局,1987,第501页。
③ 上海图书馆编《汪康年师友书札》(3),第2411~2412页。
④ 叶昌炽撰,王季烈编《缘督庐日记钞》(二),戊戌年六月初二日,第403页。

说，"自四月抄大学堂议起，枢垣托吾为草章程，吾时召见无暇，命卓如草稿，酌英美日之制为之，甚周密，而以大权归之教习。总署复奏学堂事，大臣属之章京，章京张元济来请吾撰，吾为定四款：一曰预筹巨款，二曰即拨官舍，三曰精选教习，四曰选刻学书"。选刻学书者，"将中国应读之书，自经史子集及西学，选其精要，辑为一书，俾易诵读，用力省而成功普，不至若畴昔废力于无用之学，以至久无成功。又所请各分教习皆由总教习专之，以一事权"。① 可见，京师大学堂的章程即出自梁启超之手。对此，梁启超曾说："中国向未有学校之举，无成案可稽也。当时军机大臣及总署大臣，咸饬人来，属梁启超代草，梁乃略取日本学规，参以本国情形草规则八十余条，至是上之，皇上俞允。"② 然而，由梁启超起草的大学堂章程及"康党"在京师大学堂问题上表现的控制欲望，招来了很多非议，并最终被孙家鼐等人"挤于京师大学堂门外"。根据大学堂章程，由梁启超负责上海编译局，而由梁启超编订的大学堂"功课书"，势必多为"康学"。对这一点，时人看得很清楚。张之洞收到从北京发来的密报说："现派梁启超办理译书局事务，分编、译二门，所编各书，必将删消（削）诸经以就康学。将来科举，即由大学堂中出，人将讲王氏之新学矣。"③ 皮锡瑞在日记中也说了类似的想法："卓如定章程虽佳，必欲人人读其编定之书，似有王荆公三经新义之弊。"④ 孙宝瑄曾以司马光论王安石之语移赠康有为，说："司马温公论王安石，以为罢诗赋，用经义，此乃复先王令典，不易之法，但不当以一家私学欲盖掩先儒。此数语可移赠今日之康南海。"⑤ 从时人的顾虑重重中可以感受到他们对"康党"结党营私的不满。

正是出于对"康党"的抵触，孙家鼐在奉旨提名京师大学堂总教习时，根本没有考虑觊觎此位已久的康有为。据张之洞从北京得到的密报说："孙

---

① 楼宇烈整理《康南海自编年谱》（外二种），第47~48页。
② 丁文江、赵丰田编《梁启超年谱长编》，第82页。
③ 转引自茅海建《戊戌变法的另面：〈张之洞档案〉阅读笔记》，第174页。
④ 皮锡瑞：《师伏堂未刊日记》（戊戌年六月十八日），《湖南历史资料》1959年第2期，第131页。
⑤ 孙宝瑄：《忘山庐日记》（上），第289页。

燮臣冢宰管大学堂,康所拟管学诸人,全未用。奏派许竹篔为大教习,张菊生元济总办,黄仲弢等提调,寿伯福等分教习,均极惬当……梁见寿州,谓:'总教习必派康先生。'孙不应。康党大失望,然恐将来尚有改动也。"①随后,孙家鼐对梁启超起草的《京师大学堂章程》中所透露的通过编辑中学以控制学堂教科书,进而宣传"康学"的意图加以遏制,他在五月二十二日上奏的《大学堂大概情形折》中如是说:"盖学问乃天下万世之公理,必不可以一家之学,而范围天下。昔宋王安石变法,创为三经新义,颁行学官,卒以祸宋。南渡后,旋即废斥。至今学者,犹诟病其书,可为殷鉴。臣愚以为经书断不可编辑,仍以列圣所钦定者为定本,即未经钦定而旧列学官者,亦概不准妄形增减一字,以示尊经之意。此外史学诸书,前人编辑颇多善本,可以择用,无庸急于编纂。惟有西学各书,应令编译局迅速编译。"②这里,孙家鼐非常明确地否定了梁启超所提出的由上海编译局编译中学功课书的主张。对于孙家鼐的主张,时任保定莲池书院院长的吴汝纶表示赞赏,因为他对"康党"欲通过垄断学堂教材而宣传"康学"的做法同样不满。他曾在致友人的信中论及此事,说:"学堂开办,康公首唱大议,不为无功,惟其师弟于世事少阅历,皆以一人室中私见,遂可推行天下,是其失也。其谈中学尤疏谬,其欲将经、史、子、集荟聚一书,以授西学学徒,亦步趋日本故事。但中学不易荟聚,梁公恐难胜任。今管学大臣驳议此节,持论自正。"③吴汝纶的这一评判可谓公允,既肯定了"康党"在倡议京师大学堂中的积极作用,也对其师弟在学堂功课设定中"以一人室中私见""推行天下"提出批评。五月二十九日,孙家鼐又递上《译书局编纂各书宜由管学大臣进呈并禁止悖谬之书折》,对康有为的《孔子改制考》进行弹劾。之后,湖南巡抚陈宝箴上奏,要求将《孔子改制考》毁版。这对"康党"来说无疑是极大的打击。

毋庸否认"康党"的努力,他们不但直接促成了"定国是诏"的颁发,

---

① 转引自茅海建《戊戌变法的另面:〈张之洞档案〉阅读笔记》,第174页。
② 中国史学会主编《中国近代史资料丛刊·戊戌变法》第2册,第437页。
③ 吴汝纶:《吴汝纶全集》第3册,施培毅、徐寿凯校点,黄山书社,2002,第206页。

第五章 "康党"与百日维新

而且推动了变法的深入，特别是八股的废除，与"康党"的努力密不可分。但是，当"康党"将其偏激的变法理论及党同伐异的做派带入变法中来时，便引起时人的高度警惕。早在四月三十日，当陈庆年得知光绪帝召见康有为之事后，便在日记中记曰："康有为等为侍讲学士徐致靖所保，着于二十八日照（召）见……康之命意在解散君权，以便行其改制之邪说。如朝廷知是保之由来，恐不免于罢斥……南皮师知康学之为邪说，而不敢公发难端，作书与梁节庵云：'康学大兴，可谓狂悍！如何，如何！'梁答之云：'贼狙悍，则讨之，不当云"如何也"。'"① 这里，张之洞等人担心的是，"康党"将借助君权以行其私谋。而"康党"随后的作为，也在不断地加增时人的疑虑。在光绪帝召见后不久，康门师徒便通过结交台谏，屡上弹章，弹劾大臣，并将《孔子改制考》进呈皇帝，大有以小臣压大臣、假公济私之嫌。于是，百日维新中，时人对"康党"的指认便聚焦于其结党营私。本就党同伐异、结党营私的"康党"，有了皇帝的庇护，更是肆无忌惮，对不同政见者大加弹劾。首先是康有为以"许应骙议经济特科及废八股事，多方阻挠"为由，于五月初二日策划了"御史杨漪川、宋芝栋联名劾之"。奏称："许应骙庸妄狂悖，腹诽朝旨，在礼部堂上倡言经济特科之无益，务欲裁减其额，使得之极难，就之者寡，然后其心始快。此外，见有诏书关乎开新下礼部议者，其多方阻挠，亦大率类是。接见门生后辈，辄痛诋西学。遇有通达时务之士，则疾之如仇……伏请皇上天威特振，可否将礼部尚书许应骙以三四品京堂降调，退出总理衙门行走，庶几内可以去新政之壅蔽，外可以免邻封之笑柄，所关似非浅鲜。"② 康有为弹劾许应骙之事，可谓一石激起千层浪。接下来，光绪帝命许应骙明白回奏，许应骙不仅一一否决了"康党"所指控的阻挠新政的罪名，还对康有为反戈一击，奏称："该御史谓臣仇视通达实务之士，似指工部主事康有为而言。盖康有为与臣同乡，稔知其少即无行，迨通籍旋里，屡次构讼，

---

① 陈庆年：《戊戌己亥见闻录》，《近代史资料》总第81号，第113页。
② 详见国家档案局明清档案馆编《戊戌变法档案史料》，中华书局，1958，第5~6页。

为众论所不容。始行晋京，意图侥幸，终日联络台谏，夤缘要津，托词西学，以耸观听。即臣寓所，已干谒再三，臣鄙其为人，概予谢绝；嗣又在臣省会馆私行立会，聚众至二百余人，臣恐其滋事，复为禁止，此臣修怨于康有为之所由来也。比者饬令入对，即以大用自负，向乡人扬言，及奉旨充总理衙门章京，不无觖望。因臣在总署，有堂属之分，亟思中伤，捏造浮辞，讽言官弹劾，势所不免……今康有为逞厥横议，广通声气，袭西报之陈说，轻中朝之典章，其建言既不可行，其居心尤不可问，若非罢斥驱逐回籍，将久居总署，必刺探机密，漏言生事；长驻京邸，必勾结朋党，快意排挤，摇惑人心，混淆国事，关系非浅。臣嫉恶如仇，诚有如该御史所言者。"① 许应骙的回奏将康有为的心术人品之不端公布于众，其中"联络台谏""勾结朋党"成为其揭发康有为的重点所在。许在奏折中恳求光绪帝驱逐康有为。然而，光绪帝对许奏的处置，再次显示了其对"康党"的保护。光绪帝当日发布上谕："该尚书被参各节，既据逐一陈明，并无阻挠等情，即著勿庸置议。礼部尚有总司贡举学校之责，总理衙门办理交涉事件，均关紧要。该尚书嗣后遇事，务当益加勉励，与各堂官和衷商榷，用副委任。"② 在皇帝的支持下，"康党"弹劾许应骙之事虽未击倒对手，却也起到了警告保守大臣的作用，但这次弹劾许应骙所引发的连锁反应着实对"康党"不利。

许应骙对康有为的揭发得到了文悌的共鸣，五月二十日，文悌《严劾康有为折》，可谓"康党"的反对派对"康党"的有力回击。此中，文悌对康有为的人品、心术、思想、政治活动逐一列举批驳，从而将本已备受争议的"康党"推上风口浪尖。该折长达四千余言，他以自己与康有为的交往为现身说法，在指出"康学"悖谬的同时，重点弹劾其结交台谏、勾结朋党。他说，康有为"曾于闰三月间拟有折底二件，属奴才具奏"，一件欲参广东督抚，一件请厘正文体、更变制科。在遭他拒绝之后，"厘正文体一

---

① 详见苏舆编《翼教丛编》，第 26～28 页。
② 第一历史档案馆编《光绪宣统两朝上谕档》（24），第 204～205 页。

事,已有杨深秀言之矣",而康有为所主张的"罢制艺不必待下科,小试尤宜速改策论,而宋伯鲁又适有此奏"。据此,他断言"许应骙谓其联络台谏,诚不为诬"。对于康有为与宋伯鲁、杨深秀之结党,文悌更是言之凿凿,他说,康有为曾在其住处开列了一张御史名单,"欲奴才倡首,鼓动众人伏阙恸哭,力请变法",其中就有宋伯鲁、杨深秀。而且,杨深秀还到"奴才处,仍申康有为之议",甚至"竟告奴才以万不敢出口之言,是则杨深秀为康有为浮词所动概可知也。至宋伯鲁,奴才未曾与之晤言,而闻其曾上设立公司之奏,亦系康有为持此议,先寻御史黄桂鋆陈奏,黄桂鋆不为所使,竟由宋伯鲁奏之。以康有为一人在京城任意妄为,遍结言官,把持国是,已足骇人听闻。而宋伯鲁、杨深秀身为台谏,公然联名庇党,诬参朝廷大臣"。① 文悌以当事人的身份,详细披露了康有为结党台谏的事实,其说服力自不待言。时在北京的张权写信给其父张之洞说:"文侍御参康折,句句确实。"② 唐烜在日记中也记曰:"此人向在户部有声,阎文介深重之,学问亦渊雅绝伦。上月中旬,专折纠参康有为暨宋伯鲁、杨深秀多人……洋洋数千言,语极痛切。奏上,上谕斥其迹近朋党,难保无受人指使情事,不胜御史之任,著仍回原衙门行走。近日折已发抄,都中人士盛传诵,以为朝阳鸣凤,虽不见听,亦足作中流之砥柱矣。"③ 可见,文悌对"康党"的弹劾赢得了都人的赞誉。然而,在光绪帝的庇护下,康有为没有受到查处,文悌反而以此获罪。上谕称:"御史文悌奏言官党庇诬罔荧听请旨饬查一折。据称,宋伯鲁、杨深秀前参许应骙,显有党庇荧听情事,恐起台谏攻击之风等语。该御史所奏难保非受人唆使。向来台谏结党攻讦,各立门户,最为恶习。该御史既称为整肃台规起见,何以躬自蹈此。文悌不胜御史之任,著回原衙门行走。"④ 在上,康有为因光绪帝的信赖与赏识,可谓畅所欲言;但

---

① 《文仲恭侍御严劾康有为折》,苏舆编《翼教丛编》,第28~35页。
② 《张文襄公家藏手札·家书类》,光绪二十四年六月十二日,中国社会科学院近代史研究所藏,档号:甲182-264。
③ 孔祥吉:《难得一见的百日维新史料——读唐烜日记〈留庵日钞〉未刊稿本》,《清人日记研究》,广东人民出版社,2008,第46页。
④ 第一历史档案馆编《光绪宣统两朝上谕档》(24),第233页。

在下，康有为的人品、心术乃至结党营私的做派受到了众人的非议、责难甚至攻讦。《时务报》改归官办事件的发生，又使得"康党"陷入了更大的质疑声中。而宋伯鲁也因公然替"康党"上奏《时务报》改归官办而被目为"康党"。宋伯鲁等人与"康党"的关系，时人多有言之者。张之洞之子张权在六月十二日写给张之洞的密信中，更是详细说明了宋、杨与康的关系："杨深秀、宋伯鲁与康最密。闻人言，杨有悔心，宋则五体投地到底，心悦诚服。宋对人言，自觉与之当学生，尚属不配，惟有叩头而已。"① 在时人的眼中，宋伯鲁、杨深秀已是"康党"。

其实，对于"康党"在百日维新前后的活动，不仅反对派激烈反对，而且维新派同志也并不看好，多有劝阻。据张謇戊戌年六月所记："在京闻康有为与梁启超诸人图变政，曾一再劝勿轻举，亦不知其用何法变也。至是张甚，事固必不成，祸之所届，亦不可测……往晤，见仆从伺应，若老大京官排场，且宾客杂遝，心讶其不必然，又微讽之，不能必其听也。"② 张元济后来回忆说，当百日维新期间科举停废后，曾劝康有为出京："时诏各省广设学堂，考试并废八股，余劝长素乘此机会，出京回籍，韬晦一时，免撄众忌。到粤专办学堂，蒐（搜）罗才智，讲求种种学术，俟风气大开，新进盈廷，人才蔚起，再图出山，则变法之事，不难迎刃而解。而长素不我从也。"③ 而在当时劝阻康有为的人确实很多，甚至康有为的弟弟康广仁也曾劝说他科举停废后就赶紧出京，据郑观应所说，科举废除之后，"幼博乃语康南海曰：'阿兄可以出京矣！我国改革之期今尚未至，且千年愚民之政压抑既久，人才乏绝。今全国人才尚不足任全国之事，改革甚难有效。现科举既变，学堂既开，阿兄宜赴广东、上海，卓如宜归湖南，专心教育之事，著书、撰报，激厉（励）士民爱国

---

① 《张文襄公家藏手札·家书类》，光绪二十四年六月十二日，中国社会科学院近代史研究所藏，档号：甲 182-264。
② 张謇：《啬翁自定年谱》，张謇研究中心、南通市图书馆编（以下省略）《张謇全集》第 6 卷，江苏古籍出版社，1994，第 858 页。
③ 中国史学会主编《中国近代史资料丛刊·戊戌变法》第 4 册，第 351 页。

第五章 "康党"与百日维新

之心，养成多数实用人才，三年后然后大行改革等法。'若当日能照幼博所言，何至有今日之祸，岂非大劫不能逃欤？"① 就连一直对梁启超呵护备加的黄遵宪，也对其宣传师说的做派颇有微词，曾致函陈三立说："梁任父所寄各件，概以送览。定国是、废时文之举，皆公一手成之，徒以演习师说之故，受人弹射，可哀也已。"②

需要指出的是，当时人将康门师徒及其支持者指为"康党"大加抨击时，康门师徒则努力将"康党"变为新党，将一切反对派置于旧党之列加以回击。自戊戌年闰三月以后，时人对"康党"的弹劾不断见诸奏章。据康有为回忆说："时旧党焰甚炽，常熟频被劾，以吾行后，无人鼓舞，故欲成数事乃行。（四月）十八日（十三），乃草折请定国是而明赏罚，交杨漪川上之。略谓：'门户水火，新旧相攻，当此外患交迫，日言变法，而众论不一，如此皆由国是未定故。'……又为一篇，交徐子静学士上之。"③ 此为康有为的事后回忆，然其中所说的为杨、徐草拟大谈新旧相攻的奏折，确为实情。按照康有为的说法，弹劾翁同龢的自然是旧党。但有研究指出，"翁同龢此期正式被劾，前后共有两次。其一是三月二十五日安徽布政使于荫霖上奏'时局危机请简用贤能大员补救折'……其二是四月初十日，御史王鹏运上奏'大臣误国请予罢斥折'……从弹劾者的身份来说，于、王并非为康所称的'旧党'。"④ 而且，从弹劾的内容来看，也与变法无关，甚至翁同龢本人对于于荫霖的奏劾不无共鸣，并在闰三月初八日日记中记曰："是日安徽藩司于荫霖陈时政……痛斥李鸿章、臣龢、张荫桓误国无状，并谓臣之先人廉正传四海，而臣不肖如此。其词严厉，臣惟有引咎，且谓于某知臣之心，不敢辩也。此折留中，所以笔于私记者，著余之罪，用以自励也。"⑤ 与翁同龢的反躬自省不同，康有为却统统将之归入旧党，并代杨、徐草拟奏

---

① 夏东元编《郑观应集》下册，上海人民出版社，1988，第1165页。
② 黄遵宪：《致陈三立函》，《黄遵宪全集》（上），第419页。
③ 楼宇烈整理《康南海自编年谱》（外二种），第41页。
④ 见茅海建《从甲午到戊戌：康有为〈我史〉鉴注》，第390～392页。
⑤ 陈义杰整理《翁同龢日记》第6册，光绪二十四年闰三月初八日，第3117页。

折,大谈"新旧相攻",其中杨折称:"内外臣工,讲求时变,多言变法,以图自保。然旧人多有恶为用夷变夏者,于是守旧开新之名起焉。其守旧者,谓新法概宜屏绝;其开新者,谓旧习概宜扫除。小则见诸论说,大则形之奏牍,互相水火,有如仇雠。"① 其实,康有为所说的"时旧党焰甚炽",不单指对翁同龢的弹劾,而且主要是指各路言官对他自己的弹劾。如闰三月十二日,潘庆澜弹劾保国会;闰三月十三日,李盛铎劾保国会;等等。但这些弹章同样不反对变法,仅及保国会。面对上述弹劾,康有为不是就保国会问题据理力争,而是另辟蹊径,转移视线,大谈新旧党争,将对方归入旧党,自立于新党,似有通过控制变法话语权打击对手之意。

百日维新开始之后,"康党"继续沿用新旧党争的思路来对付异己。五月初二日,"康党"以"许应骙议经济特科及废除八股事,多方阻挠"为由,由宋伯鲁、杨深秀出面联名弹劾礼部尚书许应骙。但事实上,"许应骙绝无阻遏经济特科的举动","康有为及其党人选择许应骙下手"的目的之一,就是"打击对康不利的主要人士"②。而且,从许应骙的回奏中,我们同样可以感受到"康党"劾许,不免有公报私仇之嫌。五月十日,康有为代杨深秀草拟《请惩阻挠新政片》,大谈旧派之汹汹,恳请光绪帝对之严惩不贷。五月二十日,文悌上折参劾康有为,同样不谈变法,仅及康有为的学说悖逆及其联络台谏、结党营私。五月二十七日,湖南巡抚陈宝箴奏劾康有为之《孔子改制考》,涉及"康党"之学术悖逆、做派张扬,并奏请将《孔子改制考》毁版。五月二十九日,管学大臣孙家鼐对康有为《孔子改制考》中的"孔子改制称王"之说大加驳斥③。这一系列有关"康党"的弹章,很难用新旧党争来概括。同样不能用新旧概括的,还有戊戌年湖南维新中的诸多纷争。但康有为则将之统统归为新旧之争,谓:"时王先谦、欧阳节吾在湘猖獗,大攻新党新政,学会学堂一切皆败,于是草折交杨漪川奏请奖励陈

---

① 详见国家档案局明清档案馆编《戊戌变法档案史料》,第 1 页。
② 茅海建:《从甲午到戊戌:康有为〈我史〉鉴注》,第 476、475 页。
③ 孙家鼐:《奏为译书局编纂各书宜进呈御览钦定折》,北京大学、中国第一历史档案馆编《京师大学堂档案选编》,北京大学出版社,2001,第 46 页。

宝箴。"① 同样，当谭嗣同与邹代钧、陈三立等人发生冲突时，谭便自居于新党，而将对手统统归为旧党，表示："平日互相劝勉者，全在'杀身灭族'四字，岂临小小利害而变其初心乎？……今日中国能闹到新旧两党流血遍地，方有复兴之望。不然，则真亡种矣！"②

不容否认，随着各种变法的推进，特别是科举废除、机构裁撤后，在现实利益的驱动下，革新与守旧的矛盾日渐凸显③，作为变法的重要推动者，康有为自然成为守旧者攻击的对象。但同样不可否认的是，当时公然攻击康有为的并非都是守旧者，而"康党"奋力打击的也并非都是出于变法的目的。应当说，戊戌年春夏之交，"康党"与非"康党"的矛盾，既有新旧冲突，也有变法派内部的冲突。"康党"以"康学"为理论的变法及其党同伐异的做派，遭到时人的质疑，这种质疑既有来自叶德辉、梁鼎芬等相对保守者，也有来自邹代钧、汪康年、陈宝箴等维新者。当"康党"讳言后者而努力宣传前者时，其掌控变法话语权以压制异己的用意便暴露无遗。

对于"康党"的此种用心，作为其反对派的叶德辉、王先谦等人早有察觉。叶德辉在《〈读西学书法〉书后》中如是说："异哉！梁氏之学也。彼欲亡中学也，而藉口于中学之将亡；彼欲兴西教，而藉口于西学之不兴；

---

① 楼宇烈整理《康南海自编年谱》（外二种），第52页。
② 谭嗣同：《上欧阳中鹄（二十一）》，蔡尚思、方行编《谭嗣同全集（增订本）》（下），第474页。该信写于陈宝箴调阅学堂学生札记之后。
③ 关于因变法措施触及时人的切身利益而引起的不满，可从皮锡瑞等人政变后对变法的反思中见及。戊戌年八月十六日，皮锡瑞日记记曰："康、梁、谭复生皆负经济才，不知办事何以大谬。朱子《敝笱》诗云：'母不可制，当制其左右之人'……乃不虑及此，而今日裁官，明日改制，驱数千失业之人，使归彼党，不可谓智！"皮锡瑞：《师伏堂未刊日记》（戊戌年八月十六日），《湖南历史资料》1959年第2期，第155页；宋恕于光绪二十五年初论及变法，也说："居今日而议变法，必先求所以安顿仰赖旧政为生之人，故欲裁一事，必先增一事；欲减一官，必先增一官，使此辈人欣然无失所之虞，而后旧弊可除，良法可立。若不增加而先裁减者，未有不召乱者也。"孙宝瑄：《忘山庐日记》（上），第314页。此乃有鉴于戊戌变法失败而言者。王照也有"戊戌五月以后，新旧互轧"之语，见氏著《方家园杂咏十二首并纪事》，中国史学会主编《中国近代史资料丛刊·戊戌变法》第4册，第362页。

彼欲如日本之立新党，而诋朝野之老成，目之曰守旧。"① 立"康党"为新党，诋朝野之老成即为旧党，这是"康党"有意为之的。当"康党"的反对者发现，"康党"自居于新派而将其反对者置于旧派，新旧之分在湖南盛行时，他们便出而为新旧正名。《湘省学约》在"核名实"一条中分辨新旧，说：

> 今日议论，动言守旧维新，而于新、旧之实或未尽知。所谓旧者，研经史、阐义理，以及词章训诂，致力颇精，此吾人应修之业，言学者不废也，而株守帖括，迂腐鲜通者，托之曰"吾守旧"也，彼其讲求西学，皆异教也，如是而旧之实湮，旧之名病。所谓新者，讲工艺制造之理，通环球政学之要，择善而取，不耻相师，亦吾人应修之业，特以风气初开，从事方众，故别之曰"新"耳。而为改制创教之说，持平等民权之议，逞一切悖谬之谈者，托之曰"吾维新"也，彼其诋我者，皆沮挠新政者也，如是而新之实湮，新之名病。故非揭明新、旧两宗，学者仍恐误会，徒启纷争，无裨要务。今特辨析新、旧之名，俾有志之士进核其实，严杜假冒，以正歧趋。②

这里所要辨明的是"康党"非新党，"康学"非新学，真正的新学，"亦吾人应修之业"。

孙家鼐也针对"康党"大谈特谈的新旧党争上书光绪帝，说："臣见近日臣工愿变法自强者十之六七，拘执不通者，不过十之一二，惟新旧党之争绝少，而邪正党之争实多。盖变法不难，而行法之人最难，用非其人，则小人道长，君子道消，治乱安危，所关非细，贤人君子，不无思深虑远之心，盖皆以宋时王安石为鉴也。皇上宣示臣工，若能严申君子小人之辨，则争论者自当渐化矣。"③

---

① 叶德辉：《叶吏部〈读西学书法〉书后》，苏舆编《翼教丛编》，第124页。
② 《湘省学约》，苏舆编《翼教丛编》，第151页。
③ 孔祥吉：《百日维新前后的开新与守旧之争》，《晋阳学刊》1985年第1期，第5页。

第五章 "康党"与百日维新

"康党"激进、自我、结党营私的做派决定了其在百日维新中不顾维新大局。而光绪帝的支持与庇护使其如虎添翼,以至于最终弄出"围园锢后"的密谋。当然,即使不是"围园锢后"的图谋暴露,"康党"的变法活动也会在众人的诋毁、攻难中走到尽头。

德占胶州湾事件后的特殊时局,为"康党"在京的变法宣传与活动提供了绝佳良机。而素以经世救国为职志的康有为不失时机地抓住了这一良机,积极上书畅言变法之必要与紧迫,同时策动公车上书,组织保国会,并收买御史上书言事。康有为的努力没有白费,他接连不断的上书打动了光绪帝,赢得了皇帝的信赖,从而深获光绪帝的支持与保护。一时间康有为名声大震,如日中天。本来就高调、激进、霸道的"康党"如虎添翼,一方面畅所欲言以影响光绪帝的决策;另一方面对反对派大加弹劾,不惜借助皇权一举歼灭。正是"康党"的这种做派激起了越来越多人的反感、不满、攻讦与弹劾。在接连不断的弹劾声中,康有为的人品、心术、思想和活动都引起了极大的质疑。面对质疑,"康党"并没有反省,更没有收缩,相反奋力回击。借助于皇权,"康党"的回击成效显著,文悌被逐回原任、礼部六堂官被罢,然而这一切不仅为"康党"树立了更多的对手,而且使时人看清了"康党"的弱点。而《时务报》收归官办一事,又使得"康党"失去了一大批维新同志的支持。由此引发的是各种反康势力的联合。最终,慈禧太后一怒之下,将"康党"一网打尽,维新活动也随之戛然而止。

戊戌政变后,很多变法派官绅在总结失败的教训时,都不约而同地将目光投向了"康党"。严复指出:"平心而论,中国时局果使不可挽回,未必非对山(指康有为——引者按)等人之罪过也。轻举妄动,虑事不周,上负其君,下累其友,康、梁辈虽喙三尺,末由解此十六字考注语;况杂以营私揽权之意,则其罪愈上通于天矣。"[①] 时任陕西学政并主张变法的叶尔恺致函汪康年说:"时事奇幻,不可思议,诚如来书所云,新进少年举事率

---

① 王栻编《严复集》第3册,中华书局,1986,第533页。

妄,遂致斯祸。康、梁诸人本无阅历无见识,视天下事太易,加以学术乖僻,欲其不偾事也得乎?可痛者被累之人过多,无识之徒,反以新学为诟病,诸君之贻害其有穷耶?"① 至今读来,严复等人的论断,确非无据。

---

① 上海图书馆编《汪康年师友书札》(3),第2475页。

第六章

"康党"与戊戌己亥政局的变动(上)

光绪二十四年八月初六日,戊戌政变发生,慈禧太后开始训政,政变前曾被指认为"康党"的康门师徒,此时成了清廷通缉的"逆党",仓皇出逃。戊戌己亥政局遂在"康党"与清廷的对抗与争斗中急遽逆转,直到庚子事变的发生。从"康党"切入,不失为观察戊戌—庚子政局变动的新视角。政变后,清廷和"康党"都从各自的利益出发,对时局提出应对之策,但由于当时的政局瞬息万变,其对策也非一成不变。分析戊戌己亥之际清廷与"康党"之间的政治纷争与角逐,以及时人特别是新党的反映,不仅是研究戊戌时期学术政治纷争的应有之义,而且对深入理解晚清政局从戊戌到庚子的逆转,不无裨益。

一 政变后清廷对"康党"的政策与时人的反应

虽然政变的原因颇为复杂①,但在政变发生之初,慈禧太后并不想背上

---

① 关于慈禧太后发动政变的原因,说法颇多,其中颇有代表性的观点,一为"康党"持有的反对变法说;一为权力之争说。陈夔龙曾说:"光绪戊戌政变,言人人殊。实则孝钦并无仇视新法之意,徒以利害切身,一闻警告,即刻由淀园还京。"陈夔龙:《近代史料笔记丛刊·梦蕉亭杂记》,中华书局,2007,第19页。王照也持此说:"戊戌之变,外人或误会为慈禧反对变法。其实慈禧但知权力,绝无政见,纯为家务之争。"见王照《方家园杂咏二十首并纪事》,中国史学会主编《中国近代史资料丛刊·戊戌变法》第4册,第359页。

反变法的恶名，因此其追捕的对象仅限于"康党"。

慈禧太后训政当天，即发布谕旨捉拿康有为："谕军机大臣等：工部候补主事康有为，结党营私，莠言乱政，屡经被人参奏，著革职。并其弟康广仁，均著步军统领衙门拿交刑部，按律治罪。"① 同一天，宋伯鲁因保举康有为被革职，永不叙用。而后，随着袁世凯告密、"康党"的密谋围园的消息传到北京，政变加剧。八月初九日，步军统领衙门续奉上谕，张荫桓、徐致靖、杨深秀、杨锐、林旭、谭嗣同、刘光第，均著先行革职，交步军统领衙门拿解刑部审讯。② 清廷的追捕引起了新党的恐慌，趋新之士人人自危。他们的第一反应便是，朝局从此翻盘，变法就此中辍。听闻政变，叶昌炽哀叹道："此局全翻矣。"③ 皮锡瑞也叹息说："如此则大势去矣。但愿是讹传耳。"④ 郑孝胥在日记中"哀叹曰：从此又是偷生世界，亡可立待矣"。⑤ 谭献在日记中记下了自己惊闻政变后的感受："骇闻震霆，独处变栗，彼暖姝者将如之何？"⑥ 八月初八日，张元济致函汪康年，谈及政变说："近来更心灰意懒，直不欲与闻人间事矣。康于初五日出京，初六日奉命拿问……此事因由，非一言所能尽，亦不忍为诸公言之。康固非平正人，然风气之开，不可谓非彼力。现闻尚未弋获，将来必有株连。事变之来，且更有不可意想者。"⑦ 八月初八日，魏允恭致函汪康年，报告了政变以来京城的动向："近日严拿各人，旨意甚密，竟有先拿一人，余人均未知悉者。是以新政诸人咸怀股栗，激则生变，时局正多反复，杞人之忧，正未艾耳。"⑧ 朝局翻转中，关于政变的原因，谣传纷纷，有谓政变起于变法者；有谓政变起于康有为、

---

① 《清实录》第57册，卷426，第598页。
② 《刑部尚书崇礼等折》，（光绪二十四年八月十一日），国家档案局明清档案馆编《戊戌变法档案史料》，第465页。
③ 叶昌炽撰，王季烈编《缘督庐日记钞》（二），戊戌年八月初六日，第412页。
④ 皮锡瑞：《师伏堂未刊日记》（戊戌年八月初八日），《湖南历史资料》1959年第2期，第151页。
⑤ 劳祖德整理《郑孝胥日记》第2册，光绪二十四年八月十一日，第683页。
⑥ 谭献著，范旭仑、牟晓朋整理《复堂日记》，光绪二十四年八月十一日，第399页。
⑦ 上海图书馆编《汪康年师友书札》（2），第1738页。
⑧ 上海图书馆编《汪康年师友书札》（3），第3116页。

张荫桓进呈药丸,导致光绪帝圣体违和者①;众说纷纭,莫衷一是。甚至八月十二日《国闻报》刊出消息,称:"又接来电称,又奉上谕命拿康有为维新党中人十六名,此十六人大半籍隶两粤者,或为御史,或为翰林,或为各部司员,官阶不一。"

惊恐之中,朝野几乎无人敢发异议。而此时,唯一能够影响清廷决策的因素只有列强干涉了。于是,那些期盼新政的人们便打出"外人干预"这张牌,试图震慑清廷,扭转危局。《国闻报》率先就政变可能引起"外人干预"的问题进行了连篇累牍的报道。八月初九日,该报登载《记天津八月初六初七初八三日惶惑情形》,这是政变后《国闻报》首次谈论政变,其中便提到"外人干预":"又传闻圣恭不安,又传闻皇上暂居静室,不接臣僚。该西人有云,若果如此,外人定将干预,决不听之"。八月十一日,《国闻报》在"国闻要录"栏下的《中堂入京》中再谈"外人干预":政变后"外人借端干预,讹言四起,公使朝至,兵船夕来,宗社安危,悬于呼吸,一或不慎,危亡立见。中堂此行,其庶几与父言慈,与子言孝"。同一栏目下另有《外人干预情形》的报道,称:"昨日有西友传述,初六日,皇太后训政之谕既下,各国公使均专电至其外部,其有该国公使不在北京者,亦即电告该公使所在地。方其时英使窦乃乐、德使海靖均在北大(戴)河私宅,闻信后即彼此相约至,于初八日至津初七(九)日早车进京。闻两公使已订定同至总理衙门谒见王大臣,请问中国皇太后训政之事究因何故,务必明以相告云。"八月十二日,《国闻报》再言"外人干涉"事:"英日两国议院论中国近事:有西人告知,自初六日英日驻京公使电告其本国国家,中国朝局变动事,以后电报络绎不绝,有闻即告。据两国京城来电云:现数日内英日同时开议院,议论中国此事究应如何办法,方与亚东太平之局无碍,闻

---

① 《申报》八月十三日刊出《西报述国事要闻》,称:"工部主事康有为奉旨严拿,然其得罪之由,言人人殊,莫衷一是……西字报谓康被逮之故,因请皇上尽行新法,俾中国得进于自强,而朝中大臣有不欲强中国者,互相倾轧,以致得罪。"《中外日报》八月十二日刊出消息称:"本月初六日皇上未理朝政,皇太后询问缘由,经内廷大臣奏称,皇上圣体欠安,因服康有为呈进药饵所致。皇太后闻之大怒……严拿康有为,按律严惩。"

已议有端绪，约同派兵船赶即驶赴中国以资保护，并云英兵船之在亚东者已有七艘至大沽口外。""外人干涉"无疑是政变后令人瞩目的问题，因为康有为、梁启超等人顺利出逃正是在外人的干预下实现的，而张荫桓之被划出"康党"得免一死也是得益于列强的干涉。因此，《国闻报》的报道可以说并非无根之谈。作为一个以维新为宗旨的报刊，《国闻报》反复强调"外人干预"的话题，其用意是明确的，即希图借助于"外人干预"给清廷施加压力，使其有所顾虑，不至于为所欲为，大开杀戒。

八月十一日，盛宣怀也"以防彼族借口干预内政"为由，致电荣禄，希望朝廷从宽查办、继续新政，称："近日洋报纷议，殊骇听闻。英尤虑俄惟（为）所欲为，颇思先发。深宫举动似未可操之过急，以防彼族藉口干预内政。拿问诸人连累查办，似宜从宽。一面以懿旨明谕中外，一切新政持平办理，力求自强，以消乘间伺隙之心，以慰薄海臣民之望。大局安危，间不容发，扶危定倾，非中堂莫属。"① 只要"懿旨明谕中外，一切新政持平办理，力求自强"，便可"慰薄海臣民之望"，可见新政、自强乃众望所归。此时的荣禄已奉旨进京，十三日奉旨"在军机大臣上行走"；十四日上谕"荣禄著管理兵部事务并节制北洋各军"；二十六日上谕："是以特简荣禄为钦差大臣，所有提督宋庆所部毅军、提督董福祥所部甘军、提督聂士成所部武毅军、候补侍郎袁世凯所部新建陆军，以及北洋各军悉归荣禄节制，以一事权。"② 大权在握的荣禄，已是太后的心腹，其对太后的决策无疑会产生巨大影响。据说，当政变发生之际，杨崇伊"先商之王、廖两枢臣，皆不敢发，复赴津与荣中堂定策，其折由庆邸递入，系请皇太后训政，并劾新进诸君植党营私、莠言乱政也"。③ 显然，盛宣怀的这封电报也正是希冀通过荣禄影响慈禧太后，清廷随后颁布的上谕似乎显示盛宣怀该电起了作用。

八月十一日，清廷发布上谕，首次谈及政变，确有安抚人心之意，称："刑部奏，案情重大，请钦派大臣会同审讯一折，所有官犯徐致靖、杨深

---

① 盛宣怀：《愚斋存稿》（下），补遗七十，台北，文海出版社，1963，第1942～1943页。
② 中国第一历史档案馆编《光绪宣统两朝上谕档》（24），第429、432、455页。
③ 叶昌炽撰，王季烈编《缘督庐日记钞》（二），戊戌年六月初十日，第413页。

第六章 "康党"与戊戌己亥政局的变动（上）

秀、杨锐、林旭、谭嗣同、刘光第，并康有为之弟康广仁，著派军机大臣会同刑部、督察院严行审讯。其张荫桓屡经被人参奏，声名甚劣，惟尚非康有为之党，著刑部暂行看管，听候谕旨。至康有为结党营私，情罪重大，业经将附和该犯之徐致靖等交部严讯，此外难保官绅中无被其诱惑之人，朝廷政存宽大，概不深究株连，以示明慎用刑至意。"① 该谕旨透露的重要信息是，此次抓捕对象仅限于"康党"，徐致靖、杨深秀、杨锐、林旭、谭嗣同、刘光第即因"附和""康党"而被抓，"康党"之外，即使"被其诱惑"者，"朝廷政存宽大，概不深究株连"，张荫桓也因非"康党"而被区别对待。虽然张荫桓之被划出"康党"，得益于英、日两国公使的干涉，但该上谕对当时惶惶不安的新党，的确是一种安抚。对此，叶昌炽在其八月十一日的日记中记曰："又上谕：康有为结党营私，情罪重大，业经将附和该犯之徐致靖等交部严讯，此外难保官绅中无被其诱惑之人，朝廷政存宽大，概不深究株连。此旨一宣，人情当可稍定。"②

对上述清廷所列"康党"名单，时人颇有异议。张之洞即认为杨锐绝非"康党"，并多方设法援救③。据陈夔龙记载，主审该案的奕劻也认为："同案六人情形亦复不同，闻杨君锐、刘君光第均系有学问之人，品行亦好，罗织一庭，殊非公道，须分别办理；君等到部可与承审诸君商之。"④ 八月十一日，兵部掌印给事中高燮曾奏请"将张荫桓、徐致靖、康广仁、谭嗣同、林旭五人速行惩办"，杨锐、刘光第则"俟讯供后，分别办理"⑤，显有区别对待之意。八月十二日，福建道监察御史黄桂鋆在其所上《妥速讯明定案片》中，所列"康党"名单也将杨锐、刘光第排除在外。⑥ 连杨锐

---

① 中国第一历史档案馆编《光绪宣统两朝上谕档》（24），第426页。
② 叶昌炽撰，王季烈编《缘督庐日记钞》（二），戊戌年八月十一日，第414页。
③ 参见茅海建《张之洞档案阅读笔记之二：张之洞与杨锐的关系——兼谈孔祥吉发现》，《中华文史论丛》2010年第4期。
④ 陈夔龙：《近代史料笔记丛刊·梦蕉亭杂记》，第20页。
⑤ 《兵部掌印给事中高燮曾等折》，光绪二十四年八月十一日，国家档案局明清档案馆编《戊戌变法档案史料》，第466页。
⑥ 《福建道监察御史黄桂鋆片》，光绪二十四年八月十二日，国家档案局明清档案馆编《戊戌变法档案史料》，第467页。

与刘光第自己也都很坦然，认为只要经过讯问便可证明自己并非"康党"。此外，林旭也不认为自己是"康党"，据郑孝胥记载，八月八日晚，林旭曾到其住所"谈良久，自言不得以康党相待"。①

但遗憾的是，八月十三日，为了避免列强的干涉，慈禧太后下旨对"六君子"不审而诛。而"六君子"的不审而诛又与《国闻报》"外人干涉"的报道颇多关系。八月十一日，兵部掌印给事中高燮曾等奏"为除恶宜速，缓恐生变"，称："昨阅《国闻报》，有'西人定将干预'之语，臣等且骇且惧。查康有为至今尚未拿获，其死党梁启超亦改洋装潜遁，若辈党与（羽）众多，难保不混造谣言，诬谤宫廷，致西人藉口平难，震惊辇毂，从前朝鲜被倭人戕妃逼王，其明证也。拟请皇太后、皇上当机立断，将张荫桓、徐致靖、康广仁、谭嗣同、林旭五人速行惩办。其余俟讯供后，分别办理。若稽延时日，万一张荫桓勾串西人，变生意外，悔将无及。"② 同一天，掌广西道监察御史杨崇伊上奏也谈到《国闻报》："梁启超未拿，康广仁、谭嗣同等未决，深恐康有为煽惑洋人，以兵轮相协，应请即日宣召北洋大臣荣禄来京，以资保护……惟阅《国闻报》所言，事机急迫，不敢再安缄默。"③ 显然，《国闻报》的报道触动了言官们敏感的神经，各路言官从中得到了与《国闻报》初衷相反的启示，即"除恶宜速，缓恐生变"。而八月十一日清廷下达的那道张荫桓"尚非康有为之党"的谕旨，恰恰是"外人干预"的结果，这似乎在证实《国闻报》的预言。八月十二日，黄桂鋆上《为奸党叵测，请早定大计以杜祸变折》，再次提及《国闻报》："及闻该员（康有为）逃匿，未能缉获，则又私忧窃虑，恐其挺（铤）而走险，勾结外洋，致生他变。且天津《国闻报》，妄造谣言，谓外人意颇不平，此必其党欲为挟制之计，而该报复张其说也。臣之愚见，以为此事宜早决断，将已获

---

① 劳祖德整理《郑孝胥日记》第 2 册，光绪二十四年八月初八日，第 682 页。
② 《兵部掌印给事中高燮曾等折》，光绪二十四年八月十一日，国家档案局明清档案馆编《戊戌变法档案史料》，第 466 页。
③ 《掌广西道监察御史杨崇伊折》，光绪二十四年八月十一日，国家档案局明清档案馆编《戊戌变法档案史料》，第 466~467 页。

之犯速行处治，以绝其望……即外人欲来干预而事已大定，无所施其术也。"① 八月十三日，国子监司业贻谷也上《为乱党善假外势，法缓难惩，请饬迅速定罪，以伸国法而杜干预折》，强调了张荫桓勾结外国的可能性及外人干涉的后果，称："张荫桓与各国勾结为日最久，动假彼族凶狡之势，挟制朝廷，是其惯伎。今因逆案被逮，必将与徐致靖等共浼外国使臣为之缓颊。倘出而居间排解，从之则无以彰国法，不从又无以顾邦交，依违迁就，转使怨归于我，而恩归于人……西人一出，将听其要挟，而从末减，从此纪纲废坠，无以为国。"因此，他恳请朝廷，"早正其罪，俾彼族无干预之间，庶国法可行而逆萌潜息矣！"② 果然，言官们的轮番奏请见效了，十三日上午九点，奉命审讯"六君子"的陈夔龙突然接到命令，"此案因今早某京堂封奏，请勿庸审讯，即由刚相传谕刑部，将六人一体绑赴市曹正法。缘外间訛言孔多，有谓各公使出而干涉，并谓一经审问，恐诸人有意牵连，至不能为尊者讳，是以办理如此之速"。③"某京堂"即指贻谷。这是《国闻报》主笔们始料不及的。

就在"六君子"遇难的次日，清廷又下发一道朱笔上谕，对政变的来龙去脉做了解释，中称：

> 近因时事多艰，朝廷孜孜图治，力求变法自强。凡所施行，无非为宗社生民之计。朕忧勤宵旰，每切兢兢。乃不意主事康有为，首倡邪说，惑世诬民，而宵小之徒，群相附和，乘变法之际，隐行其乱法之谋。包藏祸心，潜图不轨。前日竟有纠约乱党，谋围颐和园，劫制皇太后及朕躬之事。幸经觉察，立破奸谋。又闻该乱党私立保国会，言保中国不保大清，其悖逆情形，实堪发指。朕恭奉慈闱，力崇孝治，此中外

---

① 《福建道监察御史黄桂鋆片》，光绪二十四年八月十二日，国家档案局明清档案馆编《戊戌变法档案史料》，第467~468页。
② 《国子监司业贻谷折》，光绪二十四年八月十三日，国家档案局明清档案馆编《戊戌变法档案史料》，第469页。
③ 陈夔龙：《近代史料笔记丛刊·梦蕉亭杂记》，第20页。

臣民之所共知。康有为学术乖僻，其平日著作，无非离经叛道、非圣无法之言。兹因其素讲时务，令在总理各国事务衙门章京上行走，旋令赴上海办官报局，乃竟逗留辇下，构煽阴谋，若非仰赖祖宗默佑，洞烛几先，其事何堪设想！康有为实为叛逆之首，现已在逃。著各直省督抚一体严密查拿，极刑惩治。举人梁启超与康有为狼狈为奸，所著文字语多狂谬，著一并严拿惩办。康有为之弟康广仁及御史杨深秀、军机章京谭嗣同、林旭、杨锐、刘光第等，实系与康有为结党，隐图煽惑……于昨日谕令将该犯等即行正法。此事为非常之变，附和奸党，均已明正典刑。康有为首创谋逆，罪恶贯盈，谅亦难逃显戮。现在罪案已定，允宜宣示天下……至被其诱惑、甘心附从者，党类尚繁，朝廷亦皆察悉。朕心存宽大，业经明降谕旨，概不深究株连，嗣后大小臣工，务当以康有为为炯戒，力扶名教，共济时艰。所有一切自强新政，胥关国计民生，不特已行者，亟应实力举行。即尚未兴办者，亦当次第推广，于以挽回积习，渐臻上理，朕实有厚望焉。①

这道谕旨明确传达了三层意思：其一，"康党"之获罪由于谋逆作乱，与变法无关；其二，附和"康党"之"奸党"，"均已明正典刑"，其他"被其诱惑"者，一概不深究株连；其三，政变不会影响新政，"不特已行者，亟应实力推行。即尚未兴办者，亦当次第推广"。按照此一谕旨，政变与新政无关，只与"康党""谋逆"有关，新政不会因此而停罢，新党也不会因此而受牵连，故而"康党"的界限是清楚的，其性质也是明确的，即"谋逆"之"逆党"。

正因如此，身为康门弟子的梁启超自然在拘捕之列。其实，早在政变次日，张之洞即发电给孙家鼐，直言"梁乃康死党，为害尤烈"。② 八月十一日，高燮曾等的奏折中也有"其死党梁启超"之语。其时，所有弹劾"康

---

① 中国第一历史档案馆编《光绪宣统两朝上谕档》（24），第430~431页。
② 张之洞：《致孙中堂》，光绪二十四年八月初七日亥刻发，苑书义等主编《张之洞全集》第9册，第7657页。

第六章 "康党"与戊戌己亥政局的变动（上）

党"的奏折中几乎有梁启超的大名。梁启超自己也深知这一后果，故而先行出逃。而"尚非康有为之党"的张荫桓则被"发往新疆，交巡抚严加管束"，徐致靖"著刑部永远监禁"①。张荫桓被划出"康党"得益于列强的干涉，而且时人及后人虽然多指认其与康有为关系亲密，但尚无人能够提供其参与"谋逆"的证据，甚至皇上和庆邸也曾为他辩护，据苏继祖记载："太后深恶张侍郎蛊惑皇上，定欲杀之。上代白非康党，庆邸亦奏并非康党，始获生全。"② 张荫桓本人更不认为自己是"康党"，曾于戊戌年八月十五日"满面流泪"地对陈夔龙说："我非康梁一党，不知何以得此重谴？"③ 徐致靖则不同，他不仅保荐了康有为、谭嗣同、梁启超等"逆党"要犯，而且参与了"谋逆"④，是真正的"康党"。只不过由于当时清廷不掌握其"谋逆"的证据，故李鸿章托荣禄向慈禧太后的求情得以奏效，徐致靖得以幸免于难。同样因为没有证据，参与"谋逆"的徐仁镜、徐仁录也仅受到革职的处分。⑤

其实，将"康党"与新党区别对待，不仅是上述谕旨的意图，也是多数维新人士的心愿。八月初十日，《国闻报》便刊出《恭纪太后训政事》，

---

① 中国第一历史档案馆编《光绪宣统两朝上谕档》（24），第434页。
② 苏继祖：《清廷戊戌朝变记》，中国史学会主编《中国近代史资料丛刊·戊戌变法》第1册，第349页。
③ 陈夔龙：《近代史料笔记丛刊·梦蕉亭杂记》，第17页。
④ 王照在其政变后流亡日本与木堂翁的笔谈中谈道："康又托徐致靖劝照往芦台夺聂提督军以卫皇上，照力辩其不可，谓太后本顾名义，无废皇上之心；若如此举动，大不可也。康又托谭嗣同、徐仁镜与照言，照大呼曰：王小航能为狄仁杰，不能为范雎也，伊等默然。自是动兵之议不复令照知。"（《关于戊戌政变之新史料》，中国史学会主编《中国近代史资料丛刊·戊戌变法》第4册，第332页）此外，王照在其《方家园杂咏二十首并纪事》中也说："在袁氏奉召来京之十日前，南海托徐子静及谭复生、徐莹甫（子静名致靖，莹甫子静次子仁镜也）分两次劝余往聂功亭处，先征同意，然后召其入觐，且许聂以总督直隶，余始终坚辞，曾以王小航不作范雎语……附记：当日徐子静以老年伯之意态训余曰：'尔如此怕事，乃是为身家计也。受皇上大恩，不趁此图报，尚为身家计，于心安乎？'余曰：'我以为拉皇上去冒险，心更不安，人之见解不能强同也。'后乃知往小站征袁同意者，为子静之侄义甫（义甫名仁录）。"见中国史学会主编《中国近代史资料丛刊·戊戌变法》第4册，第360页。
⑤ 许姬传在《戊戌变法侧记》中对其外祖徐致靖、二舅徐仁镜、堂舅徐仁录参与密谋之事，及李鸿章托荣禄保徐致靖的过程，有详细的叙述。见《文史杂志》1985年第1期。

表达了对时局的态度。该文一反《国闻报》在百日维新中紧随康梁,积极报道"康党"变法活动的做法,不点名地批评了"康党"的结党营私。它指出,当胶州、旅大"相继沦胥",皇上力图变法,挽救危局时,"草莽新进之士,闻风而起,众喙雷鸣,一人攘臂,百夫拾决"。然而,这众多附议变法之人,"迹其论事之心",约分三种:其一,"则思以危言悚论劫持朝局,使将来新建之策,新进之人,天下英雄,尽入吾彀,牢笼宙合,志在非常,此一流也"。其二,"则流涕上书,苟图富贵,谏书朝上,恩命夕颁,自以为非常之宠遇,夸耀朋侪,光辉门族,升官发财之外,别无他求,此一流也"。其三,"则始本愿谨,亦深知瓦缶争鸣,必非久局。而若则以数纸之书,位跻卿贰。若则以一命之士,职掌多财,鸣吠相闻,触喉技痒,遂变初志,希附末光。此又一流也"。对号入座,显然此中所说的"其一"即指康梁,"其二""其三"即为附和康梁者,合三为一即"康党"。接着文章对上述"三流"提出批评:"嗟乎!若此之流,其为苟便身图,无补国计,深识之士,必辨其微。然而其始也,枢臣侧目,莫敢先言,疆吏咨嗟,但闻咋舌,亦谓苟全名位,遑恤其他。乃未几而礼部六堂一朝去位,枢廷四弼相率登朝。在旧臣则骎骎乎有我躬不阅之忧,而新进则汲汲乎有党羽将成之势。甚者乘机煽乱,离间宫闱,遂使皇上孝治天下之心与皇太后慈爱臣民之念,一家之事,判若两途。植党营私,诡为得失,狗彘之肉,其足食哉!"这里所说的"礼部六堂一朝去位""枢廷四弼相率登朝""新进""有党羽将成之势""乘机煽乱,离间宫闱",显然都是在批评"康党",且可谓严厉。随后,文章明确表达了对慈禧太后训政的支持:"所幸皇上圣明,于危疑震撼之交,吁请训政。而皇太后垂念时艰,俯如所请。盖致是而谣诼之风得□稍息,皇太后、皇上以孝慈治天下之心,亦庶几大白于天下矣。"① 从文章的内容可见,《国闻报》的消息非常灵通,在八月初十日已经得到"康党"获罪是因为"乘机煽乱,离间两宫"的消息。因此,该报迅速表态,批评"康党",拥护太后,其与"康党"划界的意图是明显的。

---

① 《恭纪太后训政事》,《国闻报》光绪二十四年八月初十日。

次日，《国闻报》又刊登了《汪进士呈文》一文，再度明确其区分新党与"康党"的立场。该文刊发了政变前汪康年关于"康党"奏劾其抗旨不交《时务报》的声明，后附"本馆谨案"，称："新党议论之盛行，始于《时务报》；新党人心之解体，亦始于《时务报》。自汪、梁之狱起，识者已知维新党之厄运将临，咨嗟太息，欲为保全者，颇不乏人。而康党不悟也，怙而不改，遂有今日。独惜新党中多有并非康党中人，而亦横罹其祸者。故先著录此文，以见新党中又自分党，不能以康党一概相量也。"① 《国闻报》之所以急于刊登该文，突出汪康年与"康党"政变前的矛盾，意在将新党与"康党"区别开来，从而保护新党免受牵连。同一天，在得知荣禄奉旨进京的消息后，《国闻报》再度表达了同样的意愿："中堂此行，其庶几与父言慈，与子言孝，使中国臣民、外人观听，晓然于皇太后之训政与廷旨之密拿康有为，不过罪康有为一人，而于皇上数月以来维新变法之事，三五新进之臣，均无所妨碍，则中国之幸，即支那皇太后、皇上万寿无疆之福。是所望于社稷之臣矣，此外臣之愿也。"②

清廷公布了"康党"的围园逆谋之后，八月二十五日，《申报》也发表消息，强调了政变与"康党"、变法的关系："逆犯康有为图谋不轨，事泄后奸党伏诛，朝廷既明降谕旨，暴其罪于天下，中西人士，皆可晓然于康之获罪非因变法而起，而无容为之惋惜、袒护矣。乃近闻各国公使，仍连日会商，意欲干预此事，众喙哓哓，莫衷一是，以致华人谣言蜂起。"③ 既然朝廷谕旨已明确"康党"获罪，非因倡导变法，而是图谋不轨，那么"奸党伏诛"，便无须惋惜、袒护，"康党"与新党的界限因此泾渭分明。报刊舆论再三强调"康党"与政变的关系，其用心可谓良苦，也道出了多数新党中人的心声。

站在变法的立场上看，为了顺利推行变法，康梁"围园锢后"的密谋不无可取之处，但在当时的政治伦理下，这种举措无疑是叛逆之举，多数时

---

① 《汪进士呈文》，《国闻报》光绪二十四年八月十一日。
② 《中堂入京》，《国闻报》光绪二十四年八月十一日。
③ 《西人越俎》，《申报》光绪二十四年八月二十五日。

人难以认同。对此，胡思敬曾说："戊戌康党构逆，论者不直德宗"，"保皇党之误，一误于甲午之役，导珍妃夺嫡，再误于戊戌之变，导德宗叛母，知其事者，颇不直之"。① 这里，甲午之时的保皇党另有所指，但戊戌时则专指"康党"。这一点我们还可以从叶昌炽在政变后短短几天内对"康党"评价的变化中见及。政变发生后，叶昌炽为朝局反转痛心不已。八月初九日，在得知首发难者为杨崇伊后，说："闻首发难者，仍系敝同乡杨侍御也。此君沉深阴鸷，圣门诸贤嘤嘤然，志大而才疏，本非其敌。"十三日，"六君子"遇难后，他评论道："此数人者虽良莠不一，要之，皆中国之隽才也。天乎！一至此乎？外国新旧相争，无不流血者，中国流血自此始也，吾侪无死所矣。"其痛惜变法不成之情，溢于言表。但在十四日清廷公布"康党"谋逆之罪后，叶的评价也随之变化，称："平心论之，以叔乔之学行，叛逆之谋可信其必不与闻，惟与谭林辈同入枢廷，新縻好爵，不能先自引去，比之匪人，自贻伊戚，可为热中者炯鉴。康长素所著《新学伪经考》，鄙人一见，即洞烛其奸。蔚若之使粤也，鄙人临别赠言，告以此才必不可入彀。蔚若早从吾言，则或不致酿此祸也。"② 围园逆谋的公布改变了"康党"在叶昌炽心中的形象。这也正是"康党"政变后坚决否认围园密谋的原因所在。相反，慈禧太后此时及时做出"概不株连"、继续推行新政的承诺，对惶恐不安的新党而言，无疑是一种安抚。胡寿颐八月十九日记："前数日人心惶惑汹涌已极，自斩官犯及降谕安慰天下，严拿康党而后，人情莫不大快，而心亦定矣。"③ 八月二十日，李鸿章也在致电罗使时也说："慈圣因变法太急，用人不当，复出听政。诛戮六员，发遣李端棻、张荫桓，而康有为逃英舰、梁启超逃倭船未获……现在人心大定，两宫和洽，谣言必须

---

① 胡思敬：《近代史料笔记丛刊·国闻备乘》，中华书局，2007，第18、143页。
② 叶昌炽撰，王季烈编《缘督庐日记钞》（二），戊戌年八月初九日、十三日、十四日，第413、415、419页。
③ 胡寿颐：《春明日居纪略》，中国史学会主编《中国近代史资料丛刊·戊戌变法》第1册，第559页。

痛驳。"①

历史给了慈禧太后创造历史的机遇，慈禧太后似乎也抓住了这一机遇，人们翘首以盼的是新政的继续。

然而，后来的事实证明，清廷"概不株连"与继续新政的承诺未能兑现，"六君子"的被诛并未给党案画上句号，在言官们的弹劾下，株连的范围不断扩大，"康党"名单不断增加，远远超出了"逆""乱"的范围，很多新党中人遭受牵连。八月初九日，改归知县庶吉士、前户部主事缪润绂奏劾"康党"一折，在强调了清廷已拿解的谭嗣同、刘光第、林旭、杨锐等人"实皆逆党"外，又列上王照，认为"王照、杨深秀皆该逆丑类"。② 八月初十日，刘坤一奉上谕密拿文廷式。③ 对此，张謇质疑道："闻查拿文廷式之电谕。康事与芸阁（文廷式）无涉，何以及之?"④ 八月十二日，黄桂鋆上奏，指认"康党"："其党之同谋者，在内则以张荫桓、徐致靖、谭嗣同、林旭为渠魁，而杨深秀、宋伯鲁等扶助之。在外则以黄遵宪、熊希龄为心腹，而陈宝箴、徐仁铸等附合之。此外尚有梁启超、麦孟华等数十百人，蔓延固结，党羽遍布。甚至有徐勤等赴日本，与叛贼孙文设立大同会。"⑤ 八月十四日，徐仁铸被革职，永不叙用。革职后，徐仁铸曾有信致汪康年，说："昨得粤友来函，称康逆家查抄物件内有《人才表》一本，各省知名之士，无论识与不识，皆列名品第之。言语悖谬，是非颠倒，有极可笑可诧者，海内读书人遭此点窜，真士林一厄运矣。"⑥ 政变前，徐仁铸曾被指为"康党"。政变前夕，他进行了自我辩解，否认自己是"康党"。这里，他再次否认与"康逆"的关系。的确，以政变后的"逆""乱"标准衡量，徐

---

① 李鸿章：《复罗使》，光绪二十四年八月二十日，顾廷龙、戴逸主编《李鸿章全集》第26册，电报六，安徽教育出版社，2008，第447页。
② 《改归知县庶吉士缪润绂折》，光绪二十四年八月初九日，国家档案局明清档案馆编《戊戌变法档案史料》，第464页。
③ 《上谕》，中国史学会主编《中国近代史资料丛刊·戊戌变法》第2册，第101页。
④ 详见《张謇全集》第6卷，日记，第414页。
⑤ 《福建道监察御史黄桂鋆片》，光绪二十四年八月十二日，国家档案局明清档案馆编《戊戌变法档案史料》，第467页。
⑥ 上海图书馆编《汪康年师友书札》（2），第1504页。

仁铸与"康党"的距离还很远，虽然其父、其弟都曾参与"逆谋"，但远在湖南的徐仁铸未闻其事①，而且其父、其弟之事除了"康党"之外也无人知晓，因此徐之被革可视为株连的结果。

八月十五日，张之洞发电黄绍箕，指认黄遵宪为"康党"："黄遵宪实是康党，都人有议之者否？"② 八月十六日，工科给事中张仲炘参劾"康党"，黄遵宪、熊希龄、李岳瑞、王照、洪汝冲、宋伯鲁等都在其列。八月十九日，上谕将礼部尚书李端棻革职，发往新疆交地方官严加管束；王照即行革职，严拿务获。八月二十一日，掌陕西道监察御史黄均隆参劾"康党"，将湖南维新之士一网打尽。③ 当天，慈禧太后下发谕旨，罢免了陈宝箴、陈三立、江标、熊希龄等人的职务，永不叙用。④ 八月二十二日，黄桂鋆再上《为惩治奸党，宜按情罪轻重区为数等折》，请将"康党"分为四等，分别处置：其一为同恶相济，结为死党，如黄遵宪、熊希龄、徐勤、韩文举等，"率皆大倡邪说，与康有为、梁启超朋比为奸"；其二为奏荐匪人，妄希大用，如陈宝箴、王锡蕃、李端棻等；其三为咨保匪人，以应特科，如张百熙、张之洞、唐景崇等；其四为趋附党奸，受其指使，如王照、洪汝

---

① 许姬传在《戊戌变法侧记》中谈到徐仁录去天津策动袁世凯一事时，有"可惜研舅远在湖南，如果在京则不会铸成大错"之语，据此可见徐仁铸并未参与密谋。见《文史杂志》1985年第1期。
② 张之洞：《致黄绍箕》，八月十五日亥刻发，《张之洞电稿》（光绪二十五年二月至八月），中国社会科学院近代史研究所藏，档号：甲182-457。茅海建发现，整理者有误，根据内容该电应发于光绪二十四年。见氏著《戊戌变法的另面："张之洞档案"阅读笔记》，上海古籍出版社，2014，第291页。
③ 黄奏称："黄遵宪与张荫桓结为师生……陈宝箴开时务学堂，黄遵宪援引梁启超等为教习，著为学约、界说诸篇，大抵皆非圣无法之言……熊希龄亲由上海招邀梁启超到湘，陈宝箴以熊希龄为时务学堂总理，为康、梁扬波助焰。又开南学会，湘报馆，与已正法的谭嗣同，及拔贡樊锥、毕永年、唐才常，生员易鼐、何来保，训导蔡钟濬等，著为合种合教之论，渎伦伤化。此皆由陈宝箴听信其子吏部主事陈三立，招引奸邪，及学政江标、徐仁铸，庇护康、梁所致。而黄遵宪、熊希龄为之助其恶而恣其毒也。"《掌陕西道监察御史黄均隆折》，光绪二十四年八月二十一日，国家档案局明清档案馆编《戊戌变法档案史料》，第472~473页。
④ 中国第一历史档案馆编《光绪宣统两朝上谕档》（24），第445页。

冲、郑孝胥、李岳瑞等。① 在此影响下，八月二十三日，清廷再下几道谕旨，一连罢免了詹事府少詹事王锡蕃、工部员外郎李岳瑞、刑部主事张元济，张百熙也因保荐康有为使才，交部严加议处。② 刘坤一奉旨秘密看管黄遵宪。③ 之后，黄遵宪在日本代理公使的帮助下，得以无事回籍。十月二十一日，翁同龢被革职，永不叙用。

上述诸人，王照与"康党"的关系最为复杂。虽然政变前时人所指认的"康党"中并无王照，但王照与"康党"关系密切已有人见及，刑部主事唐烜曾于戊戌年七月在日记中记载，王照"近来专主西学……与广东康有为交最密，凡所议论，皆康所著录者也"。④ 康有为后来也承认曾授意王照保举康广仁、麦孟华、徐仁镜、徐仁铸、宋伯鲁等"康党"成员。更为重要的是，王照曾被"康党"运动而与闻"围园锢后"之谋⑤，虽然他断然拒绝参与其事，但政变后还是畏罪出逃，与康梁同往日本。王照的出逃引起了时人的关注，八月十六日张仲炘在奏劾王照时即指出，王照等"于初八九等日先后逃匿……该员等若非情虚胆怯，何以弃官如遗？"同日上谕："候补四品京堂王照现在是否在京，著吏部查明，明日具奏。"⑥ 八月十七日，清廷再发布上谕，命都察院饬令五城坊官，确切查明王照下落。八月十九日，在都察院奏报王照查无下落后，清廷又发上谕，称"该员畏罪避匿，实难姑容"，王照即行革职，严拿务获，并将其原籍家产一律查抄。⑦ 可见，王照之被通缉与其政变后的出逃关系密切。而后王照在日本，一度追随康、梁，进行各种政治活动，攻击慈禧太后，进一步坐实了其为"康党"的罪

---

① 《福建道监察御史黄桂鋆折》，光绪二十四年八月二十二日，国家档案局明清档案馆编《戊戌变法档案史料》，第476页。
② 中国第一历史档案馆编《光绪宣统两朝上谕档》(24)，第450页。
③ 《清实录》第57册，卷428，第619页。
④ 唐烜：《留庵日钞》，光绪二十四年七月十七日，转引自孔祥吉《难得一见的百日维新史料——读唐烜日记〈留庵日钞〉未刊稿本》，《清人日记研究》，第44页。
⑤ 《关于戊戌政变之新史料》，中国史学会主编《中国近代史资料丛刊·戊戌变法》第4册，第332页。
⑥ 中国第一历史档案馆编《光绪宣统两朝上谕档》(24)，第435页。
⑦ 中国第一历史档案馆编《光绪宣统两朝上谕档》(24)，第439页。

名,遂成为清廷通缉的"康党"要犯。① 应当说,王照之被划为"康党"事出有因,与其他人之无辜遭受株连似有不同,以至于时人评论王照说:"王照,康党也。当康逆未经败露之际,同在京邸商略阴谋。及事发而逃,则又与梁逆同往日本。迹其种种行止,实不能辞党逆之名。"②

黄遵宪与"康党"的关系也很密切,政变之前就曾被指为"康党"。对此,黄遵宪似未做太多的辩解。而政变后,在得知被梁鼎芬指认为"康党"后③,他便于八月十六日发电给张之洞,进行辩解与求助,称:"近有人言,汪接梁电云,首逆脱逃,逆某近状,逆超踪迹何若。闻之骇诧。宪生平无党,识康系梁介绍,强学会亦梁代列名。乙未十月在沪见康后,未通一信。卓如实宪至交,偶主张师说,辄力为谏阻。此语曾经佑帅奏闻。在湘每驳康学,曾在南学会中攻其孔子以元统天之说,至为樊锥所诟争。此佑帅所深悉,湘人所共闻。不意廿年旧交之星海,反加以诬罔。宪不与深辩。伯严曾一再函电代鸣不平……当此危疑时局,遏冤杜祸,均惟宪台是赖。"④ 政变后的"康党"与政变前已经大为不同,"逆党"之罪名即意味着杀头,因此黄遵宪得知被指为"康党"后,便在第一时间出而辩解。黄遵宪之所以会求助于张之洞,是因为他尚不知道张之洞早已与梁鼎芬一样指其为"康党"了。黄遵宪的上述辩白并非虚妄,其所言"此语曾经佑帅奏闻",的确见诸陈宝箴五月二十七日的奏折;其与"康学"有距离也是事实;更不曾与闻"康党"的"逆谋"。因此,其被指为"康党"也是株连的结果。

与黄遵宪相比,陈宝箴、陈三立父子与"康党"的关系要疏远得多,

---

① 参见马忠文《维新志士王照的"自首"问题》,《近代史研究》2014年第3期。
② 《原王照功罪》,《申报》光绪二十六年三月十一日。
③ 梁鼎芬致函汪康年,将黄遵宪指为"康党",称:"朝廷行大罚,天下快心。乃逆为、逆超逃,逆桓拿而不斩,逆宪不拿而免,逆铸不忠不孝,罪大恶极,不斩不拿,不免学政如故也,数日后应有后命。逆宪尚巍然在洋务局否?或已逃?"见上海图书馆编《汪康年师友书札》(2),第1910~1911页。该信未署日期,但从其所说"逆桓"拿而不斩、"逆铸""不免学政如故"可见,应写于八月十一日清廷宣布张荫桓尚非"康党"上谕之后、八月十四日徐仁铸被革之前。而从黄遵宪八月十六日便得知这一消息并发电给张之洞进行辩解的事实来看,梁鼎芬此信最晚八月十六日已经送到汪康年手中并传出消息。
④ 《上海黄钦差来电》,光绪二十四年八月十六日亥刻发,《张之洞存来往电稿原件》第14函,中国社会科学院近代史研究所藏,档号:甲182-385。

第六章 "康党"与戊戌己亥政局的变动（上）

如前所述，陈氏父子不仅在湖南的维新变法中，尽力抵制"康党""康学"的影响，不惜与谭嗣同等人决裂，陈宝箴还于五月二十七日奏劾康有为及其《孔子改制考》，要求"自行毁板"。其与"康学""康党"的对立有迹可循，但在政变后同样遭受株连。

可以说，由于清廷株连范围的扩大，"康党"与新党原本清晰的界限日渐模糊，"康党"逐步向新党扩张。李鸿章与慈禧太后之间的一段君臣对话，正反映了这一事实。政变发生后，慈禧太后召见李鸿章，"太后以弹章示之曰：'有人谗尔为康党'。合肥曰：'臣实是康党，废立之事，臣不与闻，六部诚可废，若旧法能富强，中国之强久矣，何待今日？主张变法者即指为康党，臣无可逃，实是康党。'太后默然。"① 这一对话出自孙宝瑄的日记，是李鸿章亲口对孙所言，虽未必完全是李鸿章与慈禧对话的实录，但足以透露李鸿章对清廷大肆株连的不满。同时也显示，随着清廷株连范围的扩大，本为"逆党"的"康党"却在变法的意义上出现了与新党混一而论之势，不但新党被指为"康党"，连倡导洋务如李鸿章者也被指为"康党"。这是一个极其危险的信号，它意味着不仅戊戌年的变法不可能继续，即使洋务新政也有被禁阻的可能。

事实也的确如此，在"新党"不断受到株连的同时，清廷继续推广新政的承诺也未兑现。早在八月十一日的上谕中，清廷已停废了几项新政，如复冗官，裁撤《时务官报》，禁止士民上书等；八月二十四日谕旨，恢复八股，停止经济特科，裁撤农工商总局；八月二十四日谕旨，禁各处报馆，严拿捕报馆主笔；八月二十六日谕旨，严禁结会，拿获入会人等，分别治罪。② 戊戌新政停废殆尽，这与清廷继续新政的承诺已背道而驰。

对清廷旨意的前后变化，时人看得很清楚。光绪二十四年九月初四日，《国闻报》发表评论，说："中国政府自杀四卿之后，本无钩稽株连穷治新党之意，亦并无将皇上数月以来开创百度之事全行反覆之意。而督察院各道

---

① 丁文江、赵丰田编《梁启超年谱长编》，第129页。
② 中国第一历史档案馆编《光绪宣统两朝上谕档》（24），第425、451～452、453、455页。

御史以为趁此机会，不分青黄皂白，凡有关涉皇上所创行之新政，皆指为康有为之邪说，太后无不立予平反。凡有曾经皇上所赏识之小臣，皆指为康有为之徒党，太后无不严加惩治……凡半月以来，或革职，或放废，或永不叙用，皆言官之功也。复六衙门，复八股，禁学会，禁报馆，撤农工商局，亦皆言官之功也。"① 将清廷旨意的前后变化归结为言官的推动，不免夸大了言官的作用而低估了太后的意志；但也不可否认，言官成为推动政变后政局急剧逆转的重要力量。

清廷对"新党"的株连、停罢新政的举措，引起了很多有识之士的不满。八月十八日，皮锡瑞在日记中记曰："现在严究康党，虽有官绅被惑，免其株连之谕，然已一网打尽；且恐乘机报复，纷纷不已，从此言路闭塞，人才消沮，如宋禁元祐学术……卒至神州陆沉，岂不痛哉！"② 如果说皮锡瑞的不满尚止于私议的话，那么，身为大臣的刘坤一则挺身而出，不避嫌疑，于八月二十八日致电总署，称："国家不幸，遭此大变。经权之说须慎，中外之口宜防。现在谣诼纷腾，人情危惧，强邻环视，难免借起兵端。伏愿我皇太后，我皇上，慈孝相孚，尊亲共戴，护持宗社，维系民心。并请查照八月十一日、十四日两次谕旨，曲赦康有为等余党，不复追求，以昭大信，俾反侧子自安，则时局之幸矣。"③ 该奏为张謇代拟，据张謇《啬翁自订年谱》记："为新宁拟太后训政保护圣躬疏，大意请曲赦康梁，示宫廷之本无疑贰，此南皮所不能言。刘于疏尾自加二语，曰：'伏愿皇太后、皇上孝慈相孚，以慰天下臣民尊亲共戴之忱。'乃知沈文肃昔论刘好幕才，奏章语到恰好，盖信。"④ 刘坤一此奏，用意有二：一是保护光绪帝，加上八月二十一前后致荣禄的两电，恰好是赵柏岩所说的"三电政府以保全上"；二是希望宽赦余党、减少株连。之所以恳请"曲赦康有为等余党"，是因为清

---

① 《言官之言》，《国闻报》光绪二十四年九月初四日。
② 皮锡瑞：《师伏堂未刊日记》（戊戌年八月十八日），《湖南历史资料》1959年第2辑，第156页。
③ 刘坤一：《寄总署》，光绪二十四年八月二十八日，《刘坤一遗集》第3册，中华书局，1959，第1415页。
④ 张謇：《啬翁自订年谱》，《张謇全集》第6卷，日记，第858页。

第六章 "康党"与戊戌己亥政局的变动（上）

廷的株连已经违背了其八月十一日、十四日两道谕旨所做出的"概不株连"的承诺。特别是八月二十一日，清廷将湖南巡抚陈宝箴"革职，永不叙用"，引起了刘坤一极大不满。

对此，他后来致函欧阳润生说："承示陈右帅函及厘正学术疏稿，读竟为之喟然。夫祸患必有由来，君子小人各以其类。乃康有为案中诖误，内则有翁中堂，外则陈右帅，是皆四海九州所共尊为山斗倚为柱石者，何以贤愚杂糅至此！若为保康有为以致波及，闻翁中堂造膝陈词，亦是抑扬之语，右帅此疏，更足以自明矣……右帅抉其隐微，斥为异说，伤理害道，甚至比之于言伪而辩、行僻而坚、两观行诛之少正卯，并请将所著书自行销毁，而犹诬指为康党也耶！"① 也正因如此，在陈宝箴革职七天之后，刘坤一毅然上奏，呼吁清廷曲赦余党，"不复追求"。而同一天，刘坤一还上了另外一道奏折，即奏请起用许应骙。两奏同上，是刘坤一的政治策略。对此，他曾致函友人说："敝处前此电奏，不好措辞，止合含浑劝谏，希冀动听；同日奏请留许筠菴尚书，亦事理然也。"② 两折同上，但有轻重之别，前者是主奏，后者是陪衬，这是政治权术中的平衡策略。当慈禧太后盛怒之下，刘坤一公然奏请"曲赦康有为等余党，不复追求"，正反映他对清廷株连扩大的不满，也道出了多数新党的心声。

皮锡瑞在日记中谈及陈宝箴被革，也慨叹道："沧海横流，玉石同碎。虽虮虱之臣，未能强附党锢，而欧（鸥）鹭之侣，亦恐并及推排，唯有杜门看书而已。"③ 这种不满，在帝师翁同龢被革后看得更加清晰。翁同龢被革后，郑孝胥在十月二十三日日记中感叹道："诋翁之辞甚多，使上失师傅之恩，君臣情谊、国家体统扫地尽矣。呜呼，女德无极，妇怨无终，昌被至此，其能久乎！"④ 在郑孝胥看来，慈禧太后对两朝帝师的恣意诋毁，无疑

---

① 刘坤一：《复欧阳润生》，光绪二十四年七（八？）月二十八日，《刘坤一遗集》第5册，第2230页。
② 刘坤一：《复冯莘垞》，光绪二十四年九月二十日，《刘坤一遗集》第5册，第2233页。
③ 皮锡瑞：《师伏堂日记》（戊戌年九月十三日），《湖南历史资料》1981年第2辑，第136页。
④ 劳祖德整理《郑孝胥日记》第2册，光绪二十四年十月二十三日，第699页。

是目无体制的"昌被"之举,其直接的后果便是为天下士人所尊奉的"君臣情谊、国家体统扫地尽矣","其能久乎"的反问正道出了国家体统尽失后清朝统治的危机。不久之后,郑孝胥在南京见到刘坤一,二人谈及翁同龢被革一事,刘"叹曰:'昔宋濂之孙与于胡惟庸之乱,明祖欲治之,马后谏曰:田舍家尚知尊敬师傅,况帝王乎?宋先生尝为诸子师,宜免其裔。明祖从之。今国家于两朝师傅恩薄如此,天下有不寒心者乎?'"① 较之那些公开的言论,刘、郑的私下议论更能反映其真实的想法,"天下有不寒心者乎"的反问,说明天下士子人同此心、心同此理。在相近的时间里,梁启超于《清议报》刊出《时事十大新闻汇记》,对翁同龢被革一事的评论正与刘坤一不谋而合:"吾不知与明太祖之欲杀宋濂,而马后以太子曾经授读,谓贫家请一先生训子,尚能始终保全,太祖卒为悔悟。其持论之厚薄,相去为何如也?"② 梁、刘的议论一明一暗,却不约而同、异口同声地道出了清廷的株连已造成天下人心疏离的后果。

虽然政变后的株连已大寒天下趋新士人之心,但清廷仍没有就此止步。戊戌年十一月初,清廷再发密谕给地方督抚,命其"拿康有为、梁启超、王照及附和邪说显为党羽之人"。十一月初七日,张之洞奉到密寄后致电总署,在说明康、梁、王不在国内,且已与日本总领事小田切商讨将"康党"逐出日本等事宜之外,进一步表示:"至湖北方经之洞力持切谕,向来康说不行,凡官绅士民无不深恶康党,痛诋康学者,指为邪教乱贼,断无附和康党之人。谨电密陈,请代奏。"③ 可见,此时清廷不但对"康党"穷追不放,而且还要追查"附和邪说显为党羽之人"。这与其"概不株连"的上谕明显抵牾。对此,皮锡瑞评论道:"又有追捕康、梁、王余党之谕。不知当此岌

---

① 劳祖德整理《郑孝胥日记》第2册,光绪二十四年十一月十八日,第705页。
② 佗城热血人:《时事十大新闻汇记》,《清议报》第7期,光绪二十五年一月二十一日,第4页。
③ 张之洞:《致总署》,光绪二十四年十一月初七日戌刻发,苑书义等主编《张之洞全集》第3册,第2140页。

岌，何苦解散人心。"① "解散人心"一语，说得正是清廷不断株连的恶果。十一月十六日，清廷再就两广总督谭钟麟抄出康有为等人信函之事发布上谕，称："昨据两广总督谭钟麟在康有为本籍抄出逆党来往信函多件，并石印呈览。查阅原信，悖逆之词，连篇累牍，甚至称谭嗣同为伯里玺之选，谓本朝为不足辅。各函均不用光绪年号，但以孔子后几千几百几十年，大书特书，迹其种种狂悖情形，实为乱臣贼子之尤。其信件往还，牵涉多人，朝廷政存宽大，不欲深究株连，已将原信悉数焚毁矣。前因康有为首倡邪说，互相煽惑，不得不明揭其罪，以遏乱萌。嗣无知之徒，浮议纷纭，有谓该逆仅止意在变法者，试证以抄出函件，当知康有为大逆不道，确凿可据。凡属本朝臣子，以及食毛践土之伦，应晓然于大义之所在，毋为该逆邪说所惑，以定国是而靖人心。"② 这里，清廷意在通过这道上谕坐实"康党"谋逆之罪，说明"康党"罪不容赦，从而息浮议、靖人心。

上有所好，下必甚焉。与清廷追查"康党"相配合的是言官和大臣举劾、揭发"党人"。十二月初三日，江西道监察御史熙麟奏劾张荫桓，认为"张荫桓虽尚非康党，而上自朝廷，内而都人士，外而天下，莫不决其必预逆谋，则其为人之趋附反复，久为朝野上下所共欲诛之人，不待言矣"，因此奏请当张到达新疆之日"立正典刑"。③ 己亥年正月二十五日，上谕以"有人奏，湖南举人皮锡瑞品行卑污，学术乖谬……与梁启超、熊希龄等宣演平权、民主之说，明目张胆，侮乱经常。自知不容于乡，仍潜投江西，钻营讲席等语。举人皮锡瑞离经叛道。于康有为之学心悦诚服。若令流毒江西湖南两省。必至贻害无穷"为由，命江西巡抚将皮锡瑞驱回原籍，饬令地方官严加管束。④ 奏劾皮锡瑞的是御史徐道焜，徐奏称：

---

① 皮锡瑞：《师伏堂日记》（戊戌年十一月十一日），《湖南历史资料》1981年第2辑，第154页。
② 中国第一历史档案馆编《光绪宣统两朝上谕档》（24），第569页。
③ 国家档案局明清档案馆编《戊戌变法档案史料》，第496页。
④ 详见中国第一历史档案馆编《光绪宣统两朝上谕档》（25），第32页。

湖南举人皮锡瑞品行卑污，学术乖谬……该举人自号经师，倡为邪说，谓程朱不屑学，谓功令不必遵，年少志士惑其新奇，先正典刑一朝扫地……去年该举人回湖南主讲南学会，与梁启超、熊希龄等宣演平权、民主之说，明目张胆，侮乱经常，堂中诸生且听且愤，遂将该举人等唾骂殴打流血被面……该举人自知不容于乡，仍然潜投江西，钻营讲习。臣闻该举人于康有为、梁启超之学，心悦诚服，若令流毒江西，则士心文风之坏未知何所穷极。应请饬下江西巡抚立将该举人驱逐回籍，交地方官管束，不准在江逗留……以端师范而肃士气。①

对徐之劾章与清廷之谕旨，皮锡瑞颇不谓然，认为徐奏"语皆文致，七年无一实迹可指……在湘讲学被殴流血，此湘人所共见，宁有此耶？"而其"在湘讲学，到馆批卷，无一言涉及康、梁，何以知其心悦诚服？真'莫须有'三字狱，何以服天下?!"②皮锡瑞说自己的讲学"无一言涉及康、梁"，显然是自我开脱，但言涉康梁即行"严加管束"，正说明清廷株连的扩大化。与此同时，"吴雁舟以讲康学为黔抚勒令告病。蔡仲启（歧）与黄兆槐为人弹劾，闻难洗刷。蒋少穆、黄泽生与左子异皆为张苟令所参"。③其中，蔡仲岐"因有与康书"处分较重。左子异即左宗棠之子左孝同，据报刊报道，张御史在参折中说："左某与谭嗣同交好，为康党久矣。近复在上海招摇生事，与某某二人交通往来，请饬查办。"其中"某某二人"指文廷式、宋伯鲁。④查照张荀鹤的原奏，报刊的报道确非无据，张

---

① 《御史徐道焜奏为特参湖南举人皮锡瑞品行卑污请饬下江西巡抚驱逐回籍事》光绪二十四年正月二十五日，录副奏片，档号：03—5371—114；缩微号：405—3472。
② 皮锡瑞：《师伏堂日记》（己亥年二月二十八日），《湖南历史资料》1981 年第 2 辑，第 166 页。
③ 皮锡瑞：《师伏堂日记》（戊戌年十二月十九日），《湖南历史资料》1981 年第 2 辑，第 160 页。
④ 《新闻报》在《移拿官犯》中报道："官犯宋伯鲁文廷式等近来匿迹沪江，改姓易名，时在沪北一带，嫖妓宿娼，事为湖南巡抚俞中丞访悉，移咨江苏巡抚德中丞，立饬臬司陆廉访，用五百里排单，于前晚札饬苏松太道曾观察并上海县王大令严密查访，如果实在上海急速密拿等因，故观察大令奉文后当即严密缉拿矣。"《新闻报》光绪二十五年七月二十四日。

第六章 "康党"与戊戌己亥政局的变动（上）

奏称：

> 前大学士左宗棠之季子候选道左孝同曾以把持湖南保卫局务，经臣参奏，乃自恃宰相贵冑，纵恣如故，毫不愧悔，该道素行无赖……上年又钻附革抚陈宝箴，结交黄遵宪、梁启超，倡行保卫局，主张民权，擅易冠服，谬论横议，刊播《湘报》……后陈罢黜，又巧逃法外，该道极知为乡里所不容，自去冬至今出游江浙、上海、扬州、天津各处，踪迹无常，闻与革员文廷式、宋伯鲁等往来江海，密结平日党与，咨睢冶荡……恳恩饬下湖南抚臣咨查该道游弋省份勒令回籍，交地方官严加管束，不许滋生事端，干预公务。①

该折除了大量罗列左孝同的"素行无赖"传闻之外，还重点弹劾其与"康党"的勾结，自然能抓住慈禧太后的眼球，于是而有湖南巡抚俞廉三查拿之命。

清廷命湖南巡抚俞廉三查拿。俞移咨江苏巡抚，江苏巡抚饬上海道查拿，结果上海道查覆后禀称："左某为功臣之子，平日讲求时务，束身自爱，其侮蔑之言，大约皆仇恨新党所臆造。且查上海并无某某等其人云云。"② 既为"宰相贵冑"，左孝同的被参自然会引起多方关注，刘坤一为此致函曾经郙，说："左子翼事，业照尊处及江蓉舫、唐子明查覆，尽属子虚，据情转咨湘抚矣。其在籍各节，想俞中丞必为洗涤，余可从缓也。子翼似不宜久住上海，致招物议，去留听其自决。"③ 俞廉三为此上奏朝廷，称"查左孝同被参各款，或无其事，或年远事湮，无从考实"，并表示"臣复细加询访，大抵其人出自勋阀之门，赋性伉爽，早先不免意气用事，致招物

---
① 《山东监察御史张荀鹤奏为勋阀子弟怙恶不悛恳恩饬惩曲予成全折》，光绪二十五年五月二十三日，录副奏折，档号：03—5376—042，缩微号：406—1237。
② 《详志移拿新党》，《中外日报》光绪二十五年七月二十五日。
③ 刘坤一：《复曾经郙》，光绪二十五年七月二十九日，《刘坤一遗集》第5册，第2253页。

议，近年阅历较深，亦觉渐归笃实，若再加磨砺，尚不失为有用之才。"①左孝同"功臣之子"的身份使他得以幸免于罪，换了他人可能就不会是如此结局了。欧阳节吾也遭到了旧派的攻击，"浏阳丁祭攻节吾师弟甚力，目唐绂丞为毁圣，节吾为叛君，题各碑中去其名字，且著书攻之。节吾气病"。②

大学士徐桐更是以"好与逆党往来"为由，一举参劾数名地方大员，据报道："徐荫轩相国桐年登耄耋，当朝柱石，近来慈眷益隆。前月缮具长疏，举劾大臣。其所劾者为前协揆翁同龢、前尚书孙毓汶、南洋大臣刘坤一、山东巡抚张汝梅、安徽巡抚邓华熙、山西巡抚胡聘之、开缺巡抚吴大澂，皆附和新法、好与逆党及洋人往来。又湖广总督张之洞，臣前保奏，今亦改节。以上六员，若不从严惩办，恐新党日久又复萌芽。大学堂尤逆党聚集之地，在堂人员及学生等应一律禁锢终身。至其所举者，为尚书启秀、藩司于荫霖、降调巡抚李秉衡，皆系国之心膂，痛恨外人有如私仇，请加大用云云。奏上，翁协揆、吴清帅均被严谴，刘岘帅已交署江宁将军毓贤严密查办。启尚书入军机，余人如何黜陟，将陆续见报矣！"③ 这里所说的徐桐"举劾大臣"，确有其事，指的是他十一月初五日所上之折。折中，徐桐认为："两江总督刘坤一年已衰颓，轻听轻信，其信任上海道蔡钧尤无知人之明"，"山东巡抚张汝梅……用人行事颇蹈粉饰弥缝之习"，"山西巡抚胡聘之一味趋时，轻准铁路，矿务事宜，贻害地方，尤失民心"，"安徽巡抚邓华熙，性耽安逸，操守平常，最重情面，洵不足膺疆寄"，"孙毓汶、翁同龢……植党树私，不辨贤奸，以致人才不出，宵小滥进"。

在徐桐这里，"逆党"、新党与那些趋新的洋务督抚混为一谈，二者之所以被混一正是因为他们都讲求新法、主张变法。而徐桐同时举荐的大臣则

---

① 《湖南巡抚俞廉三奏为查覆候选道左孝同被参各款事》，光绪二十五年八月十七日，录副奏折，档微号：03-5380-041，缩微号：406-2141。
② 皮锡瑞：《师伏堂日记》（己亥年二月十九日）《湖南历史资料》1981年第2辑，第165页。
③ 《举劾大臣》，《国闻报》光绪二十四年十一月二十三日。

是启秀、于荫霖、李秉衡等守旧之臣①。这说明，在徐桐等人的主政下，不仅"康党"、新党举步维艰，即使曾经倡导洋务的督抚也将无用武之地。正如英国公使在写给英国外交大臣的信中所言："康党较重要的分子仍然逐渐被捕且被处以酷刑。清政府更表现出怀疑的态度对待以前办洋务的官员，这些官员也正为此惊恐不已。"② 这是曾经揭发黄遵宪为"康党"的张之洞万万没有料到的。这显示了政变后朝局逆转的历史惯性，在守旧势力的驱动下，这一逆转必将趋于极端。

十二月二十二日，《新闻报》针对徐桐弹劾大臣之事，刊出《读本报举劾大臣一则感而书此》，对徐相国此举大加嘲讽，指出此举"有碍于国家之大局而有伤于朝廷之政体"，认为"在朝廷，政尚宽大，量极优容，固谓前此康党谋逆一案，不欲株连矣。乃如某相国之奏是有意株连也，是欲海内从此兴党人之大狱也。藉曰附和新法者皆为逆臣，则不附和新法者皆为忠臣乎？与逆党及洋人往来者皆为逆党，则不与逆党及洋人往来者皆为忠党乎？信如是言，则方今天下言新法者，尚实繁有徒，无不可以执而戮之矣。且如川东山左各乱党，皆与外国教士为难，因而激变，正所谓痛恨外人有如私仇者，更无不可信而用之矣"。作者列举了中国汉代以来因党祸亡国的史实，对清廷提出警告，认为当此"中国大局危于垂堂而隐忧甚于直突"之时，人心已开始离散，而某相国当"为朝廷力挽人心，不当为朝廷更伤元气"，岂能有此"为渊驱鱼，为丛驱爵"之举？③ 这里，《新闻报》似乎已经预见到这种一意复旧、不断株连，最终必将滑向另一个极端，即联合仇教之乱党，"信而用之"。年余后的庚子事变恰好证实了《新闻报》的这一预言。据此亦可见，庚子事变与政变后清廷的复旧株连之间的内在关联。

清廷对新政的罢废更是引起了趋新之士的反感。郑孝胥看到八月十一日

---

① 《体仁阁大学士徐桐奏为时艰孔亟宜分别黜陟管见事》，录副奏折，档号：03-5617-033，缩微号：423-2309。
② 中国史学会主编《中国近代史资料丛刊·戊戌变法》第3册，第533页。
③ 《读本报举劾大臣一则感而书此》，《新闻报》光绪二十四年十二月二十二日。

上谕"言路复塞，罢报馆，复通政使、詹事府等各衙门"后，"哀叹曰：从此又是偷生世界，亡可立待矣"。① 陈庆年八月十七日在日记中记曰："康宜诛，法宜变，惟不能如康之浸欲变本，且漫无次序。宜入告我皇太后、皇上，不可因噎废食也。惜无入言之者，为之太息。"② 八月二十五日，叶昌炽在"阅邸报，知禁报馆、复时文"后慨叹道："痛先人之不祀，惧浩劫之将临，捐膚擗摽，邮馆不能成寐。"③ 十月初四日，皮锡瑞在日记中记曰："礼部言：一切复旧，并复书院，去学堂。王安石闻复差役、罢免雇役，曰：'一罢至此乎?!'"④ 九月初二日，李鸿章在写给其子李经方的信中，对清廷停罢新政也表示不满："太后临朝，诛遣十数人，大变新政，又成守旧世界。学堂虽未废罢，听官民自为。庐守圆通，揣摩风气，改创归并之说将作罢论，汝自可置身局外矣。"⑤ 时在上海的许景澄致电张之洞，说："益棘谓洋兵入都，暨干预谣言，非别有另闻。西人重维新，轻守旧，似应专罪康筹谋，不訾变法，方杜藉口。"⑥

如果说上述不满多停留于私下议论的话，那么报刊的评论则是对朝政的公开质疑。早在八月十二日，上海《新闻报》即对清廷停废新政提出批评，认为"詹事府等已裁各官复归原制，并各庵观寺院如果并非淫祀，无须改立学堂，以及不应奏事人员以后概不准擅递封章之谕，则皇言纶綍，何以忽有此收回成名之举？虽曰改革太多，诚恐胥动浮言，民气因之不靖。然方今圣天子力图变法，正百尔臣民仰望之时，何尝偶有震惊乃忽半途中辍"。⑦ 其后，《新闻报》有感于慈禧太后先有概不株连之谕，后却大肆株连、新政

---

① 劳祖德整理《郑孝胥日记》第 2 册，光绪二十四年八月十一日，第 683 页。
② 陈庆年：《戊戌己亥见闻录》，《近代史资料》总第 81 号，第 121 页。
③ 叶昌炽撰，王季烈编《缘督庐日记钞》（二），戊戌年八月二十五日，第 421 页。
④ 皮锡瑞：《师伏堂日记》（己亥年十月初四日），《湖南历史资料》1981 年第 2 辑，第 147 页。
⑤ 李鸿章：《致李经方》，光绪二十四年九月初二日，顾廷龙、戴逸主编《李鸿章全集》第 36 册，信函八，第 196 页。
⑥ 《上海许钦差来电》，光绪二十四年九月初九日巳刻发酉收，《张之洞存各处来电》戊戌第 7 册，中国社会科学院近代史研究所藏，档号：甲 182－137。
⑦ 《国事骇闻问答记》，《新闻报》光绪二十四年八月十四日。

无望，于八月二十七日刊发《论康有为》：一方面，对康有为表示极大的同情，认为"成败之见，不可以论英雄也，人云亦云之说，不足以为定评也。吾于康有为之事而不禁潸焉出涕，拊膺长叹，重为我国家惜也"；另一方面，对清廷的大肆株连、停废新政提出严厉批评，认为：

> 所可惜者，谭嗣同四章京及杨深秀、康广仁六人株连弃市，并波及张荫桓、徐致靖、陈宝箴、江标、黄遵宪诸君，纷纷革逐遣戍，且有得罪在已奉明诏概不株累之后者。窃为保国会诸公危之。朝政反复，幻如弈棋。噫！维新之机其止于是乎！热心甫温而使冷，爱力渐起而全弛，是谁之过欤？……自八月初六日以后，迭降谕旨，诛斥相继，如疾风暴雨，如惊霆，如怒雷，大地为之震动，薄海为之惊恐，且谣诼纷纭，不忍听闻。宫禁之中，风影甚危，迄无确信。而外洋各国，包藏祸心，幸灾乐祸，各以保护使馆为词，调兵入京，大言恐吓，交涉益觉棘手，守旧诸党人纵有深仇激怒于康有为，宁不为国家大局计耶？虽垂帘听政以后奉有一切自强新政，胥关国计民生，不特已行者亟应实力举行，即尚未兴办者，亦当次第推广之旨，特未知衮衮诸公能不视若具文否？能不于素日讲求西法者再以康党目之而一网打尽否？嗟乎！康有为一人之生死，一身之进退，所关亦綦重矣哉！①

这里，《新闻报》对慈禧太后株连新党、阻断维新之机、追捕康有为、幽禁光绪帝之罪状，逐一质问，可谓大胆直言。新政能否"次第推广"，讲求西法者能否不再"以康党目之而一网打尽"，《新闻报》的这一质问切中了清廷的要害，也道出了时人的共同疑虑。

与《新闻报》一样对清廷的复旧给予批评的还有天津《国闻报》。九月二十、二十一日，《国闻报》连续刊出了《论中国禁止报馆事》，对清廷"禁止报馆"的上谕进行严厉的批评。该文层层推进，深入分析了清廷禁报

---

① 《论康有为》，《新闻报》光绪二十四年八月二十七日。

之因，报馆当存之理，以及清廷禁报之恶果，指出："揆今日中国朝廷禁报之宗旨，其命意所在亦不过恶闻恶言而已。今试问，此恶言也，胡为乎来哉？孔子曰：'天下有道，则庶人不议。'明乎庶人之有议，乃由于天下之无道。而孰使天下之无道，则朝廷固不能辞其咎焉。"既然天下之无道，朝廷负有责任，那么报刊作为庶人议政之地，就不能封禁，"吾闻今日东西各国之有报章，犹古者列国之有风诗"①。"若中国犹以孔孟为圣贤，则吾报馆固亦犹行风诗创惩之义，言者无罪，闻者足戒，而为孔孟之所许"。不仅如此，《国闻报》还进一步指出，此前的报道往往"委婉讽谏"，"隐讳其词"，今后将不再如此："自今而后，亦不复隐讳其词，曲为解免，固将知无不言，言无不尽。盖不如是，则是非之公，终不足以大白于天下。"随后，对清廷禁报之举大加抨击，指出：各通商口岸之西文报纸讥讪中国不留余地，但因为政府诸公不识西文，"固虽熟视而若无睹，倾听而若闻"。作者接着进一步分析说，华文报纸之所以不像西文报纸那样批评朝政不留余地，原因有二：一是华文报纸，主笔多系华人，国家虽无道，作为臣子，直斥其君父之过，发其隐私，"虽甚愤激不平，其心犹有所不忍"；二是中国政府之权力"御外人虽不足，而欲自贱其民，则瘠牛偾豚，其畏不死，以文字之故，取快一时，而甘自蹈于法网，虽强项骨鲠之夫，其心终有所不敢"。最后，文章指出了清廷禁止报刊的不智之举，必将造成"为渊驱鱼、为丛驱爵"的恶果，"揆之中国圣贤立教垂世之义，报馆之不当禁也如此，按之今日中外错处，国权有限，报馆之不能禁也又如彼，若中国朝廷明知其不可而必欲为之，则亦不过为渊驱鱼、为丛驱爵，使海内豪杰有志之士，后先疏附于强邻敌国。而强邻敌国亦乐用之，以为指臂之助，独留此昏庸守旧之人，收拾山河，供献他族而已。呜呼！凡吾同洲之人，言念及此，岂不痛哉！"② 这里，《国闻报》对清廷的批评可谓严苛。而正是清廷的复旧举措，使得《国闻报》彻底改变了政变以来靠拢清廷，维护太后，希冀依靠清廷

---

① 《论中国禁止报馆事》，《国闻报》光绪二十四年九月二十日。
② 《续论中国禁报馆事》，《国闻报》光绪二十四年九月二十一日。

继续新政的立场,开始与朝廷公然对立。

《昌言报》于光绪二十四年十月刊发《国是论》,对清廷的复旧进行评说:"今国家虽祸变翻覆,然治国之宗旨,不可一日不立;外交之鹄的,不可一日不定。何则?治国之宗旨立,然后民心之趋向专,趋向专则学术由此振",而今"不问一切而一以反前为是,使后世览史用为笑端,科试既改策论,后且复八股矣,武试既改枪炮,后且复弓刀矣。学堂之设,后且复书院之旧矣。冗官之裁,后且复前时之规矣。甚且诛求及于报会,牵连及于捐□。呜呼,彼主持者,岂果以是为至当极是欤?抑以耄昏很愎之性,稍被裁抑,藏蓄怨怒,不忍引去,既获机会,将及未死,尽反前辙,以自娱也。噫嘻!视纶綍如弈棋,以国是为儿戏,自古及今,有以是为国者欤!"①"视纶綍如弈棋,以国是为儿戏"的结果是民心尽失、国将不国。

《亚东时报》刊出深山虎太郎的《书八月初六朱谕后》,对清廷先有"概不株连"、继续新政之谕而后大加株连、停废新政的出尔反尔,给予揭露,指出,八月十四日谕旨虽有"被其诱惑,甘心附和者,党类尚繁,朝廷亦皆查悉,朕心存宽大,业经明降谕旨,概不深究株连","然见于尔来满人所为,其意有难测者也。如黄遵宪,如文廷式,竟与康有为何涉?……吾于是乎即知太后大臣之意不独在康与其党,非悉杀一切倡维新自强者,则不已也"。清廷的株连令深山虎太郎产生了"太后大臣之意不独在康与其党,非悉杀一切倡维新自强者,则不已也"的忧虑。面对新政的停废,他同样忧虑不已,"旬月之间,纶言反覆,天下不知所适从。余窃察太后大臣所为,不难知命意所在,彼见执维新自强之说者,不啻蛇蝎也。忠摧其头而处其皮也久矣,但为皇帝锐意新政,操持甚固,包藏其祸心,隐忍不敢发。一旦杀戮六士,殖威于朝,中外股栗,避死偷生之不遑,即谋乘是之时,尽剪除维新党诸人,其忍心狠手,至今渐为呈露也。曩之心存宽大,不深究株连之语,辄为一时欺人之术。而于是间,为张罗下网之计,其阴毒深巧可见矣。如末段所言,所有一切自强新政,胥关国计民生,不特已行者,亟应实

---

① 《国是论》,《昌言报》第10册,光绪二十四年十月,中华书局,1991年影印。

力举行,即未兴办者,亦当次第推广,用以挽回积习,渐臻上理,竟不知何语。掩目捕雀,塞耳盗钟,可发一噱也"。① 先有不加株连、继续新政之谕,而后却大肆株连、停废新政,清廷在此丢失的是诚信。言而无信的政府,自然令士人生出无限的恐惧,这种恐惧正来自太后、大臣之意,"不独在康有为及其党人",而是"非悉杀一切倡维新自强者"不已。

面对清廷的株连与停废新政,报刊舆论的谏阻与批评正是新党的集体发声,其言之切,缘于其虑之深。因为清廷的株连已直接威胁到新党的生命安全,而停废新政事实上又是在断送新党的前途命运,报刊停废即如此。而且,清廷停废新政的举措已显示,不仅戊戌新政被停废,即使洋务新政也有被废的可能,这在列强环视、瓜分危在旦夕的环境之下,退回守旧,中国的民族命运将不堪设想。面对朝局的急剧逆转,无论于公还是于私,新党都不能保持缄默,其公然反抗是必然的。

与报刊舆论的质疑、批评同样引人注目的是,朝廷命官公然呼吁变法的奏请。当各路言官纷纷迎合太后,奏请严查"康党"、停罢新政时,云南道监察御史王培佑于九月初一日上奏,对那些事后弹劾的章奏表示鄙视,认为那只是"窥朝廷意旨所在,而揣合以希荣,盖但为一己之利害计,而国家政事之得失所不遑计也"。在他看来,为"国家政事之得失"计,当务之急在于将"变法"与"谋乱"区别开来,然后去"新旧之见",继续变法。他说:

> 今之乱者,窃变法之说,为作乱之谋,实则其人,原不足与变法,其志亦不在变法,特藉以谋乱而已。
>
> 臣恭读屡次诏旨,罪其谋乱,并非罪其变法,使第以变法为罪,则彼转得未灭矣。且以变法归之乱党,壹似其人真能变法,其志真在变法,不反假之口实乎?况此后因时制宜,若援以为戒,亦恐因噎废食,此所以详审案情,而知圣明分别核办,悉归至当也。今皇太后、皇上于

---

① 《亚东时报》第4号,光绪二十五年十月初二日。

惩乱之余，取近所举行者，熟权得失而更正之，一秉大公，断非以乱党曾经言及，遂概从蠲除也。

以"谋乱"罪"康党"，"康党"罪有应得，人人信服；若以变法罪"康党"，不但不能服人，反使"康党""转得未灭"，而且"假之口实"。可见，此时的变法已是大势所趋，人心所向。这也是慈禧太后政变之初屡次强调继续新政的原因所在。基于此，王培佑认为，新政之取舍，当"一秉大公"，断不可"以乱党曾经言及，遂概从蠲除"，皇太后、皇上应"先以不偏不倚为宗，其应行更正各条，饬廷臣集议，以昭慎重"，"并明降谕旨，俾议法诸臣，力屏新旧成见，专务求是求实，勿得迎合取巧，以空言相蒙，庶操切因循两无所失"。① 政变后新政的无端停废，让王培佑感到担忧，在言官们的众声喧哗中，他大胆地说出了多数人的心声。但王培佑的上奏没有下文。

另一位公开呼吁变法的是湖北巡抚曾鉌。十月六日，曾鉌上《酌量变通成例疏》，重提变法，指出："新猷未焕，百僚无所适从。实惠未沾，群黎不知感化，地方之政教，民生之苦乐，有身亲其事而未能尽知者，亦有格于成例而不能更改者。奴才在外十余年……有不敢不据实胪陈而亟求变通者。"随后，曾鉌便一口气提出了包括"补官之例宜请变通""掣签之例宜请变通""度支之例宜请变通""讼狱之例宜请变通"等建议。特别是在"讼狱之例宜请变通"条下，他列举了按照外国律例变通中律的"十利"，并强调："有此十利"，"可期化浇漓为敦厚，变顽梗为善良，内患潜消，外侮何由而至！感动编氓之道莫速于此。"② 本来作为满人，曾鉌以其在外十余年的为官经历，提出变通成例的重要性和急迫性，无疑是出于对朝廷的忠心。满族人的身份给了曾鉌公开呼吁变法的胆量，或许也正是这满族人的身

---

① 《掌云南道监察御史王培佑折》，光绪二十四年九月初一日，国家档案局明清档案馆编《戊戌变法档案史料》，第481、482页。
② 《奏疏照登》，《申报》光绪二十四年十二月十三日；《奏疏续登》，《申报》光绪二十四年十二月十四日；《奏疏续登》，《申报》光绪二十四年十二月十五日。

份，为其所奏赢得了下部议的机会，清廷当日"降旨令该衙门议奏以觇众论"。然而，两个月后，曾鉌的奏疏遭到了翰林院侍讲学士贻谷和光禄寺少卿张仲炘的参劾，视其为"康逆党与"，大肆攻击，称："曾鉌原奏……无非鄙薄本朝，颂扬彼族，包藏异志，情见乎词。其注意外国，必欲变我祖法之心，实与现在印行之康党逆词，同一传述，断为康逆党与，其何以辞？"①最后，清廷以曾鉌之奏"语多纰缪，于朝廷整顿庶务，力图自强之本意，大相刺谬，是为乱法，不得以变法藉口"为由，将"曾鉌著革职永不叙用，以为莠言乱政者戒"。②

至此，清廷无情地打消了群僚重启新政的念想，皮锡瑞不无遗憾地在日记中记道："湖北巡抚曾鉌奏请变法，革职，不知所说何语？从此益钳天下之口矣！"在从《申报》看到曾奏内容之后，皮锡瑞又感慨道："曾鉌奏请律例，参用洋法……可谓通达政体，为满人所难能。乃以此获谴，不知何意如此颠倒是非，可慨哉！"③孙宝瑄也评价说："阅《苏报》载曾鉌请变通成例疏，沉痛明辨，有为四百兆人请命之概。因是罢职，曾公不朽矣。"④高凤谦也说："曾槐卿中丞所奏办法，语多可采，但是不附旧党，故为立异者，故为政府所痛疾。"⑤

如果说"康党"的围园密谋违背了当时的政治伦理，失去了应有的同情的话，那么慈禧太后对新党的株连、对新政的罢废，却因有失国体、有违常理而大失人心。光绪二十四年九月十六日，《新闻报》发表《论党祸》一文，明确谈及清廷株连"康党"、停罢新政与人心离散之关系，并劝谏清廷继续推行新政，"以维中国之人心"，称："党祸之兴，岂中国之福哉！……康可仇也，新政不可仇也……废已行之新政，灭未散之人心，使

---

① 《翰林院侍讲学士贻谷折》，光绪二十四年十二月初六日，国家档案局明清档案馆编《戊戌变法档案史料》，第500页。
② 中国第一历史档案馆编《光绪宣统两朝上谕档》（24），第594页。
③ 皮锡瑞：《师伏堂日记》（戊戌年十二月十二日），《湖南历史资料》1981年第2辑。第159、162页。
④ 孙宝瑄：《忘山庐日记》（上），光绪二十四年十二月二十日，第296页。
⑤ 上海国家馆编《汪康年师友书札》（2），第1653页。

局外者深抱不平，洶洶然仗义执言，且欲［兴］师动众，以与政府为难。正不知守旧诸公，将何所恃而不恐也。然则新政之不废罢，康党之不宜穷究也，明矣……亟宜举巳（已）前之新政，实力奉行，一切持以镇静，以杜他人之窥伺，以维中国之人心，勿踏（蹈）汉、唐、宋、明党祸之覆辙，则天下幸甚！"① 十一月二十二日，该报再发《中国无望于自强说》，进一步剖辨了中国新机阻遏之因及清廷不变法之果，中称："康有为谭嗣同之祸作，执政之嫉康者遂举已行之新政一切罢之，至于扫地无余。于是朝野上下之间，其为深痼固蔽者如故。呜呼！而今而后之中国岂尚望有转弱为强之机哉？纵使天下臣民不忍坐视而犹欲挽回，无如欲建一说伸一议，则守旧者辄群起而以康党目之。斯不得不缄口结舌而中止。诗曰谁生厉阶，至今未梗，当其咎者谁欤？夫非在于康有为之徒欤！"将新机阻断的罪责完全归于"康党"，是不客观的，以"康党"的帽子打压那些"建一说伸一议"者，才是导致新机阻断的真正原因。因此，文章进一步发问："然则中国果从此遂无自强之日乎？"答案自然是肯定的："曰有之。"但为清廷所"深讳不言"的变法自强，"必待邻封之越俎，小民之揭竿"："中国守旧之习至是已极，崇极则圮，盈极则覆，盛极则衰，刚极则折，或者必至瓜分豆剖而后竟假手于他人以图之，则自强之效，必且捷于反掌。且前此国家变法为通国之民所求之而不得者，至今而民气之遏抑已极，否极则泰，穷极则通，剥极则复，热极则风。或者民不堪命，一旦群起为乱，有人焉出而扫荡而勘定之，因而遂行变法以为长治久安之计，亦未可知。是则中国变法自强不在于己必在于人，不出于上必出于下，而终有自强之一日，而要无望于中国之君若臣耳。夫中国之君臣上承五千年之统绪，下抚四百兆之黎元，广有九万里之疆土，明明有可以自强之基业，而变法之说至深讳不言，必待邻封之越俎，小民之揭竿，而中国始有转祸为福之机。"清廷讳言变法、仇视变法的结果，必将是物极必反，或豪杰之士趁小民之乱起而变法，或瓜分豆剖而后假手外人以图变法。《新闻报》的此一预言绝非危言耸听，几乎是当时有识之士的

---

① 《论党祸》，《新闻报》光绪二十四年九月十六日。

共识。

《国闻报》在相近的时间里刊出《拟请复开言路书》，对清廷复旧株连的后果做了类似的评说：

> 为今日之计，惟有特降纶音，复开言路……若犹不然，臣恐惧罪者联络愈固，抑郁者从逆愈多，冠贼蜂兴，蔓延难灭。语曰："涓涓不绝，终成江河，炎炎靡除，卒燎原野。"此民隐不达之可忧者也……立国之本在得乎众，得众之要在结其心。昔大雅有询于刍荛之言，洪范陈谋及庶人之义……盖以人之有心不能无欲，人之有口不能无言。阳以采其言，实阴以结其心也。况夫国家多事之秋，群下危疑之际，人心所向则固，人心所背则倾。是则固结众心，诚为当今急务。今我皇太后皇上以议论纷淆，遂塞言路，以致君民隔膜，上下相疑，聚怨嚣嚣，腾谤籍籍，欲箝（钳）天下之口，因以失众庶之心，开塞之间关系甚巨。昔唐臣陆贽曰：欲理天下而不务得人心，则天下固不可理矣；欲得人心而不诚于接下，则人心固不可得矣。此人心不固之可危者也……伏愿我皇太后皇上广求言之路，宏纳谏之怀……是乃顺天下之好恶，以固邦基。①

该文一针见血，道出了政变后清廷株连复旧必将导致"失众庶之心"的恶果，并告诫清廷，要挽救危局，必须拿出诚意，否则"惧罪者联络愈固，抑郁者从逆愈多"，后果不堪设想。

如果说清廷的株连新党、停废新政造成的是信誉流失、人心疏离的话，那么，政变后慈禧太后的废立图谋则直接摇动的是清朝统治的合法性。当八月初六日，清廷发布训政上谕时，理由是："国事艰难，庶务待理，朕勤劳宵旰，日综万几，兢业之余，时虞丛脞"，而念太后两次垂帘听政，办理朝

---

① 《拟清复开言路书》，《国闻报》光绪二十四年十一月十四日。

政，宏济时艰，"无不尽善尽美"，故而"再三吁恳慈恩训政"。① 这其中不见"圣躬不豫"的影子。而后，八月初十日，清廷以上谕的形式宣布了光绪帝有病，并征召御医，称："朕躬自四月以来，屡有不适，调治日久，尚无大效，京外如有精通医理之人，即著内外臣工切实保荐候旨。其现在外省者，即日驰送来京，毋稍迟缓。"② 这道谕旨似乎是对前述训政上谕的补充，其目的有二：一是为太后训政提供依据，说明太后训政的合法性；二是为太后进一步的废立行动做铺垫。明眼人已经窥破慈禧的用意，皮锡瑞日记记桂念祖分析该上谕的用意，曰："桂云：临朝后五日，始有圣躬不豫之文，先所谕并未言，足见是托辞，诏医生亦掩饰人耳目之语。若再有魏主之变，则人心更不服，将有河阴之祸矣。"③ 废立之谋既已显露，是谕一出，中外惊疑。据苏继祖记曰："下召医进京之旨。此时京中议论汹汹（汹汹）。有太监云：皇上有病，正须静养，不能接见臣下；当轴大臣有谓皇上因服康药危甚；又有言上已大行。"④《字林西报》刊出消息称："谣言传说，皇帝之被幽禁仅仅是在等着继承人选的决定，一旦决定好了，便立即将他毒死，然后公布他因病而死的消息。"⑤ 在此人心惶惶之际，有人便不避嫌疑，挺身而出，谏阻废立。

盛宣怀是政变后一直设法保护光绪帝的要员。政变后的第三天，盛宣怀便致电张之洞，谋求保护光绪帝，他说："近日，沪上洋人谣言甚多，有谓能请圣上出洋讲求武备如俄大彼得保故事，可期两全。此诚危机存亡之秋，应出诸何人之口乃妥，姑以密闻。"以"出洋讲求武备"作为光绪帝避难的途径，可见盛宣怀救上心切。对此，张之洞不以为然，次日复电称："洋谣

---

① 《清实录》第57册，卷426，第597页。
② 《清实录》第57册，卷426，第601页。
③ 皮锡瑞：《师伏堂未刊日记》（戊戌年八月十二日），《湖南历史资料》1959年第2辑，第154页。
④ 苏继祖：《清廷戊戌朝变记》，中国史学会主编《中国近代史资料丛刊·戊戌变法》第1册，第348页。
⑤ 《最近的局势》，《字林西报》光绪二十四年十月十四日，中国史学会主编《中国近代史资料丛刊·戊戌变法》第3册，第496页。

未闻,恐不可信,外洋事恐难仿照,实不敢赞一词,请熟思妥酌为要。"①当此危急存亡之秋,盛宣怀不计可行与否,以光绪帝"出洋"避难之策商之于张之洞,张却以"不敢赞一词"相告,虽是老成之见,可见他对光绪帝的忠诚远不及盛宣怀。而后,盛宣怀屡以"列强干涉"为由的电奏,成了阻止慈禧废黜光绪帝的重要原因之一。八月十四日,盛宣怀发电荣禄,恳请朝廷不要"再有大举"。这天上午,上海各国领事会访铁路大臣盛宣怀探听消息。盛宣怀表示"谣传废立,必不可信"。英国领事说:"常言'最毒妇人心',英亦有此语。或竟有此举,中国必纷乱,各国不能默尔,于一月内英可调印度兵三十万来华。"为此,盛宣怀再次发电荣禄,大意为:"本日午后沪各领事约来探闻北京情形,恐中国多事,英于一月内可调印度兵三十万来云,望勿再有大举。"次日得荣复电:"决无大举。"据赵凤昌言,"盛后到京晤荣禄,追述其时幸得汝电而止"。② 对于盛宣怀的此次电荣,赵凤昌当时致电张之洞即谈及此事,称:"西人议论,英俄必定干预,一发即不可收拾……朝廷国事危在呼吸,惟望深宫切勿再操切,更有举动,并左解康党,以缓英俄之势。然外廷断难陈请,不知可将英俄伺隙危险情形上达否?或电致枢译否?关系非常,宪台或商询南洋,将详情电达枢译否?顷在盛处商拟电语。彼即电荣相,已请便发京后照转宪台。"③ 可见,盛宣怀在恳请张之洞电奏不果的情势下,竟亲电荣。这里,赵凤昌日后回忆的十四日,时间可能有误,当为十二日。盛宣怀以"外人干涉"为由致电荣禄,的确收到了一定的效果。

另一名以阻止废立为己任的大臣是刘坤一。八月二十、二十一日,刘坤一为废立事致电荣禄。据八月二十一日张謇日记记曰:"闻荣禄有密电,事大可骇,新宁持正论云。"④ 这里,张謇所说的骇人大事即指"废立",但张没有

---

① 盛宣怀:《愚斋存稿》(上)卷三十三,电报十,第785~786页。
② 中国史学会主编《中国近代史资料丛刊·戊戌变法》第4册,第319页。
③ 上海,十二日十三寅,光绪二十四年八月十二日,《张之洞存来往电稿原件》第14函,档号:甲182-385。
④ 《张謇全集》第6卷,日记,第414页。

说明刘坤一的"正论"为何。而从九月二十一日皮锡瑞日记的记载中,我们似乎可以了解刘坤一"正论"的内容。皮记曰:

> 夏子新丈来拜,云长信有废立之意,故以兵柄尽付荣仲华。荣惧而泣,计无所出。夜得右帅电云:"慈圣训政,臣民之福。而尊主庇民,全仗中堂主持。万代瞻仰,在此一举。"岘帅亦有电云:"君臣之分当尊,夷夏之防当严①。某之所以报国者在此,所以报公者亦在此!"荣天明以二电面奏。长信惧,乃辍计,而心衔二人。岘帅无人劾奏,右帅为湖南人所瞰,弹章五上,徐为之倡。言及梁启超事,长信震恐,命拿问。

皮锡瑞的消息来自夏子新,即时署湖南按察使的夏献铭。此一消息得到了陈宝箴的幕僚的欧阳中鹄的佐证,皮锡瑞九月二十五日日记言:"节吾至,言右帅电奏两次,岘帅奏意更显明,为禀告荣禄。其奏上所说,与子新丈言合。"② 可见,一个月前刘坤一所奏内容,此时在湖南已有流传。结合上述张謇的说法,可知,刘电当发自八月二十日或二十一日。查照《刘坤一遗集》,可知八月二十一日,刘坤一确曾致荣禄一电,云:"自我皇太后训政,于变法各事,应办者仍办,停者即停,措置合宜,天下欣然望治。我皇上恭己以听,仰见两宫慈孝相孚,始终无间。我公与礼邸、庆邸从中调护,永保安全,外议纷纭,无可藉口,是皆社稷之福,始得有此转机。"③ 从该电的内容来看,其目的也在于调和两宫,并肯定了荣禄在其中的作用,但非上述皮锡瑞所言之电。这说明,刘坤一为废立之事很可能曾两次发电给荣禄,一为外间广为传颂的"君臣之分当尊,中外之口难防。某之所以报

---

① "夷夏之防当严"一句,时人多记为"中外之口难防",从当时的背景来看,后者更为合理,因为刘坤一想要表达的是列强的干涉,"夷夏之防"似觉不通。
② 《师伏堂日记》(戊戌年九月二十五日),《湖南历史资料》1981年第2期,第143~144、146页。
③ 刘坤一:《寄荣仲华中堂》,光绪二十四年八月二十一日,《刘坤一遗集》第6册,第2560页。

国者在此，所以报公者亦在此！"这与张謇所说的"新宁持正论"相符；另一电即《刘坤一遗集》所收的八月二十一日电，意在肯定荣禄在调护两宫中的作用。这里，刘坤一对荣禄在政变之初维持大局中作用的肯定，绝非恭维之词，而是肺腑之言，他曾在不同场合多所表达。九月二十日，刘坤一曾在致朋友的信中谈及荣禄与时局，说："现在两宫慈孝相孚，诚为宗社苍生之福。而其枢纽全在荣相，内则设法调停，外则勉力撑持，宁国即以保家，此公解人，当见及矣。"① 刘坤一致荣禄该电，长期以来被认为是阻止太后废立的重要原因。赵柏岩记曰："两江总督刘坤一累电请保全皇上。仓卒政变，海内皇然，有谓上已大行者，志士聚海上而泣。坤一闻之，流涕曰：'上一片热心，惜无老成主持之，故致蹶败。此大臣之过也。'因三电政府请保全皇上，以免天下寒心。"② 当政变初发、群臣噤若寒蝉之际，刘坤一大胆直言，保全光绪帝，对于维系清朝统治的合法性具有重要意义。本来，慈禧发动政变，重新训政，其统治的合法性已经受到包括"康党"在内的很多人的质疑，而后，随着光绪帝被幽闭、新党被株连、新政被停废，其统治合法性进一步遭到大批趋新之士的公然质疑。而光绪帝的存在毕竟给人以希望，这种希望不仅在于通过外国或舆论的施压，逼迫太后归政，这是"康党"一直寻求的解决方案，而且在于慈禧已年届六旬，光绪帝迟早是可以亲政的。可以说，光绪帝的存在是政变后人心得以维系的重要纽带，这也是刘坤一、陈宝箴等人保护光绪帝、谏阻废立的原因所在。

与刘坤一等人谏阻废立同时，外国公使也对慈禧训政及其废立图谋出面干涉，并以保护使署为辞，纷纷调兵至京津。张謇曾记曰："太后复临朝，逮捕康有为。有为逃，各国兵舰集天津，诘总理衙门，问上病状。"③ 关于外国干预废立之事，我们可以从张之洞从上海得到的密电中见及。八月初十日，赵凤昌从上海电告张之洞说："英政府今电沪，英总领事云……北京现

---

① 刘坤一：《致冯莘垞》，光绪二十四年九月二十日，《刘坤一遗集》第5册，第2233页。
② 赵炳麟编《赵柏岩集》，沈云龙主编《近代中国史料丛刊》（303），台北，文海出版社，1922年，第33页。
③ 张謇：《啬翁自订年谱》，《张謇全集》第6卷，日记，第858页。

又不靖。如有人害皇上，英必保护，不任李鸿章党奸谋成事。"① 在英国等国公使的干预下，九月四日，总署被迫同意由一名法国医生入宫给光绪帝看病。也就在这一天，慈禧太后命令将光绪帝的医案公布给各衙门堂官看阅。慈禧的此一举动同样是在为其训政甚至废立合法性提供依据。公布医案同样引起了世人的猜忌。对此，刘坤一于九月二十六日，致函荣禄说："敬再密启者：天下皆知圣躬康复，而医案照常通传，外间转滋疑议，上海各洋报馆恃有护符，腾其笔舌，尤无忌惮，欲禁不能。可否奏请停止此项医案，明降谕旨，声明病已痊愈，精神尚未复元，当此时局艰难，仍求太后训政，似乎光明正大，足以息众喙而释群疑。以太后之慈，皇上之孝，历廿余年始终如一，常变靡渝，固列祖列宗在天之灵，亦莫非公与亲贤调护之力也。"② 在刘坤一看来，以"时局艰难"为由，太后训政即"正大光明"，无须以皇上病重加以佐证。进而言之，天下"皆知圣躬康复"，公布医案，有欲盖弥彰之嫌，徒增物议，有弊无利，不如停止。因此，太后想通过证明光绪病重进而行废立的做法是行不通的，明智的办法是"慈孝相孚"，二者共存。十月十八日之后，慈禧似乎停止了此项医案的公布。③ 可以说，政变后，在中外势力的干涉之下，慈禧太后未敢速行废立。但太后废立的念头并未打消，此后，她仍不断为自己的训政寻找合法性，并进而寻找废立之机。

戊戌年末，清廷又发出一系列不利于光绪帝的信号。十一月十八日上谕，冬至命郡王代行礼。十一月二十八日上谕，称：因朕躬违和，所有年内暨明年正月应行升殿及一切筵宴，均行停止。明年正月初一日，朕亲率王公百官恭诣皇极殿，在皇太后前行礼。④

对慈禧太后的废立图谋，新党舆论给予密切关注，特别是在清廷不断株连、停废新政之后，报刊舆论对慈禧训政的合法性的质疑也直言不讳。上述

---

① 上海、初十日亥十一午，光绪二十四年八月初十日，《张之洞存来往电稿原件》第14函，档号：甲182-385。
② 刘坤一：《致荣中堂》，光绪二十四年九月二十六日，《刘坤一遗集》第5册，第2236~2237页。
③ 参见茅海建《戊戌变法史事考》，第159页。
④ 中国第一历史档案馆编《光绪宣统两朝上谕档》（24），第585页。

谕旨颁发后,《新闻报》于十二月初七日刊出论说《读连日邸钞纵笔论之》,在回顾了政变以来,清廷发布的一系列不利于光绪帝的上谕后,对慈禧训政废黜光绪帝的图谋提出批评,指出母后临朝,"在无识者必将疑置万年天子于何地,然煌煌诏旨且谓出之于今上再三恳请,为天下臣民之福也。未几,有四月龙体欠安之旨,又令各直省将军督抚保荐良医,而法国公使即荐法医士戴君入宫请脉。当是时,外间流言不一,风影甚危,迨自戴君请脉以后,始欣然转相告语,喜君上之无恙,而不禁泪随声下也"。法医入宫请脉既然已经证实了皇上无恙,"特是近日邸抄所载各谕旨殊令人百思而不得其解也",如十一月二十八日上谕曰:"岁末袷祭太庙,着派庄亲王代为",因朕躬违和,所有年内暨明年正月应行升殿及一切筵宴均行停止,唯有正月初一皇上可以亲率王公百官诣皇极殿为皇太后行礼。又二十九日太常寺题岁暮告祭太庙后殿、中殿及岁暮致祭太岁坛,均奉旨遣人代为。对此,文章提出五不可解,其中指出:"一切典礼可免,而元旦皇极殿亲率王公百官在太庙前行礼独不可免?屈天子之尊,罔足以彰孝治。废正旦之仪,将何以振乾纲?其不可解二也。"而且"太庙为列圣灵爽式凭之地,且文宗显皇帝、孝贞显皇后在焉,以事亡如事存之谊言之,何忍显分厚薄?其不可解三也"。面对慈禧太后的为所欲为,光绪帝无可奈何,而满朝文武大臣竟无人敢言。文章就此发论道:"嗟乎!骨肉之际人所难言,权势之地,群相争趋,调护匡救非左右辅弼重臣之责,而谁责乎?抑惟顺谀从欲以保富贵乎?……盖士气之衰于摧残也久矣,或乃以膺重诛之六士当之,不亦谬哉!"

正月初六、初七日,《中外日报》连续刊出《本报新年报告文》,强调了大清统治的合法性在于"皇上亲操全权":"为中国完全之计者,莫善于皇上独操全权也。夫我大清受命抚有中国也,二百数十禩矣,列祖旧构之业,未竟于先,待我皇上维新大业扩张于后,此天意之自然,非人力所能遏也。"文章指出,中国国势之弱,由于皇上不亲握教育权、兵权、财政权、实业经济之权,因此,"夫皇上之于内政固宜政柄独操矣,而于外交则若何?曰我皇上于外交之事,亦不过欲仰法祖训大扩新化而已……夫我皇上之锐意维新之治也,亦所以仰体我列宗广学启化未竟之志,而大前人邦交之规，欲保大清永为自立之国而已。是以维新之诏初下，日本则遣大臣士夫，殷殷以固东亚为言矣。英人有中国维新，我可永保东方利权之庆。观于各国之用，可知皇上亲操全权不独内政克修，外交亦方有主名矣。且夫中国非君权之为害也，乃君权其名，而挟君权以图自固其权之为害也。呜呼！彼不知皇上能威柄独操，则中国永保其在。中国永保其在，即诸臣亦永不失其权也"。并以英、法、美为例，指出："一国未见有无主权而能立治者，即未有君无全权而能制治者。故吾曰内政外交之修，必自皇上亲操全权始也。""皇上亲操全权"是清朝统治合法性的关键所在，欲大清永为自立之国、中国永保不亡，就必须皇上亲操全权。太后训政动摇的是清朝统治的合法性。而且，随着慈禧太后不断株连新党、停废新政，时人对慈禧训政合法性的质疑之声越来越大，这在己亥年体现得更为清楚。

　　分析至此可见，政变后的朝局在守旧、反动的路上急速滑落，这在某种程度上体现了政治运动中的历史惯性。当政变发生之时，慈禧太后的主要目的是收回权力、惩警谋逆，并不想打击面过大，更不愿背上反对变法的罪名，因此屡次发布上谕，再再申明不加株连、继续新政。但随后在各种因素的交互作用下，慈禧太后背弃了政变初的承诺，在捕杀"康党"的同时，不仅株连新党，而且停废新政。这其中慈禧太后对于"康党"的痛恨固然是主因，但那些"揣合希荣"的言官与守旧大臣如徐桐、刚毅等的推动作用亦不可小觑。谈及翁同龢被革职，张謇说："闻刚毅、许应骙承太后之意旨，周内翁尚书于康、梁狱，故重有革职永不叙用，交地方县官编管之谕旨。"① 而言官、御史揣摩慈意奏劾新党之事，在政变后更是屡见不鲜。在他们的推动下，朝局急速逆转。而欣喜的是，此时新党舆论崛起，虽未能扭转时局，却在一定程度上延缓了朝局逆转的进程。面对清廷的株连与停废新政，新党既没有妥协，也没有缄默不言，而是通过报刊舆论对清廷提出批评、质疑，这无疑是阻止政变后朝局急速逆转的重要力量。新党与清廷的公然对抗显示，政变后清廷株连新党、停废新政的不智之举，将一

---

① 张謇：《啬翁自订年谱》，《张謇全集》第6卷，日记，第859页。

批本来希图依靠清廷推行新政的士人推向了自己的对立面,清廷在"为渊驱鱼,为丛驱爵"的路上越陷越深。与此同时,作为被清廷通缉的"逆党",康、梁等人虽远逃异国,但同样利用新式报刊大胆发声,对戊戌变法与政变做了有利于自己的解释,这在清朝历史上是前所未有的。

二 "康党"的应对之策与时人的反应

政变发生后,"康党"及时做出反应。而后,随着清政府捉拿"康党"、株连新党、停罢新政,"康党"进一步展开攻势。其核心便是发挥自己的优势,展开舆论攻势,发掘一切信息,揭露慈禧太后夺权、守旧的阴谋,同时将自己塑造成新党的领袖与代言人。

虽然清廷将"康党"判为"逆党",四处通缉,但"康党"的核心成员从政变一开始便努力将自己塑造成新党的代言人,谴责慈禧太后镇压新党、推翻新政的行为,矢口否认围园"逆谋"。政变发生的当天,梁启超跑到日本公使馆求救,其对政变的解释就是从镇压新政的角度进行的,指出:"皇帝以变法之故,思守旧老耄之臣,不足以共事,思愿易之,触太后之怒",而"同谋者""谭嗣同、杨锐、刘光第、林旭志士,都被逮捕。其首领是康有为,想也快要被捕被杀头,皇帝不用说已被幽闭"。① 八月初十日,康有为在吴淞口外英轮上与班德瑞的谈话中也说:"我所领导的维新党完全由位置卑下的小汉官所组成……现在我的唯一罪名,是因为我曾劝谏过皇上,说除了变法维新以外,不能救中国。"② 八月十五日,康有为逃到香港与英人贝思福会谈,直接将"吾党"等同于新党,康有为告诉贝思福:"新党之所期成就者,无他也,不过欲以西方之新意,传入中国耳。中国不能采合用之法,以通万国,必致四分五裂,破缺金瓯。吾党夙具忠忱,冀以迎机

---

① 林权助:《戊戌变法的当时》,中国史学会主编《中国近代史资料丛刊·戊戌变法》第3册,第571页。
② 〔英〕班德瑞:《戊戌政变旁记》,王崇武译,中国史学会主编《中国近代史资料丛刊·戊戌变法》第3册,第526页。

第六章 "康党"与戊戌己亥政局的变动（上）

之导，保华地而全朝局。"当贝思福问康有为"目下新党若何"时，康有为说："吾党固未死也，特被压耳。迟以岁月，必将重兴。所虑者，中国危如累卵，遽尔分裂。虽有忠爱之新党，急起而直追之，其何及乎？"① 与清廷大肆渲染"康党"的结党营私、图谋不轨不同，"康党"则努力宣传其倡导维新、遭遇党祸的不幸，矢口不提"围园锢后"的密谋，"吾党"即新党，"康党"与新党的界限在此全然消弭。

可以说，在清廷没有公布"康党""围园锢后"罪状之前，很多维新人士都是从反变法的角度理解政变的。孙宝瑄在八月初十日的日记中记曰："朝局大变。康在都为上信任，言听计从，累更革大政，如变时文，许士民上书，裁冗官，增设农工商局，为守旧党所不悦，以是贾祸。"② 这说明，"康党"将自己塑造成新党的宣传并非空口无凭，自我标榜，而是有其事实依据与群众基础的。毕竟，"康党"曾是戊戌变法的重要倡导者、参与者。

之后，逃至境外的康有为，随即发起舆论攻势，通过接受媒体采访，宣传他所建构的戊戌政变之原因、经过与结果。八月二十二日，香港《德臣报》（又名《中国邮报》）用英文刊发了该报访事人在香港与康有为的问答；九月初一日香港《字林西报周刊》转载了这一谈话；九月初二日，《申报》翻译了这次谈话的主要内容，但对"其中所有干及皇太后之语，概节而不登"。九月初四，上海《新闻报》在"国事骇闻二十五志"中转载了问答译文；九月初七、初八两日，天津《国闻报》翻译转载了这一谈话的部分内容。二十二日，《国闻报》再次翻译转载该问答中康有为觐见时与光绪帝的谈话内容。通过各报的中文译本，时人清楚地看到了康有为所宣传的政变原因及当时的帝后矛盾。《国闻报》转载的译文中，康有为首先对慈禧太后之守旧、自私、揽权等进行揭露，称：

---

① 转引自茅海建《从甲午到戊戌：康有为〈我史〉鉴注》，第838~839页。
② 孙宝瑄：《忘山庐日记》（上），光绪二十四年八月初十日，第259页。

德臣报访事人往见康主事有为，访事将京邸猝变各情彻底询问，康主事答曰："……至言皇太后之用意，为治系因循守旧，不甚好更张。十一年前，中国筹办银元三十兆两，以备整顿海军。不料购得战舰五艘后，余款即拨归修建颐和园。及后又筹三十兆两建造铁路，讵仅将此巨款兴筑铁路至山海关后，又拨此款为修南苑之费。皇太后高拱深宫，日中所见者，祇（只）寺人数名，一切西法绝无闻见。除此优游耽乐事外，未尝有励精图治之意。中东一役以前，尚以李傅相为可作长城。及兵败地割，则翻然改变，凡事皆属意于恭忠亲王及荣中堂主办。至弄权之大，惟侍监李联英……前二年有两员曾具折奏请皇上，直言不讳，皆以皇太后为文宗显皇帝之妃，不当摄理朝纲等语。迨自今上乾纲独振，宵旰忧劳，于时皇太后已有废立之心，遇事不无阻止。胶州一失，皇上益觉愤怀，请于皇太后曰：时事日艰，请懿旨准其力求上治，皇太后迫于无可如何，亦俯准皇上勤求治理。然虽满口许之，而心中尚未转移也。予之得觐见者，皆赖二三大臣为之荐剡，荷主上特达之知，随奉谕旨派在总理衙门行走。予到总署时，力陈改革之益，步法泰西。王大臣多不以为然。所尤不喜者，惟荣禄一人矣。予初以修改律法为首务，请延聘西人之精谙律例者一人，与予酌修中律，然后次第将旧政变更，不料圣上求治太速，即欲百废俱兴，于是改革频仍，以至有今日之事。"①

接着，康有为又讲述了他被总理衙门大臣接见，特别是被光绪帝召见时所提出的变法建言及他对光绪帝决策的影响，说："予于召对时，力陈时事孔艰，非变革无以维持政治。皇上乃慨然曰：此守旧大臣之所以误朕也。予言中国现时虽弱，振起犹未为晚，遂引普法之战以对……又将日本俄国当时兴起之源流伏陈始末。故皇上极意效法而为……"皇上慨然曰："各大臣之黜陟，朕难操权，祇（只）候皇太后懿旨。朕亦知各大臣非有志于西法

---

① 《〈德臣西报〉访事在香港与康有为问答语》，《国闻报》光绪二十四年九月初七日。

者。"余对曰:"恐各大臣非不欲振兴,惟年已耄耋,难于改变耳。于是皇上有废八股之谕。余请简派勤王游历外洋,以增加识见……余尚多条陈,未能尽言,皇上遂著余随时条陈呈览。惟现时之事,首因降谕革职尚书侍郎各大员。怀塔布乃是懿亲,跪请皇太后作主,并诉苦于荣中堂。外间传言皇上有意废皇太后。故皇太后骤闻此耗,立即猛著先鞭,有此再复垂帘训政之举。余于八月初一二日连奉皇上手谕二道,著令速行。予即往见西人李提摩太……初四日,京事紧急,初五日余即搭车往塘沽……皇上所颁手谕,著余维持时务,余今欲往英求援,使皇上出险。"①

这里,康有为重点要突出的是慈禧太后守旧无识,权力欲望极重;光绪帝是谋求变法的明君,他本人则是启发光绪力行变法的关键之人。由于光绪帝无实权,因此变法走向失败。但是,从康有为的上述叙述中,我们可以看到两个重要信息:其一是"外间传言皇上有意废皇太后。故皇太后骤闻此耗,立即猛著先鞭,有此再复垂帘训政之举",这说明,废后之说早在政变前已经在外面流传。这一点从时人的记载中可以得到证实。恽毓鼎于戊戌八月初四日"至粤东馆赴梁铃远同乡之约,席间所闻,深堪骇诧",以致他在当天日记中竟不敢记录所闻为何。政变发生后,恽毓鼎对该日所闻内容做了补记:"八月初四日记按:按此即已闻北洋生变,颐和密谋,朝局翻变在指顾间,而未便明记也。"② 而张之洞之子张权于六月十二日写给其父亲的密信中即有此说,他说:"文侍御参康有折,句句确实。有所谓不敢出口之言者,系康有向杨深秀言,当今时势,非禅代不可。康又令杨向文言,令其觅一带兵之都统,借兵八千,围颐和园,劫两宫,要以变法。此是其二三月间之语,先以为或系言者之过。及文仲恭劾渠获谴后,在户部署中闻多人皆知此说。"③ 这说明,"康党""围颐和园"之谋在戊戌二三月间早已有之,且

---

① 《续〈德臣西报〉访事在香港与康有为问答语》,《国闻报》光绪二十四年九月初八日。
② 史晓风整理《恽毓鼎澄斋日记》,光绪二十四年八月初四日,浙江古籍出版社,2004,第145、162页。
③ 《张文襄公家藏手札·家属类》,光绪二十四年六月十二日,中国社会科学院近代史研究所藏,档号:甲182—264。

将之透露出去,到文悌劾康获谴后,户部署中很多人皆知此说。再到八月初四日,本应是绝密之谋的"围园"之举竟成了朋友餐桌上的谈资,可见"康党"行事之不密、不周。当外间盛传"围园"之说时,太后听说此事的可能性很大,她"骤闻此耗,立即猛著先鞭",再行垂帘听政,也就不足为奇了。如此看来,"康党""围颐和园"密谋的提前泄露与慈禧太后听说此一密谋可能是戊戌政变发生的重要原因之一。其二是光绪帝曾向康有为透露过其与太后之间的矛盾,并有密诏给康有为,命其求救于外国。如果"康党"此说传到慈禧太后那里,太后将会进一步制裁光绪帝,对光绪极其不利。可见,此时的康有为对光绪帝的处境缺少必要的考虑。这在康有为公布密诏一事上反映得更加明显。

九月初五日,上海《新闻报》刊出了康有为致上海《新闻报》的公开信,并公布了两道密谕。该报在开头交代说:"本报所记国事骇闻,知无不言,言无不尽,盖以骇人听闻之事,无过于是,故不敢如寒蝉之噤不出声也。乃昨日接到康有为自香港发来专函一封,密谕二道,函中虽言中文报如不能登,西文亦可。抑知中西虽不同文,而忠君爱国之心则一。况本馆虽用华文,本系西报,故将原函不易一字,并所抄之密谕二道照录于后。"随后,该报刊出康有为的公开信与两道密谕。信中,康有为如是说:

> 天祸中国,降此奇变,吕、武临朝,八月初五日遂有幽废之事。天地反覆,日月失明,天下人民,同心共愤。皇上英明神武,奋发自强,一切新法,次第举行。凡我臣庶,额手欢跃。伪临朝贪淫昏乱,忌皇上之明断,彼将不得肆其昏淫,而一二守旧奸臣复环跪泣诉,请其复出。(以革怀塔布之故,此事皆荣与怀赞成之者)天地晦冥,竟致幽废。伪诏征医,势将下毒,今实存亡未卜。此诚神人之所公愤,天地之所不容者也。伪临朝毒我显后,鸩我毅后,忧愤而死我穆宗,今又幽废我皇上,罪大恶极,莫过于此。仆与林、杨、谭、刘四君同受衣带之诏,无徐敬业之力,祇(只)能效申包胥之哭。今将密诏写出呈上,乞登之报中,布告天下。(中文报不能登,则西文报亦可)皇上上继文宗,帝

者之义，以嫡母为母，不以庶母为母。伪临朝在同治则为生母，在皇上则先帝之遗妾耳。《春秋》之意，文姜淫乱，不与庄公之念母。生母尚不与念，况以昏乱之宫妾而废神明之天子哉！若更能将此义登之报中，中西文皆可，遍告天下，则燕云十六州未必遂无一壮士也。

此中，康有为对慈禧太后的诋毁可谓刻毒，公然将母仪天下的太后说成是毒后幽上、罪大恶极的贪淫之徒，令人触目惊心。

随信登出的两道密谕分别为："初一日交杨锐带出朱笔密谕：朕惟时局艰难，非变法不能救中国，非去守旧衰谬之大臣不能变法。而太后不以为然，朕屡次几谏，太后更怒。今朕位几不保。汝可与杨锐、刘光第、谭嗣同、林旭诸同志妥速密筹，设法相救。朕十分焦灼，不胜企望之至。特谕！

"初二日交林旭带来朱笔密谕：朕今命汝督办官报，实有不得已之苦衷，非楮墨所能罄也。汝可速出外，不可迟延。汝一片忠爱热肠，朕所深悉。期爱惜身体，善自调摄，将来更效驰驱。朕有厚望焉。特谕。"

该报结尾加按语，称："以上二论，与昨报二十五志中西报所译，词异意同。读之令人声泪俱下。如康果接谕于先，则英人竭力保护，岂特有德于康，且实有德于国，有德于皇，并有德于中国四百兆人民，大清国脉之存，意必在此一线，特日后必有一番举动，且亦为期未必过远耳。"①

据此可见，《新闻报》对于该文的骇人后果已有所预见，但它还是选择刊发了该文。这与政变后该报一直抱持同情"康党"的立场密切相关。后人的研究证明，康有为的两道密谕都经过篡改，"而篡入的语句，关键在'奉诏求救'"。② 而《新闻报》结尾的按语正道出了康有为公布密诏的用意所在。用篡改后的密谕来为自己的流亡活动正名，而全然不顾光绪帝的处境、安危，这是康有为引起时人责难的关键所在。虽然时人无法判定康所公布密谕之真伪，但是出于保护光绪帝的需要，国内新党诸报如《国闻报》

---

① "国事骇闻二十六志"，《新闻报》光绪二十四年九月初五日。
② 汤志钧：《关于光绪"密诏"诸问题》，《乘桴新获——从戊戌到辛亥》，江苏古籍出版社，1990，第50页。

《中外日报》等都无一例外地未加转摘。刘坤一、张之洞等人则在第一时间出面谴责康有为,力图阻断《新闻报》的传播途径,尽量缩小该文的影响面。

九月初十日,张之洞为密谕事发电给刘坤一,说:"顷见九月初五日《新闻报》国事骇闻二十六志载康有为自香港发来专函一则,狂悖凶狠,令人发指眦裂。康有为造作逆谋,为朝廷查知,其时人心惶忧,皇上恳请皇太后训政,乃天下臣民之福,讵康有为信口造言诬谤,断非臣子所忍言。其意不过为身负逆恶大罪,故以谤言登报,冀以摇惑人心,激怒朝廷,煽惑奸民,挑动各国,使中国从此多事扰乱不安,以泄其忿,居心凶毒,无以复加。此报流传为害甚烈,望飞电嘱上海道,速与该报馆并领事切商,告以康有为断非端正忠爱之人,嘱其万勿再成为传播,并将此报迅速设法更正。该报馆秉笔系华人,当亦念食毛践土之恩,即开报馆之洋人,既望中国自强,亦必愿中国安静无事,傥谣言远播,匪徒蜂起,中国大乱,即西人、西商亦不得安居乐业,领事必能领会此理。至如何设法婉商更正,统望卓裁,大局安危所关,千万盼祷,即望示复。"① 这里张之洞希望刘坤一派上海道与该报领事切商,迅速设法更正。

九月十二日,刘坤一收到张之洞来电后,复电说:"蒸电谨悉。康有为罔上不道,干纪乱名,托社稷之灵,奸谋败露。《新闻报》登其香港来函,悖逆情状,不啻供招,令人痛心疾首,当为中外所同愤。报馆虽属西商,主笔则系华人,臣子之谊,中外同昭,此等诬蔑君、后之词,岂宜登报传播?揆之泰西报律例禁,亦甚严明,已饬沪道,赶速会商该国领事、该报馆主,设法更正,嗣后并不得再为传播。如果不允,即由道饬属晓谕商民不准阅看该报,邮局、信局如代递送,一并惩罚。如此,遏其波流横议,或冀稍熄,合先电复。"② 在刘坤一看来,当清廷以"围园逆谋"罪追捕康有为时,康有为抛

---

① 张之洞:《致江宁刘制台、上海蔡道台》,光绪二十四年九月初十日亥刻发,苑书义等主编《张之洞全集》第9册,第7667页。
② 《刘制台来电》,光绪二十四年九月十二日午刻到,苑书义等主编《张之洞全集》第9册,第7668页。

出悖逆信函，正是欲借密诏来为自己正名，这显然是对光绪帝的极大诬陷与伤害。因此，当务之急是与该报馆主、该国领事磋商，"设法更正"。如果不允许的话，刘坤一的办法是晓谕商民不准阅看、阻止邮局信局代为递送，从而"遏其波流"。政变后的刘坤一一度主张宽赦余党、减少株连，并尽力保护光绪皇帝，其对光绪帝的赤诚之心，国人有目共睹。也正因如此，当康有为抛出密诏时，刘坤一反应激烈。

一方面，他在得到消息后，便饬令上海道蔡钧照会英领事"严行查禁"，并将前报更正，对此他曾致函友人说："顷奉惠书并《新闻报》一纸具见关怀大局，义正词严。此报早经寓目，当饬蔡道照会英领事严行查禁，并将前报更正；该领事亦以为然，可见公道自在人心。该犯用心至毒，为计至愚，此等污蔑之辞，徒自彰其背叛之罪，不啻自画供招也。西报每谓康党止图变法，并无逆谋，今有此书，正成确证。若因《新闻报》妄缀议论，遂与中报一律查禁销售，转不足以释外人之疑，非徒虑滋纷纭也。天地之大，何所不容，枭叫狐鸣，无关祸福，听之可耳。"① 这里，刘坤一指出康有为公布密诏用心虽至毒，但"为计至愚"，其结果恰恰是证明其叛逆之罪。对于林穉眉提出的"与中报一律查禁销售"之方，刘坤一表示否定，认为这样做非但"不足以释外人之疑"，而且会议论纷纭。显然，刘坤一是希望《新闻报》能够自我认错，设法更正。英国领事亦以为然，这给了刘坤一解决此问题的信心。

另一方面，刘坤一挺身而出，亲自撰写《息邪说论》，对康有为进行驳斥。该文刊载于九月二十四日的《申报》《中外日报》等多家报刊。文章开门见山，指出其批驳的对象即康有为之"逆书"："本月初五日，《新闻报》载康有为逆书，腾其邪说，冀欲离间我两宫，并欲启衅于外人，以乱我中国。其用心至毒，其为计至愚，徒自彰其背叛之罪而已。""冀欲离间我两宫"一语道出了刘坤一对康有为密诏及公开信的真正担忧，这也是他公然要与"康党"对抗的原因所在。随后，文章回顾了慈禧太后垂帘听政以来

---

① 刘坤一：《复林穉眉》，光绪二十四年，《刘坤一遗集》第5册，第2230页。

的无数功德,赞其为"功德之隆,超迈千古",并重点分析了变法、政变及康有为的"逆信",指出:

> 此次变法自强,事体极为重大,深宫商酌可否,所以慎始图终。乃狂悖如康有为、谭嗣同等,敢怀猜忌之私,竟为劫制之计,变生肘腋,祸起萧墙……康有为漏网余生,竟敢肆其诬蔑,登之日报,意在造谣惑众,以图死灰复燃,不知是非好恶之公,人所同具。无论中国官绅士庶,见此报者,莫不切齿裂眦,即各外洋文明之邦,皆知尊亲大义,亦讵信此乱臣贼子之说?我皇太后训政以来,于变法诸事,如各处军营改练洋操,各省添设中西学堂,以及农工商务,莫不勤勤恳恳,饬令认真举行,其于保护教堂教士,优待洋官洋人,不啻三令五申,是皆钦奉懿旨,班班可考者。而康有为无端毁谤,实属自画供招,其仇视我皇太后,无非仇视我大清……我大清上乘天眷,以有中国……三百年间,深仁厚泽,浃髓沦肌,已于南皮张尚书所著《劝学篇》、端京卿所著《劝善歌》,详言之矣。呜呼!我大清之抚驭中国如此,上天之眷佑我大清如此,则我大清亿万丕丕之基方兴未艾,则凡觊觎非分者,鉴于康有为当废然自返矣。①

身为两江总督,面对上海《新闻报》公然刊发的康有为"逆书",刘坤一不仅饬令下属进行交涉,而且亲自撰写文章加以驳斥,可见其对此事的重视。不过,刘坤一在将文章交给各报馆时,并未署名。《中外日报》在刊出时署"南京来稿照登"。但是,苏报馆因蔡钧的原因直接明示为江督所作。对此,刘坤一曾致函朋友说:"手教领悉。区区何足以言著作,亦非以此邀名。实因康有为逆书传到上海,各报馆议论风生,或以为豪杰之才,或以为忠义之士,一唱百和,诚恐内生离间,外启衅端,亟著此论登之报章,欲以破其奸而解其惑。论末未注姓名,不料蔡道竟行揭出,亦只苏报馆,余则未

---

① 《息邪说论》,《中外日报》光绪二十四年九月二十四日。

也。此等文字，似未足以附《翼教丛编》，致为方家所笑。"① 这里，刘坤一显然是自谦之词。其实，对于自己的这一大作，他本人还是很看重的，九月二十九日，他曾致函总署，推荐自己的大作，说："查阅上海《新闻报》于九月初五日所载康有为逆书，情词极为狂悖。当饬上海道照会英领事，严饬该馆更正，以后不许妄登，英领事等均以为然。第前报已传播中外，幸广东人梁鼎芬著论痛驳，大快人心。兹有江南人著《息邪说论》一篇，尤为真切，登之各报馆，即外洋人亦以为语有本原，可申公愤。谨检两处报纸，寄呈钧览。"② 据"登之各报馆"一语，可知刘坤一同时送给了多家报馆。刘坤一虽肯定了梁鼎芬的驳论大快人心，但认为自己的驳文"尤为真切"。"外洋人亦以为语有本原"，正出自《新闻报》刊载刘文后的"本馆附志"。

对于刘坤一写作此文的因由，皮锡瑞曾评论说："见报，刻岘帅《息邪说论》，打官话，固应如此，似亦不无恩怨之私。且见佑帅罢官，自危，不得不如此也。"③ 皮锡瑞从三个角度分析了刘坤一《息邪说论》的由来：官腔、私怨与自危。作为两江总督，刘坤一面对自己辖区内发生如此事件，出面干涉、抵制，自有私心在内，但其与陈宝箴似不可同日而语。百日维新中，陈宝箴曾积极倡导变法，且与"康党"多所往还，而刘坤一却是百日维新中被光绪帝点名批评不热心变法的督抚之一，因此政变后，刘坤一根本无须自危。而且，刘坤一也与"康党"没有交集，更谈不上恩怨。在我看来，刘坤一作此一文，除了考虑到该报在自己的辖区内不得不管外，更主要的还是担忧光绪帝的处境。事实上，此前此后，"康党"诋毁慈禧太后的宣传不一而足，刘坤一都保持沉默，唯独对其公布密谕大加抵制，正是因为"康党"公布密谕之举"冀欲离间我两宫"，对本已处境不利的光绪帝，无异于落井下石、火上浇油。因此，刘坤一挺身而出，亲自撰文，抵制"康党"的极端宣传，其保护光绪帝的用意赫然可见，而这也是政变后刘坤一

---

① 刘坤一：《复陈梅生》，光绪二十四年十二月初十日，《刘坤一遗集》第3册，第2243页。
② 刘坤一：《致总署》，光绪二十四年九月二十九日，《刘坤一遗集》（5），第2237页。
③ 皮锡瑞：《师伏堂日记》（戊戌年十月二十八日），《湖南历史资料》1981年第2期，第151页。

多次向清廷表达的意愿。正因此，政变后的刘坤一成为"康党"、新党舆论中的君子，而与他们刻意诋毁的张之洞显成对照。文廷式在《芸阁偶记》中记曰："戊戌八月，刘坤一电致荣仲华云：'君臣之义至重，中外之口难防。坤一所以报国者在此，坤（一）之所以报公者亦在此。'先是，都中有一电，不列人名，专致刘坤一、张之洞。刘复电如此，约之洞同列衔，之洞不敢。"① 胡思敬也说："戊戌训政之后，孝钦坚欲废立……荣禄谏不听，而恐其同负恶名于天下也，因献策曰：'朝廷不能独立，赖众力以维持之，疆臣服，斯天下莫敢议矣。臣请以私意先觇四方动静，然后行事未晚。'孝钦许之，遂以密电分询各省督臣，言太后将谒太庙，为穆宗立后。江督刘坤一得电，约张之洞合争。之洞始诺而中悔，折已发矣，中途追折弃回，削其名勿与。坤一曰：'香涛见小事勇，见大事怯，姑留其身，以俟后图，吾老朽，何惮。'遂一人挺身独任，电复荣禄曰：'君臣之义至重，中外之口难防。坤一所以报国者在此，所以报公者亦在此。'道员陶森甲之词也。荣禄以坤一电入奏，孝钦惧而止，逾年乃建东宫。"② 各人记述的细节不尽相同，但表达的都是对刘坤一谏阻废立的敬意。

不过，刘坤一等人与《新闻报》的交涉并不顺利，关于最初的交涉情况，蔡钧曾致电张之洞说："蒸电敬悉。康有为逆函登报，无非欲摇动大局，遂被逆谋，神人共愤，日内正在商请英领事，知照该馆洋人斐礼思，以后勿得再登乱说。奉宪电尤征远虑，遵即照会英领事，并婉商斐礼思，设法更正，如何情形，俟英领事晤复后，再行电禀。倘有龃龉，惟有禁止内地邮、信两局，不准递送该报，以遏邪说而示惩罚。"③ 可见，对于康有为发布密诏之事，张之洞也大动肝火，不仅电告刘坤一，而且直接与上海道电函往返，商讨对策。这一点可以从蔡钧发给张之洞的另一封电信中见及。后来的事实证明，英方并没有"设法更正"，更没有认错，九月十八日，蔡钧电

---

① 汪叔子编《文廷式集》，中华书局，1993，第771页。
② 胡思敬：《近代史料笔记丛刊·国闻备乘》，第92页。
③ 《上海蔡道来电》，光绪二十四年九月十二日申亥刻发十三日子收，《张之洞存各处来电》戊戌第7册，档号：甲182-137。

第六章 "康党"与戊戌己亥政局的变动（上）

告张之洞与英领事交涉的结果说："《新闻报》登逆函，遵谕会商查禁。顷英领照复：早因有人指议该报，即已将馆主饬惩，兹又传案谕饬。今日该报登《读〈劝善歌〉书后》一则，已切实颂扬圣德。惟仍未将逆函驳斥更正认错。现又照复，务令照办，违则封禁究惩。"① 可见，英领事对此事的处置是"馆主饬惩"；作为补偿，该报于九月十八日刊登《读〈劝善歌〉书后》，颂扬太后圣德，但根本没有同意刘坤一等人提出的更正认错。或许是对蔡钧"现又照复，务令照办，违则封禁究惩"的妥协，九月二十四日，《新闻报》又刊发了刘坤一的《息邪说论》，末附"本馆附志"，指出，本月初五日所登康有为一函，"系自香港寄来，不易一字，其间忠奸之别自在人心。本报并未赘议。兹所登《息邪说论》一篇，其文为华人寄来，尊崇国家及皇太后处，语语俱有本原，故亦不易一字，照录如右，以见中外一家，本报亦深愿为太后颂扬厚泽也"。从刊登密谕到刊出刘坤一的《息邪说论》，这显示出了《新闻报》对刘、张等人施压的妥协。不仅如此，这种妥协，还表现在以下两个方面：其一，该报此后一度鲜谈国事，直到九月十五日，才再度刊出"国事骇闻二十九志"，其中，编者如是说："迩日中西阅报之人，纷纷询及何以报中绝鲜国事？且言皇上至今未复大位，则凡传闻一切仍属可惊可骇者多，何忽噤不发声云云？本馆因其言似近理，因将各路得来信息之凡属有关君国者，仍为列入国事骇闻……一俟国事大定，或有佳音，当易题曰国事喜闻，以告天下，当无不眉飞色舞也。"② 之所以"绝鲜国事""噤不发声"，正是缘于刘、张的压力。其二，该报报道方向此后发生了很大的转变，即由此前的批评清廷转变为此后的理解太后，甚至公然为太后唱赞歌。其对"康党"，更是由此前的同情转为批评。

另一位公然出面批驳康有为的是梁鼎芬。九月十三日，梁鼎芬致电张之洞，说："《新闻报》刻康逆书，愤极。今作书痛驳，明刻《申报》。公意许

---

① 《上海蔡道来电》，光绪二十四年九月十八日，《张之洞存各处来电》戊戌第 8 册，档号：甲 182－137。
② 详见《新闻报》光绪二十四年九月十五日。

否？尚有数篇续刻。"①"今作书痛驳"，指的是《申报》九月十三日刊出的梁鼎芬《驳叛犯康有为逆书》。文中，梁对康极尽诋毁之能事，称："我大清国、我孔子教、我广东人不幸有此无父、无君、无人理之逆犯康有为，罪通于天，愿天诛之；加毒于人，愿人殛之。天地清明，永永不生此无父无君、无人理之康有为，此我大清国之幸也，此我孔子教之幸也，此我广东人之幸也！"

与此同时，《申报》陆续发表多篇文章，对康有为进行驳难。如九月初十日的《论康有为大逆不道事》；九月十七日的《再论康有为大逆不道事》；九月十八日，刊出"穗石闲人"的《读梁节庵太史〈驳叛犯逆书〉书后》，继续对康书进行批驳；九月二十五日，刊出香山徐大可的《记逆犯康有为缘起》；九月三十日，《申报》刊出《屡记保国会逆迹》；十月初一日，该报再度刊出《慎防逆党煽惑海外华人说》。这些都针对康有为的宣传进行的批驳。

而就在各方人士对康之"逆书"进行反击之际，康有为又将其奉召求救文寄回国内，《台湾日日新报》于1899年1月26、27、29日加以刊载。据郑孝胥十月二十日日记记曰："观《中外日报》，有康有为求救于英国书（不全）及中国士民上英领事书，意主煽惑华民。然诸人误上深矣，今乃为此，岂为上计也。"② 这里的"中国士民上英领事书"，显然也是"康党"所作，刊发于十月十三日《中外日报》。十一月初一日的《知新报》转载了《中外日报》的《中国各省士民合呈上海英总领事禀》。而郑孝胥所说的"求救于英国书"不知是否奉诏求救文？③ 该文可谓综合了此前康有为历次宣传中对慈禧太后的诋毁、谩骂，并附上此前公布的二道密诏及光绪帝给谭嗣同的口谕。从郑孝胥的评论中可见，康有为的这些宣

---

① 梁鼎芬：《驳叛犯康有为逆书》，光绪二十四年九月十三日，《张之洞存来往电稿原件》第14函，档案号：甲182-385。
② 苏祖德整理《郑孝胥日记》第2册，光绪二十四年十月二十日，第698页。
③ 按照郑孝胥日记的记载，十三日《中外日报》当载有不全的康有为求救于英国书，但因为我看到的国家图书馆及中国社会科学院近代史研究所所藏的《中外日报》，相关内容已经为黑墨泼污。这似乎也在提示，黑墨泼污的内容很可能就是康有为的求救书。

传效果不佳，关键在于其从一己之私出发，将光绪帝与太后的矛盾公之于众，而没有设身处地地考虑光绪帝的安危，因而郑孝胥发出"诸人误上深矣"的慨叹。而且，康有为诸如此类的宣传是铺天盖地的，他不仅寻求报刊的刊发，而且在日本大量印制，分送给日本友人，但其效果同样不佳。时在日本的孙淦曾致函汪康年，说："迩来日本无甚所闻，唯初到时，日人皆谓奇特之士。近来日著论说，以为谩骂，又印康工部求救文，分送各处，见者轻之，想亦无能为矣。"① 这一点还可以从赵凤昌给张之洞的电报中得到印证。赵称："康函并投洋报馆，请登报，沪人公愤，不知为惑。英领事今亦知其志在煽乱，允即令新闻报馆不再刻康信。闻日本人亦因此疾之。初英日人多是康，逮此函出而共非之，实其自暴逆迹也。"② 其中的"康函"即指康有为刊发于《新闻报》的公开信与密谕。即使是对康梁充满同情的《新闻报》，也无法讳言"康党"不顾大局与歪曲事实的宣传所造成的严重后果："其誉皇上多失真之词，其毁皇太后多无理之事，而其中影响浮谈，又播扬宫闱（闻）污秽。君子曰：怨毒之于人甚矣哉，梁启超政变以前、政变以后作两副笔墨，此盖悲六君子流血之惨而发为斯论，夫亦大可悲也，顾其未之深思者，在未能安放皇上一面耳。梁启超多毁太后一语，即加重皇上一罪，安知皇上之立，所谓为穆宗立嗣者，非藉口之言乎？梁启超徒以泄一己之愤，而于两宫曾不能使其重复和好，其立言不又失当哉！"③ 该文虽然刊发于光绪二十六年，但其所说内容正是政变后"康党"宣传的失误。

可以说，"康党"这些诋毁、谩骂慈禧太后及公布密诏的宣传活动并没有收到预期的效果，反而引起了时人的反感与轻视。透过《台湾日日新报》的一系列相关评论，我们亦可见日人对康有为相关宣传的态度。1898年10月29日，《台湾日日新报》刊出康有为公布的两道密诏。该报竟认为该

---

① 上海图书馆编《汪康年师友书札》(2)，第1451页。
② 上海，光绪二十四年九月十三日午刻发，《张之洞存来往电稿原件》第14函，档号：182-385。
③ 《谠言论》，《新闻报》光绪二十六年正月十七日。

"密谕暴露，必得自西太后之手，尤安知非'莫须有'三字，固以为废帝藉口乎？哀哉！国家不造，变起萧墙，殆比唐武氏而过焉。"① 据此亦可见康有为公布密诏之不利于光绪帝的严重后果。11月3日，《台湾日日新报》又转发了康有为答《德臣报》记者问，随后评论说："如以上所说，听其言可以知其为人矣。"② 11月13日，该报转发了康有为随密诏刊发于上海《新闻报》的信。对此，该报附按语说："此文果出于康氏之手，则康氏适可谓乱臣也已。于变法乎何有？于自强乎何有？况事系宫廷至亲，徒以愤激之说暴白之于天下，欲以自洁，既于皇帝无所济，又足自速其殃祸，而贻口实于外邦，尤不可训也。明哲如康氏岂见不及此，故或以为此非出于康氏之手。"③ 12月4日，该报再刊梁鼎芬对康有为的驳文，并附言："前报据传清国康有为寄书上海《新闻报》馆，诽谤清宫内事，虽二录其□文，略言其乱政，并疑该书或不果出康氏手，盖以康氏既系名士，必明交绝不出恶声之义，无从徒效改节长舌妇喜谤其故夫家中事也。兹得清国广东人梁鼎芬辨（辩）驳康氏谤书，爰就其原文照登之，并重刊前报所登康氏寄书，合是篇以资参照。"④ 日本学者梯云楼主稿的《谋臣论》一文，认为康有为的"移宫一案，尤莫能代君任过，且必欲证君密谋"。⑤

而深山虎太郎写给康有为的公开信，则更清晰地反映了部分中外人士对"康党"此期宣传的态度。据深山虎太郎言，他在日本时，即听说南海先生"豪杰之士也，私心向之"，待其主笔《亚东时报》"与大同译书局诸君子辱交"之后，"益审足下（康有为）学问渊博、操行坚固，仰慕倍切，以未得识荆为憾"。即便如此，当看到政变后康有为的各种宣传之后，深山还是禁不住"进言"康有为，于是便有了他的《与康有为书》。其中，深山对康有为的批评包括三个方面：其一，对康有为以奉有衣带诏

---

① 《祸及兄弟》，《台湾日日新报》（汉文版），1898年10月29日，第3版。
② 《康氏答问》，《台湾日日新报》（汉文版），1898年11月3日，第5版。
③ 《康氏鲤牍》，《台湾日日新报》（汉文版），1898年11月13日，第6版。
④ 《辩驳谤书》，《台湾日日新报》（汉文版），1898年12月4日，第6版。
⑤ 详见《台湾日日新报》（汉文版），1899年2月17日，第3版。

为其出逃正名表示质疑，认为："独闻足下之去国，因奉有衣带密诏，故出疆求救云云，则仆惧未足解天下之惑。"因为，如果康有为真奉有密诏，"当急出都门，裹粮结袜（袜）之不遑"，而观康出都之过程，却大相径庭，"乃足下迟迟而去，悠悠而行，如曾不知大祸将及其身，闻舟泊烟台，尚登岸买物，当时微某君仗义释难，则足下必不免于虎狼之口矣。若曰大人胸中绰绰有余地，然独不念贵国大皇帝厚望于足下者乎？爱惜身体，善自调护者何在？"这里，深山窥破了康有为声称奉密诏与其悠闲南下之间的矛盾。与此相联系，深山进一步质问，康有为如果奉有密诏，为何要选择去上海这样一个危险的地方而不是直接出逃："诚使足下处是际知危难将近也，必当直赴朝鲜，或香港，以免万死，何乃赴上海，自冒不测。夫不乘招商局舟而为叶斯克号英兵船救去者，天也，非人也。闻叶斯克兵船将弁抵重庆舟，促足下俱去，足下愕然不知所出，西报言是时足下尚不知网罗之将及。呜呼！果信耶，欲仆无惑于受诏之事，不可得也。"深山虎太郎的质疑，可谓合情合理，使康有为无言以对。其二，对康有为求救列国之举表示质疑，认为各国从自身的国家利益考量是不会出兵干涉的。而且，从中国的利益来看，求各国出兵干涉也是不智之举，因为"足下走英日美求其援，则彼荣禄、刚毅辈亦必倚俄法自固，是乃速贵国瓜分之端也"。其三，对康有为丑诋太后大加批评，认为"足下丑诋太后实甚矣，仆辈国外之民且不忍读，况贵国之臣子乎！夫太后果有失政如足下言与否，仆未知之，亦不愿知之也。即果有之，似亦非足下所宜言。足下目太后以伪临朝，以吕武，以逆后，以淫后，凡丑污之称无不加之，然太后犹依旧为天下文母，未至篡立，与夫吕氏武氏有间矣"。而且，在深山看来，康有为诋毁太后的直接后果便是使得光绪帝的处境更加危险，"曩者足下在香港作文，寄各报馆，丑诋太后，表白其十大罪。又作奉诏求救文，函致列国使臣，发讦椒房阴事，延及太后皇帝母子之际，若太后皇帝之猜疑果如足下言，则足下之文，适足以增皇帝之危"。"今足下如鸿飞冥冥，弋者不能从，放论纵言，无害于身家，然贵国大皇帝囚在宫中，为守旧党人所挟制，可不为寒心哉！"深山表示，"虽以仆之平生倾倒于足下，尤不能无少疑焉，况他人乎！"① 此时身处上海的深山，对"康党"相关宣传的负面效果，有着真切的感受，特别是康有为诋毁太后及奉诏求救文，对处境本已危险的光绪帝来说无疑是雪上加霜，这令深山大为愤怒，因此公然批评"康党"。

可见，康有为这些宣传不仅引起了刘坤一等人的不满与攻难，而且引起了一些曾经同情"康党"者的轻视。他们轻视"康党"诋毁慈禧，担心的是光绪帝的安危。可以说，从当时的伦理价值观念出发，康有为诋毁太后的宣传显然是不成功的，除了发泄私愤、为自己的出逃正名外，并没有为其赢得太多的舆论支持。当然，也并非全然没有人给予同情与理解。章太炎就曾出面为他辩护。《台湾日日新报》刊出章太炎的《答学究》，其中对康有为诋毁慈禧之词给予辩解，称："今祸患之端，始于宫邻，卒于金虎掖庭之上，而罪人在焉，讨之犹可，况数其罪乎？……今慈禧于文宗则非正嫡，于今上则非所生。夫为文宗后者则为今上母，不为文宗后者则不为今上母……上虽亲移其宫，犹未若重俊、成公之甚也……康氏非近臣……数其忮恶，斥其淫昏，人臣之分也。"②

不过，谩骂、诋毁慈禧只是"康党"宣传的内容之一。"康党"宣传中的另一个重要内容是以慈禧太后为首的旧党停废新政、株连新党，而"康党"却是辅佐光绪推行变法的新党。此中，"康党"重点宣传的是新旧矛盾（包括光绪病情、废立）、满汉矛盾、英日与俄矛盾，其核心问题是前者，后两者不过是"康党"谋求国内外支持的策略而已。这不仅体现在康有为出逃途中的各种谈话中，而且体现于"康党"主办的《知新报》与《清议报》上。

《知新报》从第69册（光绪二十四年九月十一日）起开设"北京要事汇闻"栏目，及时报道北京政变后的各种消息与传闻。其主要内容集中于清廷缉拿新党、光绪帝安危、各国派兵进京等内容。与此同时，大量关于政变性质与原委的报道也见于报中。光绪二十四年十月初一日，该报刊出

---

① 〔日〕深山虎太郎：《与康有为书》，《亚东时报》第5号，光绪二十四年十二月二十日。
② 章炳麟：《答学究》，《台湾日日新报》（汉文版），1899年1月22日，第6版。

《与友人书》，分析了政变的性质和政变后的时局，称："八月六日宫廷变起，皇帝退政，新党授首，寻而惩学会，禁报馆，仍武科，复八股，数月来维新之治，于时悉罢，二十余省维新之机，由是大室。外国狂喜，至市牛酒相庆。"尽管如此，作者仍然坚信，维新之机并未就此阻绝，"然不可谓维新之望遂绝也。彝考列国变政，始皆渫（喋）血，惟压力愈重，涨力愈生，积以岁时，终偿初愿"。以史为鉴，今中国欲举"数千年积弊，与我朝数百年蒙被外国之辱，概然廓清洒血之，而欲宦海无一波，一蹴即及，询诸姬稚，亦曰不能。但世运日辟，人心日明，由塞而进之于通，则其势顺……故今日之变，碍于维新，不足虑也"。① 同一天，该报在"北京要事汇闻"中再谈慈禧发动政变及株连新党、破坏新政，认为："皇上与太后角胜，守旧党从太后，维新党从皇帝，守旧者多，维新者寡，故多者胜耳。然皇上变法，太后即可借此为题，以布告天下。盖中华制度，违背祖宗成法，则必目为有罪，太后执此以罪皇帝，然则皇帝断无不受害命之理矣。凡与维新稍有牵涉之官绅士人，无不一扫而尽。太后以为如此办理，即可令国基安靖，国体日荣，吾恐未必然也……今日之事，不过风波之第一层耳，他日不难又遇风波之第二层。各国政变之初，恒有惊人之事，今中国变政，必有守旧者掣其肘，势也。惟维新者接踵而兴，则可以变法救民矣。"② 这里，光绪帝与慈禧太后分别是维新党与守旧党的领袖。

光绪二十四年十一月初一、十一、二十一日，《知新报》连续登载《论中国变政并无过激》文，对时人所说的"康党"过激变法论加以驳斥，认为政变发生后，"人心尽死，受国厚恩者，则保官而安位；希图干进者，则卖上以求荣"，"尤其甚者，则事后言志，追论既往，以为持之过激，因以酿成今日之祸"。对于过激之说，"康党"深恶痛绝，认为"若而人者抑何党附贼臣，设淫祠而助之攻也"。在"康党"看来，"夫维新魁首，我二十四年之圣主也，操心危虑患深，遂以有五月以来之治，其

---

① 铁香书室：《与友人书》，《知新报》第71册，光绪二十四年十月初一日，第980页。
② "北京要事汇闻"，《知新报》第71册，光绪二十四年十月初一日，第984页。

不得为持之过激也,彰彰明矣"。文章还以变科举、变官制、变学校为例,说明这些改革举措当在十年之前,而收效当在十年之后,"有识者已太息痛恨前此守旧误国之庸臣,拘守成法,穷不思变,以养成今日国弱民贫、偿款失地之天下,奈之何肆口雌黄者,乃竟猥谬奇陋,一至于此极也?"① 对于时人以欧美、日本为例提出过激的责问,文章辨析道:"以人事而论,欧洲为创局,始变者难为功,故三百年而风气成,日本因欧人,其风俗不同,其言语文字又大异,然人作室而我居之,故三十年而纪纲定,中国与日人有同种同文同教之乐,远师欧美,近法明治,其成功更自易易,故三年而法度立,积数千年自尊自大古老之国,不有疾风,不有迅雷,而欲百果草木之皆甲拆也,难矣哉。"②

光绪二十四年十一月十一日,梁启超在日本东京创办《清议报》。在《清议报叙例》中,梁启超将戊戌政变置于19世纪世界维新变法的大潮中进行评说:"故际列国改革之始末,未尝不先之以桎梏刑戮,干戈之惨酷,吾尝纵观合众国独立以后之历史,凡所谓十九世纪之雄国,若英若法若奥若德若意若日本,当其新旧相角,官民相争之际,无不杀人如麻,流血成河,仁人志士,前仆后起,赴汤蹈火者,项背相望,国势岌岌,危于累卵,不绝如线……其终乃天日忽开,赫曦在空。"文明之增进、民人之自由正是以此为代价的。而中国"今日之事,乃所谓一声春雷,破蛰启户,自此以往,其必有仁人志士,前仆后起,以扶国家之危于累卵者,安二十世纪之支那,必不如十九世纪之俄英德法日本奥意乎哉?"《清议报》之创设,正"为国民之耳目,作维新之喉舌"。

随后,《清议报》第1册便刊出了梁启超的《论戊戌八月之变乃废立而非训政》及《戊戌政变记》第四章。于前文,梁启超对慈禧太后训政的合法性提出质疑,指出历代母后之垂帘,"皆因嗣君之幼冲,暂时摄政",而

---

① 《论中国变政并无过激》,《知新报》第74册,光绪二十四年十一月初一日,第1027~1028页。
② 《续论中国变政并无过激》,《知新报》第75册,光绪二十四年十一月十一日,第1043页;此篇文章与上注实为一文,只不过题目略有不同。

今日之"皇上即位既二十四年,圣龄已二十九岁",而且"勤于政事","乾断睿照","未闻有失德","而忽然有待于训政,何哉?且彼逆后贼臣之设计,固甚巧矣"。这里,梁启超的矛头所指首先是"逆后"。随后,梁启超依据六经经义断言慈禧训政之不合经义,他说:"中国之政,向来奉圣经为准衡。故六经即为中国之宪法也。书言牝鸡无晨,牝鸡之晨,惟加之索。礼言夫死从子。又言妇人不与外事。春秋因文姜之淫而不与庄公之念母。然则母后临朝,经义所不容,有明证矣。《论语》:君薨听于冢宰。寻常幼帝之立,母后临朝,犹为六经所不取,况今日之实为篡逆乎?"① 以六经为断,慈禧太后训政不具有合法性。于后文,梁启超再次强调了慈禧太后在政变中的决定作用,指出政变之总原因有二:其一,"由西后与皇上积不相能,久蓄废立之志也";其二,"由顽固大臣痛恨改革也"。而后者又是通过前者起作用的。他说,皇上虽知改革之必行,却不能断然行之,而"必有藉于群臣之议者,何也?""盖知西后之相忌,故欲藉议以行之,明此事之非出于皇上及康有为之私见也。而群臣之敢于屡次抗拂上意者,亦恃西后为护符,欺皇上之无权也"。② 随后,梁又在《论皇上舍位忘身而变法》一文中,历数了西后揽权营私、反对变法之淫威,指出:"皇上以变法被废,仁至义尽,其委屈苦衷,罕有知之者。乙未年,上欲变法,旋为后所忌,杖二妃,逐侍郎长麟、汪鸣銮及妃兄侍郎志锐,褫学士文廷式,永不叙用,皆以诸臣请收揽大权之故。太监寇连材请归政,则杀之。于是上几废,以养晦仅免,乃能延至今岁。""忍之十年,淫肆听之,土木听之,纵宦寺、开货贿听之,任权奸、用昏谬听之,尽亡属国听之,丧失辱国听之,遍割边地听之,尽输宝藏、尽失利权听之。"然而一旦厉行变法,却仍遭幽废。③

不久之后,《清议报》又刊出《戊戌政变记》第五章,一一列举"现

---

① 梁启超:《论戊戌八月之变乃废立而非训政》,《清议报》第1册,光绪二十四年十一月十一日,第3~4页。
② 梁启超:《戊戌政变记》,《清议报》第1册,光绪二十四年十一月十一日,第5、7页。
③ 梁启超:《论皇上舍位忘身而变法》,《清议报》第2册,光绪二十四年十一月二十一日,第4、5页。

行政府"推翻新政与穷捕志士之事实,其矛头所指仍然是慈禧太后,指出皇上所裁汰之衙门及各省冗员,"西后一切复置,实为养痈之弊政"。士民上书"西后禁之,务以抑塞为主义"。各省府州县设立学堂,"西后一切停止,盖用秦始皇愚民之政策也"。对于株连之举,梁启超说:"经穷治之后,则元气斫丧,国未有不亡者也。日本幕府之末叶,亦其前车矣。今西后训政以来,穷治维新之人,大率以结党营私四字为其罪案,举国骚扰,缇骑殆遍。"① 其后,《戊戌政变记》连续刊载于《清议报》,对慈禧大加诋侮,历数慈禧太后"将历年改革之费,作娱乐之事",指出:"西后之心,只知有一身,只知有颐和园,只知有奄竖,而不知有国,不知有民。既不知有国,不知有民,而欲其为国民图幸福,乌可得也。且友邦信其面从忠告之言,而冀其他日之能改革,是亦不察情实之甚者耳。彼于八月十一日所降谕旨,不尝云一切自强新政,胥关国计民生,不特已行者,亟应实力举行,即尚未兴办者,亦当次第推广乎?何以自降谕之后,而禁上书,停学校,复八股,废特科,废农工商总局,封报馆,拿主笔,禁学会,废漕折,复冗官,复武试弓刀石。其推翻新政之事,日出而作未有止也。彼于八月十四日所降之谕旨,不尝云一切改革党人,概不株连乎?何以自降谕之后,而革捕陈宝箴、黄遵宪、陈三立、江标、熊希龄、文廷式、王锡蕃、张元济、李岳瑞、洪汝冲等。及报馆主笔,学会会员,且日出而未有止也。然则西后之言,其可信否乎?今各国因其面从忠告之言,而信其能改革,恐非各国本心之论也。如果属本心之论,则吾直谓各国人之无识可也。西后及顽固大臣之政策,以敷衍为主义,内则敷衍公牍,外则敷衍外国,但求目前之无事足矣。"②

据此可见,戊戌政变之初,"康党"的相关宣传都集中于诋毁以慈禧太后为首的顽固派,攻击其幽废光绪帝、反对新政、株连新党等,其矛头所指均是以慈禧为首的荣禄等顽固大臣为次即所谓的"逆后贼臣";与此同时,

---

① 梁启超:《戊戌政变记》,《清议报》第2册,光绪二十四年十一月二十一日,第8页。
② 梁启超:《戊戌政变记》,《清议报》第3册,光绪二十四年十二月初一日,第7页。

"康党"矢口否认清廷的"围园逆谋",强调其获罪由于变法,从而消弭新党与"康党"的界限。康门师徒以当事人的身份,紧握变法这一主流话语权,大力宣传,努力强化"康党"即新党的说法,力图使"康党"由一个本来具有特定内涵的群体演变为新党(或维新党)的代名词,康有为即为新党的领袖。重要的是,慈禧太后停废新政与株连新党的举措,在某种程度为"康党"的相关宣传提供了有力证据,本来被清廷判为逆党的"康党"渐与新党混为一谈。痛恨"康党"的梁鼎芬曾不无愤慨地说:"康有为自称此次变法者为维新党,且自名曰党魁,中外报馆不察,群以变法推之,可谓侥幸得名。"① 殊不知,梁鼎芬只说对了一半,其实,推动"康党"成为维新党的另一种力量正来自清廷。对此,张謇曾在日记中记道:"与伯茀(寿富——引者注)谈。伯茀曰:'康、梁盖我政府尊奉而保护也。'甚当。斥之为康教,罪之为党魁,皆尊奉之词。"②

正因如此,那些在日本为清廷政变辩护、批判"康党"的中国官绅,不得不规劝清廷重启新政。身处日本的南洋留学生监督邹殿书(字凌瀚),一方面尽力驳斥"康党"的宣传,"每与日人晤谈,抱定谕旨中'康某乘变法之际,阴行其乱法之谋'二语,立论亦正大,亦切时。因康某托辞以变法获罪,故日人视为国事犯,照万国公法以姑容之。今弟斥非变法,实乱法,所谓攻其要害,无处避藏"。另一方面他则设法呼吁清廷重启新政,他先向寿富转达了日本外务大臣青木周藏的告诫,"贵国亟须维新……贵国强,则各国畏之,愿为友邦。否则,己之不振,而欲各国敬待,不可得也。我日本较贵国偏小,然西洋不敢轻视者,维新变法之功也。中国八股文字所习非所用,何乐固守不移乎?……不可因康党事错误了国事"。在以青木大臣的建议做铺垫后,邹殿书说出了自己的想法,"今康党在外国流言以中国不肯变法,逐康有为后,则中国无复兴之望。斯言可恶可恨,吾辈实为痛心。惟我政府事事振作,如练兵、理财、兴学育才诸政,皆扩充举行,则该

---

① 梁鼎芬:《康有为事实》,清华大学历史系主编《戊戌变法文献资料系日》,第1257页。
② 详见《张謇全集》第6卷,日记,第416页。

逆党遂无所藉口,不必弟等在外国以口舌争胜,可以固金瓯而消外侮"。① 显然,在邹殿书看来,问题出在了清廷的停废新政上。如果清廷能够"事事振作","康党"的宣传不攻自破,自然"不必弟等在外国以口舌争胜"。这里,邹殿书委婉地揭出了清廷罢废新政与"康党"宣传效果之间的因果关系,也道出了自己夹在两者之间的尴尬境遇。

　　正是这种尴尬的处境在推动一部分人一面驳斥"康党",一面呼吁清廷重启变法的同时,也推动另一部分人转而同情"康党",离心清廷。政变之初,具有维新思想的汪有龄正在日本,当时日本士大夫"咸为康抱屈,并恐旧党用事不能变法",汪有龄曾站在清廷立场上,为政变辩护,驳斥"康党",日人"未能深信"②。而后清廷的复旧株连之举恰好证实了"康党"关于"旧党不能变法"的宣传,日人对汪有龄的辩驳更不信服,他不禁慨叹道:"念朝政之紊乱,党祸之惨酷,悲愤交集,非言可喻。向恨新党(指"康党"),今恨旧党,一腔热血,何处可洒,惟有自行饮之而已。"③ 从"向恨新党"到"今恨旧党"的转变,反映了在清廷株连逼迫下很多"新党"中人的态度变迁,以新党指代"康党"则又隐约可见"康党"宣传的影响,而这种态度的转变在己亥年体现得更为清晰。

---

① 《邹部郎凌瀚致宗室寿富伯福常论康有为书》,叶德辉编《觉迷要录》卷三,第14、15页。
② 上海图书馆编《汪康年师友书札》(1),第1088页。
③ 上海图书馆编《汪康年师友书札》(1),第1089页。

第七章
"康党"与戊戌己亥政局的变动（下）

进入己亥年（光绪二十五年），出人意料的是，"康党"的宣传逐渐出现了微妙的转向，即由政变初的诋毁太后、谋救光绪，转变为此时的调和两宫、呼吁归政。具体而言，此一转向体现在"康党"对政变主角的叙述发生了重大变化，荣禄取代慈禧成为发动政变的罪魁祸首，而政变之初"康党"重点诋毁的慈禧太后，却成了被荣禄利用的工具，这与政变初"康党"决然对抗慈禧、诋毁太后的态度已然不同。与此相应，政变之初，"康党"急于寻求列强干涉的活动有所收敛，代之而起的是发动舆论，直接呼吁太后归政、皇上亲政。这是"康党"面对己亥新政局做出的策略调整，也是对其前期宣传失当的适度纠偏。反观此期清廷的"康党"政策，非但没有丝毫的放宽，而且还不时发布缉拿"康党"的上谕，并暗中布局，先有刘学询日本之行，后有李鸿章督粤之命，其真实命意均在"康党"。而清廷对新政的打压，以刚毅南下为契机，变本加厉，不仅维新新政无法幸免，洋务新政也难以为继。与此同时，清廷暗中筹划废立，并于己亥年末宣布立嗣之谕。清廷的这些举措都引起了新党的抨击，其激烈程度有与"康党"趋同之势。

一 己亥年"康党"宣传的悄然转向

时至己亥年，一个重要的事实是：太后虽再度听政，且有废立图谋，但一直没有废黜光绪帝。这是对政变以来"康党"宣传的有力反证。面对新的形势,"康党"的宣传也被迫做出调整,即:由此前的诋毁太后、离间两宫,为自己的流亡活动正名,转变为调和两宫、离间太后与荣禄,为促成太后归政、皇上亲政制造舆论。

光绪二十五年二月初一日,《知新报》刊发《皇上病重正谬》一文,全面分析了皇上病重之说的起因与光绪帝不被废黜的原因,指出:皇上之病,不自政变始,早在五、六月间,当皇上励精图治推行新政、日见小臣三四时、日览奏章数十起时,即有此传言,此乃"彼之有意图害者,乃竟信口雌黄,造此不讳"。政变发生后,"征医矫诏,其预为篡弑,藉此以掩中外之口者,则又所谓司马昭之心,路人皆见者也"。这些事实,"合观前后,皇上之死,死于贼臣之心,皇上之病,病于贼臣之手,特借此以观国民之意向,与夫各国之举动耳"。"无如天下之大之不易欺也,各国公使之奔问圣安也","变起而向之以为病者,竟强而病之,且一若天下不知,而强征医以病之,孰是孰非,孰真孰伪,必有能辨之者"。① 将皇上之病归咎于"贼臣",而非"逆后",这是"康党"宣传发生转向的重要信号。这里,"康党"承认,政变以来,皇上虽病,却终归未被废黜。对于旧党不废光绪帝的原因,同一天《知新报》转载2月17日香港《士蔑报》所录《上海字林西报》消息称:"宫中来信,言圣上初被困,奸党不敢即害之者,盖畏忌英美两公使之有词也……故旧党自专权以来,常命人窥探外国心意,若非各公使毫不芥蒂彼之所为,则断不敢更立新君。"② "康党"在此强调的是太后不废光绪帝的外国因素。其实,国人的反对特别是盛宣怀、刘坤一等人的谏阻,也是光绪帝得以不废的重要原因。对此,《清议报》也不讳言,称:"荣禄等篡废之谋,蓄之已久。然所以迟迟不发者,有所惮也。前者因刘岘庄制军不肯画诺,故而中止,已讽杨崇伊等劾刘矣。然犹欲得封疆之大援,故近来屡派心腹大臣,往湖北说张制军,劝其助成此举云……想张公素明大义,必不贪一时之宠荣,

---

① 《皇上病重正谬》,《知新报》第80册,光绪二十五年二月初一日,第1125~1126页。
② "北京要事汇闻",《知新报》第80册,光绪二十五年二月初一日,第1129页。

而贻万世之唾骂也。"① "今者外医已返，海内人士，共喜圣安"。② 可见，时至己亥年初，虽然"康党"认为旧党仍未放弃毒害光绪之心，但也不得不承认他们有所畏惧而迟迟不敢发。无论如何，政变后光绪不被废黜确是一个出乎"康党"意料的事实。面对这一事实，"康党"的宣传也在悄然中发生变化：荣禄取代慈禧成为政变祸首，而且有了"觊觎大宝"的罪名。

光绪二十五年二月初一日，《清议报》刊发文章，对荣禄手握重兵之事大加渲染，认为："古者天子有六军，而不闻宰相有五军。初不解迩来朝事，法不欲新，而闻则甚新。五军之设，统于荣禄，殆以宰相位次一人之下，居万人之上，故军数亦只逊于天子一筹乎？……不宁唯是，既借俄旅，复拥重兵，行将觊觎大宝、废立潜谋，故亟于调拨以壮声势，皇皇于招募以资镇定欤？……今者五军之节制，皇太后即不相疑，荣禄正当自疑也。荣禄竟不自疑，恐天下之疑正自此起矣。"③ 荣禄节制五军并非始于此时，而是政变后不久即有此命，"康党"却于此时大做文章，并将"觊觎大宝"之罪加于荣禄，这显示其宣传的重要变化。

稍后，《清议报》再刊《傀儡说》一文，其矛头所指同样由此前的慈禧太后转向荣禄："八月六日以后，圣主幽废，国既无君，然录京抄则仍曰奉上谕，上奏折，则仍曰皇上圣鉴。我皇上口之所言，不能如其心；身之所行，不能以自主，然而引见召见，朝仪依然如丝如纶，王言仍旧，是西后以皇上为傀儡也。西后不过一妇人，所耽者娱乐耳，非必篡位幽主，然后快于心也。荣禄蓄异志，觊非常，惮于动天下之兵，乃借后势以箝（钳）人口。其实所颁伪诏，未必皆西后之言。所行暴政，未必尽西后之意。荣禄自积操莽之威，而西后代任牛马之劳，是荣禄以西后为傀儡也。"④ 在慈禧、光绪与荣禄的关系中，"康党"将荣禄排在最强势的位置，慈禧成了荣禄的傀

---

① 《政变近报》，《清议报》第5册，光绪二十四年十二月二十一日，第6页。
② 佗诚热血人：《时事十大新闻汇记》，《清议报》第8册，光绪二十五年二月初一日，第6页。
③ 佗诚热血人：《时事十大新闻汇记》，《清议报》第8册，光绪二十五年二月初一日，第7页。
④ 《傀儡说》，《清议报》第9册，光绪二十五年二月十一日，第3页。

儡，而光绪帝不过是荣禄傀儡的傀儡。

三月二十一日，《清议报》复刊《明义中篇：论西后所处之危》，再揭荣禄手握重权对慈禧太后的威胁，指出："西后所恃者，非荣禄也哉！然荣禄以慓悍无赖之资，阴蓄野心，妄窃神器，练兵待时，历有年所，深结内监李联（莲）英，以媚西后，遂蹑重任，日夜招聚亡命豪杰，辟睨两宫间。幸天下有变而因以图功，其意以为非操兵柄，不能举大事，举大事不能无假藉。西后者秽德彰闻，天下所切齿，而最恶忌皇上者也。假之以废皇上，则大权在握矣。大权在握，徐而扫除西后，自即大位，天下恶西后之所为，必不汝瑕疵矣。名助西后，实欲以天下之恶归西后，己因而代之，此实卓莽操懿之故智也。迩者羽翼觊觎于宫闱，腹心繙结于内外，而又全国之兵，听其掌握，俯仰顾眄，则天业可移。"① 按照"康党"的逻辑，慈禧依恃荣禄废皇上之后，荣禄必将扫除太后，然后"因而代之"，这正是卓莽操懿之故智。

西后之危既来自荣禄，那么西后何以自筹安全之方？对此，《清议报》再刊《明义篇下：论西后宜自筹安全之法》，为西后谋安全之策，指出："盖西后安全之策，无过于复皇上之位。"只有皇上复位，才是西后谋求安全最有效的途径，但"复皇上之位，又最为西后之所难"。原因在于西后担心皇上复位后必施报复。对此，该文分析说："夫西后所以夙夜惴惧，而不敢大心者，岂非有疑于皇上之不能容哉？然吾观皇上即位，二十有余年矣。西后之欲无不给，西后之志无敢违，摧折唾叱，泥首宫门，草野闻之，且为陨涕者。而皇上处之晏然，不改其素，未尝一语及于西后之身，一言及于西后之过，自非圣量如天，曷克臻此。夫前此之皇上，既能容如此矣，及其复位，安有复记小嫌者，此天下之人，所能共保也。且皇上之意以为但得与己以权，可以大行新政，固祖宗之疆土，谋民生之福利，进国势于文明，于愿足矣。西后纵穷奢极欲……皇上富有四境，夫何所吝而不以供者。"不仅如此，作者还从公、私两个角度分析了皇上复政对太后有利无弊。于私，太后

---

① 《明义篇中：论西后所处之危》，《清议报》第13册，光绪二十五年三月二十一日，第1~2页。

归政之后,可以极尽人间之乐,"夫西后者,身历三朝,贵盛无匹,前极椒房之宠,后崇国母之尊,徽号之隆,伊古未有,而且洞房清宫,朝歌夜弦,欢乐未央,以燕以食,颐和园之日月方长,万寿山之冈陵永护,享人间之极乐,娱暮景于桑榆,何其乐也"。于公,亲政后的皇上与太后互不侵权,"两保其权利,大清之祚,永无极矣,此天下万国所日夜翘首而望者也"。但如若太后不归政,则后果不堪设想:"国必自伐而后人伐之,家必自毁而后人毁之……遍观万国,纵览历史,其衅生骨肉者,莫不自尽根株,大之宫闱蹀(喋)血,为异姓之驱除,小之怨毒伤心,致同枝之剪伐。亡家破国,职此之由。虎狼睒睗,自戕以速亡,觉罗氏之宗,危乎危乎,于皇上何尤?呜呼,西后其悟哉,呜呼,西后其悟哉!"① 可见,太后归政,于私则有利无弊,于公则势在必行。如果说政变之初,"康党"公布密谕、发表"公开信"及各种谈话,意在离间两宫,为自己的流亡活动正名的话,那么,此时"康党"则极力调和两宫,不但不再诋毁太后,而且晓之以理、动之以情,希望太后归政光绪。为了能为太后发动政变及随后的一系列逆行开脱,荣禄遂替代慈禧,成为"康党"笔下的政变罪魁、谋逆"贼臣"。

光绪二十五年五月初一、十一日,《清议报》连续刊出《康南海在鸟喊士晚士叮演说》。六月初一日,该文复见于《知新报》。其中,康有为谈及政变的主谋,荣禄首当其冲:"荣禄守旧,为上所恶,乃欲废上,以觊觎大位,西后误听其谗,先使荣禄出天津统兵,欲于阅兵时为废立之举。皇上知之不肯行,遂于八月六日废上。"② 荣禄"欲废上以觊觎大位"之罪,显然是"康党"己亥年加在荣禄身上最新也是最大的罪状。光绪二十五年六月十一日,《知新报》刊出的《康南海与西士语》,仍持此说,认为:"西后年六七十矣,亦不欲置皇上于死地,但其人贪权势,嗜逸乐……今亦不敢举动,恐人行刺",而荣禄才是废立的主谋:"盖废立之举,皆荣禄主之。故

---

① 《明义篇下:论西后宜自筹安全之法》,《清议报》第14册,光绪二十五年四月初一,第1~4页。
② 《康南海在鸟喊士晚士叮演说》(续前稿),《清议报》第18册,光绪二十五年五月十一日,第6页;《知新报》第92册,光绪二十五年六月初一日,第1324页。

荣禄之罪，浮于太后。然荣禄之权，今亦大于西后。当未政变之日，荣禄使其私人伪言变法，然彼非有变法之意也。荣禄未识外国之人，凡外国学问政治理想，无一知之，焉能变法哉！八月之变，荣禄实为罪魁，彼不敢遽下毒手于皇上者，诚恐义民之四起耳。然又不敢奉皇上复位，恐于己不便。故皇上非得外国臂助，将不得复政。若英国助之，则亦英之利也。盖皇上复政，中国之维新有断然者。"① 这是康有为有关政变过程叙述的重大变化，荣禄替代西太后成为政变的罪魁，不仅"荣禄之罪，浮于太后"，而且"荣禄之权，今亦大于太后"。这同样显示的是"康党"宣传策略的变化，即由此前的离间两宫到调和两宫。

六月二十一日，《知新报》刊出《论今日变法必自调和两宫始》，明确揭出其"调和两宫"的主张。文中，"康党"分析了政变后的时局，认为："政变以来，新党放逐，旧臣擢用，外交内讧，纷焉并起，于时忧国之士，为今日定政策，罔不曰变法其宜哉。即邻国志士，忧东亚之将危，虑全球之大局，为今日中国定政策，亦罔不曰变法其宜哉。夫处今日而谈变法，固熟计而无疑，百虑而莫易者也。"但是变法的路径如何选择？在"康党"看来，"夫曰勤王曰革命，亦变法之所当有事也。然瀛台虽困，圣体依然，为四百兆而备极囹圄之刑，而四百兆亦有尊亲之志。设不幸而为天下志士不忍言，于以决裂，不可收拾，斯没可如何耳，是革命固非审病之药也。若夫勤王者，又必旷日迟（持）久，费精弊神，而其事始济也。济固天下之福，不济亦天下之祸。且督抚皆贼臣之私人，弑上则有余，尊君则不足。匹夫徒手，未易为力，事未举而中国之亡已久矣"。既然勤王、革命都有弊端，那么，"康党"开出的救时药方则是"调和两宫"："窃以为定今日之政策，措天下于泰山，变法自强，当以调和两宫为第一义。"进而，"康党"解释两宫不和的原因，说："两宫不和，乌乎起？曰起于贼臣谗间之口，而成于贼臣篡夺之谋，西后固多欲而善猜忌者也，长君临朝，恐将不便，矧非我出，益用猜疑。彼贼臣有以窥其然矣。谣谤之言，腾于左右，又天津之行到署，

---

① 《康南海与西士语》，《知新报》第93册，光绪二十五年六月十一日，第1341页。

奏报不上皇上，后以谕旨督责，惧罪自谋，谗言既入，祸变遂生。盖皇上固无谋颐和园之心，而西后亦无禁锢瀛台之意也，实荣禄一人言之，而一人为之矣。"① 这里，"康党"所说的"西后亦无禁锢瀛台之意"，显然与其戊戌年政变后的说法大相径庭，而将两宫不和的罪责归咎于荣禄，显然与史实不符。

八月十一日，《知新报》刊出《杭州驻防瓜尔佳氏上那拉后书》，十天后该上书再刊于《清议报》。文中，再次将荣禄视为政变的罪魁祸首，称："中国今日危迫极矣，内忧孔急，外患交逼，而其祸实发于戊戌八月满汉新旧之变。夫权臣造衅，奸党之助虐，太后明圣，此时可以窥其际矣。某不复言，某言无他，曰和而已矣。和两宫以图自存，和两党以策自强，和四彝以求自保，而其功则必自杀贼禄始。奸贼大学士荣禄强悍无识，敢为不道，包藏祸心，乘间思逞，维新不可不杀，守旧尤不可不杀。而况为神人共愤、天地不容之人乎！"随后，作者一一列举了荣禄的十大罪状："其一迫皇上而幽之，是辱君也；其二挟太后之复出，是夺政也；其三污康氏为大逆，是逐贤也；其四谭嗣同等六人以无罪杀，是戮忠也；其五穷捕志士，是祸党也；其六推翻新政，是乱法也；其七节制南北水路各军，甚者练亲军一万，是盗兵也；其八恃虎俄而媚事之，是鬻国也；其九启列强之要挟，是召乱也；其十植私党而同恶济之，是任奸也。十欺既见，万罪自明，天下人民可昭然于皇上太后之间矣。太后俨然天下父母也，岂以贼禄之污而有增损其间乎哉？"具体到如何"和两宫"，作者指出"必以复位归政为第一义"。而与"和两宫"并行不悖的是"和两党"。如何和两党？"死者已死，则褒封立庙以旌忠。生者长生，则下诏求贤，以保国。其祸国殃民之辈，则亟置重典以谢内外，然后复新政，改新制，行新法，参酌至善，无过不及，或以戊戌为戒，或以戊戌为法，先事可鉴，前车足鉴，（百废俱举，一意维新），庶几天下有中兴之望，人人蒙更生之福"。而且，行新政又是"和四彝"的重要

---

① 《论今日变法必自调和两宫始》，《知新报》第94册，光绪二十五年六月二十一日，第1352~1353页。

条件。"以上三端，皆本原大计，大局糜烂，非此不足以挽回，而其功则必自杀贼禄始。不杀则皇上维新而贼禄挟太后以守旧，两宫必不和矣；不杀则天下维新而贼禄率诸臣守旧，两党必不和矣……夫贼禄之死不足惜，贼禄之生实为害，太后其自思能杀则杀之，不能则天下固人人思得而杀之。失此不图，后悔奚及?"① 杀荣禄—和两宫—复位归政—行新政，这是该文的主旨所在，也是"康党"己亥年宣传的核心。为了达到此一目的，"康党"不惜前后矛盾，将政变之罪归于荣禄，戊戌年曾被其大肆诋毁的慈禧太后，此时则俨然成"天下父母"了。

在调和两宫的大背景下，"康党"对己亥年流传的太后重启新政之谣言大加宣传，大有信以为真之势。五、六月间，外间盛传慈禧有意新政，"康党"不仅充分关注到此一消息，而且不惜笔墨、连篇累牍地进行宣传。本来，当政变初发，"康党"是把慈禧看作新政的对立面加以诋毁的，即使在己亥年初，他们也对慈禧能行新政之说加以否定。二月间，《清议报》刊出的《尊皇论一：论保全中国非赖皇上不可》一文中，对于慈禧、荣禄能行新政的可能性坚决否认，在排列了世间各种不可能的事实如"龟之不能有毛，兔之不能生角，雄鸡之不能育子，枯树之不能生花，以无其本性也"之后，梁启超断言："今西后所知者娱乐耳，荣禄等之所知者权势耳，岂尝一毫以国事为念哉？……故欲以变法自强望之于今政府，譬犹望法之路易十四以兴民权，望日本幕府诸臣以成维新也。"基于此，他们认为："今日议保全中国惟有一策，曰尊皇而已。"② 但三四个月后，"康党"的认识发生了很大的改变，对于国内盛传的慈禧太后有意新政之消息进行了长篇累牍的报道。在《论今日变法必自调和两宫始》一文中，"康党"即认为："迩来各报流传，谓西后遍阅新党诸奏折，因而谓之句句不错。又勉诸小臣以阅时务

---

① 《杭州驻防瓜尔佳氏上那拉后书》，《知新报》第99册，光绪二十五年八月十一日，第1434页；《杭州驻防瓜尔佳氏上西太后书》，《清议报》第28册，光绪二十五年八月二十一日，第21页；光绪二十五年九月初一日，第19～20页。
② 《尊皇论一：论保全中国非赖皇上不可》，《清议报》第9册，光绪二十五年二月十一日，第1页。

书,而使某亲王将神机营以敌荣禄。又将采用新党之言,而讲求变法,一似重悔前此之孟浪,遽尔幽闭圣主,诛逐忠臣者,事出传闻,并非确据。"对于如何调和两宫,"康党"的办法是"两宫各立权限,颐和园之外,皇上主之,颐和园之内,西后主之,并授专权,互有限制,于是求各国公使,秉公而调处之,画诺而证明之"。① 同一天刊出的"北京要事汇闻"中,《知新报》再度刊出相关消息,其中详细列举了"康党"从各个渠道搜集而来的有关慈禧有意新政的报道,称:

西六月二十六号香港士蔑报云,西后因时事孔亟,急欲购求新法,又使人调查康有为奏折,一一呈览,不许留匿。又由天津上海等处购得当世政论各书,其值约三千两。此书已由马家堡载入京城,共计有数十车云。

……

西七月初一号东京时事新报云,西后每日必数遣内侍往问皇上病状,闻少痊,即慈颜大喜,且尝云观今日之势,不能不行新政。又北京来信云,西后之急欲变法,事系的确,并非风影之谈。闻西后近日尽发康有为前后所上条陈览之,曰康有为之话,实在句句不错。

……

西七月三号,伦敦泰晤士报云,近有中州某公于召对时,西后询以行新政与按步(部)就班孰善。某公奏祖宗成法,历久不敝,自以按步(部)就班为善。西后顾谓皇上曰:然则外间亦不以新法为然。皇上敬对曰:乾嘉时西人尚未如此相逼也。西后领之。

西七月四号东京日本报云,日前西后以国事日亟,强邻逼处,特召李合肥傅相垂咨一切。傅相以力行新法为请,返覆辩难,几历时许。西后颇为之动听。又闻傅相召见时,西后专问以为政之要,及国用不足之

---

① 《论今日变法必自调和两宫始》,《知新报》第 94 册,光绪二十五年六月二十一日,第 1352~1353 页。

故，傅相颇进谠言，闻日内尚有奏折条陈一切。

西七月十号香港士蔑报云，近日西后又饬军机处进呈去岁康、李、杨、宋诸臣条陈，详细阅览。又近数日有二翰林召见，西后问以亦曾看时务书否。对曰臣从不敢看。西后谕曰时务书岂可不看，将来何以应变耶。二人恭聆之下，不觉惶悚。

……

西七月十一日香港西报述北京友人来函云，谓西后近来颇以康有为等所上条陈甚善，命左右将康梁诸人奏章进呈慈览，恒阅至中宵不辍，一夕阅至京卿林旭所上条陈，不禁拍案称善。次日召见某邸，询问康有为一干人究竟如何，某邸对曰：皆是大逆不道。西后曰其言亦多可采，特诸臣不善奉行矣。谋邸出语人曰：上年主子讲什么变法，咱们几乎没有饭吃，幸亏老佛爷扳过来，今年连老佛爷亦讲什么维新，看来不久康有为一班人，就要开复起用，那时还有咱们走的路吗。①

虽然太后有意新政的消息在当时已见诸很多报刊，但均不及《知新报》详细、全面！分析《知新报》搜罗的上述消息，可见如下特点：其一，突出"康党"的作用，认为太后复行新政，仍然离不开"康党"，"康党"的变法是太后复行新政的示范。这显然是"康党"自我标榜。其二，对于太后有意新政之说，并不质疑，宁愿相信其为真实。这与当时其他报刊的报道似有不同，对比上海《新闻报》的相关报道，即可见及这一点。

对慈禧有意新政之说，《新闻报》也曾几度报道，光绪二十五年七月初七日《新闻报》刊出论说《论朝廷有复行新政消息》，文中列举了慈禧有意新政的说法，"乃者人言藉藉，谓中国私与日本联盟，欲力行新政为保全东亚之计，又某日皇太后见李中堂，中堂亦有劝太后复行新政之说，虽是都人士风影之谈，然而薄海臣民闻此消息，已莫不欢欣踊跃，额手忭舞，而颂我皇太后忧勤惕厉之圣，与中堂启沃励相之忠，以为而今而后庶几山川重秀，

---

① "北京要事汇闻"，《知新报》第94册，光绪二十五年六月二十一日，第1356页。

天地再清,沮俄彼得广地之谋,息俾斯麦瓜分之议,而益知前此新政之所以屏黜而不行者,实新进诸臣之谋之不臧,致自隳其功而自速其祸,非我皇太后与当轴诸公之泥于祖宗之成法而不肯变也"。慈禧复行新政的消息令《新闻报》欣喜欢跃,但其中根本不见"康党"的影子。而且,为了消除"康党"投射在新政复行路上的阴影,该文对"康党"宣传中的太后将依赖"康党"行新政之说进行批驳,认为:"新政之行于中国也,亦迫于势而不得不然","彼康梁之徒举动张皇而行踪诡秘,当事机可乘之会,不能善为周旋,甚至蒙不韪之名而贻守旧者以口实,其果因是而绝维新之望,则是其罪无可逭也,其果因是而尚有维新之日,则其功亦非彼所得而攘也"。变法乃大势所趋,"变法之议,不始于上,必始于下;不始于我,必始于人。风会所趋莫能力阻"。在此大势之下,皇太后果能复行新政,自然是顺应时势、人心,与"康党"无关。而且,与"康党"不同,该文虽然为此消息而振奋,但并没有深信不疑,"然则我皇太后岂果有见于此,而欲奋其独断以为我国家建万年不拔之基,为我臣民造万世无疆之福耶?抑岂好事者谓此无稽之言而传之,非其真耶?然而黄种四万万之黔首又已翘首企踵,喁喁然而望新政之复行于今日矣"。太后有意新政的消息四处传播,这本身反映时人对新政的期盼。而对新政消息的传播与解读,事实上也是在敦促清廷、太后早行新政,否则后果不堪设想。《新闻报》对于康梁与新政、太后与新政关系的分析,说明此时的部分"新党"舆论仍然希望依靠太后推行新政。这与"康党"所宣传的太后复行新政离不开"康党"的论调截然不同。①七月十七日,《新闻报》再刊《答客问》,就外间传言慈禧太后拟聘伊藤来

---

① 《论朝廷有复行新政消息》,《新闻报》光绪二十五年七月初七日。《中外日报》也曾就太后复行新政之说发表论说《书本报维新有象书后》,表达了对太后有意新政消息的振奋之情,其与《新闻报》的观点相近,亦只见太后而不及"康党":"从可知皇太后天资明睿,当机立断,不惑于便安之说,并非有守旧之思……目有此举,先声足以夺人,沉疴足以立起,中朝有自强之期,黄种有维新之望,支那土地,可免四分五裂之惨……可以安人心,可以奠国脉。凡外人无厌之求,足动人忠愤,异域不经之谈,足骇人听闻者,惟太后足以挽回之而无难;草莽下士,敢拜手稽首而言曰微太后之圣神不及此。"《中外日报》光绪二十五年六月初六日。

华及起用康梁辅佐新政之谣传提出质疑，认为伊藤可用，而康梁绝不可用。原因在于，当新政初举，"朝廷以康梁诸臣为物望所归"，"其得君也如彼其专"，而康梁却"欲推刃同列，喋血宫闱，不顾七庙震惊，两宫疑贰，而又以太阿之柄授之匪人，致守旧诸臣得从而媒蘖其短，以行一网打尽之计，一时身被恶名以出"。而今"天下无论知与不知，皆不以为良臣而以为乱党。是虽执政者掊击之过甚，而亦当局者自谋之不臧也"。因此，该文认为，如果新政重启复用康梁，则朝中必将再起党争，再起党祸。七月三十日，《新闻报》刊出《闻朝廷有复行新政消息感□》，通过分析清廷近期以经费为由设法停办京师大学堂与江南高等学堂的做法，判定朝廷不可能复行新政："朝廷非但无行新政之志，且欲斩除维新之根，不使复萌而后已。故蒙尝谓时至今日，即太后有悔悟之心，恐守旧党魁早已兵权在握，心腹满朝，即尊如太后，亦难措置裕如，此每念前事所以，辄在深宫涕泣也。呜呼，投肉于地，群犬争啮，其祸将靡有底止，尚何维新之望哉！"

合观《新闻报》的相关报道，可见清廷即使复行新政也不可能再依靠"康党"，慈禧太后绝对不会如此迅速地谅解"康党"对她的恣意诋毁。事实上，此时的清廷正在暗中布局，捕拿康梁（对此后文再做详论），更何况消息本身也是值得怀疑的，因为朝廷眼下的种种守旧倒退举措与有意新政的说法显然背道而驰，据此便可判断太后复行新政的说法是靠不住的。唐才常曾在《亚东时报》撰文指出："前《国闻报》言，皇太后近日遣人购取上海时务诸书以供乙览，又闻其素阅康有为、李盛铎、宋伯鲁言事之折，深加赞许，似有转圜之机……以故海内之士喁喁向化，伫俟嘉谋。然刚氏则毅然裁撤学堂、商局矣，而朝中比党又纷纷集矢于京师大学堂，又斩除新政根株矣。旬日之间，所见异辞，所闻异辞，其疑四也。"① 时在上海办报的汪康年曾致函汪大燮，询问复行新政之说的真伪，七月七日汪复函，称："新意无萌，皆呓语也。"② 六月二十五日，陈庆年也曾就太后密召伊藤来华推行

---

① 天游先生（唐才常）：《答客问支那近事》，《亚东时报》第13号，光绪二十五年七月初十日。
② 上海图书馆编《汪康年师友书札》（1），第809、810页。

第七章　"康党"与戊戌己亥政局的变动（下）

新政一事询问师友；七月初七日，"得汪芝房及缪师书，均云密召伊藤事大都无有，出于捏造。缪师且谓，各报访事人各处讹诈，尽可不看"。① 据此看来，慈禧有意新政不过是海内趋新之士的"呓语"，而"康党"非但没有批评这一消息的荒谬、不实，而且大加宣传，并将慈禧复行新政与"康党"勾连在一起，显然是别有用心的。

上述分析表明，己亥年，"康党"的宣传逐渐发生了转向，一改政变初诋毁慈禧太后，转而调和两宫、诋毁荣禄，荣禄替代慈禧成为"康党"认定的政变罪魁。而造成"康党"宣传变化的原因，我认为有以下几点。

一是由于此前康有为四处谈话诋毁、辱骂慈禧太后，造成了极大的负面影响，很多人因此对"康党"产生反感，而且为反对派攻击"康党"提供了把柄。这使得康有为等人不得不有所收敛，不再恶言诋毁慈禧。

二是光绪皇帝没有被废与被杀的事实证明，康有为政变初有关慈禧的很多宣传太过不实，因此也必须正视现实。立足于现实，"康党"不再诋毁慈禧，而是调和两宫，为慈禧发动政变之罪责加以开脱、修正，荣禄遂成为"康党"笔下的政变罪魁。

值得注意的是，己亥年"康党"的宣传在很大程度上得到了新党舆论的配合与呼应，这与戊戌年"康党"诋毁慈禧太后、宣传帝后矛盾时新党报刊沉默无语截然不同。这种配合可以从他们对《杭州驻防瓜尔佳氏上皇太后书》的报道上见及。就在《知新报》刊出《杭州驻防瓜尔佳氏上那拉后书》的八月十一日，《中外日报》《中外大事报》也同时刊出该文，题为《杭州驻防瓜尔佳氏上皇太后书》（七月廿二日呈刚钦差转奏）。随后，八月十五日上海《新闻报》加以转载，八月二十日天津《国闻报》转载。如此多的报刊几乎同时刊出此文，对大学士荣禄大加诋毁，这显然不是偶然的巧合，而是有意为之，显示某种舆论的联合，而非"康党"的单独行动。

对于该文的作者，当时有人推测是"康党"。《新闻报》在转载该文时后附"本馆附志"，曾对该文的作者提出质疑，称："按是书录自《中外日

---

① 陈庆年：《戊戌己亥见闻录》，《近代史资料》总第81号，第130页。

299

报》,措辞命意,几令阅者炫目心惊。然本馆则谓有未可尽信者……因照录之,以质诸天下明眼人,知此书果否出自瓜尔佳氏,且该报注明七月二十二日请刚中堂代奏,不识刚中堂敢为上达九重否也?"《新闻报》的质疑不无道理,署名"杭州驻防瓜尔佳氏"者究竟何人?夏曾佑曾致函汪康年,也对该文作者提出质疑,说:"尊报又有某《满妇上太后书》一篇,此非古文否?然当考其为何人所作,何其人似对山党中人口吻耶?"①"尊报"指的是《中外日报》,所谓《满妇上太后书》即指《杭州驻防瓜尔佳氏上皇太后书》。"对山"指康有为。"对山党中人口吻"说明,夏曾佑怀疑该文当为"康党"所作。如果说《新闻报》和夏曾佑尚是怀疑"康党"所作的话,那么,严复在读过该文之后,则认定此乃"康党"所为。八月二十日,《国闻报》转载了《杭州驻防瓜尔佳氏上皇太后书》。当天,严复看到该文之后,感慨良多,随即给张元济写了一封长信,对该上书及"康党"提出批评与质疑,他说:

> 本日《国闻报》论说刊者乃杭州驻防瓜尔佳氏上太后书,注云七月廿二日呈刚钦差代奏,其中词语最足惊人,兄如未见,亟取观之。"中外时事,非杀贼某不可"。此所谓某者,不知所指何人。然观后文所列十款,似是当今首相;盖非首相,他人无节制南北水陆各军事也。书言其人强悍无识,敢无(为)不道,包藏祸心,乘间思逞;维新不可不杀,守旧更不可不杀。言语激烈,可谓至矣、尽矣。然试平心覆观,其所指之人是否如此,则真未敢轻下断语也。以弟所闻,则不过此人与对山同日召见,在上前说过对山之不可用。人心不同,各如其面,此亦何足深恨。至后来八月十二日入枢府以后之事,则祸机已熟,所有杀逐之事,岂可遂谓皆此人所为乎?王小航尝谓太后本顾惜名义,弟于此人亦云责人既过其实,则不但不足以服其心,且恐激成祸变。千古清流之祸,皆此持论不衷者成之,可浩叹也。《国闻报》将此种文字刊

---

① 上海图书馆编《汪康年师友书札》(2),第1343页。

第七章 "康党"与戊戌己亥政局的变动(下)

列,实属造孽,可怕,可怕!

《国闻报》刊出此文时没有出现荣禄的名字,但严复已经准确判断出其所指即荣禄。对该文抨击荣禄之语,严复认为太过刻薄,并对《国闻报》刊出该文表示不满。严复多年在天津做官、办报,与荣禄交往较多,因此对荣颇有好感。看到自己亲手创办的《国闻报》所刊之文对荣禄如此不敬,严复的心情自然不快。但严复不知道的是,如此多的新党报刊几乎同时刊出了这篇诋毁荣禄的文章,这显示的是某种舆论趋向。如果该文确如夏曾佑、严复所言为"康党"所作,那么各大报纸纷纷转载,恰恰说明他们对"康党"宣传的支持与配合。

也有人认为该文并非"康党"所作,乃为金梁所作,我本人也持此种观点。① 作为一名驻防八旗子弟,金梁的上书与"康党"己亥年的宣传如出一辙,且得到各大报刊的竞相转载,这也充分说明己亥年"新党"舆论与"康党"宣传的趋同。

稍后,编修沈鹏所上恳请太后归政的奏折,同样显示了双方舆论的趋同。光绪二十五年十一月十一日,《知新报》刊出《编修沈鹏天灾直言折》与《编修沈鹏应诏直言折》。前折作于九月二十一日,因己亥年夏秋,北京久旱不雨,清廷下诏求言而作;后折作于十月二十一日,因前折"总署抑而未上",故而再上。两折内容相似,但后折更为详尽。此中,沈鹏以弹劾荣禄、刚毅与李莲英"三凶"为主要内容,其旨归在于太后归政。指出,自去年八月太后训政以来,对于训政的原因,众说纷纭,或认为是因康有为之变法需要太后定危扶倾,或认为是因皇上圣体违和需要太后维持国计,无论如何,"度今一年以来,皇太后之调护圣躬,而训启圣聪者,当已圣德日隆,圣体日康矣。为皇太后计,则归政之时也"。在沈鹏看来,如果太后不归政,将来皇上之安危,天下"不能不以为皇太后之责任"。原因在于"'三凶'在朝,凭权藉势,上托圣慈之依畀,隐与君上为仇雠"。而"三凶

---

① 关于《杭州驻防瓜尔佳氏上皇太后书》的作者问题,我另有文章讨论。

者何？大学士荣禄、大学士刚毅、太监李莲英是也"。荣禄最大的威胁来自其"威柄之重，震动天下"，"古来史册所载，权臣恃母后之亲而不利其嗣君者不少，况今日荣禄之于皇上乎！"他认为："三人行事不同，而不利于皇上则同，且权势所在，人争趋之。今日凡旗员之掌有兵柄者，既职不隶荣禄，而亦荣禄之党援。……故窃谓不杀三凶，以厉其余，则将来皇上之安危，未可知也。"① 对于沈鹏第一折递交的经过，叶昌炽有着详细的记载，其日记记曰：

> 廿一日，徐相师传约接见……午后赴署，同班八人……坐甫定，沈诵唐持折匣闯然而入，口称销假求递封奏。先是两年前，诵唐曾上书言宫闱事，云"志士不忘在沟壑，勇士不忘丧其元，虽赴西市无憾"。师告以"死有重于泰山，轻于鸿毛"，力拒未许，自此戒阍人无为沈编修通谒。今日之举，大约犹是前篇文字，且已缄口。师勃然变乎色，告以非启视，无违悖字样不能代递，龃龉久之。诵唐云："中堂欲启视何妨启视！"师告以"既系密折，广坐不能宣露"。离座斥之，声色俱厉。余知其有心疾也，风走馆人，劝之退。师怒气犹未息，且语侵瓶笙（壶）师，云其指使。此事不得不告玉舟，万一决裂，林下巨公将有不测之祸也。②

可见，沈鹏该折最早是想请大学士徐桐代递，在遭遇徐的怒斥之后，才转呈总理衙门的。对于内容如此"忤逆"的奏折，其"抑而未上"的结局可想而知。尽管如此，在各大报刊的宣传下，沈奏还是不胫而走，轰动一时。沈鹏也因此获罪，被逮下狱。此后，《知新报》围绕沈鹏一案进行了大量跟踪报道。如光绪二十五年十二月初一日"北京要事汇闻"中报称："西十二月二十二号日本东京日日报云，北京来电，工部尚书廖寿恒褫去军机之

---

① 《编修沈鹏应诏直言折》，《知新报》第108册，光绪二十五年十一月十一日，第1579页。
② 叶昌炽撰，王季烈编《缘督庐日记钞》（二），己亥年九月二十一日，第465~466页。

职。闻廖为翁同龢门生，前日翰林院沈鹏参劾三凶之折为刚毅等见，以沈为常熟人，疑为翁党，遂追寻原因，谓廖主使，迁怒于廖，故设法逐之也。"① 这里，《知新报》对清廷怀疑沈鹏奏折为翁同龢指使的报道，绝非"康党"的杜撰，叶昌炽日记所记徐桐"语侵瓶笙（壶）师，云其指使"即明证；而且，时人还有类似记载，宋恕曾致函外舅孙仲凯，谈及沈鹏奏折事，说："近者沈太史鹏奏参荣、刚及李莲英，直声震天下，虽格于堂官不得上，而海内外传诵，译稿通于外洋，几乎洛阳纸贵……沈太史为常熟人，刚毅见此稿大怒，曰：'此必翁同龢主使，吾必先杀翁同龢，再杀此人。'自有此折，翁师傅之性命盖危于累卵矣。自去年八月以后，翁公日居破山寺，非僧人不敢接见，然犹密旨再三着督抚严密查看，幸两江督抚尚肯保全正类耳。"②

沈鹏之外，李秉衡的参折中同样出现了荣禄。据报道："西十二月二十号，字林西报云得京师电，近日李秉衡参劾京中各大员，甚为侃直，查所参者，一为庆王、荣禄，立党争权，目无皇上，将危社稷。一为军机大臣王文韶，年老昏庸，不知办事。一为提督苏元春，办理划界事宜，不能力争，致受法人侮辱……太后阅至参庆、荣处，为之动容，遂留中不发。"③ 这说明，戊戌政变后，荣禄权势的扩张引起了很多人的疑忌。

对于荣禄的权势扩张及其可能的后果，新党报刊进行了大量的评说。早在光绪二十五年三月二十八日，《新闻报》便就荣禄权重之事刊发论说《兵权不宜偏重说》，该文在列举了历史上因兵权集中导致尾大不掉的故事之后，指出："由是观之，固知兵权之不宜偏重也。乃者中国以强邻孔迩，时局危艰，朝廷特命董、宋、袁、聂四军皆归荣相统辖，号为北洋全胜之军，分屯近畿，以巩北洋门户，又练新军万人，驻扎南苑，号为全胜中军，以防肘腋之患，其军皆练习洋操，称为中国劲旅。"文章以曾国藩当年镇压太平天国运动时奉命为七省经略而不受一事为例，规劝荣禄不可独握兵权："呜呼！以曾文正之才之美而又久历行阵，熟悉机宜，尚不欲总揽兵权，坐受七

---

① 详见《知新报》第110册，光绪二十五年十二月初一日，第1614页。
② 宋恕：《致孙仲凯》，胡珠生编《宋恕集》（下），第693页。
③ "北京要事汇闻"，《知新报》第110册，光绪二十五年十二月初一日，第1614页。

省经略之职，而况勋望未著、阅历未深、其才具不逮文正远甚者乎？大臣谋国贵在悉心，吾颇愿当局者之熟思审处，毋谓将兵者固多多益善，而以北洋之全局为儿戏也。"六月十六日，该报再就"余侍御纠劾武卫各军冒滥请奖事"谈及荣禄权重，指出：承平之日尚如此保奖，那么"异日者设有克敌制果之勋、有战胜攻取之烈，又将何以为保，何以为奖耶？度惟有裂土分茅而已矣，剖符赐爵而已矣……吾不知当局者何以善其后也。且夫末大必拆、尾大不掉者，势之所必然也。盈极则覆、宠极则骄者，理之所必至也。今武卫各军，其将帅皆蒙殊恩特典……又每营至数百人之多，盈已甚矣，宠已至矣，安望其于临阵赴敌之时，尚能号令必行、指挥如意哉！"①

无独有偶，九月初九日，《中外日报》刊出的《恭读初二日上谕书后》，同样对荣禄权重提出质疑："荣中堂既管理兵部事务，又兼节制北洋各军，又自领武卫中军。夫明代兵部堂官，实总天下之兵柄……其职任之重要可知也……何又兼节制北洋各军也？"文章指出，我朝从无在京大员节制外省军务之事，当年曾国藩剿办太平军及捻军时，曾奉有节制军务之谕，但都具疏力辞，不敢拜命。而今，"荣中堂责重事繁，又不出国门一步，忽被以节制北洋各军之任，于名则不正，于事则无益。徒令北洋大臣平时既不能过问，临事又不能调遣，不几偾事而误大局乎？至于自领武卫中军，则尤有不可知者。夫既节制北洋各军，则北洋各军皆其军也，必自领一军，抑又何说？论者至以汉之南北军相比拟，道路之言，诚不足信，然一人之身，既管兵部，又节制北洋各军，又自领武卫中军，兵权毋乃太重乎？衮衮诸公，亦尝抗论及之乎？"②

而从报刊舆论对荣禄与庆亲王、刚毅等人权力之争的大量报道中，又可见荣禄重权在握引起了高层的猜忌。与政变之初慈禧太后一心一意重用荣禄不同，己亥年慈禧与荣禄之间出现矛盾的消息不胫而走。据严复说："杨崇伊因去年前往芦台看操，不知会荣相，荣嗛之，以是不得升转，闻近杨有楼

---

① 《论余侍御纠劾武卫各军冒滥请奖事》，《新闻报》光绪二十五年六月十六日。
② 《恭读初二日上谕书后》，《中外日报》光绪二十五年九月初九日。

合群不得志者乘间隙与荣为难。风传杨倡联日之议，由庆邸以达东朝。太后已与日人定有密约，以必得对山为质，已署诺也，而荣不与知。此事果实，则都下不久将又有一番耸动也。"① 杨、荣矛盾与杨对荣禄的不敬有关，但慈禧、庆邸联日捕康不让荣禄知晓，则说明慈禧太后对荣禄的信任度有所下降，至少在对待"康党"的问题上，慈禧对荣禄是有所戒备的。原因何在？八月初七日，《新闻报》刊出《译西报详记大臣不睦事》，称：

> 字林西报接驻京访事华友来函，佥谓京师荣中堂、庆亲王争权一事，颇关重大。至其起嫌之由，则因三月间，荣曾陈请皇太后，欲将南洋兵符统归掌握，以节糜费，以一事权，并可力拒外人凌逼云云。比时，各大臣因知荣为太后所倚任，阻之惟恐获咎，故皆默不一言。唯庆邸力向太后谏阻，以为南北洋如果同归节制，则荣权过重，所谓太阿倒持，虽太后亦将无能为力矣。荣闻言又答谓实不欲执掌南洋兵权，前言特以试庆耳。今果阻挠，则是庆欲以南洋兵权畀之素相友善之刚毅也，审矣。虽太后当二人争论之时，俱似漠不经心，而在京外大臣因此竟分为荣庆二党。其间即有数人能不为左右袒者，然将来亦必择势力稍强之党，以相依附。现外人咸惧荣庆所部兵士积不相能，未免遽启争端，幸至此时尚无所闻，其实皆以首先发难者，恐居叛逆之名故耳。所虑言官各有袒护，未免彼此攻讦，如前之弹荣者谓去岁荣曾奉命追拿康有为，而荣延至一日之后始派炮船，致康逃脱之类是也。故华访事之意，荣庆二党将来必因御史攻讦致兆变端。②

荣禄故纵康有为，这显然是慈禧太后不愿听到。既如此，太后自然不会将捕康之事让荣禄知晓。此前《清议报》也刊出类似消息："荣禄嗾言官劾庆邸，言谓布地雷数处，皆庆所置。庆邸又劾荣禄，谓其于去秋故纵康南海出

---

① 严复：《与张元济》，光绪二十五年五月十一日，王栻编《严复集》第3册，第531页。
② 《译西报详记大臣不睦事》，《新闻报》光绪二十五年八月初七日。

洋，奉电密拿后，越日始派鹰前进云云。"①

关于高层对荣禄的猜忌，还可以从《知新报》所译西报的相关消息中见及："西五月二十号香港西报云……北京谣言纷起，政府大臣又复不和，刚毅与荣禄争权，刚毅谓荣禄不学无术，一味厚握兵权，王文韶睹此情形，托病求退。"② 可见，荣禄厚握兵权也引起了刚毅的不满。《知新报》译英报消息，说："昨年新党欲削西后之权，西后乘势削皇上之权，助其成功者，首推荣禄，次推刚毅。但此二人亦各存私心。闻荣禄既握陆军大权，竟敢任性而行西后所不悦之举。近闻西后以忌荣禄之故，欲召刚毅回京抵制荣禄之权。西后原可略靠庆王，但庆王志向维新，刚毅则未尝以维新得名，西后又曾亲信李鸿章。惟李亦维新之流，且心向日本，西后以维新为嫌，故视此二人终不若刚毅之可靠。盖刚毅不爱维新亦不爱日本也。"③ 种种传言显示，荣禄重握兵权之后引起了包括慈禧在内的高层疑忌。九月初一日，《清议报》报称："北京来电云，西太后于日前忽患呕吐之症……有人甚疑西后此次感冒，乃系伪为，欲藉此暂止荣庆决裂之祸者。盖荣庆二人初由西后授以大权，今反以有权之故，将欲箝（钳）制西后。是以严密戒备，并为托疾以缓其势云。"④ 面对两强相争，太后的恐惧似乎在情理之中。

高层对荣禄的疑忌缘于荣禄的军权在握，而"康党"从痛诋慈禧到将荣禄升格为政变罪魁祸首的宣传转向，显示"康党"应对时局的策略调整。但调和两宫并非"康党"的终极目的，其最终目的在于通过舆论宣传，施压太后，归政光绪，进而重启新政。因此，在修正对政变祸首宣传的同时，"康党"政变初希冀列强干涉促成慈禧归政的做法也有所收敛，而是直接利用报刊舆论，借为光绪与太后祝寿之际，大力宣传海外各埠华人的归政奏请。六月二十八日、十月十日分别是光绪皇帝、慈禧太后的生日，各地华商纷纷一面为皇上、太后祝寿，一面吁请太后归政。七月十一日，《清议报》

---

① 《论西报记荣庆相阋事》，《清议报》第26册，光绪二十五年八月初一日，第9页。
② "北京要事汇闻"，《知新报》第89册，光绪二五年五月初一日，第1277页。
③ 《英报伟论》，《知新报》第102册，光绪二十五年九月十一日，第1487页。
④ 《西后自危》，《清议报》第29册，光绪二十五年九月初一日，第17页。

刊出横滨华人为皇帝祝寿的《皇上万寿圣诞记》；八月初一日，《清议报》再刊《美洲祝圣寿记》。各埠华人为皇上祝寿，意在对太后施加压力，以遏制其废黜光绪的图谋，进而归政皇上。八月十一日，《清议报》在《逆谋未息》中谈到了各埠华人电祝圣安对慈禧的警示作用，称："自去年以来，西后及贼臣等，无时不以篡废为志，然内惮于百姓之爱戴，外惕于各国之干涉，故暂止其谋，闻六月间，此议复起，使人探各国公使意见，皆不谓然。嗣又值皇上万寿，时南洋各埠商人，联名电祝圣安，复有忌惮，不敢径行。"① 九月初一日，《清议报》刊出十八行省臣民《拟布告各国公请皇上力疾亲政文》。光绪二十五年九月二十一日，《知新报》刊出《记南洋电请圣安事》。② 十一月初一日，《知新报》刊出《新嘉坡华商电祝慈寿并请归政原稿》《吉隆华商电祝慈寿并请归政原稿》《巴城华商电祝慈寿并请皇上圣安及亲政原稿》。③ 随后，《知新报》刊出《纪华商祝寿请归政事》，其中提到英属域多利埠华人电贺慈寿，并请其归政于皇帝，称："此埠之外，又有温哥华、尼摩埠，另旧金山大埠、满地奥路、檀香山及美属各小埠，华人众多之区，皆各发同式之电，然则康有为在此诸埠，倡设保皇帝会之功效，显有证据矣。"④ 据此可见，各路华商祝寿并请归政的背后则是"康党"的策划与推动。光绪二十五年十二月十一日，《知新报》刊出西报有关各埠商人要求慈禧归政的消息，称："西十二月二十七号，东京日日报云：支那居留外国之商人，近数月纷纷联名奏陈于西后，请其归政于光绪皇帝，共三十余起，已叠纪前报。顷又得北京来信，暹罗居留华人亦有此举。"同时刊载了暹罗华人恳请皇上亲政的电稿："具呈暹罗阇埠华商，陈斗南、王珏潘、于炯、吴添发率同商人三万二千名，奏为恳请皇太后撤帘，皇上亲政，速行新法，以洽群情，而救危局事。伏乞皇太后皇上圣鉴。"对此，该报评论说："观此支那国民之切望维新，可谓诚恳矣，特无如满政府诸老物之顽固，依

---

① 《逆谋未息》，《清议报》第27册，光绪二十五年八月十一日，第11页。
② 《记南洋电请圣安事》，《知新报》第103册，光绪二十五年九月二十一日，第1498页。
③ 以上三文均见《知新报》第107册，光绪二十五年十一月初一日，第1564页。
④ 《纪华商祝寿请归政事》，《知新报》第110册，光绪二十五年十二月初一日，第1618页。

然何也。""又云前月西后万寿时,各埠华商,均发电恭祝,惟末语皆有请西后归政者,电到总理衙门大臣,竟将末删去乃进呈,后刚毅欲激怒西后,故将其事而直陈之,西后为之变色云。"①

"康党"呼吁太后归政、光绪帝亲政的宣传,同样得到了新党舆论的呼应与支持。这一方面表现为新党报刊大肆宣传南洋、美洲华商在皇上万寿日与太后万寿日的恭祝之电,另一方面则表现为各报刊公然刊发论说呼吁太后归政。八月初一、初六日,《中外日报》即连续刊出《宜恭请皇太后归政议》,提出太后归政皇上的四大理由:(1)"为安民心计,其必当归政",因为天下民心归往皇上,"内至畿辅,外至海隅","孰不翘颈企踵,以皇上之不豫为忧,以皇太后之归政为望"。(2)"为弭后患计,其必当归政",因为"中国至今日,实为元黄交会之际,贞元绝续之交","内患不绝,外侮日亟","非皇上亲政,莫由收多难兴邦之明效"。(3)"为蔚成圣德计,其必当归政","皇太后虽甚神圣,而帝尧耄岁,尚有倦勤之时,马后暮年,特恋含饴之乐。皇上春秋鼎盛,似宜内秉慈训,亲裁大政,既以外塞群望,亦以□收动心忍性、增益不能之效"。(4)"为杜塞流言计,其必当归政",因为近日以来,流言愈多,骇人听闻,"谓皇太后有立储之举,皇上有内禅之意",诸多谣传,或为不确。"然而皇上寝疾,已及一年,何以武断致病,何以久而不愈,何以视朝如故,何以遣归医士,地阁高远,安得尽人而喻之?"而且,同治年间,太后垂帘尚名正言顺,时至今日,"又非昔比,撤帘何期,归政何日,国有长君,社稷之福,皇太后虽享天下之养,究有三从之义,何以在朝臣工,不闻胪举经谊,上陈□□。宜乎异域之舆论,率土之王臣,不敢缄口噤舌,贴然无异词也"。② 这里,作者质疑的是慈禧训政的合法性。只有归政皇上,方能息流言。

九月十五日,《中外日报》又刊出《照录电请圣安稿》,登载了南洋新加坡阖埠华商福建省举人邱菽园等人恭请圣安的奏折,中称:"窃商民

---

① 详见《知新报》第111册,光绪二十五年十二月十一日,第1630页。
② 《宜恭请皇太后归政议》,《中外日报》光绪二十五年八月初一、初六日。

第七章 "康党"与戊戌己亥政局的变动（下）

等自旧年八月侧闻皇太后训政，皇上下诏征医，自此朝贺祭祀不获躬行典礼，天下臣民殊切惶遽。复读本年七月三十日上谕，惟朕躬服药日久未见大效等因，钦此。薄海倾听，毋任彷徨，现在外间谣言益众，商民等虽居异域，恋阙情殷，不揣愚憨，恭请圣安，伏冀皇上善自优养，为天下珍重，以慰中外臣民之望，宗社幸甚，天下幸甚。"文末附有本报按语："此稿题名者共七十八人，由邱菽园孝廉为首，闻准于九月初八日电达总署，请为转奏。"

此外，己亥年夏秋之交北京出现的久旱不雨，也为新党呼吁归政提供了契机。九月初二日，清廷发布谕旨《近因雨泽稀少朕躬修省，在廷诸臣各抒谠论，以迓天和由》①，内称："本年夏秋以来，雨泽愆期，近畿一带，旱象将成，叠经设坛祈祷，以冀渥沛甘霖。惟是应天之道，以实不以文，朕抚躬循省，深惧未能感召天和，辅弼匡襄，实百尔臣工是赖，在廷诸臣，其各抒忠忱，共摅谠论。庶几上下交儆，修人事以迓天庥。"② 这显示，清廷已将久旱不雨与为政之失联系起来，因此而有朕躬修省、廷臣各抒谠论之谕。此一话题遂引发了新党报刊的持续讨论，但与谕旨中的光绪帝自省不同，新党舆论则要求慈禧太后自省归政。九月初五日，清廷再发上谕，提出"首以恤民为本意"以"应天之实"，要求畿辅对未清之讼狱、吏治不修、民生日蹙加以清理、整治。③ 在新党看来，这种反省显然无法"应天之实"。《中外日报》就九月初五日清廷的诏书发表评论，认为："初五日诏书，我皇太后皇上以京畿久旱，兢兢以恤庶狱为念，且曰务令实惠均沾，可谓兼殷汤之仁，包和熹之德。"但何以上天不应呢？原因在于"抱奇冤、负大屈者，或未邀于宽典，纵有原释等诸虚文，求伪而应实，无是理也"。④ "抱奇冤、负大屈者"自然是指光绪帝，换言之，之所以求雨不灵，原因在于太后不

---

① 中国第一历史档案馆编《清代军机处随手登记档》（151），中国人民大学出版社，2016，第521页。
② 《清实录》第57册，卷450，第937页。
③ 《清实录》第57册，卷450，第939页。
④ 《恭读初五日上谕书后》，《中外日报》光绪二十五年九月十六日。

归政。

　　《国闻报》就此话题连续刊出消息，九月二十二日消息称："因□直久不见雨泽下沛，各处求雨已非一次，近闻太后语诸臣云天不降雨，天实罪我，我果何事得罪于天乎？言已泣下，诸臣退朝，为人述之如此。"① 九月二十四日，该报又刊出《西报之言》，说："字林西报接北京递来消息，云：'京城街巷谈议，谓北地天气亢旱，系有不顺天心之事，故天示以灾异也。'现信此说者，颇不乏人，而各部大臣中亦有信之者。然皆不敢明言。据闻若天仍不雨，必有人上密折，请太后归政以移节于颐和园也。"② 九月二十五日，《国闻报》复刊论说《求雨说》，认为借天旱之灾异呼吁太后归政不失为一大良机："如本报七百五十号译西报之言，虽然言固妄，果有人犯颜直谏，亦一绝好机会。窃恐太后之意未必为所动耳，不观近时之懿旨乎，一遇寿辰即从撤坛之请，寿辰且重于民命，岂肯以数月不雨竟至撤帘。上既如此，亦何取？"③ 连篇累牍地就久旱不雨做文章，《国闻报》的意思很明确，希望有人能以此为契机奏请归政。而前述沈鹏的两道奏折即在此背景下写成的，其中就有"太后归政"之请。

　　据此可见，公然呼吁太后归政并非"康党"的独唱，而是得到了其他新党报刊的呼应。而新党舆论之所以与"康党"遥相呼应，是与己亥年清廷对"康党"、光绪帝乃至新政的一系列政策密切相关的。

　　上述分析表明，从政变之初到己亥年末，"康党"的宣传策略发生了奇妙的变化，即由政变之初的诋毁慈禧，转变为此时的调和两宫、攻击荣禄；由政变之初求助于列强帮助光绪复位，转变为此时直接呼吁慈禧归政光绪帝。而新党舆论对"康党"宣传的配合与支持，则显示己亥年新党与"康党"舆论的联合，这是戊戌年末新党逐渐转向批评清廷、同情"康党"立场的延续与发展。但反观清廷的相关政策，无论是继续缉拿"康党"，还是图谋废立，较戊戌年都是有过之而无不及的，这与

---

① 《号泣昊天》，《国闻报》光绪二十五年九月二十二日。
② 《西报之言》，《国闻报》光绪二十五年九月二十四日。
③ 《求雨说》，《国闻报》光绪二十五年九月二十五日。

新党的舆论期许相去甚远，不免令人发出"多情却被无情恼"的感叹。

二 清廷的"康党"政策、立嗣上谕与新党的反应

与"康党"宣传策略调整显成对照的是，清廷捕拿"康党"的决心不曾摇动，慈禧废黜光绪的图谋也未停息。清廷不但多次公开发布上谕缉拿康梁，而且为拿获康梁暗中布局，并最终于己亥年末发布立嗣上谕。

如前所述，戊戌年末，清廷追查"康党"及其党羽的谕旨不断发出，守旧言官大臣弹劾党人的奏折也不断递上，遂有张之洞与日本领事磋商将康、梁、王驱逐出日本，遂有曾鉌被革职及皮锡瑞被逐回原籍，等等。而随着《清议报》诋毁慈禧、谤议时政的言论四处传播，清政府更是加紧追捕"康党"。

己亥正月二十一日，张之洞就《清议报》和"康党"问题致函总署，称：

> 近见日本新出《清议报》，乃康党梁启超所作，大率皆谤议中国时政，变乱是非，捏造诬罔，信口狂吠，且载有各国瓜分中国会章程一则，种种悖逆，令人发指。意在惑乱人心，挑动强敌，必欲中国立时大乱而后已，险恶已极！洞已告日本领事，不准日本人在汉口分送此报，领事已允。一面电上海日本总领事小田，力阻在沪分送，并嘱小田力商日本政府速将康党遣去，不可容留。查康党久在日本，去中国最近，而日本士人通华文者甚多，易受其欺，此报流传海内外，中国人见之，人心易致摇动；各国见之，必将益启欺凌，煽惑肆毒，为祸匪细，非迅速驱逐远去，必为大患。拟请旨密谕出使日本大臣速与外部婉切相商，令其设法将康有为、梁启超、王照三人速遣出境，以免肘腋之患，方足见中东亲好之诚。若此三人驱至美国，此三人不通英文、英语，彼国亦不好中国文字，即不能为大患矣。如此办法，是否有当，请旨遵

行，请代奏。①

显然张之洞已比总署先一步看到了《清议报》。

三日后，即正月二十四日，庆亲王奕劻便致函伊藤博文谈及驱逐康、梁、王之事，说："别示援西律国事犯之例，康有为、梁启超、王照此三逆者，簧鼓邪说，谋危社稷，天下之恶，亦贵国所同深愤嫉者也。今蒙贵国政府格外严防，妥加管束，弥佩贵国代表友邦禁遏乱萌，益昭信睦之至意，惟此等行同蛇蝎，反复悖逆之人，久在东瀛，亦足为人心风俗之害。据鄙意请贵政府察及，似不若驱之出境，勿使污渎一方清净也，则蓬莱方丈，永绝魑魅网（魍）两（魉）之迹，不亦善乎？"② 这里，庆亲王未提《清议报》，但从时间上来看当是受了张之洞的影响才致函伊藤的。

二月初八日，张之洞再为此事亲自致电日本驻上海领事小田切，说：

> 清议报系康、梁诸人所作，专为诋毁中国朝政，诬谤慈圣，种种捏造，变乱是非，信口狂吠，意在煽惑人心，必欲中国立时大乱而后已，险恶已极，所说各事，皆是虚诬，贵国人想未知之耳！其种种饰辞，总言彼党系忠于皇上，奉密诏求救援。然于夏、秋间康有为在朝任用之时，即称大清国为大浊国，又拟立谭嗣同为伯理玺，又力诋中国为不足与有为，又于清议报内载有瓜分中国策，夫国家已无可为矣，民主已另立矣，疆土已促各国瓜分矣，不知置皇上于何地。奉诏求援者，固如是乎？此等奸谋妄语，不攻自破矣。
>
> 中国地方固不能容其传播，中东和好，贵国亦不应准其在境内捏造是非，摇动友邦人心。若中国大乱，则欧洲乘机强占，此欧洲各国之利，非贵国之利也。且中国逆党造言诬蔑，倾害中国，若贵国置之不问，则以后联络诸事，必多间隔，未敢深信，实于中东大局有妨。近来

---

① 张之洞：《致总署》，光绪二十五年正月二十一日，苑书义等编《张之洞全集》第3册，第2141~2142页。
② 《庆亲王奕劻致伊藤》，转引自汤志钧《乘桴新获——从戊戌到辛亥》，第190~191页。

第七章 "康党"与戊戌己亥政局的变动（下）

贵国政府大意在联络中国，力劝自强，卓识可佩，非特交邻厚谊，乃是谋国上策。即使此报馆托名英人，贵国新例，自近年起各国寓居者，俱受贵国法令钤束，然则清议报有碍中东大局，在贵国禁令虽不能禁其出报，似亦可禁其妄说。

前叠接尊函并面告谓贵国政府电，或两礼拜或一两月，即可设法令康党出境。今为日已久，不特不出，且闻已赴东京，而此报凶焰日张，务祈婉商贵政府妥筹良策，尤须先禁其妄发议论，方足见中日亲好之诚。上海及中国各口岸，务望鼎力严饬贵国报馆及商人，万勿代其分送此报，至祷！①

这里，张之洞对小田切没能履行此前驱逐"康党"的承诺表示不满，并催促小田切婉商政府，妥筹良策，言辞已很急迫。在此背景之下，二月二十三日，康有为被迫离开日本，前往加拿大。

二月二十四日，张之洞再致小田切电，对康有为的离开表示赞赏，"闻康有为已赴美国，具见贵国政府识力卓越，深明大义，不为所惑，佩甚"。但对梁启超、王照仍在日本，且《清议报》仍在开办表示不满，"惟梁启超、王照尚在贵国，《清议报》馆尚开。此事是一大误，有碍中、东大局。梁启超乃康党，梁魁尤为悖悍，其意必欲中国大乱而后快。务望阁下设法婉达政府，设法令其速行远去，断不宜在日本境内，果能如此，感佩万分"。②驱康的目的达到之后，张之洞进一步要求逐梁。在小田切看来，张之洞不免有得陇望蜀、得寸进尺之嫌。

事实上，不仅日本政府不能禁《清议报》在日本发行，而且张之洞等人也无力禁《清议报》在国内流播，甚至增祺还将《清议报》进呈给慈禧太后。对此，汪大燮四月初七日致函汪康年说："增祺进《清议报》，大约

---

① 张之洞：《致上海日本总领事小田切》，光绪二十五年二月初八日子刻发，中国史学会主编《中国近代史资料丛刊·戊戌变法》第2册，第620页。
② 《日本外务省档案》，转引自清华大学历史系主编《戊戌变法文献资料系日》，第1333页。

是刚所指使,大有逞志一人之势,又日日骂人是汉奸,仍不免衣冠滴血之祸。"① 刚毅的意图很明确,就是要激怒太后,然后穷索"康党"。清廷随后的举动似乎证明,刚毅的意图达到了。五月二十八日,清廷再下严拿康梁的密谕,该谕称:"军机大臣字寄沿江沿海各督抚,光绪二十五年五月二十八日奉上谕,逆匪康有为等煽惑远遁,朝廷宽大为怀,不肯概行株连。惟近闻该逆等仍往来各处,结党蓄谋肆意簧鼓,未便任其幸逃法网,著随时严密查拿,勿稍松劲。康有为等罪大恶极,均应按名弋获,朝廷不惜破格之赏以待有功,其胆敢附和邪说、愿与逆党结为党羽之徒,一经访查确实,亦一并严拿惩办,以遏乱萌。钦此。"② 这里,慈禧不但要求严拿"康党","勿稍松劲",而且对于"附和邪说"的党羽也"一并严拿惩办"。可见,此时的清廷已经公然否定了其政变之初"概不株连"的承诺,这意味着那些胆敢继续附和"康党"者,清廷将一律"严拿惩办",毫不姑息。

在此背景之下,便有了刘学询、庆宽的日本之行。早在戊戌年十月初六日,清廷即有上谕,"知府衔刘学询、员外郎衔庆宽,均着自备资斧,亲历外洋内地考察商务"。光绪二十五年三月初五日,汪大燮致函汪康年谈及刘学询,说:"刘问刍自认能除康,刚极喜之,有中国三才:一张翼,一李徵庸,一刘也。至其所说各节,大约都不确,其权力亦不过足便私图而止。近已与李合办川矿矣。其所走道路却不知,然必通内监,否则不能与刚相合如此速密也。"③ 能除康有为,成为刘学询得以赴日的重要原因。然刚、刘之交,并非如汪大燮所说"必通内监",而是始于刚毅任粤抚之时④。四月二十三日,庆亲王面奉上谕:"前经降旨令刘学询、庆宽亲赴外洋内地考查商务,兹据庆亲王奕劻奏称,该员等在上海与日本总领事酌议中日商务一切办法,尚未详细。商务实为我国富强之基,自应极力振兴,以维大局。著派二品衔道员刘学询、员外郎衔庆宽会同日本总领事小田切万寿之助亲赴日本,

---

① 上海图书馆编《汪康年师友书札》(1),第 804 页。
② 《训政实录·诏捕近问》,《中外大事报》第 2 册,光绪二十五年七月二十日。
③ 上海图书馆编《汪康年师友书札》(1),第 802~803 页。
④ 李吉奎:《孙中山与刘学询》,《孙中山研究丛录》,中山大学出版社,2014,第 315 页。

逐细考查，认真联络，庶几内外商务，日有起色，朕实有厚望焉。"① 至此，刘、庆的日本之行，便由此前的"自备资斧"，变成此时的钦派密使，其任务名义上为考察商务，而实际则是联络邦交、拿获"康党"。这是一道庆亲王面奉的上谕，可见事属机密，知道的人并不多。但从汪大燮致汪康年（五月初六日）的信中，仍然可见此一上谕出台的前因后果，他说："刘学询诡言见日君，实仅与小田切谋之，偕小田来，欲以行其诳云，日君嘱意联盟，保东方实无其事，而因杨崇伊达某邸。某邸然之，欲令赍礼物诣东莅盟，某相察其妄，事遂败。迩日劾杨、刘者，纷纷盈箧矣。徐老道亦有封事并及驻使云。其人则妄，其事则不谬，然自此则此调又不能弹矣。"② 这里的"某邸"是指庆亲王，庆亲王通过杨崇伊了解到刘学询与小田切所议的中日商务办法，而后面禀太后，遂有面奉上谕之事。可见，庆亲王乃刘、庆日本之行的直接促成者。而汪大燮所说的"某相"当指荣禄③。这从下述皮锡瑞的记载中可以得到补正。六月二十六日，皮锡瑞日记记曰："夏子翁来拜，嘱觅先生。询以时事，云杨崇伊所奏，庆王、小李（李莲英）从中主持，派刘学循（询）、庆长（宽）与日领事小田七（切）同往东洋，请伊藤与水师提督某某来中国，荣中堂不知，闻而大怒，将俟刘、庆二人归而办之。"④ 何以荣禄不知此事？原因在于，二人日本之行的目的之一便是捕杀"康党"，鉴于荣禄曾有放走康有为的嫌疑，慈禧并未将此告知荣禄。前引严复写给张元济的信中也有相关内容，称："风传杨倡联日之议，由庆邸以

---

① 刘学询：《游历日本考查商务日记》卷首，光绪二十五年自刻本。
② 上海图书馆编《汪康年师友书札》（1），第808页。
③ 李吉奎引用此一史料，认为"某相"，"可能是李鸿章，因为他主持中俄同盟"，显然有误。因为，此期李鸿章权势式微，荣禄权倾一时，且与庆亲王、刚毅争权夺利，相互拆台，这里的"某相"即荣禄。此外，作者对此一史料中"徐老道"一句的解释，似亦有误，认为徐老道（徐桐）还表示"其人（刘）则妄，其事（出使日本）则不谬"。见氏著《孙中山与刘学询》，《孙中山研究丛录》，第316页。在我看来，所谓"其人则妄，其事则不谬"一语，当是汪大燮自己的看法，而非徐桐封事的内容。在汪大燮看来，中日联盟之事本"不谬"，但正如变法之事因康梁之故无人敢谈一样，此事也将因刘之故不能再谈了。
④ 皮锡瑞：《师伏堂日记》（己亥年六月二十六日），《湖南历史资料》1981年第2辑，第172页。

达东朝。太后已与日人定有密约，以得对山为质，已署诺也，而荣不与知。"① 重权在握的荣禄竟被如此蒙蔽，荣禄大怒自在情理之中，"俟刘、庆二人归而办之"，说明此事还有下文，而荣之矛头所指正是刘、庆背后的庆亲王。为了给刘、庆的日本之行做引荐，庆亲王奕劻还致函伊藤博文，内称："现奉谕旨，简派道员刘学询、员外郎庆宽亲赴贵国考查商务，并偕贵国小田切领事东旋，赍有国电一书、密码一册，呈递贵国大皇帝，又奉皇太后、皇上旨意，致送贵国大皇帝礼物各种，一并赍呈。届时务祈遇事关垂，加以优待，实为厚幸。"② 在庆亲王的帮助下，刘、庆顺利赴日，六月初七日抵达横滨，当晚抵达东京。

虽然清廷的两次严办"康党"均为密谕，但外间很快便传播开来。五月三十日《新闻报》在"谕饬查拿"中登载了相关消息："现因传言梁启超改易日装，来沪一事，奉刚钦使派员（赴）沪查探，并有谕饬上海道，务即设法拿办，南京正法，以符昔日皇太后懿旨云。译字林西报。"六月初七日，《新闻报》再刊论说《论覆拿梁启超事》，对清廷再下严拿"康党"之谕旨提出质疑："呜呼！党祸之酷，其至于此哉！方其溃也，六卿骈首于市曹，其余皆蒙以大逆之名，万死投荒，或终身系狱，其罪从末节者，亦削其禄籍，藉使长为天下之罪人而不与士齿。夫固以为非，用此一网打尽之计，则无疑快其忿而泄其私。"该文认为，清廷肯定无法拿获康梁，既然如此，"与其雷厉风行以蹙之也，则何如开一面之网，使彼感朝廷宽大之恩而漰然自愧，无敢日入慝作以为中国异日之患。况梁之所犯者犹亚于康一等乎！乃者人言藉藉，谓康已潜至京师，而梁则匿于上海租界之中，致其事为刚钦使所闻，派员至沪查探，并饬上海道设法拿获，解至南京正法，以示除恶务尽之意。嗟乎！梁果未返乎华耶，则无庸张皇其事，以骇一隅之观听。梁果已返乎华耶，则虽悬赏以待之，设囮以诱之，而亦弗能得也。知其弗能得，而不免于张皇，而终归于弗得焉，徒使为外人笑，贻中国羞，是亦不可以已

---

① 严复：《与张元济》，光绪二十五年五月十一日，王栻编《严复集》第3册，第531页。
② 《庆亲王奕劻致伊藤》，转引自汤志钧《乘桴新获——从戊戌到辛亥》，第189页。

乎！"在列举了汉、唐、宋、明的党祸亡国的故事之后，该文评论说："此以见穷治党人之非国家之福也。"

刘、庆二使的日本之行，更是"物议沸腾"，不仅消息灵通之士私下风传刘、庆日本之行的用意，而且很快成为报刊舆论攻击的热门话题。七月十二日，《新闻报》在"海外奇谈"中称："有友人自日本来者，述及刘在日本之时，曾向某日员言清国皇太后深恨康有为，倘贵国能向英廷索回，使余献之于朝，必蒙重用，日后如得大权在握，必当尽力回报。日员闻言答以贵国之人，与康有为相类者现尚不少，请先尽数歼除，再行图康未迟。刘竟语为之塞。"《中外大事报》以《刘庆二使始末记》为题，逐一罗列各报所载刘、庆使事，有闻必录，其中所转《字林西报》的一条消息称："此次特派为日本密使，闻刘庆二君竭力报效，自言能将逃亡日本新党诸人拿获，故能使皇太后如此重信。"①《字林西报》在《记召回密使事》中，云："昨接北京廿三日来电，述日本消息，言刘庆两密使奉派至日，路上本应何等秘密，以昭慎重。乃竟轻举妄动，遇事招摇，并将太后所呈日王御书轻易示人，以表己之此来，异常荣耀。故五日前，总署接得日本政府电报，略谓一密使品望可疑，不欲以两国重大之事与之相商云云。太后闻之大怒，刻已电召二人回国。又闻此次二人虽曾谒见日本外务大臣，实未与日王见面。至于兹二人之得奉是差者，因刘等素为庆王倚重之人，由庆王与某太监特向太后密保，卒至贻误，大事竟不得成。而不成之故，又极可笑，且恐时局诸多牵涉，关系匪浅云。"②此中所言"实未与日王见面"不确，刘在日本是谒见了天皇的。《新闻报》六月二十六日以《所使非人》为题报道："日本报载中国所遣密使庆宽、刘学询二人现住日本东京客馆，有言此来因议商务者，有言因议国家大事者。惟东京各报中皆言，此二人在中国时本非素有名望、极有体面之员，故此来可以无须齿及云云。噫！中国岂真无使命之才？乃以此种人托以大事以致朝政日非，并受外人轻笑，良可慨也。"七月初六日，该报再

---

① 《刘庆二使始末记》，《中外大事报》第1册，光绪二十五年七月初十日。
② 《译字林西报记召回密使事》，《新闻报》光绪二十五年六月二十五日。

报:"中国皇太后特派密使赴日本国投递国书,系出内监皮笑脸赞成后,因所使非人,致有不日回华之说。已志前报。兹悉此次奉使之人,共有四员,刘学询、庆宽为正,金龙、姚襄副之。自抵日后,虽曰密使,异常不密,甚至所赍国书,于妓院中逢人相示,以致此事通国皆知。刻下该四人俱已回华,现身沪上各公馆中,刘学询更在四马路某妓院内又折名花一枝,隐藏金屋而去。噫,使于四方不辱君命,本不可责诸此种人。第事机不密,祸患渐萌,至有路透电报俄国欲起而为难之势。不知此四人将来何以回京覆命也。"①

刘、庆二使之所以招致报刊舆论的大肆抨击,一方面是因为刘、庆二人"声望秽劣",新党报刊抓住二人在日本将国书轻易泄露之事,大做文章,国内外舆论哗然,纷纷谴责二人"随地造摇泄漏国书,既见訾于中邦,复贻笑于东海";另一方面则是因为其赴日意在抓捕"康党"。在新党报刊的大肆攻击与揭发下,据日本外务次官小林光太郎说,"日廷于二人颇有不满之意,断不肯与议重要之事,终无功而返回"。刘、庆回国后,一直逗留上海,不敢回京复命。八月二十四,清廷下达《电刘坤一,刘学询庆宽现由日本回沪,著传知该二员来京覆命由》。② 刘之不敢回京覆命,还有一个重要原因是其在日密会孙中山一事,被荣禄等人抓住把柄。荣就此大做文章,据矢野文雄致日本外务省的报告说:"荣禄曾秘命驻我国清国公使发出该使节必将失败,且欲使人相信刘学询有罪之电报,但荣禄之秘计被西太后揭露,太后明知事情之真相,在庆宽归国后,该秘计仍照行不误。荣禄等为把刘倾覆而竭尽全力,千方百计,但时至今日,仍不奏功。"在慈禧太后的保护下,刘学询得以无事,"太后为平息反对者,特以'差遣委用',命刘赴湖北就任"。③ 至此,慈禧布局的刘、庆二使既未能完成除康的任务,也未能达到联络邦交的目的,却招来了报刊舆论的嬉笑怒骂,清廷在士人中的形象因之大损。辱命之耻,谁之咎乎?

---

① 《密使行踪》,《新闻报》光绪二十五年七月初六日。
② 中国第一历史档案馆编《清代军机处随手登记档》(152),第463页。
③ 参见孔祥吉《戊戌前后的孙中山与刘学询关系发微》,《广东社会科学》2005年第2期。

第七章 "康党"与戊戌己亥政局的变动（下）

虽然刘、庆日本之行遭到了新党报刊的各种讽刺与诋毁，但慈禧太后消灭"康党"的决心并未动摇，九月二十四日，清廷发布三道电谕，分别给刘坤一、罗奉禄和李盛铎，命其乘康有为离开加拿大之机，"严密探访"，"设法捕拿"，"期于必得"；随后，复有李鸿章南下考察商务与督粤之命。光绪二十五年十月二十二日，上谕"着派大学士李鸿章为商务大臣，前往通商各埠考察一切商务事宜"。① 对于清廷派李鸿章为商务大臣的动机，李鸿章曾致函其子李经方说："商务大臣之举，庆邸因各外部华商公电祝慈寿，吁请归政皇上，仍图变政自强，明系康有为等煽惑，恐摇动人心，因余老成重望，出为宣播德意，笼络舆情。又，刘学询庆宽条陈，若令外埠归心，可筹巨款千数百万。"② 其实，李鸿章很清楚，这一职务不过是个空名，"中西情形迥殊，事权又异，提空名而无实际，岂能有裨？"③ 而在这一空名的背后，李鸿章还有更重要的任务，即借查商务之名，行拿"康党"之实。对此，李鸿章致电罗使说："现奉旨派为商务大臣，面奉懿旨：逆臣康有为已至香港，英员保护，饬设法商办。"奉有密旨的李鸿章自然不敢怠慢，"吾管商务又奉密旨，不能漠视"，他希望罗使"速商英政府，电令各处官吏，不得容留康逆在境为要"，既然日本、美国政府都不准"康逆"入境，那么"英、华交谊关切，不亚美、日"，英也应该限制康有为进入香港等地，因为"香港及新加坡、缅甸各口皆多华民，距华切近，若任令久住煽惑，于中国有害，亦于英商务有损"。④ 李鸿章很清楚自己的任务，因此尚未出京，就已开始布置捕杀康有为之事。而他所委派具体执行此事的人选就是其幕僚刘学询。本来，慈禧太后将刘学询交由张之洞委任，意在帮刘摆脱困局，而此时李鸿章为捕杀康、梁奏调刘学询，可谓知人善任。接到李鸿章

---

① 第一历史档案馆编《清实录》第57册，卷451，第954页；卷453，第980页。
② 李鸿章：《致李经方》，光绪二十五年十一月十二日，顾廷龙、戴逸主编《李鸿章全集》第36册，信函八，第251页。
③ 李鸿章：《复湖北即补道张煜林》，光绪二十五年十一月十四日，顾廷龙、戴逸主编《李鸿章全集》第36册，信函八，第251页。
④ 李鸿章：《致罗使》，光绪二十五年十月二十五日已刻，顾廷龙、戴逸主编《李鸿章全集》第26册，电报六，第466页。

的委派后，刘学询积极从事，多次致电李鸿章称："法用诱用掳，活上毙次。上瞒港官串巡捕，如劫盗行径，与国事无涉。询已有港、澳可用之人，逆不远扬，相机必得。候孙来商截南洋之路，防逆闻此次诏捕外窜。事与捕海盗案不同，官事未办先泄，逆又消息灵。"① 李鸿章复电，称："用诱用掳，能生获尤妙。瞒港官串巡捕，除此祸根，有裨国事，兄勉为之。逆闻诏捕乃意中事，难保不外窜。"② 与此同时，李鸿章积极与驻英公使罗俸禄联络，让罗与英方联系，禁止康有为进入香港、新加坡等地。但罗俸禄的请求并未得到英方的认可，最初英相表示："英向例优容外国叛逆，前巴相当国，只因将法逆驱出，即夕去位，我不敢蹈覆辙。"后在罗的再三恳请下，英相答应电询港督。③

十一月十七日，李鸿章因广州湾事件，被改派为粤督，但其捕杀康、梁之命并未改变。为此，英使告诉李鸿章说："接港督电云，中旨欲杀康，如在英界，我国太不体面。康果何罪，相与辩论，使云谕旨不足凭。"在得到英使的答复后，李鸿章让杨崇伊转告刘学询谨慎行事，"相命电告，此事宜细心设计密图，勿过卤莽，防一击不中，口舌更甚。黄金福系刚派密捕者，亦合办为妙"。④ 谨慎行事并不意味着放弃谋杀康梁，随后在得到梁启超赴檀香山的消息后，李鸿章便致电驻美使臣伍廷芳说："朝廷索该二犯甚急，望密商稷臣，设法购致，乃不世之功。"⑤ 据此可见清廷捕杀康梁之急迫，刚毅甚至另派黄金福谋杀康有为。

对于李鸿章出任商务大臣与粤督的真实意图，李鸿章虽奉密旨，但外间

---

① 《附刘学询来电》，光绪二十五年十月二十八日午刻到，顾廷龙、戴逸主编《李鸿章全集》第 26 册，电报六，第 467 页。
② 李鸿章：《复刘学询》，光绪二十五年十月二十八日申刻到，顾廷龙、戴逸主编《李鸿章全集》第 26 册，电报六，第 467 页。
③ 《附罗使复电》，光绪二十五年十一月十三日辰刻到，顾廷龙、戴逸主编《李鸿章全集》26，电报六，第 468 页。
④ 《附杨莘伯致刘学询电》，光绪二十五年十二月初三日巳刻，顾廷龙、戴逸主编《李鸿章全集》第 26 册，电报六，第 471 页。
⑤ 李鸿章：《寄华盛顿伍使》，光绪二十五年十二月二十八日未刻，顾廷龙、戴逸主编《李鸿章全集》第 26 册，电报六，第 473 页。

并非不知,光绪二十五年十一月二十六日,汪大燮致函汪康年说:"自刚回后,又常常专注拿康,危言耸论,不知又加几许,《国闻报》廿三、廿四间所论,其测量颇准也。合肥之商务、两广,皆为此事,有此一事,则余事皆不暇矣。"① 这里,汪大燮所说的"廿三、廿四"似有误,当指"廿二、廿三"连载于《国闻报》的《东野人言》。此中,以作者游园时与客人间非常有趣的一段对话道出了新党对清廷镇压、摧折"康党"和新党举措的看法。客问十一月十八日上谕"胡为而颁?"作者答曰:"大都不外夫二事,一为沈仲堂太史应诏狂言致触旧党之怒,难保无人以危词耸太后之听;一因南洋各埠商人电请圣安如是其众,朝廷恐有他心,故颁此谕以表明两宫和好,使释群疑。"客闻言曰"后说近之而未得其要领也",并联系近来清廷的一系列举措指出,"国家所欲得者,康梁也,所以谋得康梁之计,用之将尽。故近日之举动,千变万化,似与康梁无涉,而其实无一不为康梁也",其中刘学询使日、李鸿章赴粤皆是为此。②《新闻报》于十一月十九日刊发论说《朝命李傅相署理粤喜志》,指出了李出任粤督的真实用意:"刚毅查办广东事件,知广东一隅为中国争雄之地,密奏皇太后皇上。皇上简李鸿章为商务大臣,沿(前)往南洋各岛。请训之际,皇太后无他语,惟曰尔往南洋各岛宣布我母子和好无他故云。先是南洋各岛众商上皇太后祝嘏奏章,皆有请皇太后归政之语,总理衙门恐触皇太后之忌,删其半。刚毅察觉,密奏皇太后,皇太后不悦,令总理衙门复将全奏补上,于是皇太后知南洋各岛众商其奏中立意必有主使之人在也。闻之南洋各岛众商皆孙康联络声气之人,皇太后有隐忧,以为非李鸿章不足以督粤。"《中外日报》也特别强调了李鸿章赴粤任务之一即捕康:"闻太后前次召见李中堂时,实有令其密拿逋臣康有为,并查拿康党之谕……李中堂已具密折奏调刘学询至粤差遣。闻已蒙允。""此间谣言甚多,李傅相至粤之故,因其能获康有为云"。③

---

① 上海图书馆编《汪康年师友书札》(1),第812页。
② 《东野人言》,《国闻报》光绪二十五年十一月二十二日、二十三日。
③ 《论拿康有为》,《中外日报》光绪二十五年十二月十一、十三日。

就在李鸿章赴粤设法捕拿"康党"之际，清廷再下捕杀康梁的谕旨，即《国闻报》所说的"十一月十八日上谕"。中称：

> 世道人心之患，莫患于是非顺逆之不明，是以古圣贤有伪辩之诛，有横议之戒，为其惑世诬民也。朕自冲龄入承大统，笃荷皇太后恩勤教育，垂三十年。自甲午以来，时事艰难，益贫益弱，朕宵旰焦思，恐负慈闱付托之重，缵列圣神武之谟，每冀得人，以冀资振作，而翁同龢极荐康有为，并有"其才胜臣百倍"之语。孰意康有为密纠邪党，阴构逆谋，几陷朕躬于不孝，并有倡为保中国不保大清之谋，遂有改君主为民主之计。经朕觉察，亟请圣慈训政，乃得转危为安。而康逆及其死党梁启超先已逭逃，稽诛海外，犹复肆为簧鼓，刊布流言，其意在荧惑众听，离间宫廷。迨谭钟麟查抄康逆等往来信函，有谭嗣同堪备伯理玺之选，其种种逆谋，殊堪发指。凡我中外臣民，愤其狂悖者固多，而受其欺愚者千百中不无一二，不但不识是非，兼亦不明顺逆，所当切戒而明示之也。自去秋训政以来，上下一心，宫府一体，勤求治理，绝无异同。而康逆等犹持维新守旧之论，煽惑狂躁，喜事之徒，殊不知我朝圣圣相承，祖法昭垂，永宜遵守。且朕躬图治之意，但孜孜于强兵富国为急，今慈圣垂训之言，仍谆谆于保境交邻为念。兹特明申诰谕，坦示朕心，凡我臣民，勿得轻听流言，妄为揣测，倘再构煽邪说，群相附和，去顺效逆，邦有常刑。至康有为、梁启超大逆不道，网漏吞舟，果尔稽诛，是无天理。近闻该逆等狼心未改，仍在沿海一带倏往倏来，著海疆各督抚，懔遵前旨，悬赏购线，无论绅商士民有能将康有为、梁启超严密缉拿到案者，定必加以破格之赏，务使逆徒明正典刑，以申国宪。即使实难生获，但能设法致死，确有证据，亦必一体从优给赏。总之，邪说虽煽，而忠臣孝子必不忍闻。宪典虽宽，而乱臣贼子必不能贷，将此通谕知之。钦此。①

---

① 中国第一历史档案馆编《光绪宣统两朝上谕档》(25)，第345~346页。

这是继戊戌年八月十四日上谕之后，清廷发布的又一道罗列"康党"罪状的长篇谕旨，意在博得世人对其穷究"康党"的理解。对于此一谕旨出台的背景，《申报》报道说："刚子良中堂入京覆命，特呈进叛犯梁启超所作《清议报》及《戊戌政变记》等书，历陈康梁二逆煽惑情形，并称近日康又邀游列国，若不使其根诛尽绝，则星星之火，终致燎原。皇太后览书大怒，未几皇上有饬拿及设法致死之旨，并迁怒某大臣。"① 这里的"某大臣"即指翁同龢。

但遗憾的是，清廷每一次捕拿"康党"的布局，非但没有获得趋新士人的谅解，而且引起新党各大报刊的舆论攻击，极大地动摇了清廷在士人心中的形象。

与缉拿"康党"同时，清政府的复旧举措也以刚毅南下为契机走向极端。己亥年四月十二日，清廷派刚毅前往江南一带查办事件②。刚毅素以守旧著称，政变后得到慈禧太后的重用，在推动清廷的复旧与株连中，起到了关键作用。对刚毅的志趣，时论多所记载，其中有一则如是说："中国大学士必兼军机，始称真相。某协揆（即指刚毅）由翻译生员出任封疆，属僚见其座侧悬有六字真言，其词曰：汉人强，满洲亡。其后入为真相，本年诛戮新党，首建大功，稍偿素志。因复为六字真言，其词曰：汉人疲，满洲肥。凡沾其恩者，皆谓真言简□，实虞廷喜起之遗响。每在枢廷，于平章万几之暇，纵谈时事，谓汉人固无一非坏种矣，即旗人中有好读书者，亦不可靠，今惟取其人□□之外识字无多者，即干济之才也。或谓读书本于孔子，未必皆坏。某厉声曰：孔子在当日岂是一好东西。"③ 这则不乏讥讽、调侃的记载道出了刚毅的愚顽守旧。也正因如此，当清廷派刚毅南下的谕旨一出，即引起了趋新之士的疑虑。当天，叶昌炽看到消息后，在日记中记曰："刚相奉旨赴江南一带查办事件，颇为林下诸公危

---

① 《天威震怒》，《申报》光绪二十五年十二月初八日。
② 中国第一历史档案馆编《光绪宣统两朝上谕档》（25），第108页。
③ 《真相赓歌》，《国闻报》光绪二十四年十一月二十三日。

也。"① 可见，在趋新之士的心中，刚毅南下必将对"林下诸公"不利。随后，清廷的一系列谕旨逐渐透露刚毅南下的主要任务在于清查江南的关税、厘金、盐课及轮船电报局事宜②，以解决清政府日益拮据的财政困难。但时人对于刚毅南下的原因颇多猜测。《中外日报》刊发消息称："刚子良中堂奉命南下查办事件，都中人颇多拟议之词。先是山东巡抚毓中丞曾专折奏参江督刘制军，兼及候补道八人，故人多疑及此。又闻刚中堂出京，实因有人与之不洽。朝廷恐两贤相厄，或误大局。故令刚出京，俾之独当一面。"③ 这里列出了刚毅南下的两个原因：一是毓贤弹劾刘坤一，一是荣禄与刚毅的矛盾。二者都非捕风捉影，而是确有其事。后者似可解释南下筹饷者何以不是别人而是刚毅，前者则可解释何以刚毅南下不往他处而独到江南。

作为当事人，刘坤一对刚毅南下之因的体察，也补证了上述说法。是年五月，刘坤一致函友人谈及刚毅南下的原因，说："唯被言官参劾，朝廷特派刚相南来查办，尊处谅早闻知……鄙人屡挂弹章，仰赖圣明曲予优容，宁复以人言介意。惟昔人言行年七十而不致仕，犹钟鸣漏尽，夜行不休。矧衰

---

① 叶昌炽撰，王季烈编《缘督庐日记钞》（二），己亥年四月十二日，第 452~453 页。
② 对于刚毅到江南的任务，清廷的谕旨是逐步透露的。四月辛丑，"谕军机大臣等，近来各省厘金，大半利归中饱，而尤以江南为最甚。其弊不仅在委员侵蚀，即司事巡丁等项人役，一遇商货到卡，或故意留难，收数报少，或藉端讹索。假公济私，甚至盘踞把持，得贿卖放，以及票根不符。大头小尾，弊端种种，不可枚举。蠹国病民，实堪痛恨。若不严加厘剔，何以除积弊而塞漏卮。此次刚毅前往江南查办事件，着将该省厘金大小各局卡，逐一彻底清查，悉心综核，现在抽收实数，究有若干，清查之后，约可增出若干，分别详晰具奏，上下江局卡林立，诚能涓滴归公，自可积成巨款。该大臣向来不避嫌怨，办事认真，厘金利弊，素所洞悉，必能为国家整顿饷源，剔除中饱，不负委任也。将此谕令知之。"《清实录》第 57 册，卷 442，第 837 页。该月丁卯，"又谕：有人奏，常税厘卡盐课等弊，不一而足。商电报各局，弊在假公济私，请饬清查等语。现当整顿饷源之际，若如所奏，弊窦甚多，亟应从严厘剔。即著刚毅先就江南一省，认真查办。其招商电报各局，历年收支底册，并著督同盛宣怀，一并彻查。除股商官利外，所有赢余之款，均著酌定成数，提充公用，毋任承包各员稍有侵蚀，以杜积弊而裕饷源。原片著抄给阅看，将此谕令知之。寻刚毅奏，查招商、电报二局，系与怡和太古大东大北各公司争回利权，盛宣怀办理尚属得法。所积赢余，已供海船添线及南北洋学堂之用，如再遇余利加多年分，仍照二成之数加捐。如所请行。"《清实录》第 57 册，卷 445，第 865~866 页。
③ 《刚相南下缘由》，《中外日报》光绪二十五年四月二十三日。

病之躯，尤应亟避贤路，已于前日具折乞退矣。"① 刘坤一所说的弹章，即指毓贤的弹劾。光绪二十五年三月二十一日，山东巡抚毓贤同时上一折、一片对刘坤一进行弹劾。在奏折中，毓贤表示，他因曾署江宁将军近两月之久，故对刘坤一之"庸懦昏愦徇法"多所耳闻，因此"不能不陈于君父之前"。他列举了刘坤一倚任门丁张弼臣、周若思，听信其两侄把持署事，幕友沈次梅招摇撞骗等事实后，说："所有官弁之升迁补署，皆若人主之，是以江南有十总督之目，而吏治不修，营伍不肃，公牍则假手于人，行政则事权旁落。"与刘坤一之"庸懦"相对照的是江南的重要地位，"江南地大物博，政务殷繁，总督则统辖三省，南洋则控制海防"，如此重要之地，"断非庸懦者所能胜任"。② 在附片中，毓贤对江南厘金的中饱私囊者进行弹劾，认为："江南为财赋之区，若经理得人，收报核实，于饷需不无裨益。无如两江督臣于委用局员，非钻营而得，即干而来，一经到局，捏报多端，版归中饱，拟请旨饬下两江督臣彻底清查，令牌廉员管理，饬以实收之数报解，以裕国课而杜虚靡。"③ 对于前者，清廷未作谕批，但对后者朱批为"另有旨"。当天，清廷下发一道谕旨给刘坤一，内有"有人奏江南厘金半归中饱等语，厘金一项必须经理得人认真查核，若如所奏局员钻营干托，安望起色，刘坤一破除情面将通省厘金彻底清查由"④ 等语。在清廷饷需困难之际，江南厘金的"半归中饱"，显然引起了重视，清廷虽谕令刘坤一"破除情面"，但又深知情面难破，因此便有了四月十二日派刚毅南下的决定。而刚的到来自然使刘坤一感到不快，他致函朋友，表达了内心的郁闷："弟久处财赋之区，无能综核，致派重臣会商办理，溺职之咎，更何容辞。所有一

---

① 刘坤一：《复德晓峰》，光绪二十五年五月，《刘坤一遗集》第5册，第2252页。
② 《山东巡抚毓贤奏为特参两江总督刘坤一庸懦昏愦据实纠参事》，光绪二十五年三月二十一日，档号：03-5373-108，缩微号：406-0580。
③ 《山东巡抚毓贤奏请饬下两江督臣清查中饱私囊厘金局员并各省疆臣仿照李秉衡整顿海关化私为公事》，光绪二十五年三月二十一日，案卷号：04-01-12-0589，档号：04-01-12-0589-118，缩微号：04-01-12-112-1809。
④ 中国第一历史档案馆编《清代军机处随手登记档》（151），第622页。

切事宜，多系刚相主政，弟奉令承教，以告无罪而已。"① 本应由总督治理的财富之区，却派来了钦差大臣，这透露了清廷对刘坤一的不信任，而刘坤一的自责也包含了对清廷此举的不满。而后，在刚毅抵达江南且开始查办事件之际，清廷又发布一道上谕，似有安抚刘坤一之意。该上谕称：

> 江南地方紧要，刘坤一在任有年，尚无贻误。惟近来外省办事，瞻徇敷衍积弊相沿，非破除情面，不足以力湔旧习。朝廷眷念海疆，特派刚毅驰往江南，将地方一切事宜，悉心咨访，妥筹整顿。现据该大臣将查访筹办各节，分晰具奏，业已谕令会商该督抚认真办理。刘坤一职任兼圻，久资倚畀，既有分任劳怨之人，自应益加策励，遇事和衷商榷，将向来具文积习，一扫而空，勿稍回护。至用人尤当今要务，并与刚毅会商考核，秉公激扬，以期各当其任。该督夙矢公忠，当此时局艰难，谅能仰体朝廷实事求是之心，不至藉口于积重难返，稍涉推诿也。②

这里，清廷一方面追述派刚南来的原因，承认刘坤一"尚无贻误"，之所以派刚南来，是因为外省办事，"瞻徇敷衍"，需要外派钦差方能破除情面，整顿弊政。言外之意，此乃各省通病，非江南独有，显露安抚之意。但接下来，谕旨要求刘坤一与刚毅"和衷商榷"，并特别强调了在用人问题上要与刚毅"会商考核，秉公激扬"，不得"稍涉推诿"，这显然是在提醒刘坤一不要与刚毅为难。当刚毅已经南下且已开始查办事件之时，清廷才下发这样一道上谕，可能是意识到派刚毅南下而不知会两江总督刘坤一，似有不妥，故而补发此道上谕，说明缘由。但该谕旨对江南用人问题的强调，则提示我们注意刚毅南下背后有更为深层的原因。

早在戊戌年十月下旬，清廷就曾突发上谕，称："刘坤一向来办事认真，公忠体国，朝廷素所深知。自简任两江以来，于地方事宜，亦能加意整

---

① 刘坤一：《复谭文卿制军》，光绪二十五年五月，《刘坤一遗集》第 5 册，第 2250 页。
② 《清实录》第 57 册，第 445 卷，第 859 页。

顿。唯是近来时局艰难，用人一端最为第一要义，不但所属大小文武各员，宜时时留心考察，即幕友书吏人等，亦宜严加约束，不可偏信。两江重地，该督在任有年，尤贵振刷精神，力任艰巨，方不负朝廷殷殷期望之厚意。"① 这里，清廷对刘坤一的用人问题表示不满，特别是不满其对幕友书吏的管束不严，偏听偏信。这也是戊戌政变后，清廷首次对刘坤一提出警示，可能与徐桐的面奏弹劾有关。因为，十月二十四日，慈禧太后召见了徐桐，召见时，太后"兢兢以人才消乏为虑"，徐桐的奏对内容不得而知，但徐桐于十一月初五日所上的《奏为时艰孔亟宜分别黜陟管见事》折，目的就是为太后黜陟官员提供参考，其中就有参劾刘坤一的内容，他所参刘的主要问题即用人"轻听轻信"②，这正是上述谕旨所说内容。据此可以推断，徐桐在十月二十四日太后召见时，很可能也面奏了刘坤一的用人问题，于是便有了清廷的这道上谕。接到上谕后，刘坤一的心中自然不是滋味，随即上《披沥自陈乞恳开缺折》，对清廷的指责进行自我辩解，称："惟臣于文武各员，莫不留心考察，分别举劾，未敢稍涉模棱，所延幕友，如刑名、钱谷以及军务、盐务、洋务数人，必择品学兼优之士。至书吏人等颇众，其中贤否不齐，只合有犯必惩，随事约束，并未偏信此辈，为其所朦。臣碌碌无所短长，生平惟清勤自励。"同时，刘坤一以身体不能胜任为由，恳请清廷"准其开缺回籍调理，迅简重臣，以资坐镇，保全实多，裨益甚大"。③刘坤一的自我辩解说明他并不认可清廷的责备，其开缺之请流露的是不满之意。

在收到刘坤一的奏请之后，清廷再发上谕，对刘的开缺之请严旨苛责，称："刘坤一奏，沥陈下忱，吁恳开缺。前因两江重地，刘坤一在任有年，平日办事认真，惟时局艰难，用人一端，尤关紧要，谕令留心考察，不可偏

---

① 《清实录》第57册，卷432，第680页。
② 《体仁阁大学士徐桐奏为时艰孔亟宜分别黜陟管见事》，录副奏折，档号：03-5617-033，缩微号：423-2309。
③ 刘坤一：《披沥自陈乞恳开缺折》，光绪二十四年十一月十五，《刘坤一遗集》第3册，第1077页。

信,并当振刷精神,力任艰巨,以副期望。此正国家礼遇旧臣,殷殷垂诫之意。该督自应感激知遇,益加奋勉,方不负大臣共体时艰、以身许国之谊。兹据覆奏,以两江政务殷繁,本非衰庸所能胜任,恳请开缺,是以退闲为卸责之地,殊属非是。朝廷待下以诚,臣下不可有一字之欺。刘坤一所请开缺之处,著毋庸议。仍著懔遵前旨,将用人行政各事,加意讲求,悉心经理,以副疆寄而济时艰。"① 这里,清廷对刘坤一不能领会朝廷"殷殷垂诫之意"、反而恳请开缺的做法,严加斥责,认为此乃"以退闲为卸责之地",甚至有"欺君"之嫌,"殊属非是"。

　　清廷虽没有同意刘的开缺恳请,但从先后两道谕旨已可见其对刘坤一的不满,也正因如此,刚毅南下之后,清廷仍然念念不忘两江的用人问题。由此观之,刚毅南下的首站即刘坤一管辖的江南,便不意外。这反映的正是政变后清廷对刘坤一的不满。

　　那么,这种不满又缘何而来?这与政变后刘坤一维持大局的大胆直言不无关系。对此,时论曾如是说:"西太后宠臣、军机大臣刚毅,将查办江南一带情形,且整备军事,为预备不虞之计,故南洋闻之如生一大变,人心大动,外国人与日本人等,亦皆有所疑虑。刚毅者守旧党中之人也,与荣禄不相逊,各极顽愚,去岁政变之时,最极力排斥维新党。刘坤一能通中外事情,颇喜开化事业,且尽忠于今帝。昨岁政变,西太后传密覆坤一,告废皇之事,坤一复电之曰:'君臣之义既定,中外之口难防。'后数问皇上起居。刚毅与皇上不相容,昨年政变之时,皇上申斥刚毅尤著,刚直驰谒西后,百方谗之,二人者关系如此。山东巡抚毓贤作项目二十三条,弹劾刘坤一及其部下道台八人,刚毅乘机将南下处分之,此盖自然之数也。"②《清议报》转载日本《大阪每日报》的这条消息,将刚毅南下与刘坤一政变后反对废立的言行联系在一起,不无道理。政变后,清廷一意趋旧,停废新政、株连新党,作为百日维新中被光绪帝点名批评的刘坤一本应为守旧的清廷所赞赏,

---

① 《清实录》第 57 册,卷 434,第 708 页。
② 《清议报》第 19 册,光绪二十五年五月二十一日,第 12~13 页。

第七章 "康党"与戊戌己亥政局的变动（下）

不料刘坤一公然上奏，对清廷的停废新政、株连新党甚至废立图谋大加谏阻，这自然会引起清廷的不满。于是便有了针对两江、针对刘坤一的刚毅南下。

既然刚毅已经南来，且有了朝廷"和衷商榷"之谕，刘坤一也只有勉力配合了。对此，他曾致函友人说："刚相南来查阅炮台、营伍、积谷、团练及被参文武员弁，尤重在搜罗厘金各局款项。屡经会晤，诸事遵旨和衷共商，朝廷苦衷，自应仰体。惟此皆疆臣应办之事，平日不能一一整顿，致劳宸虑，溺职之咎，更复何辞。去则义有不安，留则事益难办，夙夜思念，不知所从。"① 在进退两难中，刘坤一勉力应对。尚在休病假中的他"力疾销假"，协同刚毅查办各事。但问题的关键在于刚毅太过守旧，不但无法接受戊戌新政，而且连洋务新政也恨之入骨。因此，对于刚毅在江南的作为，刘坤一虽遵循谕旨"和衷商榷"，但也难免"貌恭而心不服"。以守旧著称的刚毅来到江南，一方面大力"开源"，即整顿常关、盐、厘，清查赋税，并要求以商股为主的轮电两局报效清廷；另一方面"节流"，即通过裁撤新式学堂、商务局等为清政府节省开销。以筹饷为鹄的，存在了几十年的洋务新政岌岌可危。

抵宁不久，刚毅便有视察江南高等学堂之举。阅视之下，"颇不为悦，语人云学堂办下去，不过养成几个汉奸，不如趁早将学堂裁撤，少一读外国书人，即少一心向外国之人"。② 既然"学堂之设无补时艰，虚縻公帑"，且"兼肆洋文，尤有造就汉奸之虑"③，裁撤之举自然一举两得。刚毅的逻辑令时论发出"此伟论实不易多得"的感叹。而从陈三立的记载中，我们还可以看到刚毅裁撤学堂的另外一个原因，即学堂总办蒯光典以直言得罪刚毅："会大学士刚毅按事至江宁，重公名，延与语。语切直，忤大学士，即议罢学堂，公怒拂衣去。"④ 这或许可以解释，刚毅何以只撤江南高等学堂而不

---

① 刘坤一：《复刘景韩》，光绪二十五年五月，《刘坤一遗集》第5册，第2251页。
② 《刚相抵宁后第六信息》，《国闻报》光绪二十五年五月二十七日。
③ 《江南高等学堂吴聿业生上合肥爵相书》，《新闻报》光绪二十五年八月初三日。
④ 陈三立：《清故四品京堂蒯公神道碑铭》，《散原精舍诗文集》（下），第1031页。

是将所有学堂一概撤之！蒯光典究竟因何语"忤大学士"？据《国闻报》报道："刚大臣之裁撤学堂也，盖以使节初抵江宁时，传见高等学堂蒯理（礼）卿总办，谓此等学堂原为造就人才起见，特恐将来汉奸愈多耳。蒯应之云天下事苟其办无成效，流弊滋多，不独学堂一端。即中堂现办团练，若使办不得法，将见江南一带徒添数万土匪，于国家亦有何益？刚大臣闻之，心殊怏怏不怿，决计欲将该学堂撤去。惟思仅裁一学，则殊觉不公，又未免贻人口实，遂与刘岘帅一再筹商，拟将陆师、练将、高等三学堂一律裁去，以节经费而裕饷源。"① 蒯光典的确性情刚直，不避权贵，但其忤逆钦差的结果是江南高等学堂被裁。而同时被裁的没有陆师学堂，只是练将学堂。而后，江南高等学堂的学生上书刘坤一、李鸿章，希冀刘、李出面恢复学堂。据报道，"傅相见众心又如是踊跃，为之歔欷太息，当即面加奖许，并为电达岘帅，闻所以裁撤之故。岘帅以当时系勉徇刚相之请，意甚不谓然，阅电之下，立传总办蒯丽（礼）卿观察进见，命将该学堂改为江左书院，由官绅合办，且许每年拨官款银二万两，以助经费，仍招原班学生入内肄业"。② 此一消息显示李、刘等洋务督抚对于刚毅此举的不满，消息虽不够精准，但确非风影之谈。江南高等学堂裁撤之后，刘坤一等人确实有筹划学堂改名及筹办其他替代学堂之事。八月十五日，刘坤一致函蒯光典，谈及相关事宜，有云：

> 江南初设高等学堂及改格致书院，节经尊处拟陈条款，莫不详审精密，且费苦心，良深钦佩。弟自高等学堂之撤，甚愧无力保持，以后不复置议。……唯高等学堂裁撤后，因存款尚多，恩方伯遂议易名书院，以便学生照旧肄业，不至资遣为难，仍以三年为满期，以经费别无从出也。总办一切，原请借重长才，以资熟手，而左右坚辞不出。今欲截留存款，另办两处学堂，则恩方伯拟改书院应做罢论，似与坚辞总办本旨

---

① 《裁撤学堂缘由》，《国闻报》光绪二十五年六月十五日。
② 《论金陵高等学堂》，《新闻报》光绪二十五年九月十五日。

不符。且裁一高等学堂，而添设三处，虽为培植人才起见，究非目前事体也。①

这则资料显示，当江南高等学堂裁撤之后，时任江宁布政使的恩寿即提出易名书院的应对之方。同时，刘坤一等人也已商定截留存款，另办两处学堂。后由于熟手坚辞不出，加之已定另办两处学堂，故恩寿提出的易名书院遂"做罢论"。这充分显示刘坤一等人对刚毅停办学堂之举的不满。

与江南高等学堂、练将学堂被废同时，刚毅一行又盯上了成立不久的上海女学堂。由于"经办之人，皆系各巨绅内眷，素以才识自诩，谓可冠绝地球。虽一切情形，刚相以事嫌琐碎，仅令随员居折奏闻，然在创办学堂者闻知，未免又多一忐忑矣"。② 刚毅一行的介入，使得创办学堂之巨绅惴惴不安，上海女学堂最终以停办告终。如果说江南高等学堂等的裁撤意在节省库帑，上海女学堂的裁撤却与经费无关，因其创办之款"初由捐募，继由筹垫，不费官款"③。素恶洋务的刚毅自然无法容忍女学堂的存在，其被废自在意料之中。"江南高等学堂既以支用官款之故，被刚钦差裁撤，而江西务实学堂又经部议，不准动用库款，因之停止"。④

李鸿章私下谈及刚毅南行时也流露厌恶之情，他说："度支日绌，拨派频烦……星使按事南行，所遇无不罗掘。"⑤ 可见，以倡办洋务为中兴之路的刘、李等洋务督抚，是无法认同刚毅裁废学堂的愚昧之举的。而刚对江苏候补道沈敦和案的处置，同样显示其在洋务问题上与刘坤一的差距。沈敦和因通晓洋务备受刘坤一的赏识，光绪二十四年七月十三日，刘坤一保荐使才，其中就有沈敦和，刘坤一首先说明自己举荐使才的标准，即："臣维使

---

① 刘坤一：《致蒯礼卿》，光绪二十五年八月十五日，《刘坤一遗集》第5册，第2254~2255页。
② 《明查暗访》，《新闻报》光绪二十五年七月十八日。
③ 《中国宜维持女学说》，《中外日报》光绪二十五年七月十六日。
④ 《裁撤学堂》，《中外日报》光绪二十五年八月十二日。
⑤ 李鸿章：《复两淮运台江》，光绪二十五年八月初六日，顾廷龙、戴逸主编《李鸿章全集》第36册，信函八，第235页。

才之选,固须公忠体国,专对擅长,并须先在外洋阅历人员,或久办洋务,方可驾轻就熟。"以此标准衡量,沈敦和即可胜任:"候补道沈敦和,以出洋肄业学生,历办上海租界会审及各处翻译",与其他六员一样,"屡试有效,均能通达时务,不染习气。倘蒙天恩,俯赐录用,予以辀轩之任,俾联玉帛之欢,必能继好敦槃,折冲樽俎,仰酬高厚生成于万一"。① 直到光绪二十五年四月,清廷才发布上谕,命刘坤一饬令沈敦和等来京预备召见。同月,清廷"以江南训练自强军在事出力",予道员沈敦和等"升叙加衔有差"。但随后不久,清廷以"有人奏沈敦和有拆毁炮台之事"为由,发布上谕,命刚毅查办,中称:"近闻江苏吴淞口,有拆毁炮台之事。并闻系候补道沈敦和所为。吴淞炮台,为防海扼要之处,何以擅行拆毁,是否实有其事,著刚毅确切查明,据实具奏,毋稍徇隐。沈敦和声名素劣,并著刚毅严密查访,如有营私妄为实迹,即行据实参奏。"② 就这样,被刘坤一视为人才不断保荐的沈敦和竟成了刚毅查核的对象。据军机处随手登记档可知,六月二十二日刚毅上《遵查候补道沈敦和参款请革职由》,附片《沈敦和革职后请饬不准逗留由》③。查照军机处的录副奏折,六月十六日刚毅的确上了一折、一片,奏折为《兵部尚书刚毅奏为遵旨查明江苏候补道沈敦和营私妄为请旨革职事》,与上述随手档登记者当为一折,其中刚毅承认已经查明"拆毁炮台发议于英律师担文,据以上请,此案均经刘坤一咨准总理衙门核覆在案,尚非沈敦和擅行拆毁",但沈敦和仍有利用办理洋务之便谋取私利之罪,"惟因禀设兴利、恒源两公司,还私立合益公司,意存影射",且"乘开埠之际贩卖地皮,设立公司,虽无怂恿洋人实情,然迹其贪婪巧诈,上海一带呼为汉奸,人人切齿,相应请旨将江苏候补道沈敦和即行革职,以为营利妄为者戒"。④同时,刚毅附上一片,名为《兵部尚书刚毅奏为密陈

---

① 刘坤一:《遵保使才折》,光绪二十四年七月十三日,《刘坤一遗集》第3册,第1042页。
② 《清实录》第57册,卷444,第847页。
③ 中国第一历史档案馆编《清代军机处随手登记档》(152),第270页。
④ 《兵部尚书刚毅奏为遵旨查明江苏候补道沈敦和营私妄为请旨革职事》,光绪二十五年六月十六日,录副奏折,档号:03-5933-113,缩微号:444-2679。

沈敦和革职后应如何笼络安置请旨事》，其中刚毅对仅仅给予沈敦和以革职处分不太放心，他说，"沈敦和平日与洋人往来情密，前以一官维系尚不至狡然思逞，若革职后任其优游上海，则必将明目张胆，挑唆洋人，横行无忌，后患不可不防"；出于此种顾虑，刚毅恳请清廷考虑处置沈敦和的合理办法，"查军民交结外国，引惹边衅者，例有拟军之条。惟沈敦和虽与洋人交结，尚未显有边衅，又未便拟军，是以请旨就案办案，现在所查情节核其应得处分仅止革职，革职后如何笼络安置之处，恭候圣裁"。① 本想处沈敦和以"拟军之条"，可刚毅觉得沈罪尚不够，仅够革职，因此只能恳请圣裁。从内容上来看，刚毅该片并无"沈敦和革职后请饬不准逗留"之请，而随后清廷对沈敦和的处置显然是依据刚毅的提示采取了最为严厉的方案。刚毅奏上后，清廷于六月二十四日发布上谕，称："前因江苏候补道沈敦和，声名恶劣，当经谕令刚毅查办，兹据查明覆奏，江苏候补道沈敦和，贪婪巧诈，营私妄为。既据该大臣确查均有实据，沈敦和著即行革职，发往军台效力赎罪，即著刘坤一、德寿迅速派员押解启程，毋任逗留。"② 短短的两个月中，沈敦和便由"来京预备召见"的"使才"变成了"发往军台效力赎罪"的罪臣，命运的转折不谓不速。

面对这突如其来的处罚，不但沈敦和无法接受，而且也出乎刘坤一的意料。据时论报道，"沈观察获罪之故，因筑吴淞炮台与拆吴淞炮台俱出一人之手，当拆炮台时又未见南洋大臣出奏。刚中堂见而大怒，致于严参。况沈观察通晓西言为刚中堂之所最恶云"。③ 奉到沈敦和发配军台之旨后，据说刘坤一"以洋务人材难得会同电奏，请旨宽免处分，弃瑕录用，仍留江南当差"。④ 但"太后以沈观察既识洋务，但被刚钦差所参，必系不职，此次须认真惩办，尚可以一儆百，故有不准宽免，仍发往军台效力赎罪之谕"。⑤

---

① 《兵部尚书刚毅奏为密陈沈敦和革职后应如何笼络安置请旨事》，光绪二十五年六月，录副奏片，档号：03-5936-113，缩微号：445—0096。
② 《清实录》第57册，卷447，第895页。
③ 《述沈观察被参之由》，《国闻报》光绪二十五年六月二十九日。
④ 《奏留革员》，《国闻报》光绪二十五年七月初五日。
⑤ 《不准宽免》，《国闻报》光绪二十五年七月十三日。

"以一儆百",清廷处罚沈敦和的目的明确。这里所说的刘坤一奏留沈敦和,与事实不符。在接到清廷处置沈敦和的上谕后,刘坤一确实上了一个奏片,但并非奏留沈敦和,他只是"以该革员办理吴淞清丈局务,经手官地官款甚多,因令交代清楚再行押解启程,由电奏明在案"。如果考虑到清廷已有"毋任逗留"的谕旨在先,刘坤一仍然上此奏,说明他不无试探清廷态度的意思,只要清廷准奏,沈敦和案自然可以拖延下去。这里所说,刚毅对沈敦和的厌恶主要与沈敦和通晓洋务相关,当属事实。刚虽然已查明拆毁炮台"尚非沈敦和擅行",但并没有因此放过沈敦和,因为他尚有种种与洋人交通营利之行,其实在刚毅这里,沈敦和精通洋务已是罪不容赦。沈敦和的确谙熟洋务,他曾留学英国,攻读政法,通晓西学,翻译了很多著作,译有《西学课程汇编》《英法德俄四国志略》《德国军制述要》《自强军西法类编》等,其中《自强军西法类编》,分类为兵法学、军器学、工程学等,图说详明,"识者比之《练兵实纪纪效新书》。各书均已刊出,风行海内,西人亦称其学有根柢(底)。闻其平日博览藏籍,手不释卷。并闻撤毁吴淞炮台系由南洋大臣先与总署商定"。① 对于仇视洋务的刚毅来说,精通洋务足以成为其严参沈敦和的理由,据时论报道:"某日上海各官绅晋谒刚中堂,中堂谕云:'我最不解近人何以喜开学堂,学堂中所造就之人材稍知数西事,识数西字,便思作汉奸。而奸商又最喜接济学堂,实我所深恨。又云康有为、梁启超、刘学询是中国之第一坏人,皆出在广东,故我生平不喜广东人。'又语诸统领云:'近来各营好练洋操,实为恶习,舍刀矛籐(藤)牌不讲而讲步伐整齐,实属大误,须知打仗以奋勇上则为要,若脚步整齐,便不能奋勇,是取败之道也。"② 既然如此痛恨洋务,奉旨查办精通洋务的沈敦和,刚毅自然不会放过他。

面对刚毅的严参,刘坤一以其办理事务甚多为由,奏请"令交代清楚再行押解启程",但没有得到清廷的俞允。七月初七日,御史余诚格又上

---

① 《遣戍余声》,《国闻报》光绪二十五年七月二十二日。
② 《伟论又闻》,《国闻报》光绪二十五年七月二十日。

《请申明滥保处分由》，附片《参刘坤一滥保沈敦和由》①。余奏表示现沈敦和"以贪婪妄为获罪遣戍"，而前竟"经督臣刘坤一保荐人才以备简用"，"则督臣平日信用匪人，贻误大局，又复徇私滥保，欺蒙朝廷情事显然，何可幸免"。因此恳请朝廷"治该督臣滥保匪人，应得之咎，以伸法纪而示大公"。②余奏清楚地显示了刘坤一与沈敦和案之间的内在联系，刚毅对沈敦和的处置实际上即包含了对刘坤一的不满。在此背景之下，七月十八日，刘坤一上奏，表示沈敦和负责诸事均已交代清楚，"应即迅速起解"，但从刘的奏折中我们仍可见刘坤一对沈敦和的袒护之情，他说："该革员在江南供差十有余年，历办洋务营务及重大教案，屡著劳绩，心底尚属无他。"③ 八月初三日，清廷接到刘坤一、德寿的奏片《派员管解革道沈敦和赴部由》④。至此，刚、刘在沈敦和案上的较量以刘坤一的失败而告终。

在停办学堂、撙节经费的逆流中，戊戌维新仅存之硕果京师大学岌岌可危。戊戌政变发生后，在孙家鼐等人的力争下，京师大学堂得以不废。据九月十六日《中外日报》报道："京师大学堂，前日所拟派总教习、分教习诸人，现在半多得罪。传言有某侍御奏请停止办理。皇太后于日前召见孙燮臣协揆，询以大学堂办法，果否有益，应否停止，协揆力言乡会两场，糊名考试，不能一一拔取真才。惟学堂取士，果能认真教习，秉公考试，尚可十得七八。泰西人才以学堂出身最为合法，我中国取士，虽不能悉由学堂，亦宜于乡会两试，宜每科酌减其额，以为学堂出身之地。皇太后以为然，故大学堂甄别，现定期于十月初十日。"⑤ 十月初三日，刘坤一在其所上的《奏为书院不必改，学堂不必停，兼收并蓄，以广造就而育真才折》中，也恳请

---

① 中国第一历史档案馆编《清代军机处随手登记档》（152），第320页。
② 《御史余诚格奏为特参两江总督刘坤一滥保非人贻误大局请旨查处事》（即《请申明滥保处分由》），光绪二十五年七月初七日，录副奏片，档号：03-5385-028，缩微号：406-3475。
③ 《两江总督刘坤一奏已革江苏候补道沈敦和经手事务交代已清饬委员弁管解赴部听候转发事》，光绪二十五年七月十八日，附片，案卷号：04-01-12-0590，档号：04-01-12-0590-091，缩微号：04-01-12-112-2343。
④ 中国第一历史档案馆编《清代军机处随手登记档》（152），第421页。
⑤ 《学堂述闻》，《中外日报》光绪二十四年九月十六日。

清廷饬令"孙家鼐赶办京师大学堂,以为之倡"。十月二十日,孙家鼐在《京师大学堂开办情形折》中谈及大学堂的招生情况,称目前校舍能容住二百余人,而报名的已经有一千有零。然而,随着朝政的急速趋旧,京师大学堂也步履维艰。皮锡瑞戊戌年十二月二十二日在日记中记曰:"见大学堂招考,取百六十人,而数月以来到者,学生止七人。无利禄之途以诱之,谁肯离家千里到京师学八股文耶?!"① 降至己亥年,京师大学堂的存废已成问题。是年三月,陕西监察御史吴鸿甲以大学堂糜费过甚,请旨饬令删除归并,以一事权,裁减京师大学堂的教习提调,以节糜费。清廷责令管学大臣孙家鼐破除情面,整顿裁减。孙家鼐在覆奏时,对吴御史的种种不实弹劾一一驳斥,指出,吴所说的堂内学生只有一百三十人,并不属实,实有二百一十八人,且中、西教习并无冗员,无须再裁。至于经费,大学堂开办以来不但没有虚靡,而且还有节省。如果非要撙节经费的话,孙家鼐认为:"惟有自本年四月起,所有在事之总办提调教习人等薪水,各按减半发给。"② 五月底,御史熙麟又奏请由管学大臣等核查各地学堂是否该裁撤。为此,孙家鼐再上《京师大学堂未便裁撤折》,力陈京师大学堂不可裁撤之由③,京师大学堂因此得以不废。勉强保留下来的京师大学堂,在裁撤学堂、节省经费的阴影中,日子并不好过。六月十八日,《国闻报》刊出《京师大学堂近闻》,称:"北京大学堂培植人材、讲求实学,为各省学堂之表率,惟近日该堂以汉文为重,至西学功课似不甚注意。若学生论说中以维持时局、注重邦交为言,其课卷呈后,则于卷上必批□时二字,亦可见其小心谨慎矣。今管学大臣孙中堂因病请退,奉旨以许侍郎景澄代之,未知其宗旨与前管学大臣相吻合否?"己亥年底,外间再传京师大学堂被裁消息,称:"近闻枢廷中刚、启、赵三公颇有裁撤大学堂之意,独荣相坚谓不可,故尚

---

① 皮锡瑞:《师伏堂日记》(戊戌年十二月二十二日),《湖南历史资料》1981年第2辑,第160页。
② 孙家鼐:《奏为遵旨覆奏学堂整顿情形并核减各员薪水恭折具陈折》,光绪二十五年五月三十日,北京大学、中国第一历史档案馆编《京师大学堂档案选编》,第78页。
③ 孙家鼐:《京师大学堂未便裁撤折》,北京大学、中国第一历史档案馆编《京师大学堂档案选编》,第80页。

相持未下。"① 虽没有被即刻裁撤，但"目下亦不过气息仅存，不似开办之兴会淋漓矣"。

以刚毅南下为契机，政变后的复旧声浪迅速蔓延。徐桐甚至"上章奏，所言皆裁节铁路、电报、矿务等局经费，俾裕饷源。然闻中有数条已为军机大臣议驳矣"。虽然在军机大臣的驳议之下，铁路、矿务、电报等局没有废除，但上海轮船招商局与电报总局因他的奏请遭刚毅搜刮。李鸿章曾致电盛宣怀说："徐相奏商局规模日拓，电线布满二十一行省，获利不赀，盈余未曾归公，每年收支亦未报部，现经廷臣会议，请旨严饬。"② 随后，便有了刚毅严查轮电两局，并要求其每年报效十万两银之事。而刚毅在江南的搜刮又何止轮电两局？据报道，刚毅"耳目甚长"，连"沪南久大沙船主李某购买巨屋，匿不报税"之事也搜罗出来，大动干戈，时人不得不叹服刚钦差的目力、精力。对刚毅搜刮之无孔不入，时论评价说："若令朝右诸公，悉秉廷旨，分布各行省，将令天下之官者士者农者商者工者，咸节衣缩食，毁家捐产，以楚之子文，汉之卜式为法，中国为无限君权之国，相（想）彼官民，岂敢违抗！由是藏诸民间之货财，悉聚而纳诸府库，数年以后，将令堂堂中华，蔚为地球第一富饶之国，而诸臣亦得藉以告成功，蒙上赏，岂不伟欤！"③ 然而，刚毅却认为其筹饷手段光明正大，"下不病民生，上不失政体"，他上奏清廷称："无论前明之加练饷秕政固不足道，即言利之臣或搜求琐屑，或创辟新奇，均属无关本计。奴才至愚极陋，窃意欲下不病民生，上不失政体，全在杜中饱节糜费，奉国家原有自然之利，仍以还之司农而已。"刚毅自认的"下不病民生，上不失国体"，并没有得到江南农绅商民的认同与谅解，但这并不影响刚毅利用手中的权力奏请清廷对其筹饷之道大加推广，通行各省。他说，其筹饷途径"厘金也，关税也，盐务盈余也，清查捏荒也，裁并局所也，皆不外乎杜中饱，节糜费"。在他看来，虽然一

---

① 《相持未下》，《新闻报》光绪二十五年十二月十四日。
② 李鸿章：《寄盛京堂》，光绪二十五年五月，顾廷龙、戴逸主编《李鸿章全集》第26册，电报六，第464页。
③ 《论提讯匿报房税案》，《中外日报》光绪二十五年七月二十日。

省只"区区之数",但"就各行省之大,均此办理,为数实已不赀"。因此,他奏请清廷:"饬下各省督抚,就奴才所陈各条认真举办,似于筹饷之道,尚为确有把握,不滋流弊。"①清廷随后下发谕旨,一面称赞刚毅的做法,一面要求各省督抚仿行:"刚毅奏,条陈筹饷事宜一折,详加披览,所陈整顿厘金、关税、盐务及裁并局所各条,比年以来,叠经谕令各直省将军督抚,逐款清厘,认真举办,奚止三令五申。刚毅所奏,剔除中饱,杜绝虚糜,洵为切中肯綮……方今时局艰难,筹饷实为当务之急,要在能识大体,张弛得宜,总期有裨于国,无损于民,将各项遵办缘由,克日覆奏。户部为度支总汇,即著将刚毅原折通行各省,以便仿行。此后部库一切放款,尤应格外慎重,逐款综核,开源节流,理无二致。"②

上行下效,以筹饷为急务,开源节流,两不偏废,于是诸多洋务新政便成了守旧党呼吁裁撤的对象,据报道,"京中守旧党诸人近日又与维新党为难,知皇太后与荣禄最急之事首在饷需,故守旧党人纷纷拜折,多至数百余。□折中所言,皆指昔时皇上诏建学堂书院,一切俱可裁撤以节费用。庶几能有益深宫云云。各折拜上,果然香饵所施,鱼入钓,以致维新党人仅书院、学堂区区萌蘖,而刻下恐将一律划除云"。③"某御史因中国现当库款支拙,筹之实难,遂上筹款条陈四条,一裁撤学堂,二卖北京铁路,三将内外各官奉银减半,四裁营兵。此折已交部议。外边大员闻之竟有击节叹赏者"。④刚毅南下所开停废学堂的先例成为言官御史呼吁裁撤学堂的依据。

刚毅在江南的搜刮引起了江南绅商的极大不满,特别是其裁撤学堂、商务局与勒令轮电两局报效等举措,不但令新党愤怒,而且连洋务派也无法接受,并遭到了南北各大报刊的大力抨击。《中外日报》、《新闻报》与《国闻报》都为刚毅南下开辟专栏,有闻必录,而所录者几乎均为负面新闻,于是贵为钦差的刚毅之言行、学识、人品都成了各大报刊调侃、讽刺、抨击的

---

① 《钦差大臣刚奏陈筹饷事宜折》,《中外日报》光绪二十五年七月二十日。
② 《清实录》第57册,第448卷,第905页。
③ 《新不敌旧》,《新闻报》光绪二十五年六月二十九日。
④ 《独抒己见》,《国闻报》光绪二十五年六月初二日。

对象。七月初十日,《中外日报》刊出论说《报效说》,对刚毅勒令轮船、电报两局每年报效银十万两之举大加抨击,认为该二局"既曰商款,即是商业,朝廷下重商之令,方保护之不暇,责以报效,殆非国家振兴商务之意矣"。对比欧美日本"清官商之界限,国家自有体制,不能下与商人分利"的做法,"中国为无限君权之国,大小商股,悉听命于君上,君欲予之,则予之,商民不能违也。君欲夺之,则夺之,商民不敢抗也"。该文章指出,既然是"报效",那么那些"曾管税务之监督,曾任织造之旂员,曾任优缺之将军督抚,古所称受恩深重、与国同休致大臣"比那些位卑言轻之商民更有资格。

十一月十六日,《新闻报》刊出《西报畅论》,借《字林西报》消息对刚中堂的见识大加讽刺,称:"字林西报载称刚中堂莅沪时,曾询铁路督办盛京卿何以不将铁路、学堂停止节省经费,可应国家急需,盛京卿答以中国倘欲不用外人办理各事,则必使华人学习工艺等各西学,诚能教练华人,使成电学师,机器师,造船师,较之延请西人办理各事,殊为省便。我之竭力振兴学堂,正为此意,想尊意亦以为然。字林报乃从而论之曰:盛京卿之答词甚为合宜。现满员之行政,坚意守旧,实为可惜。刚中堂之阻抑学堂必使志士灰心,而忠君爱国之意与以日淡,并使外人有轻视满员之意,考中国列朝圣主,皆无偏信守旧之癖。现在皇帝亦一意维新,若非满员阻挠,则必如上年之广行新政也。"

《国闻报》刊发论说《汇录刚中堂伟论不能无说》,对刚毅在江南的各种"伟论"逐一驳斥,称"南省各报纪刚中堂奉命至江南查办事件,抵宁后,于某日传见各局员,皆不称意,至有申饬者。甚矣!人材欲中刚中堂之选,盖如是其难也。后得友书,知刚中堂每见一局员,必有一番议论",刚中堂所发之论均为"伟论",如"见军械所长曰:试问办了许多枪炮,有何用处?弓矢刀矛之利,善用之,其不足惧洋人乎?见陆师学堂长曰:汝可知练兵以何为要?答云先正人心。刚中堂冷笑无言,久之曰:哈哈,这等学生日与洋人习处,其心已□洋人,尚云正乎?见高等学堂长曰:我看学堂办下去,不过养成几个汉奸耳"。对刚毅的此种"伟伦",该报大加讽刺:刚中堂"竟出肺腑以相示，岂其与三长较为亲密，故不惜将平日所操妙算，所具高见，诱启后生□□者叹□，此种议论固□所竭毕生才智思之而不得者，刚中堂启口皆是，非有大识力其能若是乎？此刚中堂所自翻译生□□封疆而参枢幄而至大拜也"。① 时论对刚毅见识的诋毁盖非诬枉，皮锡瑞也有类似的记载，他说："刚不学，多可笑。伊在刑部，自负可比古之皋大人。人不知皋大人为谁？云名陶，在唐王驾前为臣。又荐某人：我可比施大人，此人即黄天霸也。叱满人云：我满人为何读汉人书？汉人书不当读，视今人云西人书不当读，进一解矣！"②

与刚中堂的见识一样受人诟病的是刚中堂的"廉洁"。素以廉洁著称的刚中堂，却被各大报刊轮番揭出不廉洁的行为。八月初六日《新闻报》在《行李过津》中报道："旗员某中堂奉旨筹款往江南一带搜罗多时，近又行往别处。日前闻有家人奉中堂命先搭新裕轮舟移带行箧回京。过唐沽时，有见其箱笼物件多至三四百号之多。说者谓中堂出必乘旧轿，衣必服旧袍，出言吐语，向以清廉自矢。乃今只往江南一省而箱笼贵重之物已至如是，岂见者之不实耶，抑当有别故耶，非局外人所能悬揣也。"九月二十四日，《国闻报》以《满载而归》为题报道："有京友述及刚钦使前抵江南时，曾运到大箱二百数十件，尽入私宅。昨由粤省运回箱笼一百九十件，亦经多人搬入宅中，其中所装何物，外人不得而知。"《国闻报》光绪二十五年八月初一日在《中堂廉洁》中称："据南省友人传述，刚中堂所以驻节汇业公所，盖有深意在焉，明眼人可不言而喻，某方伯被参，出五十万始能保全一通判之职，又闻款实逾五百万，而所报不足三百万之数云云。然此二事出于他人，诚有可疑，若刚中堂则素以廉洁自励，何至如此。宜西友□而叹曰：即有此事，他人遇之，必不止前数。如中堂者，真可目为廉洁矣。"堂堂钦差大臣竟成了各大新党报刊嘲讽的对象，这在一个专制皇权统治的社会中是少见的。

---

① 《汇录刚中堂伟论不能无说》，《国闻报》光绪二十五年五月二十九日。
② 皮锡瑞：《师伏堂日记》（己亥年八月十八日），《湖南历史资料》1981年第2期，第175页。

第七章 "康党"与戊戌己亥政局的变动（下）

面对报刊舆论的轮番报道，刚毅急了，据《国闻报》说："刚中堂近来甚惧上海华字各报有清谈之权，故在金陵时曾谕禁各售报人，不准出售载事之报，如有载售之事，查出后定将售报人查办，并另出一示，谓上海各报馆之南京访事人，不准将伊所作之事登报云云。"① 事实证明，虽为钦差，重权在握，刚毅却无力阻禁报刊舆论，各大报刊非但继续刊载刚相之事，而且讽刺的力度也日盛一日。对此，刚毅只能望报兴叹！

据刚毅所说，他"在宁所筹各项得银六十一万余两，在苏清赋约得银米各二十万，合银六十万两，共银约一百二十万两"。这其中不包括轮电两局报效的十万两。对于已经非常拮据的国库而言，区区百万余两可谓杯水车薪，但清廷为此区区银两付出的代价是大寒江南绅商士人之心。对于刚毅此次搜刮的后果，时人已看得很清楚。翁同龢在其《钱漕略》中对刚毅此行评价道："光绪二十五年尚书刚毅以搜括（刮）为己任，至苏州以清赋为名，不责官吏之贪横，不审岁时之丰歉，而专斥绅民之短交，令如牛毛，政如束湿，而吾民益嚣然也。"② "吾民益嚣然"的后果不言而喻。而唐才常在《亚东时报》刊发的《答客问支那近事》，对刚毅南下之后果做了深入的剖析，称："刚毅此行，无益国家之急，徒博掊克之名。昔明季以辽饷无出，加天下赋额八百万，军心粗安而民生凋敝，终底于亡。今之额外敛索，何以异是……异日江南有事，人心离散，忿于家父之求车，无复卜式之纳粟，参之肉其足食用乎？是则刚氏罪案，无庸置办，而苞苴之多少有无，抑已不待深求矣。"③ "异日江南有事，人心离散"的结局是见识如刚毅者所难预料的。诚如时论所言，"刚之意以为剥削百姓，甚属小事。但远识者则谓如此勒索，必开大乱之机，比之于洪匪尤甚"。④ 而沈鹏那道奏请诛"三凶"的奏折，也是从失人心的角度立论而要求诛刚的。他说，"今日之至要者，民

---

① 《刚相抵宁后第十信息》，《国闻报》光绪二十五年六月初四日。
② 翁同龢：《瓶庐丛稿》卷一《钱漕略》（光绪二十七年），见谢俊美编《翁同龢集》，中华书局，2005，第1002页。
③ 天游先生（唐才常）：《答客问支那近事》，《亚东时报》第13号，光绪二十五年七月初十日。
④ "北京要事汇闻"，《知新报》第96册，光绪二十五年六月二十七日，第1389页。

心而已。民心固则国安，民心散则国危，自今岁大学士刚毅奉旨筹饷，到处搜刮，民怨沸腾，虽其筹饷之名为力除中饱，不竭商民，然剔抉搜罗，不顾大体，而不肖官吏，肆意追呼，闾阎扰乱"，于是，强黠者入天主教，以避催科，而那些善弱者，"则含冤茹苦，任其敲骨吸髓"。其结果是："江南广东，地近外洋，民怨既播，适为渊丛。而又裁撤学堂，以伤士气，省数万有限之款，灰百千士子之心，皇太后、皇上欲固结民心于上，而刚毅离散人心于下，强邻窥伺，讹言群生，诚不知国家何负于刚毅，而忍出此也？经言：有聚敛之臣，不如盗臣；史言：烹宏羊，天乃雨，诚深痛乎计臣之误国。"①当清廷"因旱灾将成，诏诸臣各抒谠论"时，沈鹏将责任归咎于刚、荣诸臣的"倒行逆施"。无独有偶，恽毓鼎在看到九月初五日清廷祈雨上谕时，也想到了刚毅南下的"肆意诛求"，他在日记中记曰："恭读初五日祈雨上谕，有云：应天之实，首在恤民。令直隶清狱讼，缓钱粮及积谷捐。臣毓鼎因念此次刚相使苏粤肆意诛求，掊克小民，剥削元气，上干天和，未始不由于此。慕聆诏语，隐痛于心，惜远在江湖，不克乘时入告，爰作函致秦佩鹤前辈，请其斟酌疏陈，或可默感圣衷，稍纾民困也。"② 此时的恽毓鼎南归省亲，因此有"远在江湖，不克乘时入告"之叹。

与追捕"康党"、刚毅南下一样，造成人心离散的是清廷布局废立。然与前两者相比，废立之事更为隐秘，但钩沉当年史料，仍可见清廷欲行废立的潜在轨迹。当戊戌政变初发之时，光绪帝皇位朝不保夕，先有征召御医，后有公布医案。但在中外势力的干涉下，慈禧未敢即行废立，医案公布也于十月十八日之后停止。己亥年正月初七日，清廷再发上谕，再度公布医案，称："上年夏秋之交，朕躬违和，至今尚未痊愈，著将太医院脉案，按五日一次，由军机处发给裕禄阅看，并著裕禄随时抄咨各省督抚，一体阅看。"③这显示清廷欲行废黜光绪的图谋并未打消。针对清廷的这一举措，正月初十日，汪大燮致函汪康年说："腊正两月谣言大不堪听，或言二三月必有大

---

① 《编修沈鹏应诏直言折》，《知新报》第108册，光绪二十五年十一月十一日，第1579页。
② 史晓风整理《恽毓鼎澄斋日记》，光绪二十五年九月初八日，第171页。
③ 中国第一历史档案馆编《光绪宣统两朝上谕档》（25），第11页。

举,或言中军全集后再说。年前商退西兵,法初允而后悔,盖其消息极灵通也。近闻以西兵碍手将作园居,今年应有覃恩而不举行,闻正月各使觐见,亦将不举行。近又将医方五日一寄津转各省,即前召医故智也。此辈骑虎难下,多方作势,可怕之甚……钩党之祸,亦仍未有艾,且将来如有事,恐又加甚耳。"①覃恩不举、各使觐见不行、公布医案,清廷的这一系列举动都出于一个不可告人的政治目的。商退西兵显然是出于对西人干涉的恐惧,正是这种恐惧使得清廷迟迟不敢下手。二月初十日,汪大燮再致函汪康年,说:"初十日比使觐见西佛,后知上竟未在座。"②在时人看来,光绪帝在各种场合的缺席无疑是清廷在为其退位作铺垫。

六、七月间,关于废立的谣传再度盛行,六月二十八日是光绪帝万寿之日,《中外日报》刊出消息,称:"日前本地有人传述皇上病势转增,并闻有预立储嗣之说。本馆当即电询驻京西友,兹得回电云,皇上安,立储之说无据,即登录以慰天下臣民企念。"③而各报盛传的太后在宫中造铁屋子的消息也颇引人注目。对于铁屋之用途,报刊纷纷猜测,或谓"必系圈禁犯官之用",或谓"太后自避之室"以防不测,或谓为幽囚光绪帝之用。七月二十九日,该报以《内廷举动》为题,刊出消息:"太后饬造铁室三间,业已工竣。人皆测度为必系圈禁他人之用,或者内廷一遇变端,为太后自避之室,否则为宫中府藏之室耳。前一夕太后饬神机营装配洋枪四百杆,用戏箱装运入宫,药弹则用布裹运入。闻太后办理此事甚属机密云。译字林西报。"八月初二日,该报复刊《北京内政变故》,称:"北京太后建筑铁室,直欲拘禁一位尊之人,闻八月间必有大故,并闻有某公之子年甫九龄,太后颇为属意。译字林西报。"《知新报》译香港《士蔑报》消息称:"西后所造之铁屋,乃所以监禁光绪皇帝于其中,定于本月废位。而另以一九龄童子继位,仍以西后训政,此童子名溥巽,乃澜公之子云。"④八月十一日,《中

---

① 上海图书馆编《汪康年师友书札》(1),第796页。
② 上海图书馆编《汪康年师友书札》(1),第801页。
③ "安电照录",《中外日报》光绪二十五年六月二十六日。
④ "北京要事汇闻",《知新报》第100册,光绪二十五年八月二十一日,第1453页。

外大事报》以《铁屋谣闻》为题刊载了《中外日报》所译《字林西报》的上述消息。报刊舆论之所以连篇累牍地报道这间铁屋，是因为其与光绪帝的命运息息相关。慈禧何以要建造这间铁屋？铁屋究竟为谁而建？对此，七月七日，汪大燮曾致函汪康年说："前月营造铁屋于寿星殿旁（三间甚确），以患刺为词，而外间殊沸腾，近稍戢。此可与下节合观。俄主有内禅意，法遣使阻之，难得力，如果成，必至遥遥相对矣。天意茫茫，良不可解。"①"患刺"不过是托辞而已，真正的用意仍在光绪帝。若俄主内禅成功，必将增加慈禧太后废掉光绪帝的信心，而这铁屋子正是为了备此之用。难怪时人会如此不厌其烦地关注小小的三间铁屋！

七月三十日，清廷颁布了一道有关光绪帝医生的上谕，称："山西汾州府同知朱焜、广东驻防汉军监生门定鳌，因通晓医学，保荐来京，随同太医诊脉。惟朕躬服药日久，未见大效，朱焜、门定鳌俱着饬往原籍。"在光绪帝久治不愈之际，饬医回籍，这似乎意味着放弃治疗，其结果不言自明。时人看到该上谕自然不能平静。八月初四日，郑孝胥在日记中记曰："此事何用宣诏？恐朝中有变。"②八月初三日，《中外日报》刊发论说，对清廷饬朱、门二医回籍之谕提出质疑，认为此中所说"未见大效"与中外人士觐见皇上时所见"实相矛盾"；"未见大效"当全力以赴，而不应饬医回原籍，难道是"有维持调护之责者，恶二人在内，尚多不便，故斥之使去耶？纵观前后，疑窦实多"。随后该报表达了希望光绪亲政的愿望："呜呼，宫廷深阀，自古难言，桐宫三祀，问复辟之何年？金縢一篇，存史氏之疑案，皇上为天下共戴之君，皇上有疾，即为天下四万万人，所当忧危之事，故敢举其所共见，商之天下，惟智者鉴焉。"③

在这诸多信息的暗示下，废立的传闻不胫而走，"都中谣言大起，闻有内禅之说，闻之可为痛哭"。八月二十日，高凤谦致函汪康年也说："都中消息，极为骇人，实在如何，尚望详示。"报刊舆论也对废立传闻大加报

---

① 上海图书馆编《汪康年师友书札》（1），第810页。
② 劳祖德整理《郑孝胥日记》第2册，光绪二十五年八月初四日，第735页。
③ 《读三十日上谕书后》，《中外日报》光绪二十五年八月初三日。

道，八月初三日《中外日报》在《密拟诏书》消息中称："皇太后一日传某大臣入内，令撰密诏数道，撰后尚未宣布，究系何诏，某大臣亦不敢洩（泄）漏。"又《宗室会议》一则，称："闻皇太后颇属意于澜公之子，宗室中有心怀不平者，曾密行会议一次，仍以计无所出而罢。"八月初二日《新闻报》"谣传可骇"，刊出消息："字林西报言，现在京中纷纷传说皇太后所造铁室，欲奉当今皇上入内，于本月间即当举事，并闻须另立一九岁之童为帝，己则仍摄理政事云云。按：此事颇属骇人听闻，不敢遽信，然立帝之说，外间谣诼极多，甚有谓所立系端郡王之子，年十三岁，名溥僎者，不知何所据而云然，殊可诧也。"八月初五日，《中外日报》也译载《字林西报》的消息说："接北京来电云，中国皇上内禅之事业已密为部署，太后已择定澜公之子溥僎，年甫九龄，即当践祚，僎能操满语不能汉语，闻皇上业已草缮禅文，叙述因久病辞位之意，陈于太后，太后固慰谕之，皇上固辞，恐不久即当传示矣。庆亲王与荣禄皆严饬所部营兵，一律戒备，以防变乱。闻澜公颇与庆邸友善，故荣不愿其子溥僎入承大统。"该报刊发此一消息时，在后面加了按语，称："西报此条颇觉骇人听闻，据本馆十数日前所得消息，则谓有某大臣者以内禅之策密向皇太后商议，太后恐各国或有违言，且因皇上万寿日南洋美洲华商发电祝嘏者络绎不绝，知民心爱戴甚坚，遂未之许。此六月间事也。今日谣言甚多，大约有为而然，而恭请皇太后归政之举，果不可或缓矣。"这里，该报并没有否认太后有废立之谋，只是强调太后不敢动手的原因，一为恐各国干涉，一为万寿日南洋美洲华商的祝嘏给太后造成了压力。对于废立谣言之多，该报认为并非无中生有，"大约有为而然"，因此呼吁各界当加紧恭请皇太后归政。可见，己亥年八月的各种废立传言加速了新党呼吁太后归政的进程。

七月十八日，《中外日报》刊出《海外忠忱》一则消息，内称："六月廿六（八）日为皇上万寿之期，寓南洋美洲各华人咸电致总署，恭祝皇帝万寿，总署王大臣即日将各电报汇陈，当蒙皇太后问曰：去年十月该处亦有祝嘏之电否？又问甲午年亦有之否？诸臣皆据实谨对，曰无有。太后乃谕令退出。"可见，南洋美洲华人的祝嘏之电的确触动了慈禧太后。《国闻报》

转发该消息之后，评论说："噫！中国守旧党人无不诋皇上者，维新党人无不归心皇上者。吾不知去岁八月之变，中国所谓纲常名教、所谓尊君亲上者，亡自守旧党人乎，抑亡自维新党人乎？观海外旅人之系念皇上，人心于是乎不死矣。"① 九月十四日，《国闻报》在《商人有君》消息中称："京友来信云，南洋星架坡阖埠华商福建海澄举人邱某等有联名发电恭请圣安，请总理衙门代奏。略云：窃商等自旧年八月间，侧闻皇太后训政，皇上下诏征医，自此朝贺祭祀，不获躬行典礼，天下臣民殊□惶惧，复读本年七月三十日上谕，惟朕躬服药历久未见大效等因钦此，薄海倾听，毋任彷徨，现在外间谣言益盛，商等虽居异域，恋阙情殷，外揣愚戆，躬请圣安，伏冀皇上善自优养，为天下珍重，以慰中外臣民之望，社稷幸甚，天下幸甚。"九月二十一日，该报还公布电请圣安名单，共七十余人，该奏九月初八日电达入京。

这些祝嘏之电，连同太后万寿日电奏，都对太后的废立之谋造成了极大的压力。据《东京日日报》报道："支那居留外国之商人，近数月纷纷联名奏陈于西后，请其归政于光绪皇帝，共三十余起……观此支那国民之切望维新，可谓诚恳矣。特无如满清政府诸老物之顽固依然何也！又云，前月西后万寿时，各埠华商均发电恭祝，惟末语皆有请西后归政者，电到总理衙门，大臣竟将末语删去，乃进呈。后刚毅欲激怒西后，故将其事而直陈之，西后为之变色云。"对此，宋恕曾致函外舅说："太后万寿，海外数百万商民合词电致译署祝寿，并热切请归政皇上。京师大事之举，部署本已大定，因此之故又暂从缓。""大事之举""从缓"，却非不行，"执政者言于太后曰：'海外数百万商民之请归政，皆康、梁所指使也，故非先杀康、梁不可行大事。'因此有发明谕购康、梁之举也"。② "执政者"是指刚毅，他认为杀了康梁就可行废立，可见捕拿康梁与清廷废立之间的内在联系。刚毅确为慈禧谋划废立的重要决策者，其南下北返之后，清廷进一步加快了拿康梁的节奏。汪大燮致函汪康年也谈及刚毅，说："自刚回后，又常常专注拿康，

---

① 《海外有君》，《国闻报》光绪二十五年七月二十七日。
② 宋恕：《致孙仲凯》，胡珠生编《宋恕集》（下），第 693~694 页。

危言耸论，不知又加几许……有此一事，则余事皆不暇矣。"① 光绪二十五年四月十二日，刚毅奉旨南下"查办事件"，十月中旬北返京城，历时近半年之久。虽然，其间清廷的废帝图谋并未停息，但刚毅的北返无疑加速了清廷的废帝进程。

十一、十二月间，废帝传言再起。十二月初三日，《中外日报》刊发评论《恭注初一日上谕后》，就十一月十一日上谕中所说"朕躬尚未全（痊）愈，所有年内暨明年正月应行升殿，以及一切筵宴著均行停止"加以评论：认为"自去年八月降不豫之诏，天下忠臣义士，以及流寓南洋赤子，咸以皇上起居为念，故届万寿，莫不敬致电音，请问圣安。恭译谕旨又不能无所惑也"。文中列举了四月二十七日上谕"朕病未愈门定鳌不得离开"及七月三十日上谕饬令朱琨、门定鳌回省，认为两谕前后矛盾；而且从内外臣僚陛见时传出的消息来看，皇上圣体安康，何以又有尚未痊愈之谕？元旦皇上升殿受贺，本为巨典，若皇上因病不能进行，无疑更增疑团："况夫皇上病情，言人人殊，或谓已疗，或谓未痊，将信将疑，实难揣测，遂令天下臣民由忧生虑，由虑生疑，而废立内禅之妄议，由是滋生，腾谬说，群情扰扰，颇难安靖，令海内见此明诏，将谓皇上遽停巨典，当又不知若何疑虑，若何揣测矣。即执笔人伏诵之余，亦不能不戚然而忧，矍然而惧。"该文表达了趋新人士对朝廷的不信任。

同一天，《新闻报》也刊出论说《读十二月初一日上谕恭注》，就清廷发布的停止元旦朝贺上谕发表评论，称"不当病之时，不宜病之人，而病一年未愈，而未愈即不受朝贺"，"非即至尊之权旁落耶！""停止之谕出而动天下以可疑者有三"，"而不可解者又有三"，"而可虑可忧可患者又有数端。一则新党更得执词议论，而宫闱影响之事将又大书特书矣；一则南洋美洲各岛华商更力请归政，否恐离心矣。一则两宫和好之言，外人不敢深信而谓谕旨疑矫诏矣。一则外洋得以问病为名而请归政于皇上，否或起衅矣"。此旨一下，"其以为伪者窃伺而生心，兴亡盛衰之间，煞有关系，而向之言

---

① 上海图书馆编《汪康年师友书札》（1），第812页。

硝粉、言瀛台、言铁室者,又似非无因,致令海内有心之人望紫宸而长叹,瞻丹阙而徘徊"。"一读初一日之谕,不觉心眺耳热,手麻足冷,亦若亲见皇上之清损之憔悴之沉黯者,无他,皇上之能得民心也。然而一人此心,则四万万人亦此心。孟子曰:得天下有道,得其民,斯得天下。吾因之欢欣鼓舞,愿率四万万人民同声而高呼曰:维皇上康强健吉保合太和万岁万岁万万岁"。这里,《新闻报》深入分析了清廷取消光绪帝元旦朝贺大礼的严重后果,不仅会造成民心离散,外人起衅,而且与清朝"兴亡盛衰之间,煞有关系"。①《新闻报》的这一警告绝非虚妄之言,而是深谋远虑之语。

十二月初六日,《中外日报》又载《北京内政骇闻姑志》,称:"传闻北京预备内禅之事,太后暂为摄政。张制军已允其议。闻刘制军不预闻,故有调离两江之举。又闻此事颇有组织,尚期各国留心备预,挠此骇人之举也。译文汇报。按:此说未敢信为实然,姑为录登如右。"而后迫于张之洞的压力,十二月十七日,该报再登《内政骇闻续志》,对前说提出修正:"前本报译稿《内政骇闻》一节,兹据京友来函言内禅之说,本属谣传,且更无以此等事电询江南湖北两疆臣之理,亦决无权力可以预闻允阻此等事之理。西报所言实系误传,不足为据云云。"十二月十三日,该报再刊《北京谣言骇听》,称:"近有谣传云皇太后欲于开年后行非常之举,目下太后虽与皇上似甚亲睦,然各员之忠于皇上者近日皆被诏至京,其用意灼然可见。译京津泰晤士报。"同日,刊出消息《谕皇上病情》,称:"前数月已闻皇上身体大安,及月初传谕旨两道皆系出自皇上口气。又云身体尚未痊愈,且其第二道谕旨颇有深意,且以今日废立之谣度之,则两道上谕颇有微意。去年皇上病情较今为重,尚须在皇极门率百官行礼,今绎谕旨云云,想不日又当宣言皇上病重矣。译京津泰晤士报。"

十二月二十三日,清廷所下谕旨"着传恭亲王溥伟等于明日伺候召见,钦此"引起了"草茅下士"的疑虑,《新闻报》敏锐地抓住这一信息,发表评论:"草茅下士,恭读之下,不仅绕屋彷徨,忧疑终日",认为"恭读上

---

① 《读十二月初一日上谕恭注》《新闻报》光绪二十五年十二月初三日。

谕，实有不可解者"，"内既无邻邦之启衅，外之亦无国是指待议，忽于岁晚务间召集群臣，麋集宫廷，传之远近，颇增疑议"。

遗憾的是，新党报刊的这些警告未能阻止清廷急速逆行的车轮。己亥年十二月二十四日，清廷下立嗣之谕，立多罗端郡王载漪之子溥儁为穆宗皇帝之子，以继大统。该谕称："朕自冲龄入继大统，仰承皇太后垂帘听政，殷勤教诲，巨细无遗。殆亲政后，复际时艰，亟思振奋图治，敬报慈恩，即以仰副穆宗毅皇帝付托之重。乃自上年以来，体气违和，庶政殷烦，时虞丛脞，惟念宗社至重，是以恳乞皇太后训政。一年有余，朕躬总未康复，郊坛宗社诸大祀，不克亲行，值兹时事艰难，仰见深宫宵旰忧劳，不遑暇逸，抚躬循省，寝食难安。敬念祖宗缔造之艰，深恐弗克负荷，且追维入继之初，恭奉皇太后懿旨，俟朕生有皇子，即承继穆宗毅皇帝为嗣，此天下臣民所共知者也。乃朕痼疾在躬，难于诞育，以致穆宗毅皇帝嗣续无人，统系所关至为重大。忧思及此，无地自容。诸病何能望愈，用是叩恳圣慈，于近支宗室中，慎简贤良，为穆宗毅皇帝立嗣，以为将来大统之归。再四恳求，始蒙俯允，以多罗端郡王载漪之子溥儁为穆宗毅皇帝之子……"① 立嗣之谕的下达，是对"康党"、新党一度大力所宣传的慈禧有意新政、光绪有望亲政等内容的有力反证。其实，对于"康党"新党所宣传的太后有悔过之意，文廷式即认为是"冀幸之辞"，"长信宁亡大清，必诛康、梁……云朝廷有悔祸之心，恐亦冀幸之辞。但望能自改，勿使他人逼改乃佳耳"。②

虽然政变后清廷的停罢新政与株连新党已让很多士人大失所望，但太后将行新政的传言仍不时传出，这不免又给那些渴望新政的人们平添了几分幻想。立嗣之谕的颁发则彻底击碎了他们心中仅有的幻想，将其彻底推向清廷的对立面，公然与之决裂、对抗。立嗣之谕在某种程度上佐证了"康党"此前诸多宣传的真实性，从而为"康党"赢得了更多的同情与支持。宋恕曾致函孙仲凯，谈及己亥废立之始末时说："执政者言于太后曰：'海外数

---

① 中国第一历史档案馆编《光绪宣统两朝上谕档》(25)，第 396~397 页。
② 皮锡瑞：《师伏堂日记》(己亥年十一月二十四日)，《湖南历史资料》1981 年第 2 辑，第 180 页。

百万商民之请归政,皆康、梁所指使也,故非先杀康、梁不可行大事.'因此有发明谕'购康、梁'之举也。然梁卓如所著《戊戌政变记》及《光绪圣德记》及《清议报》,虽经鄂督严禁,然他省督抚皆不示禁,天津、上海等处售者甚多。李合肥且公然对人赞赏,并传语梁卓如,'嘱其珍重',官幕私买者络绎不绝,执政竟无法禁断之也。"① 这里,宋恕对康梁之同情、赞赏溢于言表。

立嗣消息传来,人心惶惶,中外舆论都认为这是蓄谋已久之事。《中外日报》刊出《西人论立嗣事》一文,对清廷立嗣的前因后果进行了追述,认为:"此变并非出诸意外,我等已久料及,满汉人所惧之聪明皇太后,但如其心愿,皇上已明明废立,非但明废其位已也,并不能列于列祖列宗之内。"作者指出,其实此事本报在京访事人已几次函告大变,并听说"数月之前,钦天监欲颁行庚子年通书之时,实已奉谕将光绪年号空出,早已见其命意所在"。而本月二十三日皇太后忽传满洲亲王四人、宗室各人及各大学士、在朝各大臣等预备召见,即确为此事。其实"皇太后自去岁政变以后,无时不设法欲废皇上,本报已载之屡矣。但初未能如愿,实因彼时扬子江地界有最具权力之总督二人阻挠"。该文还认为,时至今日,张之洞"已被皇太后笼络,足见张系文弱之人,心易改变,遽听皇太后一面之辞,信皇上有不孝之事"。两江总督刘坤一则"较诸两湖督臣严正不啻十倍,故皇太后有所顾忌,先令其离任陛见,交印信于署督鹿传霖。□刘大臣虽未北上,而已奉命交印,即具忠义之心,亦苦于独立难支,无事可作"。该文认为唯一的希望在于各省义民,"所幸中国通省之义民,见此电谕,顾必群相愤怒,不甘默尔。维新党人心中更为不安,惜乎无人为首领以召集之。维新首领康有为现方潜迹避难,亦恐非真能办事之人。虽现在有数十万少年有志之士,各具爱戴皇上、痛恨皇太后之心,而无如统率乏人,亦徒存此忠愤而毫无实济"。最后文章慨叹道:"中国遭此大可恨之事,何以三百五十兆之人民,任凭皇太后明目张胆摧伤国脉而不一言?……若令其再窃神器十余年,则中

---

① 宋恕:《致孙仲凯》,胡珠生编《宋恕集》(下),第694页。

国更不堪设相（想），果其不死，中国必无振兴之一日。现各国钦使之无举动，实系互相嫉妒，以致不能救此可怜之废帝。此后更何冀望，转恐尚有庆幸之他国。此可为痛哭流涕者也。"①

出乎清廷所料的是，立嗣上谕一出，新党中人竟公然与朝廷对抗。经元善等上海士人1000多人联名上奏，反对立嗣。十二月二十七日，《中外日报》刊登了沪上士人由经元善领衔共有1231人签名的亲政电奏："总署王爷中堂大人钧鉴，昨日卑局奉到二十四电旨，沪上人心沸腾，探闻各国有调兵干预之说，务求王爷中堂大人公忠体国，奏请皇上力疾临御，勿存退位之思，上以慰皇太后忧勤，下以弭中外之反侧，宗社幸甚，天下幸甚。"该报附按语"此电由某太守领衔，与名者计共一千二百三十一人"。同日，《苏报》在刊登该电文的同时，且将经元善、叶瀚等寓沪绅商50人真实姓名附上。同日，复有教民叶志芳等700余名、商民鲍士腾等785人电达北京，求英公使转呈，力求皇上复政，语尤激烈。次日，又有湖南寓沪商民某等800余人发电力争。② 据时人记载，二十四日立嗣上谕发布后，不仅经元善等1200余人在上海联名电奏抗议，"杭州省城于廿九日始闻变，于正月初二日即发传单，拟连数百人伏阙上书，力求上之复政"。湘军统领也有勤王之请："十月二十五日，金陵得电，《中外日报》亦载其事③：湘军统领多人密见岘帅，告奋勇请举义旗勤王，时岘帅已交印，不敢举非常之事，婉谢之，但痛哭而已。湖湘义士顿足长吁，曰：'公守区区而甘解兵柄，公即不自认，独不为上之安危所系、四万万人性命所关计乎？公，前明之史阁部也。惜哉胡文忠、左文襄已死矣！使其尚在，则李莲英等逆贼早已除灭而圣主早

---

① 《西人论立嗣事》，《中外日报》光绪二十五年十二月二十七日。
② 宋恕：《致孙仲凯》，胡珠生编《宋恕集》（下），第702页；《照录恭请亲政电奏二则》，《中外日报》光绪二十六年十二月二十七日。
③ 光绪二十六年正月初七日的《中外日报》确载有此一消息《武员忠愤》，称："本埠武员接南京某武职大员私信云：前月二十五，得悉皇上为同治立嗣之信后，南京提镇以下各武员分两班往见前任刘制军，讯问此举是否确实。如果的确，请设法阻止，咸愿皇上复位亲政。并请倘事不妥须请岘帅为领袖。岘帅极力安慰遣散。且云现在卸任，无能为力。各武员不得已纷纷散去。译字林西报。"

已复政矣！惜哉痛哉！'"此时的刘坤一已奉命交卸两江关防，准备北上觐见。"已交印"的刘坤一"不敢举非常之事"，自在情理之中，但据张謇光绪二十五年二月十三日日记记曰："戊戌八月廿七日公奏有'伏乞皇太后皇上慈孝相孚，以慰天下臣民尊亲共戴之忧'语。己亥十二月公奏有'以君臣之礼来，以进退之义上（止）'语，朝野传诵。"① 他在自订年谱中也有"闻太后立端王子溥儁为上子，兼祧穆庙；明正内禅，改元普庆，人心惶惶。新宁奏国事乞退疏稿，有'以君臣之礼来，以进退之义止'语，近代仅见"之说②。张謇是刘坤一的重要幕僚，刘的很多奏稿都由他起草，因此他的说法不容置疑。这说明，当己亥年清廷立嗣之际，明正内禅、改元普庆（保庆）之说盛传，刘坤一虽然拒绝了湘军统领的"勤王"之请，却没有沉默，而是再次上奏，以"进退之义止"。刘坤一这里所劝止的并非立嗣，而是清廷谋划中的废立，与新党、"康党"诸人所认为的"立嗣即废立"有所不同。但与戊戌政变后刘坤一的大胆谏阻不同，刘坤一的这次上奏在当时与后世都没有引起太多的反响。之所以如此，可能与戊戌、己亥时移势易有关。政变后，面对株连杀戮的恐怖，刘坤一言人所不敢言，其阻止废立、维持大局的胆识令人钦佩，因此广为传颂；而时至己亥，当立嗣上谕颁发后，经元善在上海联络一千多名新党士人实名入奏，反对立嗣。经元善等人的惊天动地之举，淹没了刘坤一的悄然入奏，因此，刘奏便没有产生太大的反响。而后，在各种压力之下，当庚子新年到来之际，清廷并没有行改元废立之事，但没有人将清廷的"立而不废"之功归于刘坤一，认为是经元善等人的功劳。清廷虽"立而不废"，但也没有赢得维新党人的谅解，基于"立嗣即废立"的认识，他们走上勤王之路。而反观刘坤一，他不但坦然接受了清廷的立嗣之举，还于庚子年正月初十日上奏"叩贺大喜"。刘坤一虽"不敢举非常之事"，但湘军终究是令清廷不安的因素，"刘坤一解兵柄，手下湘军十四万密谋举大事，檄文遍揭长江一带，武昌至闭城门。湖北一日湘

---

① 详见《张謇全集》第6卷，日记，第432页。
② 张謇：《啬翁自订年谱》，《张謇全集》第6卷，日记，第860页。

军大噪,乘阅兵之际欲杀楚督之洞,之洞匿马草中得脱入署。于是鹿制军大恐,累电政府,谓非复坤一之任无人能制湘军,荣禄等乃复厚礼刘公而饬回任"。①

正月初五日,《中外日报》刊出了各地对立嗣上谕的反应。《鄂士上书》中称:"闻湖北有绅士若干名已拟就奏稿,即日遵陆北上,伏阙陈请皇上力疾亲政。"《浙士上书》中称:"杭州自闻立嗣之消息后,人心大为震动。当有人立出传单,邀集同志公拟奏稿,并筹集川资,公推某君赍奏,北上伏阙。闻前日业已到沪,因知皇上安然无恙,遂不果北行。"在《海外华人电奏》中称:"旅居南洋各岛及美洲新金山等省华人联名致总署,力阻非常之议,略谓闻电传立嗣之信,不胜惊骇,此事万不可行,务恳转奏皇上复辟,否则恐失天下人心。中国社稷即从此不保矣。若太后决意欲立新皇,则我等将纠合同志,即日返华,共扶光绪皇上也。"更有甚者即会党首领也发出请皇上亲政的声音,据《中外日报》之《密函骇听》消息称:"闻本部有西人昨日接到一函,略谓我等虽草莽英雄,颇知大义,因中国贪官污吏不恤民隐,故逼迫至此耳。会中党羽在长江一带者,约有数十万人,久仰先生爱护中国,我等从不与贵国教士为难。去岁八月以后,我等即思起义,因皇上安然无恙,冀中国尚有富强之日,故亦未敢多事。今读念四日上谕,知皇上废立一事,仍请皇上复辟,大政亲操,以救中国。如蒙赐复,请登报章,五日后无回信,则亦不能久待。恐中国从此无安靖之日也。下具寓沪各省会党头目顿首百拜字样。"② 面对纷纷而来的谏阻废立之电,清廷急了,不得不阻断相关电报:"顷闻北京电报局已电致本埠电报局,云以后各处如有因皇上立嗣之事到局发电者,概不准为之照发。"

与此同时,"康党"、新党各报刊立即做出反应,对清廷此举大加批判。立嗣上谕颁布后,《知新报》正值年末放假之际。光绪二十六年正月十五日,《知新报》针对立嗣问题,刊出了论说两篇《论立嗣即已废立》《告满

---

① 宋恕:《致孙仲凯》,胡珠生编《宋恕集》(下),第698、704页。
② 详见《中外日报》光绪二十五年十二月二十八日、光绪二十六年正月初五日。

洲人》以及"京师新闻"《废立要闻汇录》《英人公论》《日人公论》等，对立嗣问题进行剖析。《论立嗣即已废立》一文明确指出"立嗣即是废立"，因此号召士民与朝廷对抗，认为"为今之计，惟有民办民事而已"。如何民办民事？即根据《万国公法》的"不承认之例"，"今宜申明废立之非，以告天下，凡我大清士民，联合大群，驰檄内外，公认光绪皇帝为真主，虽至不讳，必奉光绪正朔，无论所立何人，誓不承认，然后布告各国外部，执公法以申之。各国最重舆论，亦必惟吾民趋向之是从，国者人所与立者也。君者民所与奉者也，无民人焉，将谁与立？逆贼虽悍，其奈吾民各国何哉？"如果这一不承认之法不行的话，"康党"所提出的更加激烈的办法是"惟有合众力以正朝廷，举大义以清君侧"。因为只有这样，"皇上虽危，犹可望生，皇上虽往，尤可复仇"。①《告满洲人》则预测了立嗣之后满汉关系的走向，并预言汉人必将起兵反抗，或勤王，或割据："今圣上既废，无可望矣，荣禄刚毅等益更得志，从此视汉人为奴贼，大施锄抑刻薄之手段。而汉人岂复能忍耐？吾恐人心瓦解，大势一动，其忠于圣上者，固大张挞伐之威，师出有名，天下响应；其觊觎非分者，则必藉口勤王，以行其割据之计，其蓄志思乱者，则更乘机揭竿，惨杀旗满，戕戮官长，以大快其掳掠报复之心。一时兵变民变，试问以满洲数百万之人，能敌四万万之众乎？"最后文章预言："满洲乎，满洲乎，其存亡间不容发，即视此次废立之举动，满人其盍思之哉！"② 在"康党"看来，立嗣宣告了清朝统治合法性的丧失，由此而来的将是兵民起而反抗。

新党舆论也对清廷的立嗣之举大加攻击。十二月二十六日，《中外日报》刊发论说，对二十四日立嗣上谕进行评论："呜呼，此古今未有之变局，而亦天下之奇闻也。"在列举了政变以来太后为行废立所做的种种铺垫之后，感叹道："呜呼，吾不知皇太后皇上将何以安天下臣民之心耶？将何以明宫闱无猜之旨耶？将何以表训政一举，为非出于威逼之事耶？将何以自

---

① 《论立嗣即已废立》，《知新报》第112期，光绪二十六年正月十五日，第1641页。
② 《告满洲人》，《知新报》第112期，光绪二十六年正月十五日，第1641页。

解脱于党人外侮之藉口耶?"虽然宫廷大事非草茅之士所能晓然,但"报章所系,朝野之人心,中外之观听,均于是寄,今者遇此奇变,中外骇心怵目,虽在布衣之士,亦不得不伸正义以为天下告矣"。该文不仅指出立嗣之举违背祖制,而且指出此举必将带来严重的后果:一是"立嗣一事足以召内忧外侮";二是此举足以"失天下忠爱之心,益旧邻仇攻之具,为国土瓦裂、种人殄灭之兆也"。对于前者,文章指出,当戊戌政变之后,党人虽有流言,外国华民虽有电奏,外人虽有要挟,但天下士民尚不敢蠢蠢妄动。主要原因在于皇上虽病,尚无明验证佐,无所借口;而"立嗣之谕一出,则是党人保皇一会,师出有名矣,华民归政之请,自诩先见矣。此犹地远势弱,众散援绝,不足为虑也。吾所最虑者,内地伏莽之借词勤王,与夫外人之藉口无主者,□苦于无隙可乘,今有立嗣一举,明明示以内有宫廷之变故,外有使天下自相残杀之机,叛党四出,无以制其命也。外人助攻,有以假之口也"。对于后者,文章指出,虽然政变后皇上一直未能亲政,但深明大义之士民,咸能缄默不言,期待太平,而今立嗣之谕一下,天下之人都知大宝他属,后变方长,"宫廷之中,只以母子不和不顾天下之安危,则天下之人,又何苦以身家性命,供天下之牺牲耶!夫国以民为体者也,而民以君为大者也,天倾□,民何以安?驱而之英之美之俄之德之意之日,而别戴一天已耳。民既解散,则国体无人为之支柱,亚洲大陆之上,横布□画,欧美日各行其权已耳"。"失民心,失天下,此为国体瓦解之有兆也"。[1] 据此可见,立嗣的一个严重后果是,使政变以来已经开始离心清廷的新党公然走上与清廷对抗的道路,庚子勤王正是在此背景下发生的。

同一天,《新闻报》刊发《嗣统悚言》,就立嗣上谕发表评论,认为"吾皇圣明之主",新政之行,皇上为图存宗社计,非"为一己之名位计","岂知戊戌八月之变,即伏于力行新政之际也。于是传信传疑,废立之谣播诸海内,而卒恐天下人民不服,乃有朕躬一病再病之旨,将愈未愈之词,既而有元旦免朝贺之谕。天下相惊而失色,然卒不敢作一或然之想也。二十三

---

[1] 《读二十四日上谕恭注》,《中外日报》光绪二十五年十二月二十六日。

日上谕，自恭亲王以下，伺候召见，知必有大事矣，终夜彷徨，不能成寐。风雪交迫，忽传嗣立之文，天日无辉"。立嗣上谕的颁发证明，原来此前的一切都是在为此时的废立作铺垫，但立嗣的合法性何在？"夫本朝无建储之法，而皇上非失德之君，穆宗虽必有继嗣之人，而吾皇非不可生子之日，继统以为穆宗之嗣，无碍于建储，立嗣以为大统所归，何以处皇上？立皇嗣当在穆宗上宾之日，而不当在吾皇御极之时。继大统当在吾皇万岁之秋，而不当在吾皇生存之日"。"独奈何创家法所未创，不建之建，何以对祖宗？为人心所不欲为，不废之废，何以告海内？"没有合法性的废立，上无以对祖宗，下无以告海内，其结果更是不堪设想："至大之事而背成法，时艰之际而争家事，不问外人之窥伺，不问豪杰之生心，不问叛逆之起焰，目光在宫闱以内，大事伏宫闱以外，新臣或安之，而老臣必不安，文墨之臣或安之，而血性之臣必不安，依违两可之臣或安之，而气节不阿之臣必不安。理之是非，不必征诸史传，而自在人心。人心之是非，不必询诸道途，而自在事势。""举笔惶惶，心志俱乱，言念吾皇，恨不得叩九阍而觐之"。这里，《新闻报》回顾了政变以来清廷蓄谋废立的阴谋，对清廷行废立的合法性提出质疑，并强调了清廷此举的严重后果是人心离散。从此日开始，《新闻报》遂开设"立嗣要闻"栏目，对清廷立嗣的相关消息、传言进行及时、大量地报道。

十二月二十七日，《中外日报》再刊论说《论中国有民无臣》，对立嗣上谕颁布后沪上士人的谏阻表示赞赏，对海外华民奏请归政、"声明大义于立嗣之先"，大加赞扬，认为由他们的义举可见"尚知有君，则天下人心不散，外侮交攻不急，虽事未见效，而由此以后，明见中国民心之不死"。并对政变以来，内外大臣、督抚揣摩求全、不谏阻废立加以谴责，认为如果这些重臣"能力明大义，洞烛几先，逆折非分之谋，而持天下之大局"的话，"何至九重之尊，其去就之轻等于蒿草也耶！"正因有民无臣，故"勤王之兵戈，亦何及哉，亦何及哉！今而欲望亲贵之靖反侧，无可望也。今而欲望藩臣之伸义讨，无可望也"。即使如此，作者仍呼吁天下"合群力以正朝廷，则庶几大陆克完，黄种得存，今日之天下，犹为大清之天下。皇上以往之日，犹生之年。故不惮讳触以为诸省之士民心怀忠愤者告。武力呼！事机莫失，豪杰之起，吾望之也"。① 这里舆论已经在呼吁武力勤王了。

而与义士的公然谏阻显成对照的是内外大臣的漠然。对此，《中外日报》又刊《论今日宜急明君臣之义》，对内外大臣漠视君权表示不满，认为："彼视其君，如古庙之木偶，如名堂之虚器，木偶虚器有时易置，而彼恬然不介于怀，神明奉之，拜跪事之特循例焉耳，又奚恤焉！"而今，君之存没与国之兴亡确有关系，"既以忠君之说为标目矣，则君之安危乌得不措意。且君之存没不系于一代之兴亡，犹之可也。若夫君之存没，与国之兴亡确有关系，而犹欺人曰：吾固以国事为念，不必以一君之故，自危其身，可乎？""呜呼！以吾中国最讲求伦理之国，而内外诸大臣，目睹君国之危难，而隐情惜己，若不措意，需缩隐忍，偷息求荣，是岂遂忘其平昔之言哉。吾故曰中国欲自强，必由人心能奋发始，欲人心之奋发，必由明君臣之义始"。②

确如"康党"、新党报刊所言，立嗣并非清廷的最终目的。十二月二十六日，《中外日报》刊出消息称："得寓京西友电云，自下立嗣之谕后，都中人心大为震动，传言尚有非常之谕旨，业已拟就进呈，将依次颁布。又得电云，当诸大臣入内面聆谕旨时，有欲谏阻者，因太后声色俱厉，默然而退。昨晚七点钟又得西友密电，知已定明年元旦改年号为保庆元年。续又得电云内庭已令军机处查检乾隆内禅成案，将一切授受典礼预行布置，准于明年元旦举行。"如果立嗣后无人反对，接下来便是内禅改元。据说："京师大事之公文即刻办齐，将于廿七八日下禅位诏于天下，改元保庆而弑旧君。"清廷选择在年末岁终了此大事，也是有深意的，"盖从某大臣计：待于岁晚书信鲜通、报纸停刊、人事鲜暇之机会，赶了此一大事，可以万全"。然而，在中外压力之下，清廷未能如期改元，不得不"止其事，于廿

---

① 《论中国有民无臣》，《中外日报》光绪二十五年十二月二十七日。
② 《论今日宜急明君臣之义》，《中外日报》光绪二十六日正月初六日。

八日下'万寿查例'","向例：万寿典礼或早一年着察例，或早一年余已着察例，至迟亦需早半年，从无至岁逼除，于两三日之间始着察例奏办者"，因此，"此等仓猝变计之漏谬，官场中人莫不看破矣！"① 这说明，清廷改元废立之谋确有其事。

而导致清廷最终放弃废立改元的主因有二。一是以经元善为首的海内外华人的反对。光绪二十六年正月初五日，《中外日报》刊出《庚子新年祷祝文》，对寓沪士人及外埠南洋美洲诸岛士人奏请归政大加赞扬，认为传言中的改元改号未能实行，正是这些士人奏请的结果，二十九日奉到皇太后为皇上举行万寿庆典之懿旨，三十日奉到皇上毋庸举行之谕，又奉特开恩科之谕旨，"于是沪上士人所私心祷祝者，咸为之一慰，则即谓一诚可以格天，愚公可以移山，若上海，若外埠，若南洋，及美洲诸电奏，不为无益也"。恽毓鼎也曾说："八月以后，内外藉藉，谓将有桐宫之举，每日造脉案药方，传示各衙门，人心恟惧。于是候选知府经元善，在上海联合海外侨民，公电西朝，请保护圣躬。虽奉严旨名捕元善，而非常之谋竟寝。"② 宋恕也说："今上之性命虽未知尚能延到多少时日，要之，经元善之舍身为国，实我浙江数百年来仅见之气节大儒矣。"

二是列强的干涉。据《中外日报》正月初六日的《追述立嗣近闻》云："闻此次自下立嗣之谕后，日本钦使即亲诣总理衙门而告王大臣云：如此后再有出人意外之事，则日本非特干预而已，并将以兵力相向。各国钦使亦如其言。总署适又寄到各处力请归政之电，故太后深为感悟，待皇上恩礼如故。"宋恕也说，当经元善等人"飞电谏阻"之际，"又得日本公使行公文于政府，声明：'若诸大臣敢行弑废，本国定必兴师问罪！'于是刚毅、李莲英等之逆谋中止。"③ 列强的态度一直是清廷废立决策中考虑的重要因素，各国使臣的警告自然会阻止清廷再行"出人意外之事"。

虽然清廷没有改元改号，但这并未能安抚新党之人心，他们所期盼的则

---

① 宋恕：《致孙仲凯》，胡珠生编《宋恕集》（下），第697页。
② 恽毓鼎：《崇陵传信录》["近代史料笔记丛刊"（外二种）]，中华书局，2007，第58页。
③ 宋恕：《致孙仲凯》，胡珠生编《宋恕集》（下），第697页。

是太后归政、光绪亲政。光绪复辟不仅为"宗社之幸事",而且为"大清万世无疆之体也",因为光绪复辟可以拒外侮,可以杜内患,更重要的是可以"慰人心",使人心不散:"自顷岁以来,国家多故,而共主之名号,巍然尚存,一统之板□,依然如故,实由人心所向,以皇上为依归,故足以弭患于无形,维持夫国运而非强弱之形所能□,瓜分之说所能摇,其故可思,其理自在,则所以慰人心而绵国运者,又可想矣。"① 公然恳请太后归政,是经历了戊戌政变以来的风霜雪雨之后,新党士人做出的负责任的选择。倘若太后坚持不归政,其结果只能是对抗、决裂。对此,《中外日报》翻译《字林西报》的《论立嗣近情》,即如是说:"现在帝位已有二十五年矣,天资明敏,为众所归,所以中国有识之士,祗(只)承认光绪皇帝。苟皇帝在位一日,众心即归附一日,因皇帝实能发奋有为于一千八百九十八年,用康有为,力求维新,能以国务为重,一心欲保全中国四百兆人民,使之强盛,故百姓亦感奋兴起。若皇太后则偏重满人,近年之措置于治理天下、保全元气之道,似有所缺。两者相形,百姓之望光绪皇帝复位,以治天下,有如饥似渴矣。以上所言情节,皆系据理立论。中国士民之力求皇帝复位者,实皆发于忠义之气。即为忠义之民,倘皇帝竟不能复立,一旦遭非常之事,则此忠义之民恐均将变为乱民,无法以止压之。深为可虑耳。"②

当然,也有新党报刊在看到庚子年清廷没有改元改号后,主张新旧妥协,反对新党特别是"康党"的肆言无忌。正月初四日,上海《新闻报》报在"立嗣要闻第二志至第八志"中,表达了自己对"立嗣不废立"的态度:"自客腊二十四日上谕为穆宗毅皇帝立嗣,一时谣诼纷纷,莫不误为废立。本报以岁除已届,当于二十六日增报一天,详志要闻,余均暂付阙如,盖以皇上此举实因笃念穆宗无后,故经恳请太后立嗣,以为将来大统所归。若近日则固明系仍为吾皇上御极,并无禅让明文,是故立则有之,废则未征实事。虽揆诸国朝家法并不建储,然此为有储不建、免争国柄者言,与穆宗

---

① 《庚子新年祷祝文》,《中外日报》光绪二十六年正月初五日。
② 《论立嗣近情》,《中外日报》光绪二十六年正月初七日。

之本未有储，当有区别。今者已逾庚子元旦，而大清国号金知为光绪二十六年，于是一切改元改号浮言，俱已不息而息。"清廷的"立而不废"显然让《新闻报》为之欣喜。在《新闻报》看来，立而不废不仅让近支宗室相安，也让列强相安。① 既然清廷立而不废，那么《新闻报》的主张也由严厉批评慈禧强行废立，转变为调和新旧，希冀政局复归于变法。正月初五日，《新闻报》刊发论说《安民篇》，在列举了立嗣上谕后的各种谣传后指出，这些谣传造成了"天下士民汹汹扰扰，不能自安"的局面。文章批评了新党欲借外国干预助成光绪亲政的做法与"康党"的勤王之说，认为无论列强干涉还是勤王，都非皇上与中国之福。因此，作者告诫"维新诸贤"："我辈力之不足，而心之不能自已者，亦惟审辨谣传，不轻载录，期民心不至于摇惑不安，期太后不至于迁怒我皇上，期外人不至干预我国事"，而后"静待我圣君异日亲政者矣"。② 正月十八日，《新闻报》刊发论说《忠告篇》，对康梁政变后之肆言无忌提出批评，认为梁启超在《清议报》"徒以洩一己之愤，而于两宫曾不能使其重复和好，其立言失当者此也"。批判康梁，并非全然否定康梁，而是希望康梁不要再肆言无忌，激怒太后，以致大局糜烂，不可收拾。因此，作者对康梁提出忠告之言："一箴曰敛迹。既已畏罪逃亡，宜自耻为君父所弃，而勿再倡扬。二箴曰息言。既已卤莽国事，宜自知贻君父之忧，而勿再肆议。三箴曰诚意。毋存心翻乱朝制，毋存心利图大事，平正忠恕，安其本分。四箴曰练才。毋轻视天下大局，毋扰乱天下人心，简默沉静，底于纯正。"最终目的在于"使朝局不致藉此而纷更，维新不致藉此而中止"。《新闻报》的目的很明确，在清廷没有行废立的关头，康梁应当从大局出发，"敛迹、息言"，免使大局纷更，静待维新之机。

可见，随着庚子新年的到来，《新闻报》改变了己亥年底"立嗣即废立"的立场，呼吁新党、"康党"与清廷妥协，静待光绪帝亲政之时再启新政。批评"康党"之激进，规劝新党静待转机，并不意味着《新闻报》满

---

① 详见《新闻报》光绪二十六年正月初四日。
② 《安民篇》，《新闻报》光绪二十六年正月初五日。

足于清廷的所作所为,相反,对于清廷缉拿康梁与经元善的做法,《新闻报》的批评仍然不遗余力。二月初四日,针对经元善等人因反对立嗣而被缉拿一事,该报刊出《思皇篇》,大声疾呼思皇、保皇,对清廷缉拿经元善提出批评,认为"假使有人电询圣躬安否,则必拿问,而置之死地,亦若皇上二字不可言于口,言于口已有死地。皇上二字并不可存于心,存于心,已伏死机,亦若皇太后为满人之皇帝,皇上为汉人之皇帝,皇太后为旧党之皇帝,皇上为新党之皇帝,是皆党祸之根苗,而有明之故辙也。夫今日之国势,皆以皇上安危为转移,皇上安则人心安,皇上不安则人心不安。大抵人心之愚无他,惟知吾为皇上之民,皇上为吾之君。清国为皇上之清国,皇上为清国之皇上"。① 这显示,立嗣之后,《新闻报》虽然呼吁新党、"康党""敛迹、息言",但在本质上,它仍是代表新党言论的报刊,其终极目的在于推动中国政局重新走上变法的轨道,只不过在策略上与"康党"、新党之勤王有所不同而已。

面对出乎意料的反对声浪,清廷恼羞成怒,虽被迫放弃了本已安排妥当的废立改元密谋,却对"康党"、新党产生了更大的敌视。这首先表现为发布一系列抓捕、惩治"康党"、新党的上谕。

光绪二十六年正月十二日上谕:"逆党康有为梁启超逃亡外洋日久,未能弋获。该犯等罪大恶极,神人共愤,其广东本籍坟墓,著李鸿章查访确实,即行刨毁,以儆凶邪。"② 刨毁祖坟,对于康、梁而言,无疑是巨大的惩罚。但对于身为两广总督的李鸿章来说,是一件极易做到的事情。只要稍加询问,便能找到康梁祖坟并刨毁之。但是,李鸿章没有及时执行谕旨,以至于一个半月之后,即二月二十六日,总理衙门致电李鸿章,催问"平毁康逆坟墓一事,如何办理,迅速复电"。当天,李鸿章回电称:"探闻香港衣局承做勇衣、战裙各三万余件,限期取用。名为新党勤王,实欲袭城起事。所联会目甚众,所筹会银甚巨。已令刘学询赴港细访,密商港督查禁。

---

① 《思皇篇》,《新闻报》光绪二十六年二月初四日。
② 中国第一历史档案馆编《光绪宣统两朝上谕档》(26),第17页。

惟虑激则生变,平毁康坟似宜稍缓筹办。"① 可见,李鸿章本欲将平坟之事拖下来,不料清廷穷追不舍,遂以"虑激则生变"为由,建议清廷稍缓。李鸿章的有意拖延引起了清廷的不满,次日清廷再发上谕给李鸿章,称:

> 李鸿章电奏探香港衣局承做勇衣战裙等件,名为新党勤王,实欲袭城起事,已密商港督查禁,惟虑激则生变,平毁康坟,似宜稍缓等语,此等叛逆之徒,狼心思逞,正复何所不至。惟地方百姓明晓大义者多应知顺逆,即间有被其煽惑者,该署督当设法解散,一面密饬严拿,妥筹布置,毋任酿成巨祸。至所称平毁康坟恐致激变,语殊失当。康逆罪大恶极,如真欲乘机起事,岂留一逆坟所能遏止?该督身膺疆寄,惟当不动声色,力遏乱萌,倘或瞻顾彷徨,反张逆焰,惟李鸿章是问。②

这道谕旨言辞激烈,认为李鸿章的"虑激则生变"之说"语殊失当",并警告李鸿章"倘或瞻顾彷徨,反张逆焰,惟李鸿章是问"。三月初一日李经述、李经迈从北京来电,告诉李鸿章朝廷的意向:"闻二十七日电奏进呈。内意甚忌'新党勤王'四字,即日有廷寄,饬严防并商港督设法阻其煽惑,深以缓平坟一语为不然,末仍责成防乱。又,竹篔嘱平坟事,得谕后,可速办。"③可见清廷对李鸿章"缓平坟"之策的不满。至此,平坟一事,李鸿章是无法再拖了。

清廷发布平坟上谕三天之后,即正月十五日,再下悬赏缉拿康梁之谕,称:"前因康有为、梁启超罪大恶极,叠经谕令海疆各督抚悬赏购线,严密缉拿,迄今尚未弋获,该逆等狼子野心,仍在沿海一带煽诱华民,并开设报馆,肆行簧鼓,种种悖逆之情形,殊堪发指。著南北洋、闽浙、广东各督抚

---

① 李鸿章:《复译署》,光绪二十六年二月二十六日午刻,顾廷龙、戴逸主编《李鸿章全集》第27册,电报七,第21页。
② 中国第一历史档案馆编《光绪宣统两朝上谕档》(26),第59页。
③ 《附北京李经述等来电》,光绪二十六年三月初一日午刻到,顾廷龙、戴逸主编《李鸿章全集》第27册,电报七,第25页。

再行明白晓谕，不论何项人等，如有能将康有为、梁启超缉获送官，验明实系该逆犯正身，立即赏银十万两，万一该逆犯等早伏天诛，只须呈验尸身，确实无疑，亦即一体给赏。此项银两并著先行提取存上海道库，一面交犯，即一面验明交银，免致展（辗）转稽延。如不愿领赏，得实在官阶及各项升衔，亦必予以破格之赏。至该逆犯等开设报馆、发卖报章，必在华界，但使购阅无人，该逆等自无所施其伎俩。并著各该督抚，逐处严查，如有购阅前项报章者，一体严拿惩办。此外如尚有该逆等从前所著各逆书，并著严查销毁，以伸国法而靖人心。"① 为了缉拿康梁，清廷可谓不惜代价，赏钱、赏官，有求必应。立嗣之后，又高价悬赏拿康梁，这让本已不满的舆论更加反感，随之而来的是新党舆论的大肆攻击。

正月十七日，《新闻报》刊发论说《说言论》，对清廷此举大加抨击，称："自皇嗣之诏一出，而各省绅民及南洋美洲，又复有电请皇上勿存禅让之思，此则出于四百兆人心之大公，而与康梁辈无与。夫请皇上不必禅让，此其心可告皇太后而无他，而亦阻不逞之徒，假勤王之名，而荼毒百姓也。乃中朝以此为煽惑人心，又以为康梁之悖逆，以严拿康梁者，阻人复有电请亲政之奏，亦若皇上为康梁所惑，而一面立皇子，即当一面拿康梁者。嗟乎，中国朝政所出，抑何忽此忽彼若是不类欤！上年，先一日简放李鸿章，而次日即谕拿康梁，使人疑李鸿章之简粤为康梁，而谣言生。今谕中果有著广东督抚并严拿等语也，然则李鸿章简粤之为康梁，不尽为谣言也。腊月二十四日，立嗣之诏一下，使人疑藉穆宗立嗣为辞，其实仍因戊戌八月之变，而谣言生，今谕中果又重提康梁，然则立皇子特以令皇上暗自退让，亦不尽为谣言也……中朝近来行政，往往启人以揣测之端，是谣言之生，亦秉国钧者之隐有以召之也。"这里揭出了严拿康梁与立嗣之间的内在联系，即严拿康梁是意在阻人电请亲政，而清廷之立嗣仍与戊戌年八月之变有关，意在令皇上暗自退让，为穆宗立嗣不过为借口。该文认为，清廷立嗣而又严拿康梁，实为不智之举，"今复旧案重提，而又特悬重赏，是增康梁之声价，长

---

① 中国第一历史档案馆编《光绪宣统两朝上谕档》（26），第22页。

康梁之羽翼,使异域之人以康梁为大有为之人,而推为中国之豪杰,思有以玉成之。又使不逞之徒附会康梁而日趋日众,卒之有不可收拾之势,则皆前去今三年谕中将康梁两字遍告海内外之人之有以兆其端也"。事与愿违,清廷严拿"康党"实是增康梁身价的不智之举,结果是附康者日众,最终使得大局不可收拾。由己亥立嗣反观此前清廷的种种举措和"康党"的各种宣传,新党对"康党"生出了更多的同情与赞扬:"且夫康梁者,吾所谓当世之豪杰也,向之言新学不过撷拾西书,今则游历各国,而其才其学其阅历之艰苦,其境遇之哀惨,当必有发愤为雄而不可一世者。"

在清廷穷究"康党"的岁月中,新党也备受摧折。己亥七月,宋恕描述新党的生存状态说:"近日各省志士通人无不奇窘,无论经史、时务,皆不敢谈,并孔教等极冠冕字样今亦为极忌讳字样。有言《春秋》、《孟子》者,大臣目为乱党;官场有稍言及'爱民'者,大臣目为汉奸,竟成大闭塞世界。瑞城僻左,忌讳尚不甚重,如鄂省、湘省等处士子,有言及《春秋》、《孟子》者,皆至斥革、驱逐,办理甚严。"① 他本人也在"故交或死,或入海外,或回内地,青苔穷巷几绝人迹"中寂寥度日,连"已阅数年之时务卷坚辞不敢接阅"。而在清廷筹备立嗣的日子里,很多趋新之士被清廷视为绊脚石。"己亥秋后,刚毅又力请了大事,献策曰:'但以虚美名目削坤一之兵柄,则必不至激变。坤一既解兵柄,则大事可速了。'"与刘坤一一样不利于废立之谋的还有翁同龢,"然翁同龢不死,则祸根不除。必先急除!"而后因廖寿恒力争"求免其拿",王文韶"继以苦求,李合肥亦求免其死,于是暂得免拿"。但刘坤一"着即来京陛见"之旨不久下矣。② 立嗣上谕下达后,在一片反对声浪中,新党处境更加艰难。陈汉弟致函汪康年,谈及浙江的情形时,说:"浙抚查访多人,恐亦不确……杭城亦本有乡愿之名,视势之轻重为去从,无所谓党。处今之世,惟有绝口不谈时事。"面对株连之局,他慨叹道:"党祸或五年,或十年而未已,捕之愈密,纵者

---

① 宋恕:《致孙仲凯书》,胡珠生编《宋恕集》(下),第692页。
② 宋恕:《致孙仲凯书》,胡珠生编《宋恕集》(下),第697页。

愈多，徒失体面。"①据宋恕说："上海派密差七八人专拿帝党，除文廷式学士、宋伯鲁御史、张元济主事指拿立决外，计开发电谏阻之五十人，一一严拿，又特指出三人严之又严者：一为叶瀚（杭州诸生）、一为王季烈（吴人）、一为汪怡（诒）年（汪康年之胞弟）。以叶、王二君草创《致各省大吏禀稿》，请谏阻废立；汪则为《中外日报》主笔，发传单、集义士之故也。五十人之外，又开新党，闻有二百余人……闻此外各省指拿名士又共有三百余人。此信已确，惟名单未传于外。但未知地方大吏实在举行否耳？情形已与明代末年无异。"因此，宋恕慨叹道："看来，非至本朝运尽，此一党案不能歇息。"②恐怖中，新党诸人心惊胆战，皮锡瑞在日记中不无恐惧地记道："汉庭肖傅恐遭骈首之冤。若戮士不已，至于戮师，元气尽矣！此心怦怦，夜不能寐！不知右老乔梓封神榜无名否？"③相似的境遇中，新党与"康党"生出了无限的共鸣，不仅议论趋同，而且混一而论。《国闻报》刊出论说，借梅花被修剪之状感叹新党处境："见其地窖所藏梅花数本，繁英累累，已青绽若珠矣，而惜乎截其干，盘其枝，不使之遂性纵发，如近日之磨折新党然，亦良可慨已。虽然观此梅拳曲臃肿，而犹能及时发花。彼新党之见疑、见嫉、见杀、见逐，不惟锯干盘枝，欲并根本而伤之，发花之机，意气将绝耶？然或者根本之伤未必如干枝截盘之易易耶？则此心犹可以一慰。于是思以往之事，度将来之局，无端遇一花而大动感慨，予亦不自知予之何以至此也。"④触景生情，感物伤时，可见新党处境之艰难，而由"彼新党之见疑、见嫉、见杀、见逐"一语又可见，这里的新党已包含"康党"在内，"康党"与新党在此已混一而论了。

面对清廷的极端恐怖举措，本已离散的人心更加离散。据时人言，"署江督有密奏，言'两江湘军十余万人将谋变，刘坤一决不可加罪，且须以重恩令其回任'云云。闻李中堂奏称免捕海内新党三百余人以杜大变，且

---

① 上海图书馆编《汪康年师友书札》（2），第2052页。
② 宋恕：《致孙仲凯书》，胡珠生编《宋恕集》（下），第700～701页。
③ 皮锡瑞：《师伏堂日记》（庚子年二月初五日），《湖南历史资料》1981年第2辑，第186页。
④ 《东野人言》，《国闻报》光绪二十五年十一月二十三日。

谏阻废立云"。① 在此背景之下，清廷对经元善的通缉显得格外尴尬。经元善因领衔谏阻立嗣获罪后，总署函嘱两江总督刘坤一严查治罪。经元善出逃香港，然后又到澳门，但刘坤一并没有亟亟抓捕经元善。于是，春节刚过，余诚格便重提经案，并劾及盛宣怀，指出，经元善的出逃，盛宣怀有暗通消息之嫌。正月初九日清廷发布上谕，借有人奏"电局委员聚众妄为，危词挟制，督办通同一气，纵令潜逃，请严旨勒交，以伸国宪"之机，重申经案，称：当上年十二月二十四日立嗣之谕下达时，"薄海臣民，同深庆幸"，而上海电报局总办委员、候补知府经元善却"胆敢纠众千余人，电致总理各国事务衙门，危词要挟，论其居心，与叛逆何异？"而今经元善已于二十八日携眷潜逃，"难保非有人暗通消息，嗾使远遁"。言外之意，盛宣怀即暗通消息之人，因此，谕旨勒限盛宣怀一个月内将经元善交出治罪，否则"惟盛宣怀是问"。② 这道上谕将盛宣怀推到了风口浪尖，虽然有消息称盛宣怀也曾为自己做过辩护，"谓身在京城，实不能知上海有此等举动。况今日之事，父母亦往往不能管其子，师亦往往不能管其弟，如余诚格固康有为之师，而余固无如康何也"。③ 但接下来，盛宣怀必须尽力拿经，以息人言。为了使澳方能够交出经元善，盛宣怀决定"由电局出名，控其侵挪"，遂以经元善侵挪电报局公款三万七千两入奏。之所以抛开阻止立嗣之罪谎言侵挪公款，盛宣怀为的是方便与澳方交涉。但李鸿章不以为然，认为"似无庸由电局具控侵挪"。盛、李二人的处境不同，思考问题的方式自然不同。就李鸿章而言，奉旨平康梁之坟尚有如此多的顾虑，其不想抓到经元善是显而易见的。但盛宣怀不同，清廷的谕旨令其不敢懈怠，并希望通过抓获经元善以明心迹。因此，在缉拿经元善之事上，他大动脑筋。在盛宣怀的恳请下，李鸿章负责与澳方联络，先是决定派电局督署杨廷杲前往交涉，但杨"畏

---

① 宋恕：《致孙仲凯书》，胡珠生编《宋恕集》（下），第703页。
② 中国第一历史档案馆编《光绪宣统两朝上谕档》（26），第13页。
③ 《奏语照录》，《新闻报》光绪二十六年二月十三日。

经如虎,请不在澳质,语甚迟疑",① 最终未能成行。后李鸿章派刘学询前往澳门,结果"港、粤人衔恨刺骨,要用洋枪打死刘。甫登岸,即被凶徒以手枪对面打中胸旁,赖里衣搪护,仅入皮肉三分,流血不止。现延洋医诊治,或不致命。盖此等事为新党仇恨下此毒手,其情可悯"。② 从杨、刘的经历中可见时人对经元善的拥护和对朝廷的不满。

不仅如此,朝中的大员同情经元善者也大有人在,王文韶甚至主动向荣禄替经说情,据盛宣怀说,"昨王爵帅向荣相言:经系善人,办电局亦无过,聋聩废人,无能为患。又有人函称,公电系日报主笔,因欲免出报费,乃首列其名。经系聋疯,受人之愚等语。现已革职查抄,如照原议,请充发与澳督公文,骗拐之罪相当。若到案后另科重罪,澳督执有骗拐凭据,未免失信。以后若向港、澳拿人,控不复灵。顷商总署竹筼诸公,属即密达钧处,拟请到案后,先电宣怀,俟与荣相面商,再请钧处讯供电奏"。③ 显然,王文韶向荣禄所言一切,目的明确,就是谋求放经一马。四月十三日,盛宣怀致电李鸿章,称:"周万鹏电:经供十款,大约以潜逃,为谏废立。封产即难追欠。澳督袒经,断不交解。现商政府,上已不提,可暂听之。"④ 四月十六日,盛宣怀致电李鸿章,再谈经案,说:"葡官讯供多袒护。电局控欠款经已认,如对质必涉国犯。如律师意,饬周万鹏赴粤谒见后,即令回沪。余俟澳督咨后随时电示。都中无复问经事,仁和云冷搁为贵。"⑤ 至此,有了王文韶的"冷搁"指示,盛宣怀终于可以安心放下经案。

可见,在缉拿经元善的过程中,除盛宣怀之外,其他人均以拖延为上策。而盛宣怀之所以尽心尽力,也有欲盖弥彰之嫌。可以说,清廷的立嗣确

---

① 《附北京盛京堂来电》,光绪二十六年三月初一日未亥到,顾廷龙、戴逸主编《李鸿章全集》第27册,电报七,第26页。
② 李鸿章:《寄北京盛京堂》,光绪二十六年三月二十六日午刻,顾廷龙、戴逸主编《李鸿章全集》第27册,电报七,第33页。
③ 盛宣怀:《寄李傅相》,《愚斋存稿》(上)卷三十五,第823页。
④ 《附盛京堂来电》,光绪二十六年四月十三日午刻到,顾廷龙、戴逸主编《李鸿章全集》第27册,电报七,第36页。
⑤ 《盛京堂来电》,光绪二十六年四月十六日午刻到,顾廷龙、戴逸主编《李鸿章全集》第27册,电报七,第38页。

为自我孤立的不智之举,将本已离心的趋新人士彻底推向了清廷对立面。

列强阻止了清廷的废立,但清廷因列强干涉产生的仇外心理,最终成了庚子事变的直接诱因。对于己亥废立与庚子事变之间的联系,时人多所记载。胡思敬在《国闻备乘》中记载道:"康党既败,太后再出垂帘,外人颇有违言,上海各国领事因欲联盟逼太后归政。江苏道员罗嘉杰闻其谋,密告政府。电函为端郡王载漪所见,怀以示太后。太后大恶之,噤不敢发。及己亥谋废立,英公使私探其情于李鸿章,李鸿章力辩其诬。因留之饮酒,徐试之曰:'顷所言,仆实毫无所闻,设不幸而中国果有此事,亦内政耳,岂邻好而肯干人内政乎?'英使曰:'邻国固无干预之权,然遇有交涉,我英认定光绪二字,他非所知。'鸿章以告荣禄,为太后所知,益恨之刺骨。此庚子拳匪之祸所由来也。"① 章华记载说,荣禄访李鸿章,"从容言太后将行大事,天位当易,唯亡命者肆意鼓吹,恐友邦为所惑,夙知公娴悉外情,烦一探其向背。李对曰:'我办外交数十年,皆人先谒我,且此系内政,先询人,失国体,如必欲询,当授我以两广总督,我先于《泰晤士报》传其风说,届时外宾必来贺我,询我以国事,我可就而探之。'荣喜,报太后,乃命督两广,外宾果来贺,且询报言,李文忠转叩其意,外宾谓理无干涉,唯国书系致光绪帝,今易帝位,是否继续承认,尚须请示本国云。当时政府多旧人不习外交,李文忠又或权词,以保帝位,故只立大阿哥,内禅之议暂止,而端庄刚毅辈仇洋之说,由此起矣,遂有庚子之变"。② 各人记载虽有出入,且不乏演绎的成分,但其所说列强反对废立与清廷因此仇外,则颇为近实。而这一结果其实是戊戌政变后清廷一意守旧、有意株连的必然结果,正如前引《新闻报》所刊《读本报举劾大臣一则感而书此》中所预言的那样,清廷最终必将联合"仇教之乱党","信而用之",滑向与列强对抗的极端。

---

① 胡思敬:《近代史料笔记丛刊·国闻备乘》,第128~129页。
② 章华:《语林》,中国史学会主编《中国近代史资料丛刊·戊戌变法》第4册,第321~322页。

戊戌己亥政局在清廷宣布立嗣上谕的阴霾中宣告结束。从戊戌政变到己亥立嗣，"康党"的宣传策略随时变通，但其核心目的有二：一是论证自己变法的合法性，二是推动政局再度走向变法。前者主要体现于政变之初，其对慈禧太后的诋毁、公开密谕等都是为此而来。后者则是基于光绪帝没有被废的事实，"康党"开始寄希望于慈禧太后归政光绪、重启新政。可以说，"康党"关于自己变法合法性的宣传失误颇多，对光绪造成了不利影响，并引起了时人的反感与质疑；但其对继续新政的呼吁则体现了"康党"对变法的执着追求，也顺应了时人的趋新愿望，深得人心。

反观清廷，其停废新政、株连新党的一系列举措，引起时人的不满。降至己亥年，清廷派刚毅南下大肆搜刮，派刘学询与庆宽赴日密除康梁，都使得政变后已开始离散清廷的人心更加离散，而慈禧太后念念不忘的废帝图谋最终导致了立嗣上谕的颁发，这对本已离散的人心造成了最后的一击。《新闻报》曾刊文，对清廷丧失人心的过程进行总结，指出："自两宫失和，前后上谕判若天渊。改八股，复八股，士心一变；裁兵额减兵饷，兵心一变；水旱频仍，催科倍急，农心一变；增税抽厘勒捐等事，复有加无已，商贾之心又一变。"而当此之时，大臣不知调停两宫，促成归政，而是比权弄势，刚、荣争权不已，终使"四万万固结莫解之人心散涣而不可收拾"。① 由此导出的则是，庚子年"康党"、新党对清廷立嗣的口诛笔伐与清廷的极度保守、仇外之间的敌对和较量，庚子政局遂在这两级对抗中迅速滑向庚子事变与庚子勤王。②

---

① 《论中国人心变乱之渐》，《新闻报》光绪二十五年八月二十六日。
② 关于庚子勤王的研究，参见桑兵《庚子勤王与晚清政局》，北京大学出版社，2004。

结　语

甲午战败对于中国士人而言，可谓当头棒喝。痛定思痛，国人的变法呼声渐趋高涨。于是，酝酿已久的维新思潮由隐而显，一批有志于变法的维新志士走向台前，为变法维新奔走呼号。康门师徒因多年呼吁变法而成为一支重要的变法力量。他们与其他维新志士一起创办学堂、学会、报刊，鼓吹民权、平等、议院，希冀通过引进西方的制度以改变中国的命运。与此同时，曾经倡办洋务的官僚也主张变法，虽然他们的变法与维新派不尽相同，但他们所营造的变法氛围为维新志士的变法提供了重要环境，他们因手中的权势又成为各路维新志士联络、依靠的对象。在此背景之下，近代中国一次颇有共识的变法拉开了帷幕。

然而，变法的共识并没有导出一次成功的变法，这其中的关键首先在于变法派内部的不团结，突出表现为各派在变法手段、变法途径等问题上存在认识分歧。且不说那些洋务官僚在变法内容、途径的认识上与维新派有着绝大的不同，单就维新派内部而言，分歧也是明显的，而且这种分歧在合作开始不久便暴露出来。其中，康门师徒因有不同于众的变法理论而区别于其他变法派官绅。时人将康门师徒的变法理论称为"康学""康教"。"康学"侧重指其"素王改制"的变法理论，"康教"则侧重指其创立孔教的宗教观念。由康有为著书立说阐发而来的"康学""康教"，通过康门弟子多渠道、多途径的宣传，在当时产生了很大的影响。但是，这种影响又是双重性的：一方面康门师徒因具有共同的变法理论与终极关怀，因此在变法中前呼后应，显示了很强的凝聚力，对推动变法的展开做出了一定的贡献。《时务报》、《知新报》、时务学堂、变科举、废八股等维新事业，都与康门师徒的努力密不可分。另一方面，康门师徒的变法理论并不能得到变法派的一致认可，对于那些曾经倡导过洋务的官僚而言，康门师徒的"素王改制"论已令他们无法接受，遑论"康教"！而那些能够接受"素王改制"的维新士人，在面对"康教"时，同样无法接受。"康学""康教"在当时引发的争议，遂成为康门师徒与变法派官绅关系疏离的重要原因。"康学""康教"本已令人侧目，而康门师徒为维护、宣传师说所表现的结党做派，更令人生厌，这进一步加速了变法派的分裂。康门师徒遂由变法初期变法派眼中的"吾党"变成了"康党"。"康党"与变法派关系由合到离的转变，无论是在时务报馆还是在湖南维新运动中，都展示得十分清晰。这些已充分显示，在戊戌变法之际，很多纷争主要是在同为变法派官绅的洋务官僚、部分维新派与"康党"之间展开。而纷争的焦点又都指向了"康党"及其学说"康学""康教"，只要翻阅一下戊戌政变后苏舆整理的《翼教丛编》便可明了这一点。"康党"与洋务派官僚及其他维新派之间的诸多纷争最终交缠在一起，使得千载难逢的变法良机化为乌有。

当然，"百日维新"开始之后，因各种实质性变法措施的出台，触及了既得利益者的利益，故纷争因而变得复杂，新与旧、"康党"与非"康党"等矛盾纠缠在一起。此时，"康党"及时拿出新党、旧党的标签，对当时的支持者与反对派大加标贴，凡是支持"康党"者即新党，反对"康党"者即旧党，于是新旧矛盾、"康党"与非"康党"的矛盾在此合二为一，本来复杂的政治纷争，便简化成了新旧党争。而那些被"康党"贴上旧党标签的人们，如王先谦、叶德辉、文悌等人，其实都自认不是旧党。文悌说，他自己"自咸丰庚申年始年十二三岁，即留意西学，故三十余年所见泰西书籍颇多，亦粗通其二十六母拼字之法，及其七十课学言之诀，颇有志习学其天算、格致之术，前者在户部会计光绪七年出入记帐，全用西洋岁计算法，非绝口不谈洋务者比，即今日数上奏议弹章，亦曾以推广新学为言，已在圣明洞鉴之中"。① 文悌不但从小关注西学、学习西学，而且此时还身体力行，引用西学，要求推广西学，这绝非"绝口不谈洋务者"可比。将其归入旧党，他不能心服。但文悌又的确是反对"康党"的非"康党"。王先谦也说："所谓新者，讲工艺制造之理，通环球政学之要，择善而取，不耻相师，亦吾人应修之业，特以风气初开，从事方众，故别之曰'新'耳。"② 叶德辉同样不排斥西学，他认为："今之视西艺若仇雠者，一孔之儒也；藉时务为干进者，猥鄙之士也。深闭固拒，问以环海各国之政教，茫然不知谓何，所谓不通万方之略者也。"③ 甚至连许应骙也自认是支持变法的。由"康党"构筑的新旧党争话语体系通过奏折、报刊舆论四处传播，产生了很大的影响，甚至影响到了光绪帝。受"康党"的影响，光绪帝也力图依靠"康党"，通过除"旧"布"新"来推进变法。于是，本来已经很激烈的"康党"与非"康党"之争被新旧党争所取代，党争的味道日浓一日。因此，当戊戌年四月二十三日光绪帝下达"明定国是诏"时，叶昌炽竟从中读出了"党祸"的味道："阅邸抄，严旨变法，有云老成忧国，以旧章必应墨守，以新法必当摈除，众喙哓哓，空言无补。又有旨着各督抚保举使才。番番黄发，胶柱鼓瑟，至今日而贻人以柄。熙丰新法，将与东林钩党同时并见，悠悠苍天，杞忧何已。"④ 皇帝赫然在谕旨中大谈新旧之争，使得叶昌炽联想到了"熙丰新法"与"东林钩党"。在随后的变法中，新党、旧党的标签意义重大，被贴上新党标签者，便有了上达天听的可能；而被贴上旧党标签者，则有被逐出官场的危险。光绪帝果断罢免许应骙等礼部六堂官、启用杨锐等军机四卿，即新旧党争的结果，这也终成戊戌政变的导火索之一。然而，对于那些只反"康党"而不反变法的人们来说，"康党"这种以新党、旧党混淆"康党"、非"康党"的做法难以令其信服，于是王先谦等人出而明辨

---

① 《文仲恭侍御严劾康有为折》，苏舆编《翼教丛编》，第30页。
② 《湘省学约》，苏舆编《翼教丛编》，第151页。
③ 叶德辉：《叶吏部与石醉刘书》，苏舆编《翼教丛编》，第163页。
④ 叶昌炽撰，王季烈编《缘督庐日记钞》（二），戊戌年四月二十四日，第401页。

"康党"与新党之不同。也正因此，当变法失败后，"康党"将失败的原因归咎于旧党的反对时，那些曾经倡导变法的人们，却将变法失败的部分责任归咎于"康党"。因此，以"康党"为视角审视戊戌时期的学术政治纷争，可以走出康梁所构筑的话语体系，发掘"康党"在戊戌纷争中扮演的真实角色。

而在"康党"与各派的角逐中，时人眼中的"康党"，前后亦有不同。具体言之，就"康党"的指认对象而言，最初时人所说的"康党"仅限于康门师徒，其指认标准有二：一是在政治主张上，认同并宣传"康学"（或"康教"），其主要内容为"孔子改制"及创教、传教思想；二是在行为做派上党同伐异。正是康门师徒身上的这两个特征，才使得他们有了"康党"之谥。而后，随着康门影响力的扩大，"康党"的指认对象便不再限于康门，那些与康门师徒关系密切、有结党嫌疑者，或认同并公然宣传"康学"、助益康门师徒变法者，均被视为"康党"，徐仁铸、黄遵宪、谭嗣同、熊希龄、夏曾佑、宋伯鲁、杨深秀等人即如此。当然，此时"康党"的指认范围虽有所扩大，但并非漫无边界。只要不是公然支持康门师徒宣传"康学"或打击异己，即使认同"素王改制"、支持变法者，一般也不会被视为"康党"，在上者如张荫桓、李端棻、徐致靖，在下者如皮锡瑞等湖南士绅，无不如此。而那些指认"康党"者，由于各自所处的时空条件不同，其指认"康党"的标准也不尽一致，但他们都是曾经与"康党"交手、对"康党"有着深入了解的人群。

如果说，政变之前，学术政治纷争的焦点是"康党"而非新旧党争的话，那么，政变后政治纷争的核心则是"康党"与清廷的对抗、新党与清廷的疏离。戊戌政变的发生，不是宣告戊戌纷争的结束，而是预告了新的纷争的开始。在接续而来的纷争中，主角之一仍然是"康党"。政变袭来，慈禧太后利用手中的权势终止了急速运转的变法车轮。于是，变法视野下被时人指认的"康党"，此时变成了清廷下令通缉的"逆党"。政变之初，为了不背上反变法的恶名，慈禧太后将追捕的范围限定于"康党"，并在诛捕"康党"的同时，承诺概不株连、继续新政。"康党"之外，期待变法的新党也希冀依靠慈禧再行新政，因此，政变之初，他们及时表态，靠拢清廷，与"康党"划界，自认是新党而非"康党"。但是，随后的历史证明，慈禧太后未能履行其概不株连与继续新政的承诺，不仅对"康党"之外参与变法者大肆株连，而且停废百日维新中的一系列新政，同时有关废立光绪帝的传闻不断传出。时局急速逆转，一发而不可收，历史的惯性在此显现。其中，刚毅、徐桐等一批守旧大臣的推动、言官们揣摩迎合慈禧太后的复旧株连之奏，都通过慈禧太后发挥作用，加速了朝局的逆转。在历史车轮倒行逆施中，变法派的变法理想被碾得粉碎。"康党"被诛、被流、被逐，新党惶恐不安，就连那些曾经倡导洋务的官僚也没有敢谈变法甚至再谈洋务的勇气。可以说，时势至此，曾经在戊戌变法中参与纷争的各派变法派官绅均非赢家。

然而，经历过戊戌变法启蒙后的新党，毕竟不同于传统士人，面对大肆弄权的旧党，他们没有沉默，报刊舆论成为他们发声的重要渠道。仓皇出逃的"康党"很快在中国香港、日本发表自己对政变的态度，强调政变是以慈禧太后为首的旧派反对变法的结果，矢口否认其谋逆之罪，对清廷停废新政、株连新党的做法大加揭发，并对慈禧太后极尽诋毁之能事。同时，他们公布密诏，为其流亡活动正名。而其他新党在看到依靠太后继续新政无望的情势之下，及时调整立场，由政变之初的靠拢清廷转而变为秉笔直书。诚如《国闻报》在戊戌年九月二十日刊出《论中国禁止报馆事》时所言："自今而后，亦不复隐讳其词，曲为解免，固将知无不言，言无不尽。盖不如是，则是非之公，终不足以大白于天下。"《国闻报》的这一表态代表了新党舆论的共同心愿。此后，新党对清廷的株连特别是停废新政给予了大胆的批评。在慈禧图谋废立的问题上，报刊舆论也给予了高度的关注，只要清廷稍有动作，便大加揭发，予以警告。与此同时，他们对"康党"也由政变之初的疏离转向同情。不过，综观新党报刊此时的报道显然与"康党"不尽相同。虽然对于"康党"所宣传的清廷停废新政、反对变法，新党报刊积极配合，并大声疾呼，督促清廷复行新政，但对于"康党"大肆诋毁慈禧太后、宣传两宫矛盾、公开密谕等做法，新党报刊除了上海《新闻报》外，其他报刊基本不加回应，而且上海《新闻报》后来也在各方压力之下，不再转发相关内容。这反映此时的新党尚不愿与现政权决裂，且有保护光绪帝的意图。这是此期新党与"康党"宣传的重要区别。

降至己亥年，随着清廷在复旧路上渐行渐远，"康党"及时纠正其政变后的宣传失当，不再痛诋慈禧，而是大声疾呼慈禧归政，新党与"康党"的舆论逐渐趋一致，在刚毅南下问题上，在刘学询、庆宽赴日问题上，在李鸿章任粤督问题上，在刚毅荣禄的矛盾问题上，等等，"康党"与新党舆论前呼后应，里应外合，给清政府的各项举措均造成了极大的压力。清廷立嗣上谕发布后，他们更是知无不言，言无不尽，并对清廷可能的废立改元大加警告。经元善联合沪上新党一千多人公然电奏，阻止废立。这些充分显示了己亥年新党、"康党"在舆论上的联合。新党不仅在舆论上与"康党"渐趋一致，而且公然为"康党"辩护，甚至将"康党"与新党混一而论，这与政变之初，新党有意界划新党与"康党"的做法已然不同。《国闻报》刊发《论中国党祸》一文，公然为"康党"辩护，指出"维新之徒，纵曰植党营私矣，守旧之辈，亦何尝非植党营私哉？且新党未尝以杀人为事，旧党先以杀人为功，是党祸之开，开自旧党也"，因此告诫旧党不得以"作福作威，独行独断，中国之法也"为借口，为所欲为，应当以"三宥之说、八议之条"为律，宽宥"以素王纪年、以总统期许"之新党："或曰作福作威、独行独断，中国之法也。不思三宥之说、八议之条，独非中国之法乎？康熙之世，有身为探花作忠臣不可为之论者；同治之朝，有职居御史而为今上不应立之奏者，其视以素王纪年、以总统期许者，相去几何？而当时皆不以罪也"①。显然，面对清廷的株连与复旧，支持变法的《国闻报》与"康党"有更多的共鸣，曾经有意界划"康党"与新党，不过是恐怖株连下自我保全与保全新政的策略，而今以新党指代"康党"正是对清廷失望后内在共识的表白。这里《国闻报》对"以素王纪年、以总统期许"之"康党"持

---

① 《论中国党祸》，《国闻报》光绪二十五年正月十六日。

同情之心，直接对话的是戊戌年十一月十六日清廷再度声讨"逆党"的谕旨，其公然对抗上谕之举，已与政变之初积极配合清廷区分新党与"康党"的做法迥然不同。光绪二十五年三月十六日，《国闻报》再发的《醒迷歌》，肯定"康党"变法之"公心"，公然为"六君子"喊冤，并劝告清廷不要轻举废立，"伊霍之事，岂近世庸人所可效颦，一经妄动丧乱随之，彼号为正人者能免遗臭于万年耶？"文后的跋语明确指出："去秋之衅机，触于变法而实不专在变法也。夫宜言伤时，而讽言不足以悟人。与其人人缄默，坐视意外之来，盍若姑妄言之，以冀消弭于万一。"① 之所以这样做，其目的十分明确，面对历史车轮的逆转，"与其人人缄默，坐视意外之来，盍若姑妄言之，以冀消弭于万一"。以如此口吻来告诫朝廷，这在政变之前甚至政变初期都是难以想象的。这是新党面对时局逆转做出的重新定位，希望通过自己的呼吁消弭祸患。这里，《国闻报》直接将"康党"与新党混一而论。

"康党"、新党的混一，一是缘于"康党"的宣传，"康党"从政变一开始便将自己塑造成新党的领袖，这是"康党"为其流亡活动正名的需要，但也不无道理，毕竟"康党"在百日维新中的作为是有目共睹的；二是缘于清廷的复旧、株连，当清廷在复旧株连的路上一意孤行时，"康党"的宣传便被人所接受；三是与新党舆论的呼应有关，当新党报刊不再将"康党"视为逆党，而视之为新党同路人时，"康党"即新党也就为多数人所接受。

于是，那些痛恨"康党"的人们便起而辨析新党、"康党"之不同。《申报》的言论即这方面的代表。光绪二十六年二月十一日，《申报》刊出《新党康党辨》一文，对时下盛行的"康党"、新党混一之说加以纠正，作者首先阐发了何谓旧党，何谓新党，在肯定了"新党能阐新理，发新机，奋发有为，得羲经穷则变、变则通、通则久之道。故用其说行其事而国可以强"之后，指出："强弱之所由分，即新党、旧党之优劣所由判，而

---

① 《醒迷歌》，《国闻报》光绪二十五年三月十六日。

天下人心之从违亦即由是而定矣。"但康梁并非新党,"若夫大逆不道之康有为、梁启超则乱党而非新党也,欲行其悖乱之谋乃先为维新之说。当其逆谋未露,仅观其所陈说,固皆新法也,善政也,海内群目之为维新之士,犹之可也;及其逆谋既露,乃知其所以言新法者,不过欲借径于新法,而徐肆其逆谋也。于是国家向日所行之新法反为所败矣。恶其人并恶言,朝政乃一变而遂反于旧矣"。因此,作者强调,"是康梁者乃败新法之乱党,而非新党也。目为新党乃其徒恐以悖乱致罪,故巧托于新党,以见维新之士之非罪,而朝廷罪之之非也"。即使有意为清廷开脱辩护的《申报》也不得不承认新政停废、新机受阻的事实。不容否认,"康党"在造成新机阻断的路上不无责任,但完全将此责任归于"康党"而不及清廷,显然是违心之论,难以服人。对于新党舆论大肆批判的清廷株连复旧,作者还为清廷辩护,认为"朝廷之诛六臣、捕康梁非恶新法也,恶其为乱也,恶其人并恶其言,乃遂将其所言新法悉反于旧耳","株连根究者,亦系康梁二逆之党,或为保国会中人,或为强学会中人,或有私通之迹,或有比和之情,否则海内言维新者甚多,又何为而不尽加之以罪耶?""康梁既为乱党而其徒托为新党之鼻祖以摇乱天下,吾是以辨其为乱党,非新党,俾海内维新之士勿以康梁二逆而沮其志。康梁二逆之党不得托新党以行其诈也"。① 但无论如何,由停废新政造成的新机阻断则是清廷不得不承担的罪责,这是新党所不能原谅的。

然而,不得不说的是,新党的"肆其言"在给清廷施加压力、延缓其废立步伐的同时,也在一定程度上激怒了清廷,使其大肆弄权,缉拿"康党",株连新党。当增祺将《清议报》进呈慈禧太后时,慈禧无疑怒火中烧,接下来便是缉拿"康党"上谕的颁发;当刚毅将各地华人华侨祝寿皇上、皇太后的电奏不加掩饰,全文呈给慈禧太后时,其中的归政请求同样激怒了慈禧,于是她宁亡大清,也要拿康梁。而且,立嗣上谕也在慈禧万寿日后的两月余布告天下。立嗣上谕之后,新党的反对与激烈攻击令慈禧恼羞成

---

① 《新党康党辨》,《申报》光绪二十六年二月十一日。

怒，于是清廷再度"弄其权"，悬赏缉拿"康党"，通缉经元善，甚至外间盛传清廷有潜拿新党之密旨。庚子年二月五日上海《新闻报》消息《密拿新党姑志》称："昨得京中西友密电，云连日都中纷传枢桓密咨两江、两广、两湖总督秘派练员在沿海一带密拿新党，甚为紧急云云。本馆按：前日本埠传闻各寓共四十余人，有在某学会集议一事，并有西员在座代为画计，合之京电，似密拿新党等语确有其事矣。"

二月二十六日，邹代钧致函汪康年，就外间盛传的清廷潜拿新党之事发表意见，称："潜拿新党一说，并无此事。沪上谣言颇多，各报馆即据以登闻，颇不相宜。窃见旧党肆其权，新党肆其言，究之言不济事，权有余力，新终为旧所厄。五翰林之狱，何莫非沈编修之言招来？言者受祸，固自甘心，但一人言之，五人当之，余四人祸实出意外。当兹否晦之际，甚愿海上诸君子暂时缄默，以待转机。凡两势相抗，有一退避，即平静矣。不然，海内稍具知识之人，将归一网打尽。公以为然否？"① "五翰林之狱"指由沈鹏案牵出的五翰林被徐桐参劾之事，据报道，"太后召见徐中堂，问及沈鹏之事，且言此等人须从重办。徐因开出五人"，包括沈鹏、陈鼎、吴式钊、贵铎、周锡恩。正月二十五日，徐奏上，"传闻圣怒甚盛，经荣王二中堂再三叩求，于是有二月初九日严谴之谕"。其中，陈鼎以"签校邠庐抗议"被参，吴式钊则因"办理河南矿务随同西人之汴看矿"被参，贵铎也因在奉天开矿被参、被谴②。沈鹏以言抗权，终究"言不济事，权有余力"，"新终为旧所厄"，因此，邹代钧希望沪上诸新党"暂时缄默，以待转机"。从保存实力的角度建议新党暂时缄默，邹代钧的认识中不乏灼见，其对权与言较量中的得失分析，更是独具慧眼。

其实，早在己亥年，就曾有人建议新党收敛言论。光绪二十五年四月十五日，《新闻报》刊出的《说因》一文，即认为新党不能过激旧党，以致两党就此互不相让，新政将永无复兴之日。新党当"以区区有用之身，而怀

---

① 上海图书馆编《汪康年师友书札》(3)，第2797页。
② 《严谴有由续述》，《新闻报》光绪二十六年二月十四日；《严谴有由》，《新闻报》光绪二十六年二月十三日。

千古无穷之志，与其摧挫一时，致隳大局，孰若暂焉蠖屈，与之沉浮优游浸渍，感之于微，则天下事虽难就理，而国脉幸无损矣。然且可以免旋举旋废之局，抑事固有欲坚取之而必务与之者"。对于那些守旧之士，如果"鄙之曰苟安，藐之曰孤陋，痛之曰刚愎，则彼愈怀愤而愈决裂……一旦启衅，躯命蠲之，致已成之山从而尽溃，将烬之木死而复燃，新政悉讳，旧焰益张，天下事斯至是而不可为"。果真如此，则责任不仅在于守旧党，维新党也有责任："此旧党之罪真上通于天，而开新诸君子之过事愤激，不善用因，致绝千钧一发之系，吾不愈加叹息而惋恫也欤？"因此，建议新旧复合，"开新之于守旧，使苟妙用其因，务徐徐焉以图之，则旧党容或可与言新"。与邹代钧欲保存新党实力的视角不同，《新闻报》从复行新政的大局着眼，呼吁新党妥协，既是对新党"过事激愤"的提醒，也是自我反省。这很可能是受到了当时盛传的慈禧有意新政消息的影响。为了新政复行的大局，新党做点妥协似乎未尝不可，但问题的关键是，新党真的偃旗息鼓，听任旧党所为，旧党就有复兴新政的可能吗？事实证明，这只不过是《新闻报》的一厢情愿。政变之初，新党一度积极靠拢清廷，目的正是依靠清廷复行新政。正是在清廷不能履行继续新政的承诺，且大肆停废已有新政的情势之下，新党才被迫"肆其言"。而此时盛传的慈禧有意新政，其实不过是新党的臆测罢了。因此，以新党的妥协来换取旧党复行新政，这显然是不可能的。事实上，即使《新闻报》自身，在看到慈禧欲行新政的希望破灭之后也并未向旧党妥协。

　　对新党"肆其言"提出批评的还有是夏曾佑。己亥年八月二十一日，他曾致函汪康年说："大约目下新党之病，往往嚣张而馁怯，我辈矫之，当为平实而壮往。譬如下场，一场不中则在下场，况头场之文，本来不工，更何必伤其不中，而遽有披发入山之丑态乎？时会无穷，愿与弟等勉力。"[①]与多数新党相比，夏曾佑身在体制内，时任安徽祁门知县，其希望新党言论平实是可以理解的。

---

① 上海图书馆编《汪康年师友书札》（2），第1344页。

上述三者从不同的视角对政变后新党的"肆言"提出规劝、批评,亦可见此时新党言论的激烈及其可能带来的弊端。但当清廷在复旧的路上越陷越深时,新党"肆其言"不仅在所难免,而且是制衡清廷政治退化与衰败的重要力量。正是从这个意义上而言,皮锡瑞对于沈鹏诛"三凶"之奏的评价,便与邹代钧不同,他说:"编修沈鹏,以久旱应诏,直言请太后归政,谓今三凶在朝,凭借权势,上托圣慈之倚畀,隐与皇上为仇雠……可谓敢言!而论刚尤明快。今人议论,本以为仇视皇上、腹诽圣德为忠义,异此者为奸党,未有以保全圣躬为言者。此文可谓凤鸣朝阳。云保圣躬即以固大清基业,所见尤大。奏上,即未必能用,然可以寒权奸之胆,使圣躬得以保全,外洋亦知中国有人,则非无益矣!"① 这里,皮锡瑞肯定的是沈奏对于保全圣上、巩固大清基业的意义,以及沈奏所反映的士气人心,这显示了朝局逆转中新党"肆其言"的不可或缺。而新党的"肆其言"体现的是其对清廷所作所为的羞耻与愤怒。正如马克思所说:"羞耻已经是一种革命……羞耻是一种内向的愤怒。如果全民族都真正感到了羞耻,那它就会像一头准备向前扑而往后退缩的狮子。"② 在"肆其权"与"肆其言"的相激相荡中,清廷最终走向立嗣,走向排外,人心尽失。而在与清廷的对抗中,新党、"康党"则走向联合,走向勤王。于是,庚子年遂上演了清廷导演的庚子事变与新党、"康党"策划的庚子勤王。而在朝廷与八国联军的对抗中,东南诸洋务督抚不是遵旨北上勤王,而是选择了东南互保,这背后透露的同样是戊戌己亥年间洋务督抚对清廷的疏离。庚子事变中,旧党损失惨重,政局从此逆转,新机得以复现。辛丑年,钱恂论及新、旧政局转换的枢机时,曾如是说:"恂于诸元凶中,最佩服刚,以为中国之忠臣。试问己亥、庚子两年,若不有刚毅极力培养,今日安敢发新政议论?虽新政必不行,而议论

---

① 皮锡瑞:《师伏堂日记》(己亥年十二月初二日),《湖南历史资料》1981年第2期,第181~182页。
② 《马克思致阿·卢格》,《马克思恩格斯书信选集》,刘潇然等译,人民出版社,1962,第3页。

固已发矣。若庚子有数刚毅，则今日新政其行矣。"① 新党大发新政议论是在旧党"肆其权"的逼迫下出现的。而新党于此时"培养"出来的对抗朝廷、监督朝政的意识在庚子以后的政局中继续发挥着巨大的影响力，这在戊戌—庚子渐趋不堪的清朝政治中，无疑是一个耀眼的进步。

当然，虽然在与旧党的对抗中，新党与"康党"被混一而论，但新党与"康党"之间已经形成的界限很难全然消弭，透过庚子勤王中"康党"与新党之间的矛盾，我们仍然依稀可见戊戌时期两者之间的裂痕。拨开历史的迷雾，还原"康党"的本真，应当说"康党"乃新党之一，而非新党之唯一，其核心永远是康门师徒，而"康党"所特有的做派终使其与其他趋新之新党的界限难以消弭。章太炎曾作《箴新党论》，在将"康党"还原为新党之一的同时，也强调了以康有为为首的"康党"不同于其他新党的做派："新党之萌芽，本非自有为作，挟其竞名死利之心，而有为所为，足以达其所望则和之，不足以达则去之，足以阻其所望则畔之，故有为虽失助而新党自若。"②

有趣的是，庚子年重启新政时的清廷，仍然要面对那个摇动其统治基础的"康党"。是年十二月初十日，朝廷颁发的新政上谕称："自丁戊以还，伪辩纵横，妄分新旧。康逆之祸，殆更甚于红拳。迄今海外逋逃，尚以富有、贵为等票诱人谋逆。更藉保皇保种之妖言，为离间宫庭之计。殊不知康逆之谈新法，乃乱法也，非变法也。"③ 这里，清廷断断置辩的仍然是戊戌年八月十四日谕旨的内容，即"康党"为"逆党"，其"谈新法"乃"乱法"，非"变法"。在经历了两年多的迂回之后，清廷的决策又回到了变法上来。但遗憾的是，当庚子年清廷重拾新政的法宝收拾人心、挽救时局时，其所面对的人心离散、革命潜藏的危局，已与戊戌年不可同日而语。

马克思曾经说过："国家是一种极其严肃的东西，要它表演某种滑稽剧是办不到的。一只满载傻瓜的船也许能在风里行驶一段时间，但是它终究要

---

① 上海图书馆编《汪康年师友书札》（3），第3015页。
② 章太炎：《箴新党论》，《章太炎全集》（四），1985，第291页。
③ 国家档案局明清档案馆编《义和团档案史料》下册，中华书局，1979，第915页。

向不可幸免的命运驶去。因为傻瓜们是不相信这一点的。这种命运就是即将来临的革命。"① 观戊戌、己亥年清廷的用人、行政,可见其距离"不可幸免"的命运已经不远。而从立嗣上谕引发的士人与清廷的对峙中,宋恕也读出了清朝气数将尽的信息:"天下即将大变:逆臣逆于朝,逆匪逆于野,外国侮于外,志士愤于中,天下必将大决裂,必在十年之内。人人共知,无可如何,可奈何哉!"② 确如宋恕所言,清朝的灭亡已在此露出端倪,此后中国大局遂在"逆臣"、"逆匪"、外国与志士的多方角逐中走向决裂。由此观之,戊戌政变无疑是清朝走向终结的转折点,赵柏岩谈及戊戌之变,不无痛心地说:"呜呼!中国政事之失,其在戊戌乎!当是时,天子图治,殷殷整纲饬纪,使不中蹶,必非今日之废弛可断言。惜乎其多故也。"③ 这里,赵柏岩仅就政变造成的新政中蹶、政事衰败废弛而言,而由此导致的忠臣寒心、士人离心的局面则是牵动清朝政局走向终结的更为重要的一环。这一点为以往的研究所忽视。以往研究多强调庚子年在清朝统治中的转折意义,④而事实上这一转折当上溯到戊戌政变,如果不对戊戌己亥年间的政局逆转进行深入的研究,庚子年确实很容易被视为一个转折,但在了解了戊戌己亥年间政局的演化后,便可清楚地看到,清朝失道与士人离心是一个渐进的过程,其始不在庚子,而在戊戌。

戊戌变法失败了,甲午战败后清朝朝野一度出现的变法共识在各种纷争中化为乌有。变法本是一场试验,它需要各方参与者的精心呵护,彼此合作,相互妥协,存异求同,方能推进试验的展开,也才有试验成功的可能。而在戊戌这场试验中,参与变法的各方,虽然都认识到变法的重要性与急迫性,但在如何变的问题上各执己见,互不妥协,终使来之不易的变法机遇付诸东流。由此导致的朝局逆转、变法转成禁忌的局势,则是参与变法的各方都不愿看到的。论及于此,我们不禁对黄遵宪在湖南变法中从实际出发、顾

---

① 《马克思致阿·卢格》,《马克思恩格斯书信选集》,刘潇然等译,第4页。
② 宋恕:《致孙仲凯》,胡珠生编《宋恕集》(下),第698页。
③ 赵炳麟编《赵柏岩集》,沈云龙主编《近代中国史料丛刊》(303),第1页。
④ 罗志田:《革命的形成:清季十年的转折》(上),《近代史研究》2012年第3期。

全大局的做法表示赞叹。他倡设保卫局，却对其中寄寓的地方自治之意隐而不言，因此保卫局不仅得到了陈宝箴的支持，而且得到了地方士绅的普遍赞誉；他对康门弟子梁启超赞誉有加，却屡次劝其免谈"康学"，免致纷争。这些体现的不仅是黄遵宪的智慧，而且是其以国家民族前途为重、顾全大局的情怀。这正是古今中外很多主持、参与变法者所缺乏的品质。历史的教训，引人深省，发人深思。

主要参考文献

一 报刊

《强学报·时务报》，中华书局，1991年影印本。

《知新报》，澳门基金会、上海社会科学院出版社，1996年影印本。

《清议报》，中华书局，1991年影印本。

《湘报》，中华书局，2006年影印本。

《湘学报》，湖南师范大学出版社，2010年影印本。

《亚东时报》，晚清民国期刊数据库。

《国闻报》光绪二十三年、二十四年、二十五年、二十六年，中国社会科学院近代史所图书馆藏本。

《新闻报》光绪二十三年、二十四、二十五、二十六年，国家图书馆胶卷。

《中外日报》光绪二十三、二十四、二十五、二十六年，中国社会科学院近代史所图书馆藏本。

《中外大事报》光绪二十四、二十五年，晚清民国期刊库。

《台湾日日新报》1898、1899年，中国社会科学院近代史研究所藏影印本。

《申报》，"爱如生"电子资料库。

二 档案、资料汇编、文集、日记

中国第一历史档案馆编《光绪宣统两朝上谕档》第24、25册，广西师范大学出版社，1996。

中国第一历史档案馆编《清代军机处随手登记档》(151、152、153),中国人民大学出版社,2016。

中国第一历史档案馆编《清代军机处电报档汇编》,中国人民大学出版社,2005。

中国第一历史档案馆编《光绪朝朱批奏折》,中华书局,1995。

秦国经主编《清代官员履历档案全编》,华东师范大学出版社,1997。

北京大学、中国第一历史档案馆编《京师大学堂档案选编》,北京大学出版社,2001。

国家档案局明清档案馆编《戊戌变法档案史料》,中华书局,1958。

故宫博物院明清档案部编《义和团档案史料》,中华书局,1979。

朱寿朋编《光绪朝东华录》,中华书局,1958。

中国第一历史档案馆藏军机处录副奏折、朱批奏折。

中研院近代史研究所编印《胶澳专档》,1991。

《清实录》,中华书局,1987。

《清史稿》,中华书局,1977。

中国史学会主编《中国近代史料丛刊·戊戌变法》(1~4),上海人民出版社,1957。

清华大学历史系主编《戊戌变法文献资料系日》,上海书店出版社,1998。

姜义华、张荣华编校《康有为全集》(1~12),中国人民大学出版社,2007。

楼宇烈整理《康南海自编年谱》(外二种),中华书局,1992。

蒋贵麟编《万木草堂遗稿外编》,台北,成文出版社,1978。

汤志钧编《康有为政论集》,中华书局,1981。

梁启超《饮冰室合集》,中华书局,1989。

夏晓红编《〈饮冰室合集〉集外文》(上、中、下),北京大学出版社,2005。

蔡尚思、方行编《谭嗣同全集(增订本)》(上、下),中华书局，1981。

欧阳予倩编《谭嗣同书简》，上海文化供应社，1943。

《张文襄公家藏手札》，中国社会科学院近代史研究所藏，档号：182-264。

《张之洞存来往电稿原件》，中国社会科学院近代史研究所藏，档号：182-385。

《张之洞电稿》，中国社会科学院近代史研究所藏，档号：182-156、182-457。

《章太炎全集》（四），上海人民出版社，1985。

马勇编《章太炎讲演集》，河北大学出版社，2004。

汤志钧编《章太炎年谱长编》，中华书局，1979。

汤志钧编《章太炎政论选集》，中华书局，1977。

章太炎：《太炎先生自定年谱》，《近代史资料》1957年第1期。

王栻编《严复集》（1~4），中华书局，1986。

胡珠生编《宋恕集》（上、下），中华书局，1993。

湖南省哲学社会科学研究所编《唐才常集》，中华书局，1980。

刘光第集编辑组《刘光第集》，中华书局，1986。

虞和平编《经元善集》，华中师范大学出版社，1988。

苑书义等主编《张之洞全集》（1~12），河北人民出版社，1998。

汪叔子等编《陈宝箴集》（上、中、下），中华书局，2003。

中国科学院历史研究所第三所主编《刘坤一遗集》（1~6），中华书局，1959。

顾廷龙、戴逸主编《李鸿章全集》，安徽教育出版社，2008。

陈铮编《黄遵宪全集》（上、下），中华书局，2005。

蒋德钧《求实斋类稿》，台湾中研院藏复印本。

吴振清等编校整理《黄遵宪集》，天津人民出版社，2003。

陈三立：《散原精舍诗文集》（上、下），上海古籍出版社2003。

吴汝纶：《吴汝纶全集》（1~4），施培毅、徐寿凯校点，黄山书社，2002。

盛宣怀《愚斋存稿》（上、下），台北，文海出版社，1963。

杜春和、耿来金、张秀清编《荣禄存札》，齐鲁出版社，1986。

王先谦：《虚受堂书札》，沈云龙主编《近代中国史料丛刊》（683），台北，文海出版社，1996。

叶德辉著，叶启倬辑《郋园先生全书·郋园论学书札》，中国古书刊印社汇印本，1935。

叶德辉：《觉迷要录》，光绪三十一年刊本。

苏舆编《翼教丛编》，上海书店出版社，2002。

朱一新：《拙盦丛稿》，沈云龙主编《近代中国史资料丛刊》（272），文海出版社，1968。

赵炳麟编《赵柏岩集》，沈云龙主编《近代中国史料丛刊》（303），台北，文海出版社，1922。

上海图书馆编《汪康年师友书札》（1~4），上海古籍出版社，1986。

黄濬：《花随人圣庵摭忆》，中华书局，2013。

丁文江 赵丰田编《梁启超年谱长编》，上海人民出版社，2009。

许同莘编《张文襄公年谱》，商务印书馆，1946。

皮名振编《皮鹿门年谱》，商务印书馆，1939。

蔡元培：《自写年谱》，高平叔编《蔡元培全集》第7卷，中华书局，1989。

陈善伟编《唐才常年谱长编》，香港中文大学出版社，1990。

劳祖德整理《郑孝胥日记》（1~5），中华书局，1993。

陈义杰整理《翁同龢日记》（1~6），中华书局，1986。

皮锡瑞：《师伏堂未刊日记》，《湖南历史资料》1958年第4期，1959年第1~2期。

皮锡瑞：《师伏堂日记》，《湖南历史资料》1981年第2期。

孙宝瑄：《忘山庐日记》，上海古籍出版社，1983。

任菁、马忠文整理《张荫桓日记》，上海书店出版社，2004。

叶昌炽撰，王季烈编《缘督庐日记钞》，北京图书馆出版社，2007。

陈庆年：《戊戌己亥见闻录》，《近代史资料》总第81号，中国社会科学出版社，1981。

范旭仑、牟晓朋整理，谭献著《复堂日记》，河北教育出版社，2001。

袁英光、胡逢祥整理《王文韶日记》（上、下），中华书局，1989。

张謇研究中心、南通市图书馆编《张謇全集》，江苏古籍出版社，1994。

北京市档案馆编《那桐日记》（上、下），新华出版社，2006。

史晓风整理《恽毓鼎澄斋日记》，浙江古籍出版社，2004。

陈寅恪：《陈寅恪集·寒柳堂集》，三联书店，2001。

许姬传：《戊戌变法侧记》，《文史杂志》1985年第1期。

徐珂：《清稗类钞》第8册，中华书局，1986。

《近代稗海》第1、11辑，四川人民出版社，1985。

恽毓鼎：《崇陵传信录》["近代史料笔记丛刊"（外二种）]，中华书局，2007。

陈瀣一：《睇向斋逞臆谈》，["近代史料笔记丛刊"（外二种）]，中华书局，2007。

胡思敬：《近代史料笔记丛刊·国闻备乘》，中华书局，2007。

陈夔龙：《近代史料笔记丛刊·梦蕉亭杂记》，中华书局，2007。

吴永口述、刘志襄笔记《近代史料笔记丛刊·庚子西狩丛谈》，中华书局，2009。

许全胜：《沈曾植年谱长编》，中华书局，2007。

冯自由：《中华民国开国前革命史》（上、中、下），金城出版社，2014。

陈汉才：《康门弟子述略》，广东高等教育出版社，1991。

三　论著

黄彰健：《戊戌变法史研究》，上海书店出版社，1970。

萧公权：《翁同龢与戊戌维新》，台北，联经出版事业公司，1983。

萧公权：《近代中国与新世界：康有为变法与大同思想研究》，江苏人民出版社，1997。

汤志钧：《近代经学与政治》，中华书局，2000。

汤志钧：《戊戌时期的学会与报刊》，江苏古籍出版社，1990。

汤志钧：《乘桴新获——从戊戌到辛亥》，江苏古籍出版社，1990。

汤志钧：《康有为与戊戌变法》，中华书局，1984。

汤志均：《戊戌变法人物传稿（增订本）》，中华书记，1982。

孔祥吉：《戊戌维新运动新探》，湖南人民出版社，1988。

孔祥吉：《康有为变法奏章辑考》，北京图书馆出版社，2008。

茅海建：《从甲午到戊戌：康有为〈我史〉鉴注》，三联书店，2009。

茅海建：《戊戌变法史事考》，三联书店，2005。

茅海建：《戊戌变法史事考二集》，三联书店，2011。

茅海建：《戊戌变法的另面："张之洞档案"阅读笔记》，上海古籍出版社，2014。

马忠文：《晚清人物与史事》，北京师范大学出版社，2015。

马忠文：《荣禄与晚清政局》，社会科学文献出版社，2016。

桑兵：《庚子勤王与晚清政局》，北京大学出版社，2004。

朱维铮：《求索真文明：晚清学术史论》，上海古籍出版社，1996。

汪荣祖：《从传统中求变——晚清思想史研究》，百花洲文艺出版社，2002。

吴仰湘：《通经致用一代师——皮锡瑞生平和思想研究》，岳麓书院，2002。

廖梅：《汪康年：从民权论到文化保守主义》，上海古籍出版社，2001。

蔡乐苏、张勇、王宪明：《戊戌变法史述论稿》，清华大学出版社，2001。

李细珠：《张之洞与清末新政》，上海书店出版社，2003。

熊月之：《西学东渐与晚清社会》，上海人民出版社，1994。

丁亚杰：《清末民初公羊学研究——皮锡瑞、廖平、康有为》，台北，万卷楼图书有限公司，2002。

陈其泰：《清代公羊学》，东方出版社，1997。

杨念群：《儒学地域化的近代形态（增订本）》，三联书店，2011。

陈汉才：《康门弟子述略》，广东高等教育出版社，1991。

郑海麟：《黄遵宪传》，中华书局，2006。

唐文明：《敷教在宽——康有为孔教思想申论》，中国人民大学出版社，2012。

彭明辉：《晚清的经世史学》，台北，麦田出版社，2002。

〔美〕埃尔曼：《经学、政治和家族：晚期中华帝国里常州学派的今文经学》，赵刚译，江苏人民出版社，2005。

刘巍：《中国学术之近代命运》，北京师范大学出版社，2013。

陈凤鸣：《康有为戊戌条陈汇录——故宫藏清光绪二十四年内务府抄本〈杰士上书汇录〉简介》，《故宫博物院院刊》1981年第1期。

汤志钧：《丘菽园与康有为》，《近代史研究》2000年第3期。

杨天石：《袁世凯〈戊戌纪略〉的真实性及其相关问题》，《近代史研究》1998年第5期。

杨天石：《翁同龢罢官问题考察》，《近代史研究》2005年第3期。

汪荣祖：《戊戌变法失败的思想因素》，《近代史研究》1982年第3期。

罗志田：《思想观念与社会角色的错位：戊戌前后湖南新旧之争再思——侧重王先谦与叶德辉》，《历史研究》1998年第5期。

罗志田：《近代湖南区域文化与戊戌新旧之争》，《近代史研究》1998年第5期。

罗志田：《新旧之间：近代中国的多个世界及失语群体》，《四川大学学报》1999年第6期。

罗志田：《革命的形成：清季十年的转折》（上、下），《近代史研究》2012年第3期、2013年第6期。

汤志均：《丘菽园与康有为》，《近代史研究》2000年第3期。

汤志均：《自立军起义前后的孙、康关系及其他——新加坡丘菽园家藏资料评析》，《近代史研究》1992 年第 2 期。

孔祥吉：《黄遵宪若干重要史实订证》，《清史研究》2010 年第 2 期。

孔祥吉：《百日维新前后的开新与守旧之争》，《晋阳学刊》1985 年第 1 期。

孔祥吉、〔日〕村田雄二郎：《〈翁文恭公日记〉稿本与刊本比较——兼论翁同龢对日记的删改》，《历史研究》2004 年第 3 期。

孔祥吉、〔日〕村田雄二郎：《一个日本书记官记述的康有为与戊戌变法：读中岛雄〈随使述作存稿〉与〈往复文信目录〉》，《中国近代思想史研究集刊》第 6 辑《戊戌变法与晚清思想文化转型》，社会科学文献出版社，2010。

孔祥吉：《难得一见的百日维新史料——读唐烜日记〈留庵日钞〉未刊稿本》，《清人日记研究》，广东人民出版社，2008。

茅海建：《张之洞档案阅读笔记之二：张之洞与杨锐的关系——兼谈孔祥吉发现的"百日维新密札"作者》，《中华文史论丛》2010 年第 4 期。

茅海建：《张之洞与陈宝箴及湖南维新运动》，《中华文史论丛》2011 年第 3 期。

茅海建：《张之洞档案阅读笔记之四：张之洞与〈时务报〉、〈昌言报〉》，《中华文史论丛》2011 年第 2 期。

茅海建：《张之洞、康有为的初识与上海强学会、〈强学报〉》，《华东师范大学学报》2013 年第 1 期。

马忠文：《从朝野反响看翁同龢开缺前的政治倾向》，《南京大学学报》2013 年第 2 期。

马忠文：《高燮曾疏荐康有为原因探析——兼论戊戌维新前后康、梁的政治贿赂策略与活动》，《学术交流》1998 年第 1 期。

马忠文：《张荫桓、翁同龢与戊戌年康有为进用之关系》，《近代史研究》2012 年第 1 期。

马忠文：《维新志士王照的"自首"问题》，《近代史研究》2014 年第 3 期。

张勇:《也谈〈新学伪经考〉的影响——兼及戊戌时期的"学术之争"》,《近代史研究》1999年第3期。

张勇:《戊戌时期章太炎与康有为经学思想的歧异》,《历史研究》1994年第3期。

崔志海:《论汪康年与〈时务报〉——兼谈汪梁之争的性质》,《广东社会科学》1993年第3期。

黄旦、詹佳如:《同人、帮派与中国同人报——〈时务报〉纷争的报刊史意义》,《学术月刊》2009年第4期。

房德邻:《康有为与廖平的一桩学术公案》,《近代史研究》1990年第4期。

房德邻:《论康有为从经古文学向经今文学的转变——兼答黄开国、唐赤蓉先生》,《近代史研究》2012年第2期。

刘巍:《〈教学通义〉与康有为的早期经学路向及其转向——兼及康氏与廖平的学术纠葛》,《历史研究》2005年第4期。

刘巍:《从援今文义说古文经到铸古文经学为史学》,《近代史研究》2004年第3期。

邓潭洲:《十九世纪湖南的维新运动》,《历史研究》1959年第1期。

卢智:《略谈湖南戊戌维新》,《求索》1983年第3期。

汤奇学、龚来国:《汪康年与梁启超关系变化与〈时务报〉兴衰》,《安徽大学学报》2000年第5期,第118页。

喻大华:《论康有为的孔教思想及其倡立孔教的活动》,《南开大学学报》2002年第4期。

程群、曾奕:《儒学与宗教——论康有为对宗教的阐释及其对诸教的判分》,《史林》2006年第6期。

魏义霞:《康有为"孔子为教主"意图和意义》,《吉林师范大学学报》2014年第3期。

罗检秋:《从清代汉宋关系看今文经学的兴起》,《近代史研究》2004年第1期。

周秋光：《熊希龄与湖南维新运动》，《近代史研究》1996年第2期。

王尔敏：《刚毅南巡与轮电两局报效》，《近代史研究》1997年第4期。

郭卫东：《戊戌政变后废帝与反废帝的斗争》，《史学月刊》1990年第6期。

郭卫东：《戊己庚辛年间东南督抚对清室地位的干预活动》，《江海学刊》1991年第3期。

戴海斌：《"题外作文、度外举事"与"借资鄂帅"背后——陈三立与梁鼎芬庚子密札补证》，《近代史研究》2011年第2期。

马勇：《近代中国知识分子的悲剧：时论〈时务报〉内讧》，《安徽史学》2006年第1期。

索　引

C

蔡钧　246，271，272，274，275

蔡元培　85

陈宝箴　6，7，9，52，63，88，128，130 - 132，134 - 136，145，154，158，161 - 178，186，212，218，219，235，236，238，239，241，245，249，259，260，273，284，383

陈炽　102，162

陈继俨　47，48，52，53，58

陈夔龙　227，229，231

陈庆年　119 - 122，213，248，298

陈三立　6，121，131，135，159 - 161，169，171 - 173，177，182，186，217，219，236，238，284，329

慈禧太后　5，19，208，221，223，224，226，228，231，232，234 - 237，239，241，245，248，249，253，254，256，261 - 265，267 - 269，271，273，276，277，280 - 285，287，289，290，294，297 - 299，304 - 306，309，313，318，319，323，327，344，345，369，373，374，377

G

刚毅　20，209，263，279，287，301 - 306，308，314，320，321，323 - 326，328 - 335，337 - 342，346，347，354，358，364，368，369，374，375，377，380

高燮曾　194，195，197，198，227，228，230

光绪帝　7，37，89，102，103，109，122，186，190 - 193，197，198，200 - 204，206 - 209，213 - 215，218，220，221，224，240，249，257，258，260 - 262，265 - 269，271，273，276 - 281，284，288，290，308 - 310，328，342 - 344，348，360，368，369，372，374，375

H

韩文举　41，63，112，131，144，236

赫德 191

胡思敬 202，234，274，368

黄桂鋆 6，203，215，227，228，235，236

黄遵宪 6，10，80，104，106，108，115，116，120，121，123，131，132，162－165，169，172－174，176，178，180，182，206，208，217，235－238，245，247，249，251，284，373，382，383

J

江标 6，85，108，128－130，132，133，158，165，236，249，284

蒋德钧 108，130

金梁 301

经元善 104，105，351，352，358，361，366，367，375，378

K

康广仁 119，216，224，227，228，230，237，249

康同薇 48

康有为 1，2，4，6，9，11－18，21－34，36－44，47－49，51，59，60，62，63，74－92，94－100，102－106，109，111－118，122，124，125，127，130，131，136，141，142，147－150，153－155，157，159－161，169，177－183，185－190，192－204，206－219，221，224－231，233，234，236，237，239－244，249，251，252，255，260，264－280，283，285，291，292，295，296，298－301，305，307，311－315，317，319－322，334，350，359，361－363，366，370，377，381

崩光典 329，330

L

黎祖健 48，54

李秉衡 190，246，303

李端棻 234，236，373

李鸿章 20，75，189，190，217，231，234，239，248，260，287，306，319－322，330，331，337，361－363，366－368，375

李经方 248，319

李莲英 301－303，315，351，358

李盛铎 127，203，207，218，298，319

李维格 130，136，196

梁鼎芬 11，104，121－123，160，196，219，238，273，275，276，278，285

梁启超 1，2，6，8，10，15，21，25，26，30，34，39，41－52，55－63，66，72，77，80，81，94，102，105－109，112－116，118－123，125，129－136，140－143，145，146，155，157，162，164，168，172，176，178，180，181，189，193，196，201－204，207－209，211，212，216，217，226，228，230，231，234－236，242－245，259，264，277，282－284，294，311－313，316，320，322，323，334，360－363，377，

383

廖平　12，14，15，17，22，86，97，177

廖寿恒　197，208，302，364

林旭　48，51，52，206，224，227，228，230，235，264，269，296

刘光第　193，224，227，228，230，235，264，269

刘坤一　235，237，240 - 242，245，246，258 - 261，270 - 275，280，288，318，319，324 - 335，350，352，364 - 366

刘学询　20，287，314 - 321，334，361，367，369，375

刘桢麟　47，48，53，58

M

麦孟华　47，102，112，116，201，235，237

缪荃孙　115，124

O

欧榘甲　47，49，51，55，57，58，112，116，131

欧阳中鹄　42，60，63，99，159，161，165，168，170，178，182，259

P

潘庆澜　203，218

皮嘉佑　181

皮锡瑞　60，79，90，92，95，108，133，134，146，150 - 157，161，162，173，176，178，181，182，184，200，211，224，240 - 244，248，254，257，259，273，311，315，336，340，365，373，380

Q

庆宽　20，314，316 - 319，369，375

R

荣禄　5，7，20，185，197，226，228，231，233，240，258 - 261，266，274，279，284，287 - 295，299，301 - 306，310，315，316，318，324，328，338，345，353，354，367，368，375

S

深山虎太郎　251，278，279

沈敦和　331 - 335

沈鹏　301 - 303，310，341，342，378，380

沈曾植　174，206

盛宣怀　207，226，257，258，288，337，366，367

宋伯鲁　122，206，209，215，216，218，224，235 - 237，244，245，298，365，373

宋恕　40，78，79，90，95，98 - 100，124，125，187，303，346，349，350，358，364，365，382

孙宝瑄　78，79，89 - 92，117，124，125，187，211，239，254，265

孙灏　202，203

孙家鼐　7，87 - 89，211，212，218，220，230，335，336

孙诒让 97，98，124

T

谭嗣同 6，42，43，59-73，80，81，129，132-136，146，147，149，150，153，154，157，159-161，168-171，174，180，182-184，186，189，206，208，219，224，227，228，230，231，235，239，243，244，249，255，264，269，272，276，293，312，322，373

谭献 12，97，102，117，194，224

谭钟麟 243，322

唐才常 46，60，66，67，69，71-73，79-81，90，96，99，129，146，149-154，158，161，166，168，169，171，298，341

唐烜 215，237

W

汪大燮 120-122，205，206，298，313-315，321，342-344，346

汪康年 8，10，65，66，85，102-108，115，118-126，129，130，162，164，166，168，175，180，189，194，196，205，210，219，221，224，233，235，277，298，300，313-315，321，342-344，346，364，365，378，379

汪颂年 174，175，177

汪怡年 365

王培佑 252，253

王鹏运 194，217

王文韶 303，306，364，367

王先谦 3，7，9，19，94，108，159，167，169，173，174，180，181，183，218，219，371，372

王照 124，235-238，242，311-313

文悌 6，82-84，154，185，214，215，218，221，268，371，372

文廷式 206，235，244，245，251，274，283，284，349，365

翁同龢 14，84，85，189-192，195-198，200，217，218，237，241，242，246，263，303，322，323，341，364

吴德潚 85，103，107，126

吴汝纶 212

伍廷芳 56，320

X

夏曾佑 40，42，107，121，122，196，203，206，207，209，300，301，373，379

熊希龄 6，108，131，166，168-170，174-177，183，235，236，243，244，284，373

徐大可 276

徐勤 45，49，50，52，53，58，103，112，116，121，235，236

徐仁铸 6，129，131-133，153，164，165，178-180，183，184，206，235-237，373

徐桐 246，247，263，302，303，327，337，374，378

徐致靖 174，208，209，213，224，

226－229，231，235，249，373

许应骙　194，197，202，213－215，218，241，263，372

Y

严复　66，107，115，123，196，221，222，300，301，304，315

杨崇伊　104，226，228，234，288，304，315，320

杨锐　194，196，224，227，230，235，264，269，372

杨深秀　206，215，216，218，224，226，227，230，235，249，267，373

叶昌炽　208，210，224，227，234，248，302，303，323，372

叶德辉　3，7，9，82－84，108，145，157，158，161，162，165，174，178－183，196，219，371，372

叶瀚　106，108，123，125，351，365

叶觉迈　131，144

易鼐　147，150，161，162，164－166

奕劻　227，312，314，316

余诚格　85，334，366

余联沅　75，84

俞廉三　245

俞樾　12，77，78，94

毓贤　246，324，325，328

袁世凯　224，226

恽毓鼎　267，342，358

Z

曾鉌　253，254，311

张謇　216，235，240，258－260，263，285，352

张荫桓　85，120，189，190，196，197，200，217，224，226－229，231，234，235，243，249，373

张之洞　2，3，7－11，40，43，85－90，103－106，108，117，121，158，164－166，203，211，213，215，216，227，230，236，238，242，246－248，257，258，260，267，270，274，275，277，311－313，319，348，350

章太炎　79，80，91，92，95－99，116，117，124，125，280，381

赵凤昌　258，277

郑孝胥　79，119，196，224，228，236，241，242，247，276，277，344

朱次琦　14

朱一新　12，26，34，36，37，76－78，83，84，89，92，95

邹代钧　106，119，121，123，125，160，164，166－169，174，175，177，178，180，187，219，378－380

邹殿书　285，286

左孝同　244－246

398

后　记

一项研究完成后，写后记似乎是必需的环节，否则自己觉得缺点什么，出版社也认为你的书不够完整。正是在这双重需求的促使下，我为我的此项研究画上了这个句号。

2008年，在我关于晚清督抚的研究告一段落后，便开始寻找新的研究课题，而一年一度的近代史研究所青年会敦促我必须尽快进入新的领域，否则便无法保证按时与会。也就在这一年，我的女儿出生了，她的到来给我的生活平添了无穷的乐趣，但在陪伴她成长的快乐中，我用于学术研究的时间大大减少。接下来的两年是我最窘迫的时光，一边是学术工作的逼迫，一边是女儿对我的依赖，当时的迷茫、焦虑，相信很多如我一样的科研工作者都曾亲历过！我无路可退，只有勇敢面对，为了保证工作时间，曾一度周末住在办公室。经过两年多的时间，我摸索进入戊戌变法史研究，并于2010年底发表了第一篇关于"康党"的习作。

在度过了最窘迫的两年之后，伴随着女儿的成长，我有了相对多的工作时间。2013年，我以《戊戌时期学术政治纷争研究——以"康党"为视角》为题，申请到了国家社科基金一般项目。2015年，因参与院重大项目《中华思想通史》，便停下了自己的研究。2016年底，在完成了《中华思想通史》4卷的资料搜集、整理工作后，我又重新回到自己的研究上。当我完成书稿，回首来时的路途时，距离最初进入此一领域，不觉已经有8个年头。8年中，除了参与《中华思想通史》《六十年学科综述》等集体课题的写作外，自己的惰性、对孩子的陪伴也占据了不少时间。此中，我深刻感受到一名女性研究者做研究的不易，也不由地对那些能够完美兼顾学术与生活的女学者生出无限的敬意！

在此，感谢我的博士生导师郑师渠先生、博士后合作导师郑大华先生在我学术成长路上给予的启迪与教诲，虽然我的研究还不完善，但老师们不吝夸赞，他们的肯定对我既是鼓励，更是鞭策！感谢《近代史研究》编辑部的各位老师，书中的部分章节曾在这里刊发，老师们不厌其烦、认真负责的为学态度和敏锐、深刻的学术洞察力，令我受益良多！感谢我所在的思想史研究室的各位师长，他们淡泊名利、执着学术的精神，是我学习的榜样！感谢所有在我困顿中给我帮助的师友、亲人，他们的鼓励、帮助与支持，是我走出困境、继续努力的动力！感谢每一位为本书的出版付出心血的师友！最后，还要感谢每一位在戊戌变法史研究中为我提供灵感的先行研究者，他们的研究是我进步的阶梯，我在研究中所取得的任何成绩都与他们的启发不无关系。书中的很多观点，或来自于前辈的研究，或受他们研究的启发而来，一些我在书中已经注明，但还有一些可能没有注明，这里借用罗志田先生的那句名言，以表达我内心的不安，即："凡属观点相近，而别处有论著先提及者，其'专利'自属发表在前者，均请视为是本书利用他人成果而未及注明，还请读者和同人见谅。"（《再造文明之梦：胡适传》，四川人民出版社，1995年，第4页）由于种种原因，书中仍然存在不少错讹与不足之处，希望师友和读者朋友们谅解，并提出批评。

贾小叶
2017年4月于北京

图书在版编目(CIP)数据

戊戌时期学术政治纷争研究：以"康党"为视角／
贾小叶著. -- 北京：社会科学文献出版社，2017.5
ISBN 978-7-5201-0804-1

Ⅰ.①戊… Ⅱ.①贾… Ⅲ.①学术思想－思想史－研究－中国－近代代②政治制度史－研究－中国－近代
Ⅳ.①B250.5②D693.2

中国版本图书馆 CIP 数据核字（2017）第 096550 号

戊戌时期学术政治纷争研究
——以"康党"为视角

著　　者／贾小叶

出 版 人／谢寿光

项目统筹／宋月华　吴　超

责任编辑／吴　超

出　　版／社会科学文献出版社·人文分社（010）59367215
　　　　　　地址：北京市北三环中路甲29号院华龙大厦　邮编：100029
　　　　　　网址：www.ssap.com.cn

发　　行／市场营销中心（010）59367081　59367018

印　　装／三河市东方印刷有限公司

规　　格／开　本：787mm×1092mm　1/16
　　　　　　印　张：26.25　字　数：398千字

版　　次／2017年5月第1版　2017年5月第1次印刷

书　　号／ISBN 978-7-5201-0804-1

定　　价／128.00元

本书如有印装质量问题，请与读者服务中心（010-59367028）联系

▲ 版权所有 翻印必究